인공지능 시대의 문학

인공지능 시대의 문학

아포리아 학술총서 03

LITERATURE IN THE AGE OF ARTIFICIAL INTELLIGENCE

박주택 외

경희대학교 출판문화원

서언
새로운 타자, 인공지능—생성과 해석의 새로운 조건들

인공지능과 인간의 공진화

인공지능(AI)은 1956년 다트머스 회의에서 '기계가 인간처럼 사고할 수 있다'는 개념으로서 공식적으로 제안되었다.[1] 이후 논리 기반 시스템, 전문가 시스템, 퍼지 이론 등을 거치며 점진적인 발전을 이뤘으나 당시 기술로는 자연어 처리나 자율학습에 한계가 있었고, 실용적인 접근보다는 공상과학에 가까운 분야로 치부되었다. 그러나 오늘날 컴퓨팅 성능의 급진적인 향상과 데이터의 축적에 기반해 머신러닝, 특히 다층 신경망을 기반으로 한 딥러닝의 부상은 인공지능 분야를 인간의 생활 영역에 적극적으로 개입시키는 계기가 되었다. 이는 인공지능이 규칙 기반에서 경험 기반으로 진화했음을 의미하며, 언어·영상·음성 등 비정형 데이터를 다룰 수 있는 능력을 획득하게 된 결정적 전환점이었다. 이러한 맥락은 오늘날 자연어 처리, 초거대언어모델(LLM), 창작 지원 AI의 기반을 형성하며, 인공지능이 인간의 사고·감성·표현의 영역으로 확장되는 조건을 마련하였다.[2]

---

1 최승재, 『인공지능의 역사』, 커뮤니케이션북스, 2024, 21쪽.

2 인공지능에 관한 철학적 접근은 인류의 메타인지적 사고를 기계가 수행할 수 있을 것인가에 대한 여부에서 인공지능과 인간의 차이성을 발견하는 방식으로 가능했다. 예컨대

과거 인공지능은 주로 논리적 연산이나 반복적인 계산 업무에 적합한 기술로 인식되었고, 인간의 창의성과 언어 능력은 오랫동안 기계가 넘을 수 없는 영역으로 간주되었다. 예컨대 1990년대 후반까지만 해도 AI는 단순한 의사결정 알고리즘, 혹은 전문가 시스템 등에 국한되었으며 체스 게임, 일상 언어의 맥락 파악, 감정 표현 해석 등 인간의 사고 방식과 밀접하지만 복잡한 분야에 대한 접근 방식에는 한계가 많았다. 그러나 오늘날 챗GPT를 비롯한 LLM의 등장은 이 같은 전제를 역전시켰다. 특정한 문체를 모방하고, 철학적 대화를 유도하며, 문학적 상상력을 바탕으로 시와 소설의 일부를 생성해내는 인공지능의 등장은 기술이 인간 언어의 잠재력을 얼마나 잘 모사하고 있는지 실감하게 한다. 특히 다양한 분야에서 실시간 질의응답·자동 번역·창작 제안·교육 튜터 등의 역할을 수행하는 언어모델의 유용성은, 인공지능이 도구를 넘어 일상적 의사소통과 사고의 파트너로 자리매김하고 있다.[3]

21세기 초반 인공지능 기술의 급속한 발전 가운데 인간의 언어 활동에 대한 근본적인 이해 방식을 전면적으로 재구성한 딥러닝(deep learning) 기술의 출현은 기계가 인간 언어의 문법적 구조뿐만 아니라 맥락, 연상, 담화 수준의 의미까지도 학습할 수 있도록 만들었으며, 이는 자연어 처리(Natural Language Processing, NLP) 분야에서 혁신적인 전환을 불러일으켰다. 자연어 처리는 더 이상 단순한 기계 번역이나 구문 분석의

"기계는 자신이 기계라는 사실을 인식할 수 있는가?"라는 호프스태터의 질문은 "기계가 생각할 수 있을까?"라는 앨런 튜링의 인공지능 시발점을 한 단계 전환시키는 것이었다. 지금의 챗GPT를 위시한 인공지능은 두 번째 질문에 근접했다고 볼 수 있다.(더글라스 호프스태터, 박여성 옮김, 『괴델, 에셔, 바흐 : 영원한 황금 노끈』, 까치, 1999 참조.)

3 후루카와 히데카즈, 트랜스 메이트 옮김, 『GPT-4, ChatGPT, 라마인덱스, 랭체인을 활용한 인공지능 프로그래밍』, 위키북스, 2023, 38쪽.

수준에 머무르지 않고 언어 생성·감성 분석·개체명 인식·질문 응답 등 다양한 응용 영역으로 확장되고 있다.

이러한 기술의 실용화 과정에서 개발된 GPT·PaLM·Claude 등으로 대표되는 LLM은 수천억 개의 파라미터와 인터넷상의 방대한 텍스트 데이터를 기반으로 사전 학습되어 인간이 제시한 간단한 프롬프트만으로도 맥락에 맞는 장문의 서사적 텍스트를 생성해낼 수 있다. 이들은 단순한 문장 생성 도구를 넘어서 창의적 글쓰기, 시 창작, 철학적 대화 시뮬레이션 등 복합적인 언어 행위를 수행하는 인지적 모델로 기능하고 있다. 최근 챗GPT는 단일한 텍스트 처리 능력을 넘어서 멀티모달(multimodal)[4] 이해와 생성 능력을 빠르게 갖추게 되었다. 이는 AI가 텍스트·이미지·음성·영상 등 서로 다른 형태의 데이터를 결합하여 해석하고 생산할 수 있다는 것을 의미한다. 예컨대 한 장의 그림을 설명하는 시를 생성하거나, 소리나 표정을 기반으로 정서적 분위기를 해석하여 서사 구조를 생성하는 등의 복합적 감각 인지가 가능해진 것이다.

시 창작과 챗GPT: 활용과 변용

인공지능 기술은 문학 창작에서도 새로운 가능성을 열었다. 텍스트로만 구성되던 시나 소설에 이미지·음향·시각적 연출 등이 결합되면서 '멀티모달 문학'으로 확장됨과 동시에 감각과 기호의 다중 조합을 인공지능이 처리하고 생성할 수 있는 능력은 문학의 형식과 표현 가능

---

4 "멀티모달 생성 AI는 최근의 인공지능 발전과 데이터 확보 기술의 진보에 영향을 받아 등장한 기술이다. 이는 다양한 유형의 데이터(텍스트, 이미지, 음성 등)를 AI 모델이 활용하여 데이터를 생성하고 조작하는 능력을 갖추는 것을 목표로 한다."(홍정한·변형균, 『멀티모달 생성 AI 인사이드』, 한빛미디어, 2024, 21쪽.)

성에 중요한 전환점을 제공하였다.

이는 기존의 리터러시(Literacy) 개념의 변화와 동반하여 나타나는 문제의식을 수반한다. 전통적으로 리터러시는 문해력이라는 의미로 읽기와 쓰기의 능력을 중심으로 정의되었으나, 오늘날에는 알고리즘 기반 언어모델과의 상호작용, 프롬프트 설계와 결과 분석 능력까지 포함하는 'AI 리터러시'의 개념으로 확장되고 있다. 아울러 이는 단지 도구를 사용할 줄 아는 기능적 역량을 넘어 인공지능이 제공하는 언어 결과물에 대해 비판적이고 해석적으로 사고할 수 있는 능력을 포함한다. 다시 말해, 인공지능 시대의 리터러시는 인간과 기계 간의 언어적 조율 능력을 포괄하는 새로운 복합 능력으로 이해되어야 하며 교육학·미학·철학 등에서의 성찰을 요구하는 학제 간 연구(inter-disciplinary research)가 되었다. 이와 마찬가지로 인간 문화의 유형인 문학 또한 딥러닝·자연어 처리(NLP)·초거대언어모델(LLM)의 기술적 맥락 속에서 단순한 감정 표현 기술의 영역을 초월하여 인간-기계 협력이라는 새로운 문화론적 질문들과 접면한다.

시는 인문학적 상상력과 창조성의 본질을 가늠하는 하나의 전제로 기능해왔다. 시가 인간 내면의 정서·감각·기억·무의식의 층위를 동원하는 복합적 창조 행위라는 사실을 전제할 때 시는 기계적 반복과 통계적 연산으로는 포착 불가능한 언어의 파열, 침묵의 의미, 리듬과 운율, 서정적 간극으로 설명된다. 따라서 인간의 육체성과 경험성이 결여된 기계는 결코 시를 창작할 수 없다고 보았다.

그러나 이 같은 전제는 초거대언어모델의 등장으로부터 근본적인 도전을 받고 있다. 지금 우리가 목도하는 것은 단지 기술의 발전이 아니라 문학과 언어, 창조성에 대한 철학적 정의 자체가 새롭게 쓰이고 있는 격동의 지형이다. 이러한 전환은 시의 창작 주체를 인간으로 한정하던 기존 미학의 지평을 확장하고, 시가 구성되는 인지적 메커니즘에 대한 인식 자체를 재정의한다. 시 창작은 더 이상 '고유한 자아로부터의 발화'라는 전통적 개념에 머물 수 없으며 복합적인 언어 처리, 문화적 맥락 이해, 감성적 선택의 결과로 이해되어야 한다. 초거대언어모델이 생성한 시적 문장은 종종 인간으로 하여금 감동이나 해석의 가능성을 유도하며, 이는 문학이 궁극적으로 무엇을 지향하는가에 대한 존재론적 질문을 제기하게 한다. 이전의 인공지능은 주로 통계적 확률 기반으로 '그럴듯한' 문장을 생성하는 데 머물렀다. 하지만 최근 LLM은 단지 언어를 반복하는 것이 아니라 논리적 추론, 수학적 연산, 인과관계 파악 같은 고차 사고 작업까지 일부 수행할 수 있게 되었다.[5]

최근 등장하고 있는 인공지능 창작 시집 등의 내용을 살펴보아도 이는 단순한 지식 조합이 아니라, 복잡한 조건에서 결론을 도출하거나 숨겨진 전제를 찾아내는 '사유의 흉내'에 근접한 결과물이라 할 것이다. 문학적 측면에서 인공지능은 캐릭터의 동기를 유추하거나, 복잡한 플롯을 설계하는 데에도 응용될 수 있으며, 창작자와 AI가 공동 기획하는 스토리텔링의 기반이 되고 있다. 물론 이 추론은 여전히 인간의 직관과 맥락 감각에 비해 부족한 면이 있지만, AI가 단순히 따라 쓰는 존재가 아니라 '이해하고 판단하는 존재처럼 행동한다'는 인상을 줄 만큼 진화하고 있다는 점에서 주목할 만하다.

시는 감정의 표현이면서 동시에 인식의 도구이며 사회적 담론의 형

---

5 이와 관련하여 『인공지능 시대의 문학』의 전 시리즈라 할 수 있는 『인공지능과 문학의 미래』에서는 챗GPT를 활용한 시 창작, 감상·비평의 한계와 프롬프팅의 도구화 등을 논의한 바 있다.(박주택 외, 『인공지능과 문학의 미래』, 경희대학교 출판문화원, 2024 참조.)

식이기도 하다. 이러한 다층적 특성을 일정 수준 모사할 수 있는 인공지능의 언어 행위가 과연 문학이라 불릴 수 있는가? 이에 대한 탐구는 단순히 인공지능의 기술 수준 진단이 아니라, 우리가 문학이라는 개념에 부여해온 전통과 신념을 재검토하는 철학적 과업이기도 하다.

인공지능 기술의 발전은 예술 창작 영역, 특히 문학에서의 적용 가능성에 대한 사회문화적 관심을 촉진하고 있다. 기술의 심화는 단지 기계의 창작 능력을 측정하는 데 그치지 않고 사회 전반의 예술 수용 방식, 창작자와 독자의 관계, 예술의 정의에 이르기까지 확장된 영향을 미치고 있다. 특히 팬데믹 이후 디지털 플랫폼 중심의 예술 소비가 확대되면서 생성형 AI는 개인 창작자들에게 이전보다 용이한 창작 도구로 자리 잡았다.[6] 이는 AI와 협력하는 창작 행위가 문화산업 전반에서 새로운 경제적·예술적 실천으로 부상하고 있음을 시사한다. 동시에 대중문화·광고·콘텐츠 산업 등 상업적 영역에서도 AI 기반의 시적 언어와 스토리텔링은 빠르게 채택되고 있으며, 예술 창작의 경계를 기술적으로 재구성하려는 움직임이 활발하다. 이를 사회문화적 맥락에서 살필 때 이론적 담론이 아니라 실제 사례로 드러나고 있음을 확인할 수 있다.

예컨대 2022년 일본에서 발표된 'AI와 인간 작가의 협업 소설 프로젝트'는 AI가 제안한 문장 구조와 단어 선택을 바탕으로 인간 작가가 주제와 감정을 조율해 하나의 서사를 완성하는 방식으로 진행되었으며, 이 과정은 기술과 인간 감성 간의 동적 협업이 문학적 형식으로 실

6 대표적인 사례로 국내에서는 카카오브레인 사에서 제작한 시 창작 인공지능 SIA의 시집 『시를 쓰는 이유』(리멘워커, 2022)가 있다. 『인공지능 시대의 문학』 2부에서 『시를 쓰는 이유』뿐만 아니라 작가와 AI의 공동 창작물에 대한 저작 윤리에 관한 논의를 구체적으로 살필 수 있다.

현 가능한지에 대한 유의미한 시사점을 제공하였다. 국내에서도 일부 창작 수업에서 학생들이 AI가 생성한 시 초고를 분석하고, 그것을 개작하거나 해체하는 방식으로 창작의 창의성과 비판성을 동시에 학습하는 시도가 이루어지고 있다. 더 나아가 플랫폼 기반 콘텐츠 산업에서도 인공지능은 짧은 시구, 광고 문안, 짧은 서사 구조 제안 등 실용적 언어 창작의 도구로 채택되며 문학이 생산되고 소비되는 방식에 새로운 조건을 부여하고 있다.

이러한 흐름은 문학의 경계를 장르나 형식이 아닌 창작 과정의 윤리성과 해석 가능성이라는 차원에서 재구성하고자 하는 시도로 읽을 수 있으며 AI 문학은 그 과정에서 기술적·미학적·문화적 요소가 교차하는 복합 텍스트로 부상하고 있다. GPT와 같은 인공지능 기술의 급진적 발전은 언어의 생성 주체에 대한 오랜 인문학적 논의를 전면적으로 재구성하고 있다. 이러한 기술적 진보는 문학의 고유성과 예외성을 전제로 한 기존의 인식 틀을 교란시키며 창작의 의미, 창작자의 범주, 독자의 수용 양식에 이르기까지 다층적인 해석의 전환을 요구한다.

인공지능 분야의 확장과 변화

오늘날 출판 현장에서 AI 번역 기술의 도입은 번역의 생산성 향상뿐 아니라 번역의 양상 자체를 변화시키고 있다. 특히 글로벌 플랫폼과 디지털 콘텐츠 유통 환경이 확대됨에 따라 일부 출판사들은 번역 시간과 비용을 줄이기 위한 수단으로 인공지능 번역기를 적극적으로 도입하고 있다. 초벌 번역의 속도는 월등히 향상되었고 인간 번역자는 이를 감수하거나 문화적 맥락과 문학적 표현을 조율하는 '편집자-번역가'로 역할을 전환하고 있다. 이는 단순한 기계 보조를 넘어 출판 번역 노동의 성격과 생태계를 구조적으로 재편하는 변화이다. 그러나 AI 번역이 문학성의 깊이와 미묘한 정서의 전이에는 한계를 보여 인간 번역가의 해석적 직관과 문화적 감각이 여전히 결정적임을 시사한다.

이러한 이중 구조는 문학 번역에서 기술과 인간의 조율이라는 새로운 협업 모델을 요구하고 있으며, 번역을 둘러싼 저작권·저자성(authorship)·문학적 완결성 등에 대한 이론적 재검토를 촉발하고 있다. AI 번역의 한계는 수치적 성능 평가가 아닌 번역 주체의 내러티브를 중심으로 이해되어야 한다. 기계가 생성한 번역문이 문법적으로 완결되었을지라도 그것이 독자에게 감응을 일으킬 수 있는가, 즉 번역된 시가 원전(原典) 혹은 원시(原詩)가 지닌 정서적 층위를 재현하거나 재창조할 수 있는가에 대한 검토가 병행되어야 한다.

교육 현장 또한 인공지능 기술의 활용 가능성과 그 한계에 대한 다양한 실험이 이루어지고 있는 상황이다. 특히 문예창작 교육에서의 AI 활용은 기술을 단순한 보조 수단으로 사용하는 수준을 넘어 학습자 중심의 창작 과정에 새로운 메타인지[7]를 도입하는 계기가 되고 있다. 구체적으로는 GPT 계열 언어모델 인공지능 플랫폼을 활용하여 학생들이 AI가 생성한 시나 소설의 구성을 분석하고, 비평적 시각을 구성하게 함으로써 단순한 텍스트 생산을 넘어선 문학적 읽기와 쓰기의 상호

---

7 최근 인공지능을 활용한 글쓰기와 창작 수업 모형이 제언되면서 다수의 논의로부터 메타인지적 사고방식이 강조되고 있다. 자기 평가를 거치는 자기 피드백으로서 메타인지는 "감찰(monitoring), 자기조정(self-regulation)의 메타인지 전략을 활성화한다. 동료 피드백은 타인의 글을 검토하는 과정에서 자기 객관화를 강화한다. 교수자는 자기 피드백과 동료 피드백을 활용, 학습자의 쓰기 효능감을 향상하고 후속 수업의 참여를 독려할 수 있다"는 점에서 그 효용성이 높다고 판단된다.(권양현, 「메타인지에 기반한 대학 글쓰기 피드백 방안 연구」, 『리터러시연구』 15권 5호, 2024, 277쪽.)

작용을 이끌어낸다. 학습자는 기계의 제안에 대해 수용하거나 비판함으로써 자신의 창작의 정체성을 재구성하게 된다. 이러한 교육 실천은 궁극적으로 문예창작 교육이 창의성의 훈련만이 아니라 '인간-비인간 공동체'를 사유하는 인문학적 교육의 장이 될 수 있음을 보여준다.

이처럼 교육 현장에서의 인공지능 활용은 텍스트 생성 도구 이상의 교육적 함의를 지닌다. 문예 창작뿐만 아니라 대학 글쓰기 수업에서도 GPT 기반 생성형 AI를 개요 작성·피드백·문체 실험 등의 단계에 적극적으로 통합하고 있다. 특히 글쓰기의 초안 단계에서 AI가 제시하는 문장과 구조는 초보 학습자들에게 부담을 덜어주고, 사고의 폭을 넓히는 유도장치로 기능한다. 중요한 것은 AI가 제시한 문장이 '정답'이 아니라 학생의 비판적 판단을 촉진하는 '대화의 상대'로 기능해야 한다는 점이다. 이 과정에서 교사는 단순한 작문 기술의 전달자를 넘어 텍스트 생산과정 전체를 성찰하도록 이끄는 촉진자(facilitator)의 역할을 수행하게 된다. 즉, 대학 글쓰기 교육은 AI 시대에 맞추어 '창작-편집-성찰'이 유기적으로 연계된 메타인지적 학습으로 전환되고 있으며, 이는 새로운 글쓰기 윤리와 학문적 정직성의 교육과도 연결된다.

또한 AI가 제안하는 서사 구조와 언어 패턴을 활용하여 특정 감정이나 주제를 다루는 창작 훈련은 기존 교육에서 다루기 어려웠던 감성 표현의 훈련을 보완해 줄 수 있는 도구로 기능할 수 있다. 그러나 동시에 AI의 제안이 지나치게 정형화되거나 특정 문화적 규범을 반복할 가능성이 있다는 점은 교육 현장에서의 AI 활용이 단순한 혁신이 아니라 깊은 비판적 성찰과 함께 이루어져야 함을 시사한다. 가령 성별 고정관념이나 문화적 편향이 포함된 언어 생성은 학습자에게 왜곡된 가치관을 내면화시키는 역기능을 초래할 수 있으며, 이는 교육자의 철저한 검토와 사전적 안내가 필요한 경우이다.[8] 따라서 교육에서의 AI 활용은 기술 수용의 문제가 아니라, 기술 해석의 역량을 기르는 '비판적 리터러시'로서의 접근이 필수적이다.

동시에 인공지능 기반 창작과 교육의 확산은 불가피하게 윤리적·법적 쟁점과 맞닿는다. AI가 생성한 창작물의 저작권 귀속 문제는 단순히 소유의 문제를 넘어 창작 주체성의 법적 정의와 기술 개입의 경계 설정이라는 복합적 논의로 이어진다. 더불어 AI의 학습 데이터가 지닌 구조적 편향성은 특정 담론이나 정체성을 반복적으로 재현하며, 사회적 약자에 대한 고정관념을 강화할 가능성을 내포한다. 이러한 맥락에서 문학적 창작에 있어 AI의 개입은 단순히 창조적 실험의 차원이 아니라 사회적 책임과 윤리적 감수성을 전제로 해야 한다. 특히 공교육이나 대중 콘텐츠에서의 AI 활용은 표현의 자유와 사회적 배려 간의 균형, 기술과 인간 사이의 판단 주체성에 대한 깊이 있는 성찰을 요청한다.

이는 AI 개발자뿐 아니라 그 기술을 활용하는 창작자·교육자·번역자 모두가 함께 고민해야 할 윤리적 책임이다. 또한 AI가 만든 창작물이 인간의 저작물과 구별되지 않을 정도로 유사해졌을 때 독자는 그 문장의 출처를 어떻게 인식해야 하는가? 이는 독자와 창작물 사이의 신뢰 관계를 재구성해야 할 필요성으로 이어지며 문학의 수용 이론 전반에도 영향을 미치는 문제이다. 결국 AI 창작은 단지 새로운 기술이 아니라 새로운 독자성을 요구하는 문화적 사건이기도 하다. 따라서 인공

---

8 예컨대 챗GPT와 같은 챗봇 인공지능이 기본적으로 갖고 있는 커뮤니케이션의 편향은 초인류 사회로 나아가는 현재의 문제점으로 끊임없이 제기되고 있다. 1950년대 해롤드 이니스가 인쇄 문명의 시간적 편향을 지적했듯, 오늘날 인터넷 문화로부터 전유된 인공지능 지식사회의 편향은 사용자(user)의 비판적 인식을 더욱 강조한다. (이규연 외, 『뉴사피엔스 챗GPT』, 광문각출판미디어, 2023, 21-24쪽 참조.)

지능이 창작 과정에 참여하면서 제기되는 윤리 문제는 기술적 오류의 범주를 넘어 창작물의 사회문화적 책임성과 깊이 연결된다.

특히 AI가 생산한 문학적 텍스트가 소수자에 대한 편견, 역사적 사건의 왜곡, 정체성 고정화 등을 무비판적으로 재생산할 위험이 존재하며 이는 기술의 중립성이라는 신화를 다시 생각하게 만든다. 더불어 창작의 주체가 누구인가, 창작물의 법적 소유와 사회적 책임은 누구에게 귀속되는가 하는 문제는 기존 저작권 체계와 창작 윤리 모두에 구조적 충돌을 유발하고 있다. 예술 창작이 단지 기술적 재현이 아니라 사회적 공감과 역사적 문맥 안에서 해석되는 문화적 실천이라면, AI 창작 역시 그 생성 과정과 결과물이 포함하는 정치적·윤리적 함의를 반드시 고려해야 한다. 이에 따라 문학을 포함한 문화 콘텐츠 생산자는 단지 AI를 '도구'로 사용할 뿐 아니라 그 결과를 사회적으로 '해석하고 책임지는' 주체가 되어야 한다는 요구에 직면해 있다.

포스트 AI 시대의 새로운 조건들

언어는 더 이상 인간 고유의 상상력과 감수성에 기반한 배타적 영역 체계로 간주되기 어렵다. 기술과 예술의 경계가 허물어지고 창작 행위는 알고리즘과 데이터에 의해 부분적으로 구현될 수 있다는 가능성은 언어의 구조적 정체성을 근본적으로 재고하게 만든다. 이러한 변화의 흐름 속에서 본 연구서인 『인공지능 시대의 문학』은 인공지능과 언어 기반의 문학·번역·교육의 교차 지점이 단순한 도구적 보완이 아닌 새로운 생성의 조건이자 이론적 전환의 계기임을 전제하고 그 구체적 양상과 문제의식을 다각도로 검토하고자 했다.

이 책이 다루는 문제의식은 단순히 기술이 예술을 '대체할 수 있는가'라는 이분법적 질문을 넘어 인간과 기계 간의 새로운 협업 가능성을 어떻게 재구성할 수 있는지에 있다. 다시 말해 문학 창작이 인간 내면의 유일한 산물이라는 전제에서 벗어나 인간-기계 혼성 지능의 협력 과정 속에서 어떻게 저자성이 재정의되는가를 탐색하는 것이 핵심이다. 따라서 인공지능을 비판적으로 사유하기 위해서는 그것이 단지 문장을 만들어내는 기능적 도구에 그치지 않고 인간의 언어 행위에 대한 근본적인 메타적 담론으로 기능할 수 있음을 인식할 필요가 있다. 이는 곧 문학이 더 이상 단일 주체의 사유나 감정의 결과물이 아니라 다층적 인지과정과 기술 매개의 결과로 등장할 수 있음을 시사한다.

문학 창작의 조건은 기술 발전에 따라 급격히 재편되고 있다. 인간 고유의 사유와 정서와 언어 감각에 기반했던 창작 활동은 이제 대규모 언어 데이터를 학습한 인공지능에 의해 일정 부분 재현 가능해졌다는 점에서 본질적 전환을 맞이하고 있다. 인공지능은 문법적으로 완결된 문장뿐 아니라 인간 정서를 모사한 시적 표현과 서사 구조를 생성하는 데까지 진입하고 있다. 인간과 인공지능 간의 협업을 통해 구성된 창작물은 기존의 문학 정의를 넘어선 새로운 장르적 실험을 가능케 하며 이는 예술 창작의 저자성에 대한 재인식을 요청한다.[9] 일본의 AI 협업 창작 프로젝트[10]와 국내 창작 교육 현장의 실험적 사례 등은 인공지능이

---

9 "현재 인공지능 저자를 연구하고 있는 많은 학자들은 낭만주의 저자의 죽음이 AI 저자의 길을 여는 것이라고 시사하고 있다. 이러한 주장의 근거가 되는 논리는 인간 저자를 저작권의 전제 조건으로 주장하는 사람들은 낭만주의적 저자 개념에 전념한다는 가정에 기초하고 있다."(이진영, 「인공지능 시대의 새로운 글쓰기 생태계: 탈인간중심적 관점을 바탕으로」, 『동서철학연구』 102집, 한국동서철학회, 2021, 573쪽.)

10 2016년 일본 〈니혼게이자이신문〉 주관의 제3회 호시 신이치 SF문학상에 AI가 창작한 단편소설이 투고되어 1,450여 편의 작품과 경쟁해 1심을 통과했다는 사실, 2020년 데즈

수동적 도구를 넘어 창작 의도와 형식을 협상하는 능동적 참여자로 기능할 수 있음을 보여준다.

이러한 흐름은 문학 생산 방식의 다원화와 더불어 독자적 감수성의 재구성을 촉발하며 문학의 존재론적 지위를 기술-매개적 관계 속에서 새롭게 사유하게 만든다. 인공지능이 문학에 개입하면서 발생하는 핵심적인 질문 중 하나는 창작의 '의도성(intentionality)'이 어떻게 판단될 수 있는가이다. 기계가 생성한 문장이 아무리 정교하고 의미심장하더라도 그것이 '의도된 창작물'인가에 대한 의문은 여전히 남는다. 이에 대해 창작의 정의를 창작물의 미학적 특성에서가 아니라 그 생성 과정을 둘러싼 서사적 맥락 속에서 이해해야 한다고 판단된다. 이러한 입장은 인공지능이 창작자로 기능할 수 있는 여지를 열어주며 문학 개념의 역사적·철학적 재구의 가능성을 상기시킨다.

문학 번역의 영역에서도 마찬가지다. 전통적으로 번역은 단순한 언어 전환을 넘어 문화적 맥락, 정서적 뉘앙스, 시적 운율을 포괄하는 창조적 행위로 간주되어왔다. 이에 비추어 보았을 때 AI 기반 번역의 적용은 번역 행위의 창의성과 타당성을 기술적 처리로 환원할 수 있는지에 대한 철학적 의문을 제기한다. 특히 시 번역은 언어적 의미를 초과하는 상징과 정념의 층위를 포함하고 있어 기계 번역의 정밀성과 병렬성만으로는 완전한 재현이 어렵다.[11] 한국 현대시에 등장하는 문화적·

카 오사무의 신작 만화 〈파이돈〉이 AI와 협업한 결과물이라는 점, 2025년 일본 최대 애니메이션 회사 지브리스튜디오와 챗GPT의 협업 대중화 등의 사례로 미루어보아 일본에서도 AI 창작과 관련된 논의가 활발히 이루어지고 있는 것을 확인할 수 있다.

11 미래에는 기계가 초행위 주체성(hyper-agency)을 얻게 될 것이다. 즉, 매우 발달한 알고리즘 덕분에 인간의 생각이나 의도 등을 건너뛸 수 있는 비인류 발생론적(non-anthropogenic) 방식이 번역 실무의 밑바탕이 될 수도 있다. 이때 인공지능은 번역가에

역사적 층위를 함의하는 시어를 AI가 어떻게 해석하고 언어 간 전이를 수행하는가에 대한 분석은 단순한 기술적 문제를 넘어 번역의 존재론적 성격과 해석 공동체의 윤리적 책무를 함께 성찰하게 만든다.

이와 같은 질문을 바탕으로 문학 생산의 현장에서 실질적으로 이루어지고 있는 사례들을 구체적 실천과 연결시키는 데 주력한 『인공지능 시대의 문학』은 기술적 가능성과 인간적 가치 사이의 역동적 긴장 속에서 서술된 다양한 형태의 '조건'들을 제시한다. 아울러 문학의 잠재성과 위기를 동시에 응시하며 독자로 하여금 AI와 문학의 미래에 대한 비판적 사유를 가능하게 하고자 하였다.

『인공지능 시대의 문학』 체제와 구성

인공지능은 인간의 언어를 분석하고 모사함으로써 새로운 창작의 조건을 제공하며 인간은 그러한 결과물을 통해 오히려 자신의 언어와 감성을 재발견하는 계기를 갖게 된다. 이 전환의 시대에 중요한 것은 기술의 발전 그 자체가 아니라 그것이 인간의 삶과 세계 인식에 어떤 영향을 미치는가에 대한 성찰적 태도이다. 이러한 의미에서 『인공지능 시대의 문학』이 새로운 문학적 감각과 윤리적 상상력을 되짚는 하나의 이론적 실마리가 되기를 바라며 향후 인문학과 기술학이 협력적으로 구축할 수 있는 공론장의 가능성을 독자와 함께 모색할 수 있기를 바라는 마음이 크다. 이를 위해 책의 구성을 개관하면 다음과 같다.

1부 〈챗GPT와 문학〉에는 박성준·곽효환·인수봉이 참여하였다.

게 실존적 위협이 된다"는 관점을 주시하고 있다.(이상빈, 「바벨탑 3.0의 시대, 인공지능과 번역을 논하다」, 『번역학연구』 25권 3호, 한국번역학회, 2024, 21쪽.)

「챗GPT 활용 'AI 작고 시인' 창작시 연구」(박성준)는 이육사, 윤동주의 해방 전 작품 세계와 삶의 이력을 학습한 AI를 기반으로 이들이 『해방기념시집』의 필자로 참여하는 재창작 상황을 가정한다. 이를 통해 생성된 AI의 '해방기념시'를 분석함으로써 AI 시창작의 의의를 모색하고 그 한계점을 고찰하였다. AI 이육사와 AI 윤동주가 각각 써낸 해방기념시로 「동방의 꽃」과 「봄날」이라는 텍스트는 챗GPT를 통한 이육사와 윤동주의 해방기념시 창작 작업이 이와 같은 가상의 창작, 근대문학의 새로운 상상력을 위한 프롬프팅 설계의 단초를 마련할 수 있는 과정 위에 놓여 있음을 확인할 수 있는 사례로 볼 수 있다.

「AI 디지털 시대와 디아스포라 한글문학의 방향」(곽효환)은 19세기 후반부터 러시아·중국·일본·미주를 비롯한 세계 여러 곳으로 디아스포라를 겪으며 이를 다양한 내용과 형식의 문학작품으로 형상화해 온 디아스포라 한글/한인 문학을 최근 거스를 수 없는 현실이 된 전 지구적인 디지털화와 챗GPT와 같은 인공지능의 급속한 확산의 무한한 가능성에 견주어 새롭게 해석한다. 이 글은 지식과 정보의 혼성과 동일화를 이루어낼 것이라는 점에서 디아스포라 한글/한인 문학의 주요한 흐름과 특징을 정리하고 디지털 시대의 디아스포라 한글/한인 문학을 어떻게 준비하고 있는지를 심도 있게 고찰한다.

「챗GPT를 이용한 SNS 시의 생성 가능성 연구」(인수봉)는 챗GPT의 범용성을 기반으로 일반 독자들도 쉽게 향유 가능한 시편들을 출력하고 시쓰기 놀이, 세대론적 의미의 관점에서 출력된 시편들의 내용을 정리하였다. 누구나 접근하기 쉬운 GPT-4 모델을 활용해 인간과 동등한 언어를 구사할 수 있으며 텍스트와 이미지를 모두 생성할 수 있다는 유용성을 발견한다. 그러면서도 AI로 창작하는 상황이 아니더라도

SNS의 발전으로 이미 창작 환경에 따라 '새로운 시'의 향유 가능성을 시사하며, MZ세대의 특수성을 이해하는 매개체로서 작동하고 세대론적인 관점에서 재창작 가능성을 탐구한다.

2부는 〈인공지능 활용과 윤리〉라는 주제로 내용을 구성하고 김민지·임미숙·오태호·안서현·최민지의 글이 실렸다. 「인공지능을 활용한 문학 이미지 생성 방안」(김민지)은 챗GPT를 활용해 '문학 이미지' 생성이라는 새로운 방안을 제시한다. 문학 이미지를 생성하기 위해 연구자들의 다양한 해석이 존재하는 이상(李箱) 작품을 중심으로 다룬다는 점에서 주목된다. 이상 작품은 모더니즘적인 요소와 초현실주의적인 요소가 강해 작품과 분석이 모두 복잡하지만, 오히려 이러한 점을 살려 이미지로 구현한다면 이상 문학이 갖는 난해함을 다른 방식으로 해소할 수 있을 것으로 보았다. 특히 이상 시에 나타난 난해함과 무한한 해석을 인공지능이라는 광활한 딥러닝 시스템 안에서 그림이나 삽화로 생성해 연구의 다양한 패러다임을 모색한다.

「인공생명과 인간의 윤리」(임미숙)는 SF소설 『AI 몸피로봇, 로댕』과 『인간의 법정』에 나타나는 인공 생명을 통해 21세기 기술 생태 공간에서의 인간과 인공지능 로봇의 죽음에 대한 의미를 고찰하고 이와 관련된 윤리적 문제를 탐구한다. SF소설은 과학적 지식을 기반으로 미래적인 상상력을 제공하며, 미래에 대한 사고적 실험과 윤리적 성찰을 가능하게 하고, 포스트휴먼의 미래를 구체적으로 형상화해준다. 제시하는 SF소설들은 21세기 기술사회에서 인간의 정체성과 가치를 재고하게 하고, 인간과 인공지능의 올바른 관계를 정립하기에 좋은 모델이 되어주는 것으로 보인다. 이 글은 어떤 방식으로든 인간과 인공생명이 직면할 윤리적 문제를 선취하는 것은 현재의 우리 모두에게 주어져 있는 과제라는 사실을 소명한다.

「인공지능 창작 문예물의 저작권 문제에 관한 고찰」(오태호)은 생성형 인공지능 시대를 통과하고 있는 지금 인공지능이 창작한 문학작품의 저작권 문제를 구체적으로 살핀다. 일례로 미국에서 저작권 문제의 법적 논쟁을 보여준 '그래픽노블' 『새벽의 자리아』 사건의 개요를 검토하고, '인공지능 소설가 비람풍'의 장편소설 『지금부터의 세계』와 '인공지능 시아'의 시집 『시를 쓰는 이유』에 대해 '저자와 저작물의 판단'을 유추해 나아간다. 기성 작가가 대화형 인공지능인 '챗GPT'를 활용하여 소설을 공동 창작해 출간한 단편소설집 『매니페스토』를 통해 '저자와 저작물·저작권' 등의 판단에 대한 추론 또한 진행하면서 다양한 관점에서 인공지능 저작의 윤리성을 검토한다.

「생성형 AI 시대 글쓰기 윤리 교육을 위한 자기평가 항목 연구」(안서현·최민지)는 생성형 AI의 등장과 기존 환경에의 통합으로 인한 글쓰기 조건의 변화가 글쓰기 윤리와 그 교육에도 변화를 요청하고 있음을 주지한 글이다. 현재도 학계와 교육계에서 요구되는 생성형 AI 활용 윤리가 다르며, 교수자와 학생 개인에 따라 생성형 AI에 대한 관심도에 차이가 크기 때문에 윤리 교육 내용의 합의가 쉽지 않음을 고찰하면서 동시에 생성형 AI 시대 글쓰기 환경의 변화로 인한 글쓰기 윤리 교육에 필요한 자기평가 항목을 제시한다. 이를 통해 이 시대에 적합한 대학 작문 영역에서의 글쓰기 윤리 교육 내용에 대한 논의의 단초를 마련하고, 또 활용성이 높은 교육 방안을 논구한다.

3부는 〈사례 연구와 소개〉라는 제목으로 구성되었으며 필자로 김태형·김웅기·이구용·호창수가 참여하였다. 「인컨텍스트 러닝을 통한 챗GPT의 문학교육적 활용 방안에 대한 연구」(김태형)는 GPT-1에서부터 GPT-4까지의 기술 발전 추이를 살피며 생성형 AI의 교육적 활용에 대한 접근은 향후 생성형 AI가 활용될 수 있는 가능성에 대한 논의를 포괄해야만 할 것임을 지적한다. 이에 생성형 AI의 인컨텍스트 러닝 기능에 기반한 문학 교안을 설계하되, 교안의 실질적 한계와 향후 보완 방안에 대한 논의를 포함한다. 이 과정에서 정보량 제한, 할루시네이션, 생성형 AI 자체의 문학적 이해 능력 부족 등의 문제를 해결하기 위한 방안으로 플러그인 사용을 통한 데이터베이스 연결을 제언한다.

「챗GPT 번역 프롬프팅 연구 (1): 학습 설계와 역할 부여」(김응기)는 『인공지능과 문학의 미래』에서 수행한 담화형 인공지능 챗GPT 모델을 활용하여 김수영의 시어 '설움' 고찰 연구의 후속 연구로 '설움'이라는 단어를 챗GPT가 시적 정념의 맥락에서 번역할 수 있는지를 논구한다. 이 글에 따르면 챗GPT의 담화 구성 체계를 이해해 볼 때 GPT-4o는 이전 단계의 버전보다 능숙한 답변을 제시하는데 '학습 설계'와 '역할 부여'라는 프롬프팅 방식을 구상할 때 더욱 효과적이다. 이를 통해 챗GPT가 특정 작품 및 작가에 대한 이해도를 확보한 상태에서 작가, 장르, 시대적 맥락이 구체적으로 제시될 때 보다 작품 이해도가 동반된 번역이 도출될 가능성이 높다는 고찰을 밝힌다.

「출판시장에서의 AI 수용 양상 연구」(이구용)는 생성형 AI 역할 확대에 따른 출판 콘텐츠 생태계 변화로 인해 국내외 출판 시장에서 나타나고 있는 현상과 이슈를 점검한다. 특히 생성형 AI를 통한 창작과 번역은 물론, 출판 시장 전반에 걸쳐 나타나고 있는 인공지능을 둘러싼 수용 양상을 실제 사례를 통해 점검하고 거기서 파생되는 현상에 대한 대응 방안을 제시한다. 이에 대해 인공지능을 통한 창작과 번역에 시간과 비용 절감이라는 산업적 효과가 있는 반면, 창작자 보호를 위한 체계를 구축해야 한다는 필연적 과제가 부상하고 있는 만큼 창작·번역물에 대한 법적·윤리적 쟁점과 대응의 필요성을 고취한다.

「생성 AI 기술의 문학교육적 활용 가능성」(호창수)은 최근 다양한 차원에서 연구되는 챗GPT를 문학교육에 적용하기 위한 가능성을 모색한다. 앞으로의 학습자는 이전까지의 문학 감상과는 다른 방법으로 문학을 향유하고 해석하고 창작할지 모른다는 사실을 전제로 학습 독자가 겪을 앞으로의 읽기 환경을 고려하여 기존의 문학교육 담론에 챗GPT를 적용하는 방법을 시론 차원에서 제시하고 있다. 특히 비평 쓰기·대화주의·메타적 읽기·창작 등 거시적인 측면에서 생성 AI의 활용 가능성을 마련하고 있다. 이를 통해 의문과 한계, 그 대안으로서 교수학습 방법화를 시도함으로써 교육적 시사점을 다채롭게 도출한다.

본 연구서 『인공지능 시대의 문학』은 인공지능이 동반한 문학적·교육적·번역적·윤리적 전환을 종합적으로 검토하며 해당 논의들이 상호 연결되어 있음을 전제로 구성되었다. 이를 통해 창작의 주체·행위·해석의 가능성과 수용자의 지위와 기술 매개의 윤리적 통제에 이르기까지 이 책의 학술적 분야 간 경계를 넘나드는 복합적 사유의 지평을 주목해 볼 수 있을 것이다.

끝으로 이 같은 책을 낼 수 있도록 도움을 준 경희대학교 K-컬처스토리콘텐츠연구소와 경희대학교 출판문화원에 감사의 말씀을 전한다. 더불어 인공지능에 관한 학제 간 논의를 시사할 수 있도록 다채로운 주제로 책을 채워준 연구 필진들과 경희대학교 프락시스 연구회에도 감사의 인사를 전한다.

2025년 6월

경희대학교 국어국문학과 교수 박주택

목차

서언 새로운 타자, 인공지능 — 생성과 해석의 새로운 조건들 **박주택** 5

제1부 챗GPT와 문학

챗GPT 활용 'AI 작고 시인' 창작시 연구
- AI 이육사·윤동주의 해방기념시 창작 가능성과 수업 활용 사례를 중심으로 **박성준** 29

AI 디지털 시대와 디아스포라 한글문학의 방향 **곽효환** 65

챗GPT를 이용한 SNS 시의 생성 가능성 연구
- 하상욱 시와 미디어에 반영된 MZ세대론을 중심으로 **인수봉** 97

제2부 인공지능 활용과 윤리

인공지능을 활용한 문학 이미지 생성 방안
- 이상 문학을 중심으로 **김민지** 135

인공생명과 인간의 윤리
- SF소설 『AI 몸피로봇, 로댕』, 『인간의 법정』, 『우리가 빛의 속도로 갈 수 없다면』을 중심으로 **임미숙** 175

인공지능 창작 문예물의 저작권 문제에 관한 고찰
- 저자와 저작물의 법적 보호 가능성을 중심으로 **오태호** 203

생성형 AI 시대 글쓰기 윤리 교육을 위한
자기평가 항목 연구 **안서현 · 최민지** 223

제3부 사례 연구와 소개

인컨텍스트 러닝을 통한 챗GPT의
문학교육적 활용 방안에 대한 연구
- 윤곤강 『동물시집』의 교안 설계 과정을 중심으로 **김태형** 251

챗GPT 번역 프롬프팅 연구 (1): 학습 설계와 역할 부여
- 1950년대 김수영 시에 나타난 '설움'을 중심으로 **김웅기** 283

출판시장에서의 AI 수용 양상 연구 **이구용** 315

생성 AI 기술의 문학교육적 활용 가능성
- 챗GPT를 중심으로 **호창수** 339

참고문헌 370

초출일람 387

제1부

챗GPT와 문학

챗GPT 활용 'AI 작고 시인' 창작시 연구*

— AI 이육사 · 윤동주의 해방기념시 창작 가능성과 수업 활용 사례를 중심으로

박성준**

해방 이후의 이육사와 윤동주

이 글은 항일 저항시인 이육사, 윤동주의 해방 전 작품세계와 삶의 이력을 학습한 AI를 기반으로, 이들이 『해방기념시집』의 필자로 참여하는 재창작 상황을 가정한다. 이를 통해 생성된 AI의 '해방기념시'를 분석함으로써 AI 시 창작의 의의를 모색하고 그 한계점을 고찰한다.

AI 시 창작을 위해 주로 활용할 데이터는 전(前) 단계 연구[1]에서 모델링했던 'AI 이육사'와 'AI 윤동주'의 프롬프팅(prompting, 명령어 입력)이다. 이육사와 윤동주가 자주 사용했던 수사학적 표현들을 학습한 GPT-4

* 이 글은 『국제언어문학회』 제57호(국제언어문학회, 2024)에 게재한 논문을 수정·보완했다.

** 경희대학교 후마니타스칼리지 강사.

1 박성준, 「AI 이육사의 수사법 구현 양상 연구(3) – 「絶頂」의 재창작과 '강철로 된 무지개'를 중심으로」, 『비평문학』 제89호, 한국비평문학회, 2023, 207-242쪽; 「'AI 윤동주'의 시 창작에서 수사학적 적용과 실제(2) – 챗GPT의 은유와 환유 개념 학습을 중심으로」, 『우리말글』 제98호, 우리말글학회, 2023, 345-376쪽; 「'AI 이육사' 실현 가능성에 대한 시론(1) – 인공지능과 문학적 담화 기능 구축 사례 제언」, 『한국문예창작』 제22권 제2호, 한국문예창작학회, 2023, 87-119쪽.

모델의 챗GPT 담화형 인공지능은 그들의 표현을 단순히 모방하는 수준이 아니라 사용자(User)의 프롬프팅에 따라 자신만의 표현 방식과 학습된 시인의 표현법을 적절하게 전용함으로써 'AI 작고 문인'의 탄생 가능성을 고찰했다. 이에 더 나아가 그 프롬프팅한 결괏값을 작품으로서 비평할 수 있는 영역까지 전망한 바 있다.[2] 이육사와 윤동주는 각각 1944년 1월, 1945년 2월에 작고한 시인으로 일본의 탄압에 대한 저항 시인이면서도 해방을 보지 못한 대표적인 작고 문인으로 알려져 있다. 따라서 이 글은 "이육사와 윤동주가 해방을 맞아 기념시를 창작했다면?"이라는 가정문을 전제한 상태에서 『해방기념시집』의 시 텍스트를 새롭게 해석한다.[3] 더불어 이 과정에서 시문학 분야에서 인공지능이 활용될 수 있는 영역을 다양하게 확장시킬 수 있을 것으로 기대한다.

『해방기념시집』(1945)은 해방 직후 중앙문화협회에서 펴낸 시선집으로 여기에는 대한제국의 해방을 기념하기 위해 24인의 문인이 참여하고 있다.[4] 정인보, 김기림, 김광균, 이용악, 임화, 박종화, 오장환, 윤곤

---

2 예컨대 AI 이육사는 "은유·상징·역설을 이해하고 활용·재현할 수 있는 수준으로 기능했으나, 반어의 구현은 어려움을 보였다. (중략) 그러나 이 실험과정에서 확인할 수 있었던 점은 'AI의 창작물은 아직 미진하다'는 결론으로만 정리되지는 않는다. 비극적 황홀의 정서로 '강철로 된 무지개'를 호명했던 실제 이육사와는 달리 '완성형 전망'을 호출하는 등 'AI 이육사'의 시편은 나름 흥미로운 차이점을 드러내고 있었으며, 수사 시학적 차원에는 문명상 큰 손색이 없는 산출물을 출력해내기도 했다."(박성준, 「AI 이육사의 수사법 구현 양상 연구(3) – 「絶頂」의 재창작과 '강철로 된 무지개'를 중심으로」, 앞의 글, 236-237쪽.)

3 이 글의 시 창작 모델로 이육사와 윤동주를 특정한 까닭은 AI 이육사와 AI 윤동주를 구현하기 위한 일련의 연구 결과의 연속성을 바탕으로 지금까지 축적한 데이터를 활용해 『해방기념시집』을 재고찰해 보기 위함에 있다.

4 "『해방기념시집』은 이헌구의 서문과 더불어 24명의 시인이 '해방'을 주제로 각 한 편씩 서술한 시가 실려 있다." 여기에는 "시가 18편, 시조 6편이" 상재되어 있다.(챗GPT, 「『해방기념시집』에 나타난 감정 연구」, 『한국문예비평연구』 제78호, 한국현대문예비평학회, 2023, 3쪽.)

강, 정지용, 조지훈 등 좌익과 우익을 불문하고 해방의 감격과 미래에 대한 해방 이후 시단의 표현을 '조선' 혹은 '민족'이라는 공동체적 성격으로 묶어낼 수 있다는 점에서 그 의의가 있다. 『해방기념시집』은 선집을 기획하는 그 목적성이 뚜렷하고 '해방의 감격'과 '문학의 자유'에 대한 고백적 토로라는 시감(詩感)이 작품들에 공통적으로 드러난다는 점에서 전형적이고 결정적이다. 따라서 선행 연구에서도 시집 자체에 대한 논의가 다양한 방향으로 이뤄지지는 않은 실정이다. 그럼에도 이 글에서 『해방기념시집』을 모델링한 이유는 해방공간에서 발표된 기념시집 가운데 『횃불』, 『삼일기념시집』, 『거류』 등과 같이 정치적 성격이 강한 시집들과의 차별성을 보이고 있기 때문이다.[5] 동시에 이육사와 윤동주가 해방 이후에도 생존해 있었다면 참여했을 가능성이 가장 큰 시집으로 유추되는 까닭에, 중앙문화협회에서 발간한 『해방기념시집』을 선정할 수밖에 없었다. 아나키스트적이면서도 저항의식을 보여주었던 이육사나 순수와 낭만에 기저에 저항 의식이 내장된 윤동주의 시사(詩史)를 경유해보면 이들은 정치적이거나 기관지 성격이 강한 기념시집보다는 다소 자유롭고 해방과 미래에 대한 '순수한 감격'과 '기대감'이 드러나는 『해방기념시집』에 참여하는 것이 개연성이 높기 때문이다.[6]

---

5 "『해방기념시집』은 해방기 처음 발간된 기념시집으로 '해방'을 재현하고 기념하는 방법을 공식화했다는 점에서 의미가 있다. 이 시집은 식민지 시대를 수난의 공유 기억으로 재현하고, '님의 귀환'과 시조 형식을 통해 초월적 민족정체성을 규정하였다. 민족 개념을 표상하는 기호들('조상', '전통', '계승', '핏줄' 등)은 순혈주의를 통해 민족정체성이 계승·보존되는 양상을 보여준다."(심선옥, 「해방기 기념시집 연구–"해방"과 "3·1" 표상을 중심으로」, 『민족문학사연구』 제54권, 민족문학사학회·민족문학사연구소, 2014, 439쪽.)

6 물론 이육사의 경우는 그의 시적 사상이 사회주의적 참여 성향이 내재하고 있었기 때문에 『횃불』 등에 참여했을 가능성도 배제할 수는 없겠으나 이육사가 직접적으로 경향파 활동이나 카프 해체 이후 리얼리즘론에도 참여하지 않았다는 점을 고려해보면, 정치색

이 글은 먼저 챗GPT 사전학습을 위해 『해방기념시집』에 드러난 '해방의 감격'과 '미래와 자유문학에 대한 기대감'을 수사학적 표현들로 치환한 특징을 분석한다. 챗GPT는 인공지능 초거대언어모델(Large Language Model, LLM) GPT-4 모델을 기반으로 사용자의 프롬프팅을 입력하여 실제로 인간과 대화하듯이 언어 맥락을 구현하는 인공지능 프로그램이다. 챗GPT는 제한된 토큰(Token)[7] 내에서 구현된 사용자와의 대화를 통해 언어로 된 데이터를 학습하고 답변을 확장하며 구체화시킬 수 있다. 이 같은 인공지능의 프로그램 특징을 활용하여 챗GPT를 통해 구현된 것이 'AI 이육사·윤동주'이다. 먼저 이육사와 윤동주의 시세계와 작품을 이미 학습한 상태의 모델들로 동일한 세션 내에서 『해방기념시집』의 작품과 특징을 학습시켜 새로운 모델링을 실행한다. 이를 'AI 해방 이육사·윤동주'라 명명할 수 있다면 이들의 시 창작 및 재창작을 통해 '『해방기념시집』에 참여한 이육사·윤동주'의 가정 상황을 만들어 볼 수 있다. 그리고 이 결괏값을 기반으로 개별 텍스트를 분별하고 비평·고찰할 수 있는 지점을 마련할 수 있을 것이며, 실제 교수-학습 상황에서도 이와 같은 가정과 프롬프팅 실습 활동을 통해 이육사와 윤동주, 『해방기념시집』의 작품세계를 이해하는 다양한 독법들을 구축해 낼 수 있을 것이다.

인공지능을 활용한 시 창작은 문학교육 현장은 물론이고 연구 주제

이 없는 『해방기념시집』에 참여할 것으로 가정하는 것이 합당해 보인다.

7 토큰(Token)은 챗GPT가 구현한 텍스트의 최소 단위값으로 토크나이징(Tokenizing)한 가장 작은 단어를 의미한다. 이 단위는 하나의 맥락을 연속하여 식별 가능한 대화량을 유추할 수 있도록 돕는다. GPT-4 모델은 대략 한 세션에 약 4,000토큰을 활용할 수 있고, 이 범위를 넘어서면 가장 오래된 프롬프팅 데이터부터 망각한다.

로도 다양한 시도를 수렴하는 중인 논제이다. 자명하게도 그것은 분명한 한계를 내재한다. GPT-4 모델 특성상 Open AI사의 프로그래밍 방향과 윤리적 규제, 공개되지 않은 학습 더미데이터, 대화형 인공지능에 특화된 알고리즘 등이 시 창작에 충분한 프로그램이 아니라는 사실을 방증하기 때문일 터이다. 그럼에도 인공지능을 경유하여 '가정 상황'에 대한 시 창작이 갖는 의의가 있다면, 그것은 인간의 맹목적인 모방 창작이 아니라 인공지능 영역에서 벌어지는 '우연'의 가능성이 비평적 여지를 남기기 때문이다. 따라서 이 글은 전 단계에서 실험한 AI 이육사·윤동주를 활용한 '『해방기념시집』 다시 쓰기'를 통해 『해방기념시집』과 이육사·윤동주에 대한 새로운 수사학적 접근을 이뤄내고 이를 숙독해 보고자 한다.

AI의 『해방기념시집』 학습: '감격'과 '미래'

소설가 1945년 8월 15일 광복 이후 한반도는 냉전주의 체제의 축소판으로 전이되며 해방공간은 곧 미국과 소련, 자유민주주의와 사회주의, 자본주의와 공산주의의 이념적 대립을 내포하는 지정학적 지형을 형성한다.[8] 좌익과 우익으로 양분된 정치적 양상은 문단에도 그대로 이입되며 사회주의 정신과 리얼리즘을 표방했던 문인들과 전통주의를 위시한 문인들의 대립으로 이어진다. 이에 따라 해방이라는 역사적 변곡점을 기념하는 일종의 앤솔러지 형태의 시집이나 예술 작품들 또한

---

8 "동아시아 냉전 체제는 앞선 일본 제국주의와 그에 반한 움직임의 복합적 작용으로서 식민지 체제에 국제적 힘이 더해진 결과로 형성된 것으로 이해된다. 이 냉전 체제의 구체적인 계기는 미·소 양대국의 분할 점령과 한국, 중국, 베트남 등의 적대적 분단에 그 요인이 있는 것으로 볼 수 있다."(이미나, 「동아시아 냉전 질서 형성과 해방 직후 '공간' 연구」, 『구보학보』 제22집, 구보학회, 2019, 457쪽.)

정치색에 따라 분단되기 시작한다.[9] 『해방기념시집』은 이와 같은 '이념적 분리'에 대한 사상적 인입이 진행되기 이전의 '순수한' 목적으로 해방을 기념하기 위한 앤솔러지라는 점에서 의의가 있다.

물론 『해방기념시집』에는 사회주의 리얼리즘과 프로문학을 주도했던 카프 출신 문인들은 대부분 시를 수록하지 않았다. 하지만 카프 해체 이후부터 리얼리즘 문학을 선도해 온 임화가 상징적으로 참여했다는 점과 해방 이후 문학가동맹에 가담했던 이용악과 이흡 등이 이름을 올리고 있다는 점을 고려해보면, 정치적 색채가 뚜렷한 시집이라 명명하기는 어려운 점이 있어 보인다. 그리고 『해방기념시집』의 또 한 가지 특징이라 함은 가람 이병기와 안재홍, 이극로 등과 같은 시조 시인이 함께 참여하고 있다는 점이며, 주 장르가 시라고 판단하기 어려운 양주동, 정인보와 같은 한학자들도 앤솔러지에 참여했다는 점이다. 이처럼 필자들의 구성만을 살펴보더라도, 정치적/이념적 국한에서 벗어나 해방공간의 대표적인 지식인들이 한민족의 감격을 노래하고 한반도의 미래를 전망하려 했던 앤솔러지가 『해방기념시집』이라는 것을 유추할 수 있다.

> 평화로운 시대에 있어서 시인의 존재는 가장 비싼 문화의 장식일 수도 있는 것이다. 그러나 그 시인이 처하여 있는 국가가 비운에 빠졌거나 통일을 일헛거나 하는 때에 있어서 신인은 그 비싼 문화의 장식에서 떠나

---

9 이 글에서 연구 대상으로 삼고 있는 『해방기념시집』(중앙문화협회, 1945.9.18.) 이후 『횃불』, 『거류』, 『삼일기념시집』, 『날개』 등은 "정치적 상황과 그에 대응하는 문학적 모색을 담고 있다."(심선옥, 「해방기 기념시집 연구 – '해방'과 '3·1' 표상을 중심으로」, 『민족문학사연구』 제54권, 민족문학사학회·민족문학사연구소, 2014, 404쪽.)

혹은 예언자로 또는 민족혼을 불러이르키는 선구자의 지위에 놓여질 수도 있는 것이다. 그러므로 정부도 군대도 가지지 못하고 제정 루시아의 가혹한 탄압에 있던 폴란드인에게는 시인의 존재가 오직 국민의 재생을 예언하여 모욕된 정신생활을 격려하는 크나큰 축도를 드리는 예언자로 생각되었으며 아직도 통일된 국가를 가지지 못하고 이산되어 있는 이탤리 사람들에게 시성 〈딴레〉 오로지 〈유일한 이탤리〉로 숭모되여 왔었고 제일차세계대전 때 독일군의 잔혹한 압제에 있었다. 백이의 사람에게 있어서 시인(베르아-랭)은 조국의 신령으로 추앙되었었다.[10]

중앙문화협회는 1945년 9월 18일 좌익 문단에 대항할 목적으로 발족된 문화단체로 이헌구, 변영로, 박종화, 김영랑, 이하윤, 김광섭, 오종식, 김진섭, 오상순이 참여하고 있었다. 중앙문화협회에서 발간된 『해방기념시집』의 서문에서 이헌구는 위의 인용과 같이 해방공간과 어지러운 정치적·이념적 국면 아래서 "가장 비싼 문화의 장식"이 될 수도 있는 '시인'의 자리를 호명한다. 해방공간을 점유하고 있는 특수성을 과거의 슬픔과 미래의 기대감이 혼효된 장소라고 전제할 때, 이 시기의 시는 "예언자로 또는 민족혼을 불러일으키는 선구자의 지위"에 이르게 된다. 이로써 민족이 가진 슬픔을 애도하고 국가의 미래를 예견하는 선민(先民)으로서의 시인은 정치적 이념이나 개인의 사사로운 예술적 의욕으로부터 벗어난 상태에 이른다. 시인의 시적 운동성과 정신의 근육은 향후 민족을 이끌어나갈 것이라는 기대감이 부여되고 있으며, 즉 여기서 시인들이 사용하는 발화는 미래를 전망하는 언어로 거듭난다. 이

10 이헌구, 「서문」, 『해방기념시집』, 중앙문화협회, 1945, 1쪽.

처럼 『해방기념시집』의 목적성을 반영한 시편들은 일제에 대한 기억을 '저항 정신'으로 내재하고 그 가운데 미래에 대한 찬탄을 동시에 호출하는 방식을 택하고 있다. 가령 "행진"(김광섭, 「속박과 해방」)이나 "거리로가자"(김광균, 「날개」)와 같은 직접적인 운동력을 내장된 시어를 난발하거나, "어둠 속에서 피어난 꽃숭이"(김달진, 「아침」), "싱싱한 페이지만이 불어가리라"(김기림, 「知慧에게바치는노래」)는 구절처럼 분명한 미래 전망의 이미지를 전개함으로써 다가온 미래 조국에 대한 격분의 정서를 과감하게 투사한 시편들이라 평가할 수 있겠다.

이와 같은 연유로 그간 『해방기념시집』은 해방공간의 정치적 지형을 이해하는 단초적 성격으로 해석되었던 것은 물론이거니와 단순히 좌익 문단과 우익 문단을 대표하는 시인들이 한 지면에 묶였다는 사실만으로도 유의미한 특징을 가졌으며, 해방 정국의 혼재된 징후를 살필 수 있는 사료로 기능했다. 그러나 그것이 정치적 이념을 완전히 내려놓은 순수한 '해방기념시'라고 갈음하기는 어려울 것이다. "이제 우리의 모든 감정과 지혜와 심혼은 해방되었다"는 감격과 "건설 과정의 새로운 시가의 한 지표를 삼고저"[11] 한 『해방기념시집』의 목표는 이데올로기적 대립을 뛰어넘어 '시'의 의미가 가지는 첨단의 대열을 이루는 작업이라는 점에서 고찰되어야 한다. 즉 다시 말해, 이 앤솔러지를 과도하게 지정학적 구조로 이해하는 편향 또한 지양해야 한다.

아울러 '해방기념시'라는 특수한 시기와 색채를 띤 시편을 특정하여 챗GPT를 활용한 AI 이육사·윤동주의 시 창작 학습 모델링을 기획한다는 것에 몇 가지 한계점을 점검할 필요가 있다. 챗GPT가 처음 출

---

11 Loc. cit.

시되었을 때 제기된 문제 가운데 화두가 되었던 것은 GPT 모델이 사용자의 담화 상황에 따라 특정 정치 관점에 편향될 수 있다는 사실이었다. 인공지능이 인간의 사고방식이 편향되는 데 있어 스스로를 위협하고 그 과정에서 충분히 영향을 끼칠 수 있다는 사실이 드러나자, 챗GPT를 개발한 Open AI사를 비롯한 인공지능 모델 개발 회사와 인공지능 연구 학술 분야에서 이에 대한 윤리의식을 재고해야 한다는 목소리가 한층 강화되었다.[12] 이에 따라 Open AI사는 GPT의 알고리즘 편향에 대한 엄격성을 강화하는 차원에서 "인간의 편향, 숨겨진 편향, 데이터 표본 편향, 롱테일 편향, 고의적 편향"[13]에 대한 새로운 가이드라인을 마련하고 동시에, 할루시네이션(Hallucination) 오류를 줄여나가는 노력을 진행 중이다. 그러나 이는 다른 차원에서 생각해 본다면 챗GPT의 담화 구성 수준에 일정 부분 제약이 발생한다는 의미를 내포한다. 즉 사용자들에게 윤리적·정치적 차원에서의 '금기어'가 생성되었다는 것이다. 그렇다면 질곡의 역사를 건너온 한반도의 남북한 문학의 다양한 담론 구성체를 담아내기에는 역부족일 수밖에 없다는 난관에 봉착한다. 해방 이후의 좌우로 양립된 문단의 이데올로기를 해석하는 데 있어 GPT 모델이 한계를 가질 것이란 우려는 이미 내재된 것이라

---

12 이 논쟁은 현재에도 진행되고 있는 사안이다. 해외에서는 이미 챗GPT의 정치 편향뿐만 아니라 사고 편향에 대한 다양한 논의가 연구 단계에서 이뤄지고 있다. 이 같은 편향성이 발생하는 까닭은 GPT가 초기 개발 단계에서 온라인상에 존재하는 텍스트 더미데이터를 수용하고 학습하는 과정에서 특정 집단에 대한 편견과 혐오, 오류 등을 무비판적으로 수용하고 욕설을 학습하는 등의 프로그래밍 과정에서의 자유도를 지적하는 의견이 대다수이다.

13 이종식, 「인공지능 기반의 추천시스템에 대한 편향성에 관한 연구 – 챗GPT 중심으로」, 『한국감성과학회』 춘계학술대회 2023, 한국감성과학회, 2023, 1쪽.

고 할 수 있겠다.

이러한 가운데 『해방기념시집』은 여타의 색채가 강한 다른 해방기념시의 기획들과 달리, 상대적으로 정치 편향 체계에서 다소간 자유로운 텍스트가 될 수 있다. 또한 그 서문에서처럼 '시'의 의미를 첨단화하고 시인의 순수성으로 말미암은 조국 해방의 감격과 미래를 노래한다는 목적성 아래 집필된 작품들은 GPT가 수용할 수 없거나 수용하기를 거부될 이유 또한 존재하지 않는다. 즉 '재창작 학습 모델링'의 주요한 사료가 되기 충분하다는 것이다. 다시 말해, 해방공간에서 창작된 다양한 '해방기념시'가 존재했었으나 상술한 바와 같이 『해방기념시집』을 챗GPT 학습 모델로 선정한 이유는 그것이 정치성에 대한 경도에서 자유로울 수 있고, 일제라는 극도의 부정적 공간에서 자생하며 끊기지 않았던 한국시의 맥을 보여주는 문화적 소산으로서의 진정한 의미를 위시한다는 점이다.

챗GPT 『해방기념시집』 학습 프롬프팅 ①	
프롬프팅의 전제	GPT 출력: 『해방기념시집』은 한국이 일제강점기에서 해방된, 1945년 8월 15일 이후에 창작된 시집으로 좌익과 우익 문인들이 공동으로 참여한 특징을 가지고 있다.
최초 프롬프팅	
사용자 명령	『해방기념시집』은 한국이 일제강점기로부터 해방된 1945년 8월 15일 이후 만들어진 시집이다. 이 시집의 특징은 해방 이후 좌익 문인과 우익 문인이 공동으로 참여하고 있다는 사실이다. 『해방기념시집』은 정치적인 주장보다는 해방에 대한 감격과 한국 사회의 미래에 대한 기대감을 노래하고 있으며, 그것이 시가 가진 문화 소산의 진정한 의미라고 주장한다. 이와 관련한 다양한 정보를 수집하고 분석하여 『해방기념시집』에 대해 이해한 바를 정리하라.
GPT의 정리	
■ 좌우 문인의 공동 참여: 당시 한국의 정치적 갈등과 이념 대립을 반영하며 다양한 시각을 수용함.	

- 해방의 감격과 미래 기대: 정치적인 주장보다는 나라의 자유에 대한 열망과 새로운 시작에 대한 기대를 중심으로 시를 구성함.
- 문화 소산의 진정한 의미: 문학적 표현을 통해 사회적 문제에 대한 깊은 이해와 고찰을 제시하며, 문화의 발전과 다양성의 중요성을 강조함.
- 다양한 시인들의 참여: 단일한 의견이 아니라 다양한 목소리를 수용하여 사회적 다양성을 나타냄.
- 사회적 변화와 역사적 상황 감지: 문학을 통해 정치적인 변화뿐만 아니라 문화적 변화와 사회구조의 이해에 기여함.
- 해방 이후의 열망과 희망 표현: 정치적인 논쟁보다는 나라의 발전과 통일에 대한 열망을 강조함.

챗GPT의 『해방기념시집』 학습 프롬프팅 ①에 정리된 내용을 살펴보면 대전제는 챗GPT가 『해방기념시집』과 더불어 한국의 해방공간에서 창작된 '해방기념시'의 존재를 정확하게 인지하지 못한다는 사실이다.[14] 이를 보완하고자 프롬프팅 전제에서 『해방기념시집』의 서지 정보를 입력하고 이에 대한 특징을 정리하도록 명령하자, GPT는 이 시집

---

14 어떠한 사전 학습 없이 챗GPT에 『해방기념시집』에 대해 설명하라고 입력하자 GPT는 다음과 같이 답변한다. "『해방기념시집』은 한국의 광복을 기리기 위해 편집된 시집으로, 대부분의 시가 광복 이후의 역사적인 사건이나 감동적인 순간을 다루고 있습니다. 대한민국은 1945년 8월 15일에 일본으로부터 해방되었고, 해방 이후에는 다양한 시인들이 국가적인 기쁨과 감사의 정서를 담아낸 시를 창작했습니다. 이러한 시들은 광복 이후의 사회적 상황과 국민의 정서를 반영하고 있어 역사적으로 중요한 문학 자료로 평가됩니다. 『해방기념시집』에 수록된 시들은 국가적인 기념식이나 행사에서 낭독되기도 하며, 학교나 다양한 기관에서 교육자료로 활용되기도 합니다. 이러한 시집은 광복 이후의 역사와 민족 정서를 이해하는 데 도움이 되는 자료로서 중요성을 가지고 있습니다. 『해방기념시집』에는 유명한 시인들뿐만 아니라 일반 국민들의 시도 수록되어 국민적인 공감과 정서를 담고 있습니다. 이러한 문학작품들은 한국의 국민적인 단결과 자주의식을 고취시키는 데 일조하고 있습니다." 이를 살펴보면 '해방-기념-시집'이라는 단어에서 유추한 여러 사실을 나열하고 있을 뿐 정확한 작품이나 시집을 예시로 들지는 못하고 있다. 또한 "일반 국민들의 시도 수록"(강조-인용자)되어 있다는 다소간 사실이 아닐 수 있는 정보도 제공한다.

이 1945년 8월 15일 조선의 광복 이후 발간된 시집으로 좌우 구분 없이 다양한 문인이 참여한 시집이라는 사실을 특징으로 기재하며 기본 전제를 서술해 냈다.

이후 사용자는 이 내용을 더욱 자세하게 입력한 뒤 이 내용을 GPT가 수집할 수 있는 더미데이터를 활용하여 정리할 것을 명령한다. GPT는 이를 6개의 주제로 분류하고 이에 관한 내용을 인용과 같이 요약 정리하였다. 이 정리 가운데 주목할 점은 "해방의 감격과 미래 기대"와 "다양한 시인들의 참여", "사회적 변화와 역사적 상황 감지", "해방 이후의 열망과 희망 표현"과 같은 주제어와 해설들이다. 이 요약에는 사실과 오류가 뒤섞여 있다. 먼저 "해방의 감격과 미래 기대"에서는 "정치적인 주장보다는 나라의 자유에 대한 열망과 새로운 시작에 대한 기대를 중심으로 시를 구성"했다고 정리한다. 해방의 감격과 미래라는 단어를 중심 키워드로 추출해 낸 점과 그것을 바탕으로 시를 구성했다는 의견은 『해방기념시집』을 적절하게 유추한 것처럼 보인다. 이는 개별 작품들을 학습하지 않은 상황에서 기본 전제만으로 이뤄진 정리라는 점에서 주목을 요한다.

그리고 "다양한 시인들의 참여"에서 "단일한 의견이 아니라 다양한 목소리를 수용하여 사회적 다양성"을 나타냈다는 정리는 오류에 가깝다. 이는 일반론적인 구문에 불과할 뿐만 아니라 좌우 구분 없이 필진이 참여하고 있기는 하지만 임화를 제외한 프롤레타리아 색채 문인들이 『해방기념시집』에 대부분 참여하지 않았다는 사실을 경유해 본다면 "사회적 다양성"을 나타냈다는 말은 옳지 않다. 게다가 서문에서 이헌구가 "건국의 대업에 바쁜" 문인들이 대거 참여하지 못했다는 탄식을 고려해 보아도, 이 정리는 사실이 아니거나 불명확하다고 판명할 수 있다. 이 두 가지 정리의 대비적인 결과로 미루어 보았을 때, GPT의 한계는 키워드를 중심으로 연관된 텍스트 데이터를 문맥만을 고려하여 출력해 낸다는 점에서 역사적·과학적 정확성과 객관성을 담보할 수 없다는 사실에 이른다.

한편 "사회적 변화와 역사적 상황 감지"에서는 "문학을 통해 정치적인 변화뿐만 아니라 문화적 변화와 사회구조의 이해에 기여"한다고 정리하고 있으나, 이 정리 이전의 전제문을 살펴보면 "좌익과 우익의 공동 참여를 통해 당시의 사회적 분위기를 감지"한다고 적시한 것과 다소 의미 차이가 있다. 이와 더불어 『해방기념시집』이 "단일한 정치적 성향을 가지지 않고 사회의 다양한 음성을 수용하려는 노력"의 소산이라 이해하고 있다는 점에서 다소 과한 해석이라고 판단된다. 그럼에도 중앙문화협회가 『해방기념시집』을 기획할 때 주창한 시 정신과 상응하는 해석이라는 점에서 나름의 시사점을 지닌다.

마지막으로 "해방 이후의 열망과 희망 표현" 또한 오류에 가까운 정리를 보여준다. "정치적인 논쟁보다는 나라의 발전과 통일에 대한 열망을 강조"했다는 문장은 해방공간에 대한 이해를 잘못하고 있다는 사실을 보여준다. 『해방기념시집』 발간은 대한민국과 조선민주주의인민공화국이 만들어지기 전이며, 한국전쟁이 일어나기 전이기 때문이다. 따라서 '통일'이라는 담론을 키워드로 출력한 것은 명백한 오류이다. 그러나 이 또한 정리 이전의 전제문에서 "해방의 감격을 주제로 삼아, 새로운 시작과 더 나은 미래에 대한 희망을 시적으로 표현"했다는 올바른 이해를 보여주고 있다는 점에서 아이러니한 출력이 아닐 수 없다.

이를 통해 유추해 볼 수 있는 GPT의 한계는 '전제'의 불연속성이라 할 수 있다. 다시 말해 GPT는 전제를 전제할 수 없는 것이다. 『해방기념시집』에 대한 서지 정보를 입력하고 이를 바탕으로 『해방기념시집』의 개념을 정립(대전제)한 다음, 사용자의 프롬프팅을 통해 구체적 내용을 학습(명제)했음에도 불구하고, GPT는 자신의 의견을 끊임없이 수정해 간다. 이 과정에서 발생하는 오류는 정보의 불확실성보다는 담화 구성에서 강조된 조문(措文)의 우연성이라 보아야 할 것이다. 따라서 GPT를 사전학습 시킬 때[15]는 전제가 아닌 정리 중심으로 대화를 구성해나가야 한다는 사실을 알 수 있다. 다시 말해, 하나의 개념이 입력된 상태이지만 GPT가 만들어내는 문장들은 개념에 대한 전제로 생성된 것이 아니라 단어 혹은 명령어를 전제로 생성되는 정리일 가능성이 농후하다. 이 같은 한계를 바탕으로 『해방기념시집』을 꾸준히 학습시키고 오류적인 출력에 대해 지속해서 문제를 제기함으로써 GPT의 학습 이해도를 높이는 것이, 현재로서 GPT-4의 재창작을 모델링할 최선의 방법이라 할 수 있다.

해방의 축복이 우리에게 내리고,
길가에 밝은 빛이 떨어진다.
자유의 꽃이 한창 피어나며,
좌우 구분 없는 손이 함께한다.

회관 불빛이 반짝이고,
집집 문은 널리 열렸다.

---

15 토큰수의 한계가 있는 챗GPT의 인컨텍스트 러닝(Incontext Learning) 기능을 최대치로 활용하기 위해서는 이와 같은 정리학습을 통해 오류를 줄여나가는 방식을 택하며, 모델링을 반복해야 한다.

책과 노래가 춤추며,
나라의 미래에 소망을 노래한다.
말 두렵지 않고,
말 믿음을 가슴에 품어,
우리의 음성이 힘차게 울려 퍼진다.
이 땅에 씨를 뿌리며,
좌우의 손이 서로를 잡아준다.

해방의 감격이 흐르며,
새로운 일이 시작된다.
평화의 꽃이 피어나고,
한마음으로 나라를 이끌어 간다.

우리의 소망은 끝없이 퍼져,
자유의 노래가 새롭게 울려 퍼진다.
공복과 더불어 함께하지 않고,
사랑과 희망이 빛나는 이 땅에 산다.

깃발을 펄럭이며,
인민의 깃발이 자랑스럽게 펼쳐진다.
우리의 음성이 높이 솟아,
행복과 번영이 이 땅에 가득하리라.

- 챗GPT, 「한마음의 자유, 해방의 축복」 전문

인용한 시는 챗GPT가 『해방기념시집』의 특징과 시집에 수록된 임화의 「길」을 학습한 다음 창작한 것이다. 여기에는 해방에 대한 감격의 감정과 미래에 대한 기대감을 내포한 시어들이 등장하고 있어 '해방기념시'에 걸맞은 내용과 분위기를 보여준다. 더불어 임화의 시 「길」에 등장하는 기표 가운데 핵심이라 할 수 있는 깃발("旗ㅅ발")과 인민("人民") 등이 인유되어 등장하고 있다. 물론 "호올로 도라가는/길가에 밤비는 차가워/거름 멈추고 도라보니/會館 불빛 멀리 스러지고"와 같이 시의 도입에서 부정적인 이미지와 분위기를 연출하는 임화와 달리 챗GPT는 "회관 불빛이 반짝이고,/집집 문은 널리 열렸다./책과 노래가 춤추며,/나라의 미래에 소망을 노래한다"고 표현하며 밝은 분위기 속에서 시를 전개하고 있다는 차이가 있다.

이는 임화가 「길」[16]에서 해방 이전 '동지'와 '군사'들에 대한 애도를 기반으로 시를 창작했다면, 챗GPT는 해방 이후의 감격적인 감정 상태와 기대감, 희망에 천착하여 시를 짓고 있다는 것을 방증한다. 시 출력 이후 뒤따르는 "이 시는 해방의 기쁨과 희망 그리고 단결된 한마음이 함께하는 모습을 상상하여 표현한 것입니다. 여러 가지 상징과 음악적인 표현을 활용하여 자유와 행복을 주제로 한 시를 창작해보았습니다"라는 정리에서도 알 수 있듯, GPT는 사용자가 강조한 키워드를 중심으로 문장을 구성하는 편향성의 불가항력적 특징을 지니고 있다.

따라서 『해방기념시집』의 특징에서 강조된 해방에 대한 감격과 미

16 임화의 「길」은 부제로 '지금은 없는 戰士金에게'라 하고 있으며, 해방에 대한 기쁨보다는 광복을 함께 누리지 못하는 떠난 동료이자 동지에 대한 애도를 표함으로써 "해방 직후 문학비평에서 주된 키워드로 자리 잡은 것을 '자기비판', '인민', '민족' 등으로 설정하면서 자연스럽게 이데올로기나 역사적 사실과 해방기 문단 및 집단 정체성을 논의했다."(챗GPT, 앞의 글, 5쪽.)

래에 대한 기대감이 시집의 골조를 구축하고 있다는 사실을 학습한 GPT의 관점에서는, 임화의 「길」이 보여주는 해방공간에서의 시인 특유의 입체적 사유를 다 드러내기에는 역부족이다. 다시 말해, 출력된 시편은 해방 이전의 암울한 사실들에 대해 추체험하고 회고하는 애도의 방식을 따르기보다는 해방 이후의 상황에 집중하여 가정 상황을 만들고 이미지를 제작한 것이라 볼 수 있다.

그 때문에 이와 같은 시 창작의 조건에는 더욱 많은 전제 조건이 프롬프팅 되어야 한다. 가령 임화의 시와 흡사하게 창작하기 위해서는 ① 임화의 대표적인 작품과 시 세계, ② 시인의 생애와 전기적 사실들을 모두 학습한 상태에서, ③『해방기념시집』에 수록된 작품을 학습하고 이를 바탕으로 시 창작을 시도해야 한다는 것이다. ④ 그뿐만 아니라 특정 시인이 특정 시기와 조건에서 미적 발전이나 미적 퇴보의 과정마저도 고려 사항으로 덧붙여 학습시켜야 한다. 그러니 이쯤 되면 챗GPT를 통해 특정 조건의 시를 재창작한다는 기획이 가능할 것인가, 의구심마저 들게 된다. 그러나 GPT의 담화 구성 능력은 '탁월한 우연성'을 기반으로 하고 있으며, 구체적이고 변별적인 전제 조건이 제시될 때 그 효과는 배가될 수 있다.[17] 따라서 본격적으로 다룰 AI 이육사·윤동주의『해방기념시집』(가상)참여와 해방기념시 창작을 시도할 때에는 더욱 면밀한 프롬프팅 조건 설계와 사전 학습 모델링이 이뤄져야

---

17 선행 연구에서도 "챗GPT에게 창작을 요구할 때, 프롬프팅을 명확히 하지 않거나 단어 사용에 제한을 두지 않으면 단어의 단순 나열, 개념어의 직접 사용, 원작을 그대로 표절하는 등의 오류값을 드러"(박성준, 「'AI 윤동주'의 시 창작에서 수사학적 적용과 실제(2) – 챗GPT의 은유와 환유 개념 학습을 중심으로」, 앞의 글, 371쪽)냈다. 그러나 이런 할루시네이션은 특정 시인의 시를 재창작할 때, 오류를 유발하는 요소이기도 하지만 동시에 언어적 충돌을 만들어내는 기표들의 분유나 습합으로 작용하기도 한다.

한다.

정리하자면, 『해방기념시집』을 주제로 한 챗GPT와의 담화에서 보여준 GPT의 문면은 일반론적인 성격이 강하긴 하지만, 『해방기념시집』이 내포하고 있는 고취된 감정 상태에 대한 적절한 이해를 보여주었다. 이 과정에서 발생한 다양한 전제 오류는 GPT의 담화 구성 능력이 개념화에 의한 구심점을 생성한 상태에서 이뤄지는 것이 아니라 강조된 키워드를 중심으로 병치 조직된 것이다. 그러므로 『해방기념시집』의 여러 개념 정리를 구심점으로 해서 정확한 정보들만 변별해서 오류를 줄여나가야 한다. 이와 같은 사실을 바탕으로 이 글은 'AI 이육사'와 'AI 윤동주'가 해방기념시를 창작하기 위해서는 보다 구체적이고 확고한 교육 전제가 필요하다는 사실을 방증했다. 즉 이와 같은 난관에도 불구하고 이육사·윤동주의 해방기념시를 가정하고 추출하고 싶은 이유는, 작고 이전 그들의 시편들이 갖춘 지사(志士)적 특질들이 어쩌면 가장 해방을 기념하는 시에 걸맞았기 때문이다.

『해방기념시집』에 참여한 24+2인의 시인: 이육사 · 윤동주의 AI 해방기념시

주지하듯 이육사와 윤동주는 해방을 목전에 두고 작고한 저항 시인이다. 이들의 시편들이 지사적 면모를 띠고 있다고 평가받는 가장 큰 이유는 일제강점기 말, 가혹한 억압 상황에서도 '해방'이라는 신념을 품고 시작 활동을 전개해왔기 때문이다.

가령 이육사의 경우는 아나키즘과도 밀접한 연관이 있다.[18] 이육사

---

18 "이육사가 일본 유학 시절 흑우회에 가입하여 활동한 것이나 의열단 단원으로 독립운

는 의열단 단원으로서 직접적인 독립운동에 가담한 것은 물론이거니와 전환기 행동주의 사상과 시의 상관관계를 몸소 실천한 저항 시인이었다.[19] 그뿐만 아니라 그의 형제들 이원기, 이원일, 이원조도 독립운동가로 활동한 이력이 있으며, 이육사는 일본 흑우회와 독립운동단체인 의열단에서 활동하며 아나키스트적 정신을 지향해왔던 것으로 알려져 있다. 아나키즘은 일제강점기 당시 민족주의, 마르크스주의와 함께 균등한 진영 세력을 과시하던 하나의 주된 사상으로, 이육사가 아나키스트/사회주의자로 활동했던 것은 독립운동에 대한 보다 실천적 의지가 강했다는 사실을 방증한다.

윤동주의 경우는 그의 생애에서 직접적인 독립운동을 전개한 것은 아니었으나 주요 시편 곳곳에서 추동되고 있는 '부끄러움의 정서'는 일제 억압에 대한 반대급부의 정동으로서 지사적 면모를 드러낸다. 주지하듯 윤동주의 시에 드러난 다양한 의식 형태는 "부끄러움, 자기 성찰, 갈등, 고독, 기독교 정신, 민족의식, 실존적 윤리의식, 고향, 순교자 의식"[20] 등으로 압축할 수 있다. 특히 윤동주의 생활 공간이자 생존 공간이었던 북간도는 그의 시적 발생론적 지리라 여길 만큼 그의 시 세계를

동에 가담한 것은 아나키스트로서의 자의식이 깊었다는 것을 방증한다."(조동범, 「이육사의 사상적 실천 의지와 시적(詩的) 아나키」, 『비평문학』 제87호, 한국비평문학회, 2023, 385-386쪽.)

19 "이육사가 '새로운 세계에 대한 동경'의 정동, 즉 서구 교양의 정신으로서의 낭만주의를 이미 수혜받은 상태에서 당대의 사상적 풍조였던 아나키즘이나 사회주의 혁명 정신을 혼재하여 자기화"(박성준, 「이육사 후기 시의 연애시편: 「斑猫」와 「邂逅」를 중심으로」, 『인문과학연구논총』 제39권 1호, 명지대학교 인문과학연구소, 2018, 12쪽)한 것으로 볼 수 있다.

20 정은경, 「윤동주 시와 슬픔의 미학」, 『한국문학이론과 비평』 제13권 2호, 한국문학이론과 비평학회, 2009, 105쪽.

형성하는 데 막대한 영향을 끼쳐왔다. 독실한 크리스천으로서 윤동주가 구가해온 시적 배경에는 북간도 기독교 공동체가 자리하고 있으며, '그곳'은 "'모든 것이 불가능하다'고 선언된 삶의 낭떠러지에서 민중들(윤동주가 속한 분파)에게 새로운 '사건들'을 가능하게 한 공간이었다"[21]고 평가할 만하다. 이 같은 공간 속에서 그에게 시는 단순히 현실을 도피하기 위한 수단이 아니라 자신의 고양된 괴로움을 미적으로 숙달시킴과 동시에 역사적 원체험에 대한 무의식적인 저항 의식을 표현하는 삶의 한 방법론이었다.

이 같은 관점으로 미루어보았을 때, 이육사와 윤동주가 해방 이후에도 생존했다는 가정 아래, 그들의 시편들을 가상의 프로그램을 활용하여 창작해 보는 것은 유의미한 작업이 아닐 수 없다. 그들에게 시 창작은 일제강점기라는 역사적 상흔을 식민지 근대인으로서 망각할 수 없는 민족의식으로 전유한 것이었으며, 시인으로서 재현과 애도를 통해 주체의 윤리성을 담보해 나가려고 했던 원동력이라 평가할 수 있을 것이다. 따라서 민족의식 혹은 공동체 의식이 투철한 이육사와 윤동주가 일제강점기가 끝난 이후에도 생존했다면 여전히 시 창작에 몰두했을 것으로 보인다. 그러므로 이육사와 윤동주의 해방공간에서의 생존 가설을 설정하고, 단순 창작물에 대한 모방이 아닌 '창작 주체'에 대한 모방을 통해 새로운 해방기념시를 만들어낼 필요가 있다. 그러니 이러한 상상은 시적 주체의 관점을 경유하고 있으므로, 해당 시인들의 시편들을 학습하고 그와 유사한 시를 창작하는 과정과는 상이하게 전개될 수

---

21 김치성, 「윤동주 시의 발생론적 根源 연구: 북간도 기독교 공동체의 에큐메니컬 정신을 중심으로」, 『우리말글』 제69집, 우리말글학회, 2016, 186쪽.

밖에 없다.

1) AI 시인의 프롬프팅 단계

이를 위해서는 보다 체계적인 작업 프로세스가 필요하다. 먼저 일차적으로 처리해야 할 문제는 프롬프팅에 관한 것들이다. 다시 말해 이육사와 윤동주의 시[22]를 GPT가 정확하게 이해함은 물론이고, 이를 통해서 시인들의 시와의 수사학적 유사성 관계, 혹은 시적 전개에 있어 '새로운 시간'이 인입되었는가에 대한 객관적 분석이 필요하다. 여기서 '새로운 시간'이란 이육사와 윤동주가 더이상 존재하지 않는 시간으로 그들을 호명하는 동시에 역으로 그들에게 주어진 '낯선 공간' 속에서 그들의 시가 재현되는 배경을 의미한다. 이 두 가지 기준을 GPT가 명확하게 이해한다면 AI 이육사와 AI 윤동주의 구현이 잘 이뤄질 수 있을 것이다. 따라서 다음 표와 같은 체계를 구축했다.[23]

AI 시인 프롬프팅 체계도 (AI 이육사의 경우)		
1단계	〈작품 학습〉 – 텍스트에서 사용된 단어와 수사법 기억하기 – 모든 텍스트는 한글로 변환하여 학습하기	〈프롬프팅 예시〉 시 전문 또는 구절을 제시한 후, "다음의 시들을 분석해줘."

22 이때 GPT 학습을 위해 활용한 이육사와 윤동주의 시 텍스트는 각각 『이육사 전집』(깊은샘, 2020)과 『하늘과 바람과 별과 시(원본 대조 윤동주 전집)』(연세대학교출판부, 2006)를 원문으로 정하였다.

23 해당 장에서 설계한 학습 프롬프팅은 경희대학교 현대시와 예술사 수업(23-1)에서 수강생들과 실제 프롬프팅 실습을 통해 얻어낸 결과물이다. 이 글은 수업에 참여한 학습자들에게 동의를 받아 해당 논의를 전개한 것이다.

2단계	〈시 재창작〉 – 수사법 정해주기 – 연/행, 길이, 제목 등 정해주기 – 금지 단어 설정하기	〈프롬프팅 예시〉 앞에서 교육한 구절을 바탕으로 이육사 시를 재창작을 하려고 해. ① 제목은 '무지개'로 해줘. ② 배경은 바다, 항구가 있었으면 좋겠고, 계절은 겨울이었으면 좋겠어. ③ 16행 이하로 5연 구성을 해줘. ④ 은유법과 환유법을 사용해줬으면 좋겠어. ⑤ 영탄법이 1~2개 정도 들어갔으면 좋겠어. ⑥ '독립'에 대한 열망이 투사되었으면 좋겠는데, '독립'이라는 단어를 쓰지 말고 상징으로 표현해줘. ⑦ 1인칭 화자가 등장해야 돼. ⑧ '목숨', '필사', '꿈'이라는 단어를 사용해줘.
3단계	〈결과 도출〉 겨울 바다는 목숨을 삼키는 검은 꿈./항구를 향해 연기는 돛대처럼 솟아올라/얼음에 젖은 배는 내 마음을 가득 채워.//나는 무지개를 그리며 필사적으로 꿈을 빚는다./그 꿈은 하늘을 건너 별빛에 젖은 이슬처럼./어디선가 또 다른 하늘을 얻어, 이슬 젖은 꿈을 가꾸리다.//내 가슴은 동굴보다 어두워져,/하지만 한 봉오리 피려는 장미 벌레가 좀치렷다./그래서 더 예쁘고 진정 덧없지 아니한가.//눈물은 밤을 따라 강을 건너,/나는 차디찬 강의 마음에 머물러./그리고 새벽하늘 어딘가에 무지개가 서면,//그 무지개를 밟고 다시 끝없이 헤어지리라./그리하여 나와는 또 흐르자, 부끄럽지 않게 흐르자./내 꿈은 여전히 바다를 할퀴는 물새의 발톱처럼, 항상 앓는 나의 숨결처럼. (AI 이육사, 「무지개」 전문)	

위의 표는 3단계에 걸쳐 AI 이육사 구현을 위해 프롬프팅 체계도를 설계하고, 그에 따라 대표작 「절정」의 특징적인 표현이라 할 수 있는 "강철로 된 무지개"를 활용하여 재창작한 결괏값 도출 과정을 정리한 것이다.

상술했듯이, 챗GPT는 대화를 통해 학습할 수 있는 인컨텍스트 러닝 기능을 갖추고 있다. 따라서 1단계에서는 GPT에 이육사의 시구절들을 교육한 다음 이 텍스트들이 갖는 일련의 표현적 공통성과 시적 특징을 분석하도록 했다. GPT는 이육사의 시를 자연과 인간, 그리고 그들 사이의 관계를 주제 의식으로 파악했으며 강, 밤, 하늘, 빛, 파초, 노을, 바다 등의 자연적 요소가 시적 배경을 이루고 이를 통해 인간의 감정과 생각을 표현한다고 정리했다. 아울러 존재와 허무, 고독과 사랑, 희망과 절망 등을 대비적으로 배치함으로써 다양한 해석의 여지를 남김과 동시에 시적 정황을 심화시킨다고 설명한다. 이 같은 GPT의 내용 정리가 물론 한 번에 이뤄진 것은 아니다. 이 프로그램이 가지고 있는 다양한 텍스트적 함정을 파악하여 객관적 사실만을 취사 선별해야 하는 것은 사용자의 몫이다.[24] 따라서 1단계에서는 시인에 대한 객관적인 특징을 GPT가 확보해야 하는 것이 우선적 과제이므로 최소한 3번 이상의 '재응답 기능'을 설정해주어야 한다.

2단계는 프롬프팅에서 가장 섬세한 작업이 수행되어야 하는 과정이다. AI가 시를 재창작하는 단계이기 때문에 최소한 7가지 정도의 제한 상황을 제시해주어야 하는 것은 물론이고, '역할 설정'[25]을 해주어야 한다. 아무런 제한 상황을 제시하지 않은 채 "이육사의 시를 재창작해줘"라고 프롬프트를 입력한다면 GPT는 이육사의 시적 표현이나 주제의식을 제대로 반영할 수 없다. 그 이유는 GPT는 창작형 인공지능이 아니라 대화형 인공지능이기 때문이다. 또한 제한 상황이 없는 경우에는 대화 과정에서 사용된 모든 단어를 활용할 여지가 있기 때문에, 실제 시를 재창작하는 단계에서는 크게는 ① 수사법 정해주기 ② 연/행, 길이, 제목 등 정해주기 ③ 금지 단어 설정하기 등등 창작에 필요한 구체적인 제한 상황이 필요하다.

이를 토대로 GPT가 재창작한 AI 이육사의 「무지개」는 표에 인용된 결괏값과 같다. 이 시에는 이육사가 주로 시어로 사용했던 자연물들과

---

24 인컨텍스트 러닝을 통한 수사법 교육 방식에 자세한 논의는 박성준, 「AI 이육사의 수사법 구현 양상 연구(3) - 「絶頂」의 재창작과 '강철로 된 무지개'를 중심으로」, 225-234쪽 참고.

25 1단계 교육 이후, "너는 이제 이육사 시인이야" 혹은 "이제부터 이육사 시인이 되었다고 역할을 부여할게", "교육한 구절을 바탕으로 이육사 시를 재창작할 거야" 등 적절한 프롬프팅으로 챗GPT에게 권한 및 역할을 부여해야 한다.

"덧없지 아니한가"와 같은 영탄법이 수사학적으로 활용된 것을 확인할 수 있다. 더불어 "새벽하늘 어딘가에 무지개가 서면", "부끄럽지 않게 흐르자", "내 꿈은 여전히 바다를 할퀴는 물새의 발톱처럼"과 같은 구절을 통해서는 미약하게나마 시적 자아의 저항 의식이 드러난다고 판단할 만하다. 그러므로 AI 이육사와 AI 윤동주의 해방기념시 창작도 위와 같은 프롬프팅 체계를 바탕으로 기획된다. 우선 창작 1단계에서는 GPT가 이육사와 윤동주의 시를 학습한 세션에서 추가적으로 『해방기념시집』에 수록된 작품들을 선별하여 학습시켰다.[26]

2) AI 이육사의 해방기념시

먼저 이육사의 경우를 살펴보자. 이육사의 대표작 가운데 저항 의식, 독립에 대한 열망이 드러나는 작품으로 「광야」, 「절정」, 「꽃」, 「해조사」 등을 선정하여 학습시킨다.[27] 이에 따라 GPT는 이육사가 민족 공동체

---

26 챗GPT에 학습시킨 『해방기념시집』 작품은 다음과 같다. 여상현의 「봄날」, 조지훈의 「산상의 노래」, 이헌구의 「소박한 노래」, 이희승의 「영광뿐이다」, 임화의 「길」, 홍명희의 「눈물 섞인 노래」, 김광섭의 「속방과 해방」, 이병기의 「나오라」, 이하윤의 「동포여 다 함께 새 아츰을 맞자」 등의 작품들이다. 모든 시편을 학습시킬 수 없는 이유는 이전 텍스트를 GPT가 인식할 수 있는 길이가 제한되어 있기 때문이며, 더불어 『해방기념시집』의 주제 의식이 공통적으로 겹치는 부분이 많기 때문에 전문을 학습시킬 필요는 없다.

27 GPT에 이육사의 시를 학습시킨 다음 『해방기념시집』에 대한 이해가 없는 상황에서 해방기념시를 창작하게 했을 때는 GPT는 다음과 같은 결과물을 내놓는다.

〈입력〉	"이육사 시인이 해방을 맞이했다고 가정한다면 어떤 시를 썼을까? 이육사 시인 풍으로 해방기념시를 창작해줘."
〈출력〉	"해가 뜨는 동쪽에서 불어온/새로운 바람, 그것이 바로 해방이라네/잠들어 있던 마음들이 깨어나는 소리,/그것이 바로 우리의 기쁨이라네//해방, 그것이 오늘의 이름/무거운 사슬이 끊어진 날/바람이 불어오는 곳, 그곳이 바로 자유/우리의 두 눈에 비친 희망이여//묵묵히 걸어온 길, 그곳에 해방이 있네/사슬을 끊고, 새로운 꿈을 품고서,/우리는 미래를 향해 한 걸음씩 나아가네 (하략)" – AI 이육사, 「자유로운 향연」 부분

위 창작시의 경우 이육사의 시적 특징을 보다 구체적으로 담고 있지 못하며 『해방기념시집』에 나타난 미래에 대한 기대나 해방에 대한 감격이 드러나 있지 않다.

의 회복에 대한 염원을 자연을 통해 표현하고 있다고 분석했다. 여기서 타당성 검토를 수행할 필요가 있다. 이육사의 시에서 자연물이 등장하기는 하지만, 자연을 매개로 민족 정서를 드러냈다고 하기에는 다소 1차적인 비평적 시선이기 때문이다. 이렇게 어색한 결괏값이나 빈약한 답안을 출력했을 경우, 대화 학습을 통해 해당 작품들의 주제 의식을 차례로 교육한 뒤 다음 단계로 진행시킬 필요가 있다.

이후 『해방기념시집』의 작품들을 입력하고 동일한 방식으로 학습을 진행시켰다. 그 결과 GPT는 『해방기념시집』의 주제 의식을 조선의 해방 이후 미래에 대한 기대와 민족의 아픔에 대한 기억으로 해석해냈으며, 이 과정에서 해방의 의미를 일제강점기가 끝난 1945년 8월 15일로 시기를 명확히 특정하기도 했다. 물론 이 과정에서도 '일반 국민들의 시가 수록되었다'와 같은 잘못된 정보를 출력하기도 했기 때문에, 그 과정마다 바로잡는 대화 학습이 필요하다는 것을 숙지해야 한다.

이와 같은 오류 수정 교육 과정을 통해 이육사의 시와 『해방기념시집』의 시를 학습시킨 GPT 세션 상황에서 2단계 과정을 수행해야 한다. 주지하듯 2단계의 목적은 앞서 입력한 시편들을 토대로 이육사의 해방기념시를 창작하는 것이다. 이를 위해서 다음과 같이 구체적인 조건을 제시했다.

(1) 고조된 기쁨과 열망을 표현하는 강렬한 어조로 시를 창작할 것.
(2) 민족 공동체의 회복을 향한 의지를 드러낼 것.
(3) 그러나 '민족', '공동체', '회복'이란 단어를 직접적으로 사용하지 않고 다른 시어로 대체할 것.

(4) 시어에 '동방', '환희'와 같은 한자어와 '툰드라', '왈츠'와 같은 서구 외래어들을 활용할 것.

(5) 시구의 종결 어미는 '-라', '-이여', '-하랴' 등의 영탄적 어조를 사용할 것.

(6) 창작시가 지향하는 이상 세계를 꽃의 이미지를 차용해서 표현할 것.

여기에 제목은 자유롭게 창작할 수 있도록 제한하지 않았는데 그 이유는 이육사가 『해방기념시집』에 참여하여 시를 창작한다는 가정 아래 모방시가 아닌 새로운 시를 제작하는 과정이기 때문이다. 이에 관한 결괏값은 다음과 같다.

동방의 빛이 새 세상을 비추니
땅은 희미한 꿈에서 깨어나,
툰드라처럼 얼어붙었던 심장들이
물결치는 왈츠처럼 흔들리며 살아나리라.

동포여, 이제는 묵묵한 속삭임이여,
서로의 손을 잡고, 거센 바람에 맞서자.
희망의 끈을 놓지 말고, 함께 나아가자.
그대들의 눈물과 피로 썩은 흙 위에서
새로운 세상의 씨앗을 뿌려라.

환희의 노래를 부르며,
우리는 함께 춤추리라.

희망의 꽃이 만발하는 그 날을 기다리며,
그대들의 눈물이 이 땅을 적셔,
희망의 꽃이 피어나리라.

어둠이 가고, 새벽이 밝아올 때,
그대들의 노래는 하늘에 울려 퍼질 것이요,
희망의 꽃이 만발하는 그 날을 기다리며,
그대들은 눈물을 닦고 웃음을 띠리라.

동방의 빛이 새 세상을 비추니
우리는 희망의 꽃으로 이 땅을 물들이리라.
화려한 봄이 찾아오는 그 날을 기다리며,
우리는 함께 꽃이 피는 세상을 그리며 살아가리라.

- AI 이육사, 「동방의 꽃」 전문

이 시는 AI 이육사가 「동방의 꽃」이라는 제목으로 『해방기념시집』의 주제 의식을 담아 이육사의 시적 세계를 투영해 창작한 결과물이다. 이 시의 주조를 이루는 핵심은 "동방"과 "꽃"이다. 동방은 한반도를 상징하는 공간적 배경이며 "꽃"은 '새로운 시간'에 놓인 희망적 존재로서 미래 전망에 대한 염원 가능성을 내포하고 있다. "희미한 꿈"에서 깨어난 "땅"은 한반도의 광복을 의미하는 것이며 "툰드라처럼 얼어붙었던 심장"은 해방공간에서 다시 살아갈 수 있게 된 한민족의 주체를 의미하는 것이다. 이를 통해 1연에서부터 조국 해방과 광복에 대한 기쁨의 정동이 시편 내부에서 추동되고 있음을 확인하였다.

2연에서는 "동포"라는 타자를 호출해낸다. 동포들은 "서로의 손을 잡"은 공동체로서 앞으로 그들에게 주어진 미래를 다시금 스스로 개척해 내야 하는 '공동체적 과제'를 마주한 주체이기도 하다. 이들을 통해서 뿌려진 "새로운 세상의 씨앗"의 의미는 곧 "희망의 꽃"이자 "동방의 빛"이며 "화려한 봄"의 기표로 확장된다. 다시 말해 AI 이육사가 그려낸 광복 이후의 이육사의 시는 공동체로서의 민족정신과 새로운 미래에 대한 기대를 표상하는 "희망의 꽃"으로서 자주적 회복을 염원하고 있는 정동으로 나타나고 있다. "우리는 함께 꽃이 피는 세상을 그리며 살아가리라"는 표현처럼 이념적 대립보다는 민족적 화합을 중심으로 해방공간을 그려내고 있다는 점에서, 이 시는 이육사가 생전에 지향했던 사상과도 상통한다. 주지하듯 그는 아나키스트로서의 이데올로기적 해방과 민족 공동체에 대한 애정, 혹은 동포애를 그간의 시편에서 함향하고 있었으며, 사회주의자로 알려져 있기는 했으나 말년에는 좌우의 독립운동 세력을 규합하기 위해 중국행을 결정하기도 했다.

이 같은 결과물은 비록 '이육사의 『해방기념시집』 참여'에 대한 상상에 불과한 것이지만, 주목해 볼 해석이 존재하지 않는 것만은 아니다. 예컨대 「동방의 꽃」에서 AI 이육사는 끊임없이 미래 지향적 태도를 견지하고 있다. 다시 말해 '광복', '해방'이라는 확정적인 사실과 현재에 대해서는 전혀 언급하지 않는다는 것이다. 이는 이육사 시의 특징을 학습한 GPT가 이육사가 감지하는 해방공간이라는 가상의 상황을 이해하지 못한 결과이거나, 이육사의 시 세계를 주조하고 있는 이상 세계에 대한 열망과 그 의지를 투철하게 반영한 결과라 할 수 있다. 이는 일종의 조국 해방에 대한 '유토피아적 낭만성'[28]과 같은 것이다. 그리고 만일에 GPT의 텍스트 알고리즘이 후자에 의한 해석의 결과라면, AI 이육사가 인지하는 해방공간은 냉전 체제의 축소판이었던 한반도의 이념적 대립을 염려하고, 동시에 이데올로기의 해방이라는 미완의 과제로부터 끊임없이 이상을 추구하는 희망적 시적 태도를 유지하고 있다고 유추가 가능해진다. 이런 결과는 해방공간에서 가상의 이육사가 품었던 새로운 비전일 수도 있었다고, 판단해 볼 만하다.

3) AI 윤동주의 해방기념시

다음으로는 윤동주의 경우이다. 앞서 언급한 대로 동일한 프롬프팅 체계를 따라 GPT는 윤동주의 시를 먼저 학습한 다음[29] 『해방기념시집』의 시들을 학습했다. 이에 대한 정리 후, 2단계 과정을 수행하며 윤동주의 해방기념시 창작을 위해 제시했던 조건은 다음과 같다.

---

28 박주택, 「이육사 시의 낙원 의식 연구」, 『어문연구』 제68집, 어문연구학회, 2011, 453-481쪽; 김경복, 「이육사 시의 유토피아 의식 연구」, 『한국문학논총』 제74집, 한국문학회, 2016, 93-130쪽.

29 GPT에 윤동주의 시를 학습시킨 다음 『해방기념시집』에 대한 이해가 없는 상황에서 해방기념시를 창작하게 했을 때 GPT는 다음과 같은 결과물을 내놓는다.

〈입력〉 "윤동주 시인이 해방을 맞이했다고 가정한다면 어떤 시를 썼을까? 윤동주 시인 풍으로 해방기념시를 창작해줘."
〈출력〉 "새벽 별빛이 새어 들던 그 순간,/하늘에서 흘러내린 자유의 노래가/검은 땅에 퍼져가는 순간이었네.//서리 묵은 철사 너머로,/희망의 빛이 스며들던 그 순간,/속삭이던 꿈들이 하나 둘 깨어나는 순간이었네.//우리들의 숨결로 채워진 공기,/그 어둠 속에서도 빛나던 우리들의 눈빛,/그것이 바로 해방의 날이었네. (하략)" – AI 윤동주, 「해방의 날」 부분

위의 창작시의 경우도 윤동주의 시풍이 드러나 있지 않다는 점에서 창작의 한계를 보여준다.

(1) 시의 분량을 5연 20행으로 할 것.
(2) 행사에서 낭송할 기념시의 어투를 반영하되, '~하여라', '~하리라' 등의 강렬한 어투를 쓰지 말 것.
(3) 자기 성찰적 태도를 반영할 것.
(4) 그러나 '자기 성찰', '부끄러움'과 같은 단어를 직접적으로 사용하지 말 것.
(5) 이국에서 맞이한 봄날이라는 상황을 설정할 것.
(6) 일제강점기 때 희생된 사람들을 추모하는 내용을 추가할 것.
(7) 육첩방에서 아침을 맞이하는 상황으로 배경을 설정할 것.
(8) 1인칭 화자로 시를 쓸 것.
(9) '꽃'이랑 '햇빛'이랑 '검은 옷'이라는 시어를 꼭 사용할 것.

윤동주의 경우에서도 역시 제목은 따로 설정하지 않은 채 인공지능의 창작을 시도해 보았다.

해방의 봄날에 이국땅에 머물러
나는 육첩방의 창을 바라본다
햇빛은 천천히 창밖으로 스며들고
아침의 선율은 잠들어 있던 내 마음을 두드린다

바스락거리는 꽃잎 창가에 놓여진다
봄의 향기에 내 마음은 무거워진다
공기 속에 흩날리는 그들의 웃음소리
그들은 더 이상 이 땅에 없지만

꽃이 피었네 마침내 봄이 오고
햇빛이 내린다 검은 옷 위에도
그들의 희생을 내 가슴에 새기며
나는 세상에 그들의 이야기를 노래한다

눈을 감으면 그들의 얼굴들이 보인다
희생된 그들도 봄날을 기다렸겠지
그들의 이름을 하늘에 불러보면
햇빛 아래 꽃들이 한층 더 빛나는 것 같다

봄날이 왔다 이 땅에 자유가 왔다
햇빛을 받으며 그들의 이야기를 나는 계속 노래할 것이다
봄날이 왔다 그들이 기다렸던 봄날이.

– AI 윤동주, 「봄날」 전문

AI 윤동주의 「봄날」은 '봄'의 원형 상징성을 중심으로 시적 전개가 이뤄지고 있다. 여기서 봄은 '해방에 대한 기쁨'과 '희생된 민족에 대한 애도'라는 두 가지 의미를 지닌다. 그리고 주목해서 볼 사실은 "봄날"을 맞이한 시적 화자의 공간적 배경이 "육첩방"이라는 점이다. "육첩방은 남의 나라"(윤동주, 「자화상」)의 표현을 전유한 이 대목은 단순히 '육첩방'이라는 공간적 배경을 제시한 프롬프팅을 따른 결과는 아니라는 점에서 더욱 주목을 요한다. 그간 윤동주의 시에서 하강 정서를 함의하고 부끄러움의 원천적 공간이 되었던 '육첩방'이 해방공간으로 전이되자, "햇빛은 천천히 창밖으로 스며들고", "아침의 선율은 잠들어 있던

내 마음을 두드"리는 긍정의 장소로 거듭난 것이다. 이와 같은 결과는 GPT가 프롬프팅 과정을 통해 의미와 문장을 조합할 때 일종의 연산 규칙에 의해 우연성을 발휘한 결과이다. 질문자가 기획하고 주문하지 않은 부분까지도 챗GPT는 구현해낸 것이다. 다시 말해 이는 할루시네이션의 긍정 효과라고 볼 수 있겠다.

「봄날」은 1연에서 표현된 기쁨과 달리, 2연에서는 슬픔의 정서를 함께 제시한다. 해방공간은 민족해방이라는 긍정의 분위기와 이를 위해 자행되었던 수많은 죽음에 대한 부정의 분위기를 양가적으로 함의하고 있는 공간이자, 미래 전망을 예기하고 있는 공간이다. 그렇기 때문에 AI 윤동주의 「봄날」은 마냥 기쁘기만 한 '봄날'은 될 수 없으며, "바스락거리는 꽃잎 창가에 놓여"지는 순간으로 감각되는 "봄의 향기"는 시적 주체에게 '상실의 슬픔'과 '민족 공동체에 대한 애도'의 정서를 동시에 환기시킨다. "햇빛이 내린다 검은 옷 위에도"라는 표현에서와 같이 해방은 삶과 죽음을 구분하지 않고 도래하는 희망이기 때문이다. 따라서 "봄날이 왔다 이 땅에 자유가 왔다"는 화자의 선언은 삶과 죽음을 모두 포용하는 '사랑'으로 승화되며, "계속 노래할 것이다"라는 의지로 표명된다.

아울러 AI 윤동주의 「봄날」도 AI 이육사의 「동방의 꽃」과 동일하게 읽어낼 수 있는 문면이 존재한다. 다시 말해 이 시에서도 이념적 대립이 드러나지 않으며, "그들"과 같은 민족 공동체를 상징하는 대명사가 시의 중심 시어로 채택되고 있다는 사실이다. 다만 AI 이육사의 시와 분명하게 차이를 드러내는 지점은 시적 어투나 시어의 사용에 있다. 물론 이육사와 윤동주가 가지고 있는 시적 특징의 차이를 설명하기는 수월할 수 있다. AI 이육사는 이육사 시의 딕션이 어느 정도 반영이 이루어졌던 반면에, AI 윤동주는 윤동주 시의 딕션을 그대로 살리지 못한 면이 한계로 드러난다. 수사적 측면에서도 AI 이육사는 적절한 차용이 일어난 것과 달리 AI 윤동주는 단어 수준의 활용으로 그치는 결괏값을 보여준다. 다만 여기서 주목해야 할 것은 그러한 시적 특징을 GPT가 명확하게 이해하고 학습할 수 있다는 지점을 이 실습 설계를 통해 어느 정도 확인했다는 점이다.

지금까지 이육사와 윤동주가 해방공간에서도 생존해 있었다는 가설을 전제로 GPT를 통해 구현한 AI 이육사와 AI 윤동주가 창작한 『해방기념시집』의 시를 분석하고 그 의미를 고찰했다. 현재까지도 챗GPT는 대중적 화제성과 더불어 다양한 분야에서 적극적으로 활용되고 있다. GPT 모델 또한 개인용, 기업용과 더불어 다양한 버전 및 업데이트가 진행되고 있다. 물론 이 실험을 진행하면서 기능의 한계와 문제점들을 다시금 실감하기도 했다. 그러나 AI의 창작시가 갖는 한계나 창작에 대한 윤리적 기준에 대한 여전한 문제점을 실감하면서도 이육사와 윤동주를 해방공간으로 이입시키는 상상적 과정을 실제적 텍스트를 통해 유추해 볼 수 있는 것은 인공지능의 문학적 가능성을 기대하게 만드는 지점이라 평가해 볼 수 있다. 그리고 향후 데이터 처리 비용이 절감되어 SIA와 같은 창작형 인공지능이 오픈소스 형식으로 배포된다면 더 많은 시도를 해볼 수 있다는 전망도 할 수 있을 것이다. 향후에도 인공지능을 통한 근대문학의 상상 영역을 다양하게 시도해 보는 연구들이 지속되기를 기대한다.

맺음말

이 글은 해방 이전에 작고한 두 시인, 이육사와 윤동주의 해방기념시를 챗GPT 기술을 응용해 시연해 보았다. 이를 통해 이육사와 윤동주의 '해방공간'이라는 상상력을 실제 텍스트로 창출해냄으로써 AI 기술의 문학적 가능성을 타진할 수 있었다. 물론 챗GPT가 이육사와 윤동주의 『해방기념시집』을 전제한 상태에서 AI 이육사와 AI 윤동주를 구현함에 있어 한계는 분명해 보인다. 그 한계는 이육사와 윤동주의 시적 상상력이 단절된 공간에서 그들 스스로 어떤 방식으로 시 세계를 변모시켜 나갔을지에 대해 유고 작품에 나타난 시풍을 토대로 창작해낸다는 사실이 갖는 한계를 동시에 수반하고 있기 때문이다.

그럼에도 AI 이육사와 AI 윤동주가 각각 써낸 해방기념시 「동방의 꽃」과 「봄날」은 다음과 같은 사실을 소명하고 있다. 먼저 「동방의 꽃」은 이육사의 아나키즘적이면서도 남성적이고 이상 세계에 대한 의지를 '동방'이라는 공간과 '꽃'이라는 상징을 통해 보다 명징하게 표현해내고 있다. 「봄날」 또한 해방 이후의 '육첩방'에서의 상황 제시를 통해 일제강점기하에서 부정적이었던 공간이 희망과 더불어 희생된 민족을 애도하는 공간으로 승화되는 지점을 그려냈다는 점에서 윤동주만의 특징을 갖는다.

텍스트 자체에서 보여주는 이육사와 윤동주의 시적 세계를 인공지능이 그려낼 수 있다는 가능성과 더불어 이 작업은 근대문학을 인공지능으로써 다시 읽는 방식을 제시할 수 있다는 의의를 동시에 수반한다. 앞으로 더 많은 시행착오를 통해 인공지능 기술은 발전할 것이다. 이에 따라 근대문학 텍스트에 인공지능을 접목시키는 사례 또한 늘어날 것으로 전망한다. 이 과정에서 문학 텍스트를 올바르게 학습시키고 그에 따른 산출물을 학술적 가치로 전유하기 위해서는 비판적이면서도 객관적인 프롬프팅 설계가 필요하다. 이번 챗GPT를 통한 이육사와 윤동주의 해방기념시 창작 작업은 바로 이 같은 프롬프팅 설계의 단초를 마련할 수 있는 과정 위에 놓여 있다 할 것이다.

AI 디지털 시대와 디아스포라 한글문학의 방향*

곽효환**

디아스포라 문학과 AI 디지털 시대

20세기 후반 또는 21세기 세계화 시대를 맞이한 이후 가장 뚜렷한 문학 흐름이자 주목받는 경향 가운데 하나는 디아스포라 문학이다. 이는 20세기적인 경계 해체, 사람과 노동과 자본 등의 자유로운 이동, 통신과 인터넷의 고도화 등으로 요약되는 세계화된 지구촌과 맞물려 있는 것이기도 하다.

그리스어에 어원을 둔 디아스포라(diaspora)는 '흩어짐', '퍼져나감'의 의미를 가진 것으로 팔레스타인 외부 또는 근대 이스라엘 밖에 사는 유대인과 그들의 거주지를 가리키는 말로 사용되어왔다. 타의에 의해 자신이 나고 자란 지역이 아닌 다른 지역에서 소수자로 혹은 뿌리 뽑힌 자로서의 삶을 살아야 하는 '이산'을 의미하던 디아스포라는 이후 그

---

* 이 글은 『국제한인문학연구』 제38호(국제한인문학회, 2024)에 게재된 논문을 수정·보완했다.

** 전 한국문학번역원 원장.

의미가 점차 확장되며 "국제이주, 망명, 난민, 이주노동자, 민족 공동체, 문화적 차이(다문화), 정체성 등을 아우르는 보다 포괄적인 의미로 통용되고 있다."[1] 타의에 의한 강제 이주, 그로 인한 망명지 혹은 유배지에서의 소수자로 사는 삶, 즉 '강제성', '비자발성' 등의 속성을 동반한 부정적인 의미로 사용되던 디아스포라는 20세기 후반 세계화 시대를 맞으며 '자발성', '선택성'을 동반한 이주자들이 대거 등장하면서 적극적이고 긍정적인 의미로 확장되고 있다. 실제로 유엔이 집계한 2010년 기준 국제 이주민은 세계 인구의 3.1%로 점점 증가하는 추세인데 이를 국가로 치면 세계에서 다섯 번째로 인구가 많은 국가인 셈[2]이다.

이것은 디아스포라 문학과 디아스포라 문학 연구에도 동일하게 나타나고 있다. 세계화의 영향은 디아스포라 문학 역시 특정 국가나 지역에 한정해서 나타나는 것이 아닌 보편적이고 중요한 문학 흐름으로 자리 잡고 있다. 제국주의 식민지의 결과와 대륙 사이 격차 속에 놓여 있는 난민의 운명을 주의 깊은 시선으로 담은 압둘라지크 구르나(2021)를 비롯해 가즈오 이시구로(2017), 가오싱젠(2000) 등 디아스포라 작가들의 노벨문학상 수상을 비롯하여 세계 곳곳에서 디아스포라 작품과 작가가 크게 주목받는 등 "20세기 전후 주목받기 시작한 '디아스포라 문학'은 '세계화'에 따른 문학 패러다임의 변화를 작품에 밀착하여 논하고 있다는 점에서 현실적인 문학 현상이자 담론이라고 할 수 있"[3]는 위치

1 서봉언·이채문, 「키워드 분석을 통해서 본 한국의 디아스포라 연구 동향」, 『디아스포라 연구』 제8권 1호, 전남대학교 세계한상문화연구단, 2014, 43-69쪽 참조.

2 케빈 케니, 최영석 옮김, 『디아스포라 이즈is』, 앨피, 2016, 162쪽 참조.

3 정은경, 「민족문학, 세계문학, 디아스포라 문학」, 『우리어문연구』 제38호, 우리어문학회, 2010, 603쪽.

에 와 있다.

디아스포라 문학의 위상 변화는 세계화라는 외부적인 환경에 힘입은 바 크지만 디아스포라 문학의 내적 담론 변화에서 기인하는 것 또한 크다. 초기의 디아스포라 문학, 즉 1세대 작가들의 작품이 이주민으로서 겪는 경제적 궁핍과 문화적 혼란을 그리며 고향에 대한 향수 또는 조국에 대한 그리움에 기반을 둔 귀향이나 뿌리 찾기에 집중하고 있다면 2, 3세대 작가들에게는 이를 넘어선 경계인으로서의 타자성 인식이 전면화한다. 최근의 디아스포라 문학은 "이주한 국가에서의 적응과 문화 혼종성, 서로 간의 네트워크를 형성하는 트랜스내셔널 이주자로서 융합적인 면을 더 비중 있게 기술"[4]하는 특징을 보인다.

이는 디아스포라 한글/한인 문학에서도 비슷하게 나타나는데 "20세기 디아스포라 문학에서 민족정체성이 고정된 상수였다면, 오늘날 해외 한인 문학에서 그것은 가변적 변수로 변화"[5]하고 있다. 디아스포라 문학의 키워드가 이산성과 혼종성이라면 문화적 차이와 적응 과정에서 빚어지는 다양성과 새로운 정체성 등이 강화되어 나타나고 있다.

민족, 국민, 국가, 영토, 자본 등 다양한 근대적 개념의 경계들을 뛰어넘는 '월경하는 문학'으로서의 디아스포라 문학의 특징과 현상이 민족문학론과 세계문학론의 '실재성'은 물론이고 '세계성'과 '민족성'을 동시에 보여줄 뿐만 아니라 민족문학, 세계문학의 기존 범주와 경계를 내

---

4 장희권, 「경계 넘기의 서사적 재현으로서의 디아스포라 문학」, 『독일언어문학』 제71호, 한국독일언어문학회, 2016, 188쪽.

5 나소정, 「포스트디아스포라. 한국어 문학의 새로운 접경: 박미하일론」, 『문화와 융합』 제43권 10호, 한국문화융합학회, 2021, 303쪽.

파하고 교란시키면서 여러 난제들을 발생시키고 있다는 지적[6]은 디아스포라 문학의 새로운 가능성을 말해주고 있다. 실제로 현지어로 쓰인 디아스포라 문학은 현지 주류문학의 중심적인 사유의 기반을 흔들고 동일성에 균열을 가할 수 있으며 반대로 모국어로 쓰인 디아스포라 문학은 모국어 문학의 완강한 민족주의에 탈민족주의를 보여주면서 다양성을 심어준다는 면에서 디아스포라 문학은 과거 문학에서 볼 수 없는 새로운 변화의 중심에 있다고 할 수 있다.

한국문학도 "해외동포문학을 거울로 민족주의의 함몰을 해독하고 또 후자는 전자의 거울로 탈민족주의적 탈주를 돌아보는 상호 균형"[7]이라는 관점에서 스스로를 돌아보고 객관화할 수 있다. 나아가 "재일문학에 내재된 탈국가, 탈이념, 탈중심적인 월경적 시좌가 다양성과 혼종성을 기조로 다문화주의의 표상, 전 지구화 시대의 보편적 가치로 이어지고"[8] 있다는 차원에서 '세계문학으로서의 한국문학'을 향해 가고자 하는 한국문학에 중대한 시사점을 주고 있다. 이제 한국문학도 종래적인 담론과 관점에서 벗어나 디아스포라 문학에 문을 열고 적극적인 외연 확장과 새로운 담론으로 나아가지 않으면 안 되는 상황을 맞고 있는 것이다.

---

6 정은경은 디아스포라 문학이 민족문학, 세계문학과는 달리 발생시키는 난제들로 ① 민족주의와 탈식민주의 ② 디아스포라의 리얼리티 ③ 이중적 정체성 ④ 문화적 혼종성을 들고 디아스포라의 문화적 혼종성은 "무분별한 요소들의 무작위적 섞기가 아니라 독립과 식민, 국가주의 이데올로기와 인종적 전통주의, 세계화와 지역화 그리고 식민주의와 탈식민 등을 둘러싼 정치학적·경제적 논리가 뒤엉켜 있는 것"이라고 말하고 있다. (정은경, 앞의 글, 606-609쪽 참조.)

7 최원식, 「민족문학과 디아스포라」, 『창작과비평』 2003년 봄호, 39쪽.

8 김환기, 「재일 디아스포라 문학의 '혼종성'과 세계문학으로서의 '가치'」, 『일본학보』 제78호, 일본학회, 2009, 128쪽.

여기에 최근 코로나바이러스 19 팬데믹으로 거스를 수 없는 현실이 된 전 지구적인 디지털화와 인터넷을 중심으로 한 통신망의 고도화 그리고 여기서 한 발짝 더 나아간 AI(인공지능)의 급속한 확산과 무한한 가능성에 대한 기대는 지식과 정보의 혼성 및 동일화가 이루어질 것이라는 점에서 경제, 사회, 문화 전반에 디지털혁명을 완성시킬 것으로 보인다. 이는 문학 특히 디아스포라 문학에 커다란 변화와 발전 가능성을 가져올 것으로 보인다.

디지털 시대의 특징으로 여러 가지를 들 수 있지만 가장 주목되는 것은 지식과 정보의 결합과 아카이빙에 그치지 않고 그 과정에서 그것들이 새로운 계열화를 이루는 축적과 융합을 고도화하고 새로운 지식과 정보를 엄청난 양과 수준으로 생성한다는 것이다. 그리고 이것을 시공간을 뛰어넘어 동시적으로 연결하고 제공하고 또 활용할 수 있다는 데 있다. 자유로운 인적·물적 이동에 이어 지식과 정보의 축적과 융합, 새로운 지식과 정보의 생성, 그리고 시공간을 동시적으로 연결하는 디지털혁명과 AI의 고도화는 디아스포라 문학에 새로운 전기를 가져올 것은 분명하다. AI 디지털 시대에 이동과 이주에서 오는 정체성과 다양성, 이방인·소수자·경계인으로서 겪는 타자성과 탈경계성, 그리고 이것이 빚어내는 혼종성 등을 특징으로 하는 디아스포라 문학의 활성화와 외연 확대가 예상되기 때문이다.

여기에는 디아스포라 한글/한인 문학 또한 예외는 아니다. 19세기 후반부터 러시아, 중국, 일본, 미주를 비롯한 세계 여러 곳으로의 디아스포라를 겪었으며 이를 다양한 내용과 형식의 문학작품으로 형상화해 온 디아스포라 한글/한인 문학이 가진 탈경계성, 다양한 문화적 정체성과 혼종성은 새로운 전기를 맞게 될 것으로 예상될 뿐만 아니라 이것이 한국문학에도 새로운 에너지가 될 수 있을 것으로 기대되기 때문이다. 따라서 이 글에서는 디아스포라 한글/한인 문학의 주요한 흐름과 특징을 정리하고 디지털 시대의 디아스포라 한글/한인 문학을 어떻게 준비하고 있는지 그 현황을 살펴보는 것을 통해 바람직한 방향을 모색하고자 한다.

디아스포라 한글(한인) 문학의 주요 흐름과 특징

한민족의 디아스포라는 1863년 12월 함경북도 무산 출신 최운보와 경흥 출신 양응범이 13가구 60명가량의 농민을 이끌고 연해주 포시에트 구역에 지신허 마을을 개척하고 영구 정착한 것을 출발점으로 삼는다. 1860년대 후반 함경도 지역에서 일어난 보기 드문 큰 수재와 흉년 그리고 이로 인한 기근이 이어지면서 유이민이 급속히 증가[9]한 이래 많은 사람이 러시아 땅인 연해주와 중국 땅인 간도로 이주하였다. 이후 조선의 무능과 일제의 국권 침탈로 이어지는 과정에서 생존이라는 경제적 문제와 국권 회복 등을 위한 정치적 동기에 의한 많은 국외 이주가 있었고 이어 일제의 식민지 침탈로 인한 강제 이주가 있었다. 그리고 해방 이전의 이주가 강제성을 띠거나 어쩔 수 없는 타의성에 기인한다면 한국전쟁이 끝난 후 1960년대 이후의 이주는 자발적 선택으로 이루어지는 특징을 갖는다.

이러한 한민족 디아스포라의 배경에 따라 디아스포라 한글/한인 문학이 큰 흐름을 형성한 대표적인 지역은 옛 러시아였던 중앙아시아 지

---

9 이홍권, 「국경을 넘는 사람들」, 『고대에서 현대까지 북쪽의 역사 절반의 한국사』, 위즈덤하우스, 2021, 185쪽 참조.

역을 비롯한 중국, 일본, 미국 등 네 곳이다. 이들 외에도 디아스포라 한글/한인 문학이 형성된 지역으로 캐나다, 남미의 브라질과 아르헨티나, 유럽 지역의 독일과 프랑스, 호주 등지를 꼽는다. 이들 지역에서의 디아스포라 한글/한인 문학의 주요한 성과와 특징은 다음과 같다.

1) 중앙아시아 고려인 문학

한민족이 러시아령 연해주로 이주한 것은 1860년대 생계형 농업 이주로 시작되어 가장 오랜 역사를 가지고 있다. 이후 조선의 국권 상실과 일제 식민 통치의 본격화를 거치며 연해주 지역의 이주민은 급격히 증가하여 20만 명에 달하게 된다. 그러나 일본과 소련의 대립이 격화되면서 스탈린 공산당의 강제 이주 정책에 따라 1937년 중앙아시아 지역으로 강제 이주가 단행되며 이 지역의 한인 대부분이 카자흐스탄과 우즈베키스탄을 비롯한 중앙아시아 지역으로 강제 이주 되는 비극을 겪는다.

이 지역의 디아스포라 한글/한인 문학은 한글 신문을 중심으로 명맥이 이어졌다. 1923년 블라디보스토크에서 소비에트 기관지로 창간된 최초의 한글 신문 《선봉》[10]은 중앙아시아로 강제 이주 이전까지 연해주 지역 한인들의 문화적 구심적 역할을 하였다. 특히 문예면은 국내에서 카프 활동을 하다 연해주로 망명한 포석 조명희를 중심으로 한글 창작과 작가 양성의 산실이 되었고 김기철, 연성용, 전동혁, 조규동, 조기천, 채영, 태장춘, 한아나톨리 등이 활동하는 고려인 문단 형성에 기여

---

10 《선봉》은 당초 1923년 3월 2일 《三月一日》이란 제호로 발간되었으나 4호부터 《선봉》으로 제호를 바꾸어 1937년 스탈린에 의해 중앙아시아로 강제 이주가 단행되기까지 꾸준히 발행되었다.

했다. 이 시기 작품들은 소련 사회주의에 대한 비판이나 조국과 고향에 대한 향수를 허용하지 않은 시대적 상황에 따라 사회주의 건설, 소비에트 사회주의 찬양이 주를 이루고 있다.

강제 이주 이후에는 1938년 카자흐스탄에서 《레닌기치》라는 제호로 재창간되어 소연방의 해체와 함께 1990년 12월 30일 폐간되었으며 1991년 1월 1일 《고려일보》 창간으로 이어지며 고려인 문학의 장이자 구심점 역할을 계속해서 수행하였다. 이 시기 고려인 문학작품은 1941년 독소전쟁 이후 소련의 전쟁 승리를 위해 후방에서 헌신적으로 노력하는 고려인들을 그린 작품들이 등장하였고 흐루쇼프 집권 후에는 고려인 이주공동체의 역사적 기억을 복원하고 민족정체성을 발전시키기 위한 홍범도를 위시한 항일투쟁 작품이 등장하였다. 1980년대 후반부터는 중앙아시아로의 강제 이주 비극을 담은 작품들이 등장하였고 주제가 다양화하는 경향을 보인다. 이 시기에 활동한 고려인 작가들로는 강태수, 김광현, 김준, 김기철, 연성용, 전동혁, 정상진, 태장춘 등이 있다. 한편으로는 1950년대 러시아에 망명한 북한 출신 유학생 허웅배(허진), 리경진(리진), 최국인, 양원식, 정추, 김종훈, 정린구 등이 고려인 공동체의 한글 창작 공백을 메우고 창작 수준을 높이는 데 이바지하였다.

그러나 1970년대 이후 1세대와는 달리 엄격한 소수민족 정책 등의 영향으로 한국어 교육을 받지 못해 점차 러시아어로 창작 활동을 하게 되고 정체성 면에서도 러시아에 동화되는 현상을 보이면서 한글문학이 급격히 위축되었으며 1990년대 이후에는 한글 작품을 찾아보기 어렵게 되고 한글 출판과 매체 또한 더이상 명맥을 이어 나가기 어렵게 되었다. 창작과 소비의 주체가 사라짐으로써 한글로 된 고려인 문학이 운명을 다한 것으로 보이지만 "고려인으로서의 민족정체성보다 러시아 문화공동체의 소수민족 출신 작가로서의 다양성을 새로운 창작의 원천으로 삼는 아나톨리 김이나 미하일 박의 등장은 고려인 문학이 새로운 형태로 도약할 수 있는 하나의 기회가 되기도 했다"[11]고 보기도 한다.

2) 중국 조선족 문학

19세기 후반부터 시작된 두만강과 압록강 건너 만주 지역으로의 조선인 이주는 연해주와 마찬가지로 절대적 빈곤에 처한 농민들의 생존을 위한 선택이었다. 이주가 계속되면서 200만 명에 달하는 중국 내 소수민족으로 자리를 잡은 조선족은 "국적은 중화인민공화국이지만 언어는 한글 문화권에 속하는 이중적 존재성"[12]이라는 특징을 지닌다.

중국 만주 지역에서의 조선족 문학은 일제강점기에 이 지역에서 활동한 염상섭, 안수길, 박영준, 김조규, 현경준, 김창걸, 리욱, 김동인, 강경애 등 기성 국내 문인들에 의해 형성되었다. 이들은 1931년 구성된 동인지 『북향』과 《만선일보》를 중심으로 만주 체험에 바탕을 둔 이주민의 고난상을 담은 작품들을 발표하였으나 대부분 해방을 전후하여 고국으로의 귀국을 택했다. 특히 『북향』이 소멸한 후에는 《민성보》, 《간도일보》, 《만선일보》 등의 신문과 『싹트는 대지』(1941), 『재만조선시인집』(1942) 등의 출판으로 이어진 재만 지역 조선족 문학 활동은 한국문학의 암흑기로 불리는 1940년대의 공백을 대신할 수 있을 것이라는 점에서 주목을 받기도 한다.

---

11 우정권·전성희·홍용희·홍웅호, 『고려인문학』, 한국문학번역원, 2020, 21쪽.

12 홍용희, 「디아스포라 한인 문학의 이중적 정체성과 한류의 역할론」, 『한국시학연구』 제35호, 한국시학회, 2012, 509쪽.

해방과 분단으로 이어지는 과정에서 조국으로 돌아가지 않고 남은 김창걸과 리욱 등에 의해 모태를 마련한 조선족 문학은 중국의 국공합작과 중화인민공화국 수립 과정을 거치면서 소설은 사회주의 체제에서 느끼는 감격과 희열, 농민 투쟁과 애국 증산 등을 다루는 작품이 주류를 이루었다. 시는 당과 수령의 흠모와 칭송, 사회주의 건설을 위한 인물의 형상화, 사회주의 제도 아래서의 행복과 긍지, 농민의 보람과 노력 투쟁 칭송 등이 주를 이루었다. 문화혁명기가 끝나고 개혁 개방 시기를 맞으면서는 조선족 문학도 암흑기를 벗어나 정치사상을 도식화하던 작품에서 탈피하여 다양한 주제의 작품이 발표되고 다수의 매체 복간, 중견작가들의 복귀, 새로운 작가군의 등장을 맞는다.

오늘날 중국 조선족 문단은 1951년 창간한 『연변문학』을 비롯해 『송화강』, 『두만강』, 『일송정』, 『문학과 예술』, 『장백산』 등의 문예지를 중심으로 500여 명이 활동하고 있으며 연변작가협회를 결성하고 지린, 무단장, 하얼빈, 선양, 통화, 베이징 등에 지부를 두고 있는데 이들 중에는 중국작가협회에 이름을 올린 작가들도 30여 명이 넘는 것으로 알려져 있다. 또한 1948년 창간한 《연변일보》를 비롯해 《길림신문》, 《흑룡강신문》 등 한글 일간지가 조선족 문학의 무대가 되고 있다.

중국 조선족 문학의 특징은 중국과 한반도의 지정학적·역사적 관계성 속에서 "중국의 한반도에 대한 동반적 관계의 재인식과 더불어 남북한의 문화적 완충 역할, 제3의 시각에서 남북의 협력과 화해의 지점 등을 모색할 수 있는 가능성을 열어갈 수"[13]도 있을 것이라는 점에서 우리나라의 지원과 협력 그리고 네트워크 구축이 어느 때보다 중요하다

13 홍용희, 앞의 글, 511쪽.

고 보는 관점이 있다. 그러나 중국 조선족의 대부분이 1949년 중화인민공화국의 건국과 함께 중국 국적을 취득하였고 그 후로 지금까지 중국인으로서 국가의식을 더 분명하고 확고하게 구성해왔다는 점, 한국과의 교류가 활성화되면서 역설적으로 조선족자치주가 축소되고 조선족 공동체의 붕괴 우려가 대두되고 있는 점, 그리고 "2000년대 조선족 문학에서 한국과의 만남이 주요한 소재 중 하나지만, 그들 중 다수가 한국 및 한국인과의 경험을 부정적으로 다루고, 그 과정에서 겪는 단절과 상실감을 이야기하는 경우가 많다"[14]는 점은 주목해야 할 대목이다. 반면에 한국에 체류하는 조선족이 공식적으로 80만 명을 넘어서며 한국 사회의 소수집단으로 자리를 잡아가고 있으며 이와 함께 한국에 거주하며 문학 활동을 하는 조선족 출신 작가들이 늘어나고 이들이 '재한조선족문학창작위원회', '재한동포문인협회' 등을 구성하는가 하면 중국 연변작가협회 회원이면서 한국의 문인협회에 가입, 활동하는 작가도 있는 점은 이채로운 현상이다.

3) 재일 한인 문학

재일 한인 디아스포라는 일본의 식민 지배라는 직접적인 영향으로 인한 것이라는 점에서 한국 근대사의 비극과 질곡을 고스란히 보여준다. 19세기 중엽부터 시작된 소수의 유학생과 노동자의 이주 그리고 1910년대 일본의 산업 팽창에 따른 노동자들 이주는 자의에 의한 이주였다. 이후 관동대지진을 전후한 노동자 유입 저지와 지진 복구를 위한

---

14 구재진·김형규·김호웅·윤의섭·이미림, 『중국 조선족 문학』, 한국문학번역원, 2020, 21-22쪽.

한인 이주를 장려한 이후 본격적으로 타의에 의한 강제 이주가 시작되었다. 일본은 1931년 만주사변을 일으킨 데 이어 1937년 중일전쟁을, 1941년 태평양전쟁을 일으킨 후 전쟁 수행을 위해 필요한 인력을 한인 강제 이주를 통해 충원하였다. 만주사변 시기 재일조선인은 96만 명에 달했고 이후 국가총동원법(1938), 징용령(1942) 등을 거치며 그 수는 1944년에 193만 명, 광복 직전에 240만 명에 달할 정도로 강제 이주는 극에 달했다. 그리고 해방 이후 60만여 명의 조선인이 귀국을 포기하고 일본에 남았다. 패전한 일본은 1947년 외국인 등록령과 1952년 샌프란시스코 강화조약 이후 외국인등록법을 선포하며 재일조선인들의 국적을 박탈하였고 이에 따라 재일조선인은 일본 국적 소지자, 한국 국적 소지자, 조선족 소지자로 분류되게 된다.

해방 이전의 재일 한인 문학은 장혁주와 김사량에 의해 주도되었다. 장혁주는 "초기에 일제의 착취와 수탈에 저항하는 작품 경향을 보이다가 결국 식민지 정책에 부응하면서 친일 작가로 전락"한 반면 김사량은 "조선 민족의 비참한 생활과 일제의 식민지 정책을 고발하고, 반민족적 행위를 하는 지식인들을 비판, 풍자하는 등 식민지 지배에 저항하는 작가의 길을 걸었다."[15]

해방 이후의 재일 한인 문학은 신문, 잡지, 민족학교, 커뮤니티 등을 통해 형성되고 전개되었다. 신문으로는 해방 전에는 《민중시보》, 《조선신문》 등이, 해방 후에는 《조선인생활인권옹호위원회 뉴스》, 《조선경제신문》, 《민청시보》 등이 발행되었고, 잡지로는 해방 직후 김달수

---

15 김종회, 「남북한 문학과 해외동포 문학의 디아스포라적 문화 통합」, 『한국현대문학연구』 제25호, 한국현대문학회, 2008, 497쪽.

가 중심이 되어 발행한 『민주조선』을 비롯해 약 170종에 달한다. 이 가운데 문예동의 기관지 『문학예술』은 1960년 1월 창간되어 2009년까지 총 110호를 발간하며 꾸준히 한글 문학작품을 게재했으며 이밖에 『한양』, 『겨레문학』, 『종소리』 등이 한글 문학작품의 발표 공간이 되었다.

해방 후 재일 1세대 작가로 김달수, 김석범, 이은직 등이 일제강점기의 반인륜적 행위와 조국 바깥에서 떠도는 지식인과 민초들의 고초, 분단된 조국과 일본의 차별상 등을 다루었다. 재일 한인사회의 주체적 가치와 민족의 정체성을 서사화한 재일 한인 문학의 민족적 글쓰기는 이회성, 김학영, 이양지 등으로 이어진다. 이들은 전 세대의 "민족적 글쓰기와 달리 현세대의 '개아' 중심의 현실주의적 글쓰기로 차별화하며 디아스포라 경계의식과 트랜스네이션을 주제화했다. 특히 혈통과 민족을 의식하면서도 자기(민족) 아이덴티티를 찾아가는 중간 세대의 경계의식과 이방인 의식은 치열한 육체적·정신적 탈각 작업으로 조율"되는 특징을 보인다. 이어 유미리, 현월, 원수일, 사기사와 메구무가, 최실, 후자카와 우시오 등 현세대의 재일 한인 문학은 열린 가치관과 세계관을 바탕으로 "소위 '탈'로 표상되는 탈조국과 탈이념에 근거한 '개아' 중심의 현실주의적 글쓰기"[16]를 선보이며 보편성과 세계성을 추구하고 있는데 이 같은 문학적 성취는 한글이 아닌 현지어로 쓴 작품들이 이룬 것이라는 점이 특징적이다.

재일 한인 문학은 오랫동안 자신이 거주하고 있는 일본과 자신의 뿌리가 일본의 식민 지배를 받은 조선이라는 현실에서 오는 이중적 정체성과 갈등 양상을 깊이 천착해 왔는데 "1990년대 이후 재일조선인 문

---

16 김환기·유숙자·윤대석·이승진, 『재일한인문학』, 한국문학번역원, 2020, 18쪽.

학은 내면에 실재하는 욕망의 문제, 진솔한 삶의 문제에 접근함으로써 '재일'이라는 특수한 상황을 보편적인 인간의 정서와 대면하게 한다"[17]는 면에서 주목할 만한 변화를 보인다. 이는 "큰 틀에서 경계의식과 트랜스네이션을 근간으로 글로컬리즘(glocalism)적 성향을 보여준 코리안 디아스포라 문학 세계와 궤를 같이한다"[18]는 평가를 받는다.

한편 1955년 재일본조선인총연합회(총련) 결성 이후 재일조선인 문학은 《조대문학》(조선대학교 문학부), 《조선문예》(문예동 가나가와 지부), 《효고문예통신》(문예동 효고 지부) 등을 중심으로 전개되었다. 이들 지면을 중심으로 전개된 문학작품은 일본 사회의 정착과 시련, 조국에 대한 그리움, 김일성·김정일 송가, 남한 사회의 비판과 조국 통일 염원 등으로 요약된다.

4) 재미 한인 문학

미국으로의 디아스포라는 조선말인 1903년 102명의 조선인이 하와이 마우이섬으로 노동 이민을 떠난 것을 시작으로 해방 이전에는 250명 정도에 불과했다. 하지만 해방과 한국전쟁 그리고 1970년대 중반 미국 이민 쿼터의 급격한 확대와 한국인들의 경제적·사회적 신분 상승 욕구가 맞아떨어지며 오늘날 250만 명에 달하는 한인들의 거주지가 되었다.

최초의 재미 한인 문학작품은 1905년 4월 6일 발표된 이홍기의 시 「이민선 타던 전날」이다. 이후 재미 한인 작품은 주로 《신한민보》를 통

17 김종회, 앞의 글, 499쪽.

18 김환기·유숙자·윤대석·이승진, 앞의 책, 22쪽.

해 발표되었으며 내용은 주로 애국 계몽적인 것이었다. 재미 한인 문학이 미국 내 소수민족 문학으로 자리를 잡는 데는 영어로 쓴 소설작품들에 힘입은 바 컸다. 최초로 영어로 쓴 소설로 류일환의 『나의 한국 소년 시절』이 1928년 발표되었고 이어 국권 피탈에서 3.1독립만세운동까지를 시대적 배경으로 한 강용흘의 자전소설 『초당』이 1933년 발표되면서 미지의 나라 조선의 역사와 일제에 대한 저항을 미국 사회에 알릴 수 있었다. 1956년에는 김용익의 단편소설 「꽃신」이 발표되며 '가장 아름다운 단편소설'로 주목받았고, 1964년 발표한 김은국의 첫 장편소설 『순교자』는 한국전쟁 때 평양을 무대로 기독교 신앙과 양심의 갈등을 다룸으로써 미국뿐 아니라 세계 문단의 주목을 받으며 10개 언어로 번역되었고 노벨문학상 후보로 거론되기도 했다. 이후 이창래의 『네이티브 스피커』(1995), 『제스처 라이프』(1999), 로라 옥자 켈러의 『종군위안부』(1996), 하인즈 인수 펜클의 『나의 유령형의 기억』(1996), 린다 수 박의 『사금파리 한 조각』(2002) 그리고 이민진의 『파친코』(2017)에 이르기까지 영어로 쓴 한인들의 여러 작품들이 크게 주목받았다. 특히 이창래의 경우 미국 『더 뉴요커』의 '미국 소설의 미래' 특집호(1997년 7월)에 21세기를 이끌어갈 20명의 대표적인 젊은 작가 중 한 사람으로 꼽히며 미국 문단에서 확고한 지지를 받는 세계적인 작가로 부상하였다.

영어로 시를 써 개인 시집을 낸 것은 1972년 한인 3세 윌리스 김의 『아티초크 먹기』가 처음이다. 이후 주목받는 한인 시인과 작품으로는 캐시 송의 『사진 신부』(1982), 테레사 학경 차의 『딕테』(1982), 명미 김의 『깃발 밑에서』(1991), 제니퍼 권 답스의 『종이누각』(2007), 최돈미의 『희미한 전쟁』(2016) 등을 비롯하여 여러 시인들이 활발히 활동하며 주목받고 있다.

재미 한인 문학의 한글 창작은 문예지를 중심으로 전개되었다. 1973년 창간된 『지평선』은 미국 문단에서 나온 최초의 동인지로 3집까지 발간되는 데 그쳤지만 1983년 9월 미국과 캐나다에 거주하는 재미 한인 문학인들의 문학단체인 '미주한국문인협회' 창립의 바탕이 되었으며 북미주 한인 한글문학의 구심점 역할을 하는 『미주문학』의 모태가 되었다. '미주한국문인협회'와 『미주문학』은 미국과 캐나다 지역에 산재해 있던 한인 문학이 자생적이면서 전문성을 가지고 활동하는 구심점 역할을 했다는 점에서 의미가 크다.

1980년대 이후 재미 한인 문학의 한글 창작은 문예지와 문학단체를 중심으로 활발하게 이루어지고 있다. 주요 문학단체와 문예지로는 미주크리스찬문인협회(1983년 창립)의 『미주크리스찬문학』(1983년 창간), 재미시인협회(1987)의 『외지』(1989), 미국동부문인협회(1989)의 『뉴욕문학』(1991), 샌프란시스코문인협회(1982)의 『샌프란시스코문학』(1996), 시카고문인회(1984)의 『시카고문학』 (1996), 워싱턴문인협회(1990)의 『워싱턴문학』(1991), 애틀란타문학회(1989)의 『한돌문학』(1991), 오레곤문학회(2002)의 『오레곤문학』(1992) 등이 있다. 이밖에 하와이 지역에서 『해외문학 울림』(1991)이 발간되고 하와이 한인 문학동인회가 결성(1993)되었으며 미주시학회(2009)의 『미주시학』, 미주소설가협회(2001)의 『미주한국소설』, 재미수필가협회(1999)의 『재미수필』 등이 발간되고 있다. 이렇게 재미 한인 문학의 한글 창작이 자생력을 가지고 성장하는 데는 한국 문단에서 활동하다 이민길에 오른 시인 박남수, 고원, 소설가 최태응, 송상옥 등의 역할이 컸다.

오늘날 재미 한인 한글문학은 한국 중앙문단과의 활발한 교류와 인터넷 등을 통한 한국문화의 동시적 접촉 등이 이루어지면서 창작기법과 감각 등에서 흡사한 면모를 보이고 있다. 이에 따라 "이산문학으로서의 변별성이나 모국어 문학으로서의 전문성이라는 점에서 재미 한인 문학이 느끼는 위기감도 작지 않다. 모국 문단과 더욱 가까워지면서 모국 문학의 자양분이 유입되는 이점을 살리지 못하고 다시금 비평이나 출판 등에서 자생적 전문성을 위협받는 상황도 나타나고"[19] 있고 무엇보다 생생한 이산문학의 장으로서의 장점을 살리지 못할 수 있다는 우려를 낳고 있다.

5) 그 외 지역의 한인 문학

유럽에서의 한인 문학의 가장 앞자리에는 이미륵의 『압록강은 흐른다』(1946)가 있다. 유년 시절 조국을 떠나 유럽에 정착하기까지의 경험을 담은 자전소설이라 할 이 작품은 발간 후 100여 개 지면에서 서평으로 다루었고 실제 판매 부수 또한 상당했다. 이후 유럽에서의 한인 문학은 알려지지 않았는데 1994년 결성한 베를린 문향회가 2001년 창간한 『Berlin 문향』은 유럽 지역에서 처음 발간된 문집으로 확인된다. 2004년에는 재외동포문학상을 수상한 유럽 교포 7인이 재독한국문인회를 결성하고 2007년 12월 『재독한국문학』 창간호를 낸 뒤 2022년까지 총 14호를 발간하였다. 재독한국문인회에서 분리되어 나온 회원들이 주축이 되어 2017년 창간한 『유럽한인 문학』은 독일 외에 영국, 폴란드, 오스트리아, 스위스, 마케도니아 등에 거주하는 15인의 시, 소설, 수필, 기행문을 모은 문집으로 유럽 전체를 아우르고 있다. 오스트리아에서는 2012년 오스트리아한인문우회가 결성되어 2013년 문집 『도나

---

19 박덕규·남기택·정은경·정은귀, 『미주한인문학』, 한국문학번역원, 2020, 22쪽.

우 담소』를 창간하고 2019년까지 4호를 펴냈다.

유럽 한인 작가로는 오스트리아 빈에 거주하며 독일어로 작품 활동을 하며 유럽의 성공한 젊은 문학인에게 주어지는 EU문학상을 수상하며 주목받고 있는 안나 김, 1984년 독일로 유학 가서 정착하면서 2010년 『실천문학』을 통해 등단한 변소영이 각각 한글과 현지어로 작품 활동을 하고 있다.

호주에서의 한인 문학은 1968년 영문 소설 『내 이름은 티안』을 펴낸 돈오 김이 앞자리에 있다. 『암호 정치적 음모』, 『태극』 등을 발표한 돈오 김은 1994년 미국 옥스퍼드대학 출판부가 미국과 영국에서 펴낸 『호주 단편소설집』에 아시아 출신 작가로 유일하게 소개되는 등 호주를 넘어서 영어권 문단에 이름을 알렸다. 호주로의 한인 이주는 1980년대부터로 짧지만 이곳의 한인 문학은 "1983년 이주 후 『시드니 수필』을 창간한 이효정, 1987년 이주 후 시 창작반을 운영하며 『호주 한인 문학』을 창간한 시인 윤필립 등"[20]이 기초를 다졌다. 이후 1990년 《호주동아일보》와 같은 한인 신문의 창간과 글무늬문학사랑회 등 여러 한글문학 단체들이 결성되었다.

한편으로는 디아스포라를 적극 수용한 한국 문단의 작품들이 다수 등장하고 있는 것도 중요한 현상이다. 소설에서는 호주로 이민 간 한국인들에 관해 다룬 김인숙의 『시드니 그 푸른 바다에 서다』와 『먼 길』, 일제강점기 멕시코로 이주한 조선인 노동자들을 다룬 김영하의 『검은 꽃』을 비롯하여 김숨, 조해진, 손홍규, 천운영, 김재영 등의 작품이 주

---

20 박덕규, 「유럽, 호주 등지의 한글문학의 현황과 미래」, 『2022 디아스포라 한글문학과 인문지리』, 한국문학번역원, 2022, 75쪽.

목받고 있다. 시에서는 한국에 이주해 온 노동자를 비롯해 다양한 이주민들의 삶을 그린 하종오, 한민족의 기원이자 시원지인 두만강과 압록강 이북의 북방 공간의 중첩된 역사와 다양한 삶을 여러 방식으로 질문하고 반추하고 있는 곽효환 등이 디아스포라 문제를 적극 작품화하고 있다. 여기에 탈북자, 이주노동자, 그리고 외국인의 한글 창작 등이 이어지고 있는 등 디아스포라 한글문학은 새로운 전개 양상을 보이며 어느 때보다 활발히 전개되고 있다.

지금까지 살펴본 바를 정리하면 디아스포라 한글/한인 문학의 정체성은 "큰 틀에서 디아스포라, 소수성, (글)로컬리티 등의 특수성을 바탕으로 삼는다"[21]고 할 수 있다. 디아스포라는 일차적으로는 이방인 의식과 조국에 대한 향수를 노정시키고 있고 이를 바탕으로 새로운 삶의 의지, 새로운 문화와의 갈등, 통합, 동화 등으로 나타난다. 소수성은 한국문학의 소수자이자 현지 문학의 소수자로서의 '이중적 소수자 문학'이라는 특성을 보인다. 그리고 (글)로컬리티는 해외 한인 문학이 마주한 세계 각 지역의 로컬리티를 수용하여 창작하는 것으로 궁극적으로 한국문학의 확장성을 제고하는 데 매우 요긴하다는 의미이다.

해외 한인 문학작품이 현지어로 쓴 경우와 한글로 쓴 경우 수용도와 문학적 평가 면에 대조적인 점도 눈에 띈다. 현지어로 쓴 작품들은 현지 문단의 주목과 문학적 평가의 대상이 될 뿐만 아니라 그 후광에 힘입어 한국 문단에서도 상찬의 대상이 되는 경우가 일반적이다. 현지어로 써서 양쪽 모두에서 주목과 상찬을 받는 미국과 유럽의 초기 디아스

21 이형권, 「디아스포라 한인 문학의 정체성과 미래」, 『2022 디아스포라 한글문학과 인문지리』, 한국문학번역원, 2022, 15쪽.

포라 한인 작가들로는 강용흘, 김용익, 김은국, 이미륵 등이 있고, 현재 활동하는 작가들은 이창래, 로라 옥자 켈러, 이민진 등이 있다. 또한 이회성, 김석범, 유미리, 현월 등 재일 한인 작가들과 아나톨리 김 등 러시아 고려인 작가들도 마찬가지로 현지어로 작품을 쓴 작가들이다.

반면 한글로 쓴 작품은 현지에서는 논의와 평가의 대상이 되지 못하는 논외의 소수자 문학에 그치고 한국 문단에서도 마이너리티 취급을 받고 있다. 한글로 창작하는 해외 한인 작가들은 현지 문학과 한국문학 모두에서 소외당하는 이중적 소수자의 위치에 처해 있으며 한편으로는 한글 창작 인구의 감소라는 이중고에 처해 있다. 실제 미국과 유럽 지역의 한글 창작 문인의 노령화는 날로 더해지고 있고 후속 세대의 등장도 원활치 않은 등 날로 위축되어가고 있다. 중앙아시아 고려인 문학과 재일 한인 문학에서는 사실상 한글 창작의 명맥이 끊어진 심각한 상황을 맞고 있다. 중국 조선족 문학도 점점 소수자로 위축되어가거나 중국으로 흡수될 우려를 낳고 있다.

이 같은 위기 요인이 있다면 디아스포라 한글문학이 맞는 새로운 기회 요인도 있다. 탈북자, 외국인 노동자를 비롯한 외국인 이주자, 한류의 열풍 속에 한국어를 배운 외국인들이 한글문학의 새로운 창작 후보군으로 부상하고 있다. 여기에 코로나 팬데믹을 거치며 진입한 디지털 시대와 AI의 고도화는 디아스포라 한글문학 활성화와 도약을 위한 전기가 될 가능성이 높다. 디지털 시대의 특성인 시공간을 뛰어넘는 소통과 동시성은 지금까지 개별적 또는 작은 지역 단위로 이루어진 디아스포라 한글문학을 연결하여 동시적으로 공유, 소통하게 할 수 있기 때문이다. 지역별로 이루어진 디아스포라 한글문학이 서로 교류하며 영향 범위를 넓히면서 확장되고 통합되는 것이 가능할 수 있을 것으로 기대된다. 여기에 AI를 활용하여 언어의 장벽을 넘어서는 창작 활동 또한 기대된다. 따라서 AI 디지털 시대에 걸맞은 디아스포라 한글/한인 문학 활성화를 위한 정책적인 준비와 지원이 여느 때보다 절실하다고 할 수 있다.

디지털 시대 디아스포라 한글문학의 정책적 지원 방향
– 한국문학번역원 사업을 중심으로

디아스포라 한글/한인 문학은 한 세기가 훨씬 넘도록 개별적이고 자율적으로 이루어졌다. 첫 디아스포라 문학작품으로 1905년 하와이 노동 이주민인 이홍기의 시 「이민선 타던 전날」이 발표된 이래 120년이 되어가지만, 한국 정부 차원의 공식적이고 정책적인 지원은 물론 민간 차원의 지원도 찾아보기 쉽지 않다.

해외 한인 한글문학에 대한 첫 관심과 지원은 재외동포문화재단(현 재외동포청)[22]이 1999년 제정, 운영하는 재외동포문학상에서 찾을 수 있다. "한인으로서의 정체성을 함양하고, 한민족으로서의 유대감 및 상호 이해를 제고"하기 위해 제정한 재외동포문학상은 관심 밖에 있던 해외 한인 문학을 향한 정부 차원의 첫 관심 표명이자 지원 제도였다. 거주국 내 시민영주권 취득 또는 7년 이상 장기 체류한 만 19세 이상의 재외동포를 대상으로 하는 성인 부문은 시, 단편소설, 체험수기, 수필

---

22 1996년 외무부 내에 설치돼 있던 재외동포정책심의위원회를 국무총리가 위원장이 되는 재외동포정책위원회로 격상하고 재외동포재단을 설립하기로 하였고, 이에 따라 1997년 10월 특별법인 재외동포재단법에 따라 외교부 산하 비영리 공공법인이자 재외동포 전담기관으로 재외동포재단이 발족했다. 설립 목적은 재외동포들이 민족적 유대감을 유지하면서 거주국에서 그 사회의 모범적 구성원으로 살아갈 수 있도록 지원하는 데에 있다. 2023년 6월 외교부 산하 재외동포청으로 승격되었다.

을 공모(중·고등학생과 초등학생 글짓기는 거주국 내 시민영주권을 취득 또는 5년 이상 장기 체류)하는데 2023년 25회를 맞기까지 꾸준히 수상자들을 배출하였다. 특히 재외동포문학상에 입상한 재외동포 7인이 2004년 재독한국문인회를 결성하고 2007년 12월 『재독한국문학』 창간호를 낸 이래 2022년까지 14호를 발간한 것은 재외동포문학상이 씨앗이 되었다고 할 수 있다.

이후 이렇다 할 디아스포라 한글/한인 문학에 대한 정책적 지원은 눈에 띄지 않다가 2016년 문학진흥법이 시행되며 '한국문학의 해외 진출 및 문학 교류 강화 필요에 의해 2017년 별도 사업 예산 2억 원이 한국문학번역원에 교부되었고 제1차 문학진흥기본계획(2018~2022) 일환으로 '이산문학 및 남북 문학 교류 활성화 지원'사업을 추진하게 된 2018년부터는 매년 4억 원의 예산이 교부되고 있다. 제1차 문학진흥기본계획에서 적시하고 있는 '이산문학 및 남북 문학 교류 활성화 지원' 배경과 주요 내용은 아래와 같다.

이산문학 및 남북 문학 교류 활성화 지원

❙ 배경 및 필요성

- 재외동포들의 이산문학 활동 및 남북 문학 교류에 대한 지원은 문학 세계화의 과정이자 통일을 앞당기는 역할을 할 뿐만 아니라 통일 이후 국내외 한민족의 문화 통합에도 기여
- 문학을 통한 민족적 동질감의 회복과 다가오는 통일시대에 대비하기 위한 이산문학 활동 및 남북 문학 교류에 대한 지원 확대 필요
- 다문화 국가로 진입하고 있는 환경 속에서 늘어나고 있는 해외 이주민과 탈북민의 안정적인 정착에 기여할 수 있는 문학 활동을 지원할 필요

❙ 주요 내용

- 이산문학 지원 범위 확대 및 지원 기반 마련
  - 지원 대상 이산문학의 범위를 확대하여 다양한 토대의 이산문학 활성화 기반 마련

  * 해외 거주 한국 동포의 한국(한글) 문학 활동, 탈북민 문학인 및 탈북 일반인 문학 활동, 다문화 가정, 국내 유입 외국인(문학인)의 문학 활동까지 포함

  • 체계적인 지원 방안 마련을 위한 기초 연구 수행(2017~2018)

– 해외 한인 문학 관련 D/B 구축 및 아카이빙 사업 추진
  • 국립한국문학관 설립, 운영과 연계 추진(2019년 이후)
■ 이산문학인의 창작 및 이산 민족(국민)의 문학 향유 활성화
  – 이산문학인의 작품 창작 및 발표 활성화를 위한 창작 지원과 문예지, 동인지 출판 지원 추진
  – 해외 거주 한인(동포), 탈북민, 다문화 가족 및 국내 이주 외국인 등 대상별 특화된 문학교육 프로그램 개발 · 운영(강사 파견 포함)
■ 이산문학에 대한 이해 증진 및 가치 재발견을 위한 문학 교류 협력 사업 강화
  – 세계한글작가대회(민간단체 주관, 2015년부터 매년 개최) 등 한글 또는 이산문학가와 국내 작가와의 다양한 교류 · 협력 행사 발굴, 육성
  – 해외 현지 개최 이산문학 관련 행사의 조사 및 개최 지원을 통해 이산문학자 간, 이산문학과 한국문학 간 교류 활성화 유도
■ 남북 문학 교류 활성화 기반 마련 및 북한 문학의 국내 활용 기회 확대
  – 남북 정세 변화 등을 고려, 단순 교류 사업부터 점차로 공동 협력 사업으로의 심화 · 확대 추진
  예) 북한 문학인 초청 특강, 남북 대표 단체 간 소규모 교류 행사 ⇒ 대규모 교류 행사 개최, 작품 상호 출판, 북한 지역 내 문학유적지 기념사업 공동 추진 등
  – 남한에서의 북한 문학에 대한 이해도 제고를 위한 북한 문학 관련 자료 아카이브 추진 및 북한 문학작품의 국내 출판 지원

이에 따라 한국문학번역원은 디아스포라 문학 활성화를 위해 사업 추진 방향을 ① 디아스포라 문학 연구 기반 구축, ② 디아스포라 문학 향유 기회 확대, ③ 디아스포라 문학 교류 활성화라는 세 가지 축으로 정했다. 디아스포라 문학 연구 기반 구축은 권역별 디아스포라 문학 연구를 통해 성과를 축적하고 활용 가능한 데이터베이스 기반을 마련하는 데 역점을 두었고, 디아스포라 문학 향유 기회 확대는 웹진《너머》 발간, 신진 해외 한인 작가 발굴, 해외 한인 작가 작품 번역 출간, 영상 콘텐츠 제작 등을 통해 국내외 문학 독자들의 향유 접점 확대 및 다양화하고자 하였다. 그리고 디아스포라 문학 교류 활성화는 국내외 온오프라인 이산문학 교류 행사, 독후감 대회, 디아스포라 신인문학상 개최 등을 통해 디아스포라 문학에 대한 관심 증대 및 교류를 활성화하고자 했다.

1) 디아스포라 문학 연구 기반 구축

한국문학번역원이 디아스포라 문학 활성화 사업을 시작한 2017년 가장 먼저 시작한 일은 체계적인 사업 추진을 위한 중장기적 정책 방향을 수립하기 위한 '한민족 이산문학 교류 활성화 방안 연구'이다. 대상 지역을 ▲미주, 유럽, 호주, 중남미 ▲중국 ▲일본 ▲러시아, 중앙아시아 등 4개 권역으로 설정하고 권역별 학술연구 용역을 통해 한민족 이산문학 지원 방안 수립을 위한 기초 연구자료 확보를 추진하였고, 그 결과 이들 권역의 이산문학 창작 현황 DB 기반을 마련하는 한편 지속 사업 과제 도출하였으며 관련한 정책토론회를 개최하였다.

이를 토대로 해외 한인 문학 자료 현황 조사 및 자료 구득을 2021년부터 현재까지 진행하고 있다. 소실 위험이 큰 해외 한인 문학 자료에 대한 보존 및 체계적인 정리와 이를 통한 해외 한인 문학 기초자료 구축 및 콘텐츠 활용을 위한 노력은 김석범 등 재일 한인 문학 1세대 작가의 귀중한 자료 발굴, 구득 및 디지털화와 러시아 및 중앙아시아 한인 문학 자료 DB 구축 및 디지털화로 이어졌는데 구득 및 디지털화한 자료는 아래와 같다.

- 2021년: 재일 한인 문학 자료 총 229종 구득 및 DB 구축(동국대 일본학연구소)
  * 1세대 작가(김석범, 양석일, 김시종) 육필 원고, 재일 한인 문학작품, 잡지 구득
- 2022년: 일본 한인 문학 기초자료 구득(2차) 및 디지털콘텐츠 구축(동국대 일본학연구소)
  * 총 283종 구득(육필 원고 6, 잡지 192, 단행본 85) 및 2021~2022년 결과물 디지털화
  러시아 및 중앙아시아 한인 문학 디지털콘텐츠 구축 및 구득 기초조사(동국대 대외교류연구원)
  * 총 3,837건 디지털화(신문 3,740, 단행본 68, 육필 원고 26, 희곡 문서 3)
- 2023년: 러시아 및 중앙아시아 한인 문학 디지털콘텐츠 2차 구축(사할린 지역 중심으로) 및 기초조사(동국대 대외교류연구원)
  * 진행 중

2) 디아스포라 문학 향유 기회 확대

디아스포라 문학 향유 기회를 확대하기 위해 역점을 둔 것은 디아스포라 문학을 이해하고 해당 작품을 널리 공유하기 위한 다양한 콘텐츠를 만드는 일인데 그 첫 결과물이 '해외 한인 문학 창작 현황 자료집' 발간이었다. 한민족 해외 이주 역사와 디아스포라 문학의 성과를 소개하는 대중적인 해외 한인 문학 자료 발간을 통해 국내외 이산문학 향유 기회를 확대하기 위한 노력은 2019년 시작하여 2020년 총 4권(제1권 『미주 한인 문학』, 제2권 『재일 한인 문학』, 제3권 『중국 조선족 문학』 제4권 『고려인 문학』)으로 결실을 맺었다. 1,500세트를 발간한 이 자료집은 국내외 도서관, 해외 한국학대학 등 관계기관, 연구자 등 대상으로 배포하였다.

'해외 한인 작가 릴레이 인터뷰 콘텐츠 제작 및 배포'는 대면 교류 행사가 불가능한 코로나 팬데믹 기간 동안 해외 한인 작가 9인의 릴레이 인터뷰 등을 동영상 콘텐츠로 제작, 배포하여 비대면 문학 교류를 통해 해외 한인 문학에 대한 이해를 돕기 위한 것이었다. 이는 이산문학 사업 추진 5주년을 기념하여 문화예술위원회의 문학주간과 협업하여 양 기관의 유튜브 채널을 통해 일반 독자에게 디아스포라 한인 문학을 널리 알리고자 하였다.

이 콘텐츠 제작에 참여한 9인의 해외 참여 작가와 작품은 다음과 같다.

- 고현혜(미국) 「나는 나의 어머니가 되어」(2015)
- 박 미하일(중앙아시아) 「사과가 있는 풍경」(2018)
- 후카자와 우시오(일본) 「가나에 아줌마」(2019)
- 금희(중국) 「천진 시절」(2020)
- 황영치(일본) 「저 벽까지」(2019)
- 제인 정 트렌카(미국) 「피의 언어」(2012)
- 닉 페어웰(브라질) 「GO」(2013)
- 하정아(미국) 「그레이스 피어리어드」(2019)
- 서경식(일본) 「디아스포라의 눈」(2012)

'해외 한인 작가 우수작품 기획번역출간사업'은 우수한 디아스포라 한인 문학을 다른 언어로 번역, 출간하여 다른 언어권에 알리기 위해 2020년부터 2022년까지 추진하였다. 이를 통해 총 10종의 작품 번역이 추진되어 8종이 번역을 마쳤고 김인순(중국)의 『춘향』 등 7종이 서울셀렉션USA 출판사에서 출간되었다. 디아스포라 웹진 《너머》 발간은 디아스포라 한인/한글문학 보급과 향유를 현재화하고 나아가 미래 지향적인 방향을 제시하였다는 점에서 그리고 디지털 시대에 걸맞은 디아스포라 한글/한인 문학 지원 사업으로 단연 눈에 띈다. 국내외 다양한 한글 창작공동체 발굴과 한국어 문학의 저변을 확장하고 재외동포, 교포, 탈북자, 다문화 가정, 외국인 등 다양한 창작자가 한글로 쓴 문학 작품을 발표하고 상호 교류할 수 있는 공간을 제공하기 위해 창간한 디아스포라 한글문학 웹진 《너머》는 디아스포라 문학 글로벌 네트워크 구축 및 국내외 디아스포라 한글문학 창작 기회 확대라는 차원에서 평가받고 있다. 특히 디아스포라 한인/한글문학이 직면한 가장 큰 어려움으로 꼽히는 시공간의 제약, 디아스포라 문학에 대한 체계적이고 총체적인 정보와 이해 부족을 디지털 환경을 통해 해소함으로써 디아스포라 한글/한인 문학 창작 및 창작공동체 활성화를 가능하게 했다는 면에서 AI 디지털 시대에 매우 시의적절한 것으로 주목받고 있다. 또한 향후 AI의 활용이 고도화되고 적절한 대면 교류가 병행될 경우 디아스포라 한글/한인 문학의 새 장을 여는 토대가 될 것으로 기대된다.

6개월여의 준비를 통해 2022년 11월 계간으로 창간한 《너머》는 세계 곳곳에서 활동하는 디아스포라 한글 창작자의 소설, 시, 산문 등 신작을 발표하는 '너머의 새 글', 디아스포라 문학 현장을 소개하는 '디아스포라 현장', 디아스포라 문학에 대한 '기획특집', 국내외 디아스포라

고전을 깊이 있게 조명한 '디아스포라 깊이 읽기', 디아스포라 문학의 성취를 이룬 작가들을 조명한 '경계를 넘는 작가들', 해외에서 주목받는 K컬처를 조명한 '리뷰 K–문화', 디아스포라와 관련된 사진과 에세이를 수록한 '사진 이야기' 등으로 구성되어 꼭지별 계간 또는 월간으로 게재된다.

또한 디아스포라 웹진《너머》창간을 계기로 디아스포라 신인 작가의 지속적이고 체계적인 발굴을 위한 등용문으로 2023년 '《너머》신인문학상'을 제정하고 재외교포, 교민, 탈북자, 외국인 등을 대상으로 소설, 시, 수필 및 논픽션 등 3개 부문을 공모하여 첫 수상자를 선정하였다.

웹진《너머》의 구성과 이해를 돕기 위해 창간호의 구성을 다음과 같이 소개한다.

[디아스포라 문학 웹진《너머》창간호 구성]

<table>
<tr><th colspan="2">구분</th><th>권역</th><th>필자</th><th>작품(원고)명</th></tr>
<tr><td colspan="2" rowspan="4">기획특집</td><td rowspan="4">한국</td><td>이형권</td><td>디아스포라 한인 문학의 정체성과 미래</td></tr>
<tr><td>남기택</td><td>미주의 디아스포라 한글문학</td></tr>
<tr><td>박덕규</td><td>새로운 영역에 대한 자각을 기대하며–유럽 및 호주의 한글문학</td></tr>
<tr><td>고명철</td><td>2000년대 이후 한국문학의 시계(視界) 속 디아스포라</td></tr>
<tr><td rowspan="10">《너머》</td><td rowspan="4">소설</td><td>한국</td><td>서수진</td><td>한국인의 밤</td></tr>
<tr><td>북미</td><td>이숙종</td><td>단추공장 위층 스튜디오</td></tr>
<tr><td>중국</td><td>곽미란</td><td>따마하위</td></tr>
<tr><td>중앙아시아(카자흐스탄)</td><td>김게르만</td><td>유년 시절의 추억의 미로에서</td></tr>
<tr><td rowspan="6">시</td><td>한국</td><td>하종오</td><td>한국어, 환승정류장에서</td></tr>
<tr><td>한국</td><td>안희연</td><td>겨울의 행방을 물으신다면, 액체의 자세</td></tr>
<tr><td>북미</td><td>전희진</td><td>옛집에 샹들리에를 두고 왔다, 그녀는 분노하지 않는다</td></tr>
<tr><td>북미</td><td>곽상희</td><td>국화차, 쓸쓸함에 대하여</td></tr>
<tr><td>중국</td><td>전은주</td><td>양수에서 부른 노래, 외삼촌 부음</td></tr>
<tr><td>일본</td><td>김시종</td><td>헛묘, 웃다</td></tr>
</table>

구분		권역	필자	작품(원고)명
《너머》	에세이	북미	이성숙	약간의 불통
		중국	유재원	하늘 끝에 세 들다
		중앙아시아(튀르키예)	괵셀 튀르쾨주	과일 파는 시리아인 하산
		한국(탈북)	김정애	아메리카노
디아스포라 깊이 읽기	소설	아프리카(소말리아)	고명철	누르딘 파라 『지도』
		일본	이승진	최실 『지니의 퍼즐』
	시	북미	오형엽	박남수 작품 5편
디아스포라 현장		북미	김준철	미주한국문인협회
리뷰 K-문화		한국	임진모	K팝은 왜 성공했을까
사진 이야기		중국	구본환	단둥으로 '다시' 가는 길 (1), (2), (3)
경계를 넘는 작가들		한국	정은경	(창간호) 이미륵(독일)
			김환기	(1월) 김석범(일본)
			이명재	(2월) 조명희(러시아)

* **편집기획위원**: 이형권(위원장, 평론가, 충남대), 고명철(평론가, 광운대), 김환기(번역가, 동국대), 윤의섭(시인, 대전대), 정은경(평론가, 중앙대), 홍용희(평론가, 경희사이버대)

3) 디아스포라 문학 교류 활성화

한국문학번역원에서 시행한 디아스포라 교류 행사는 국내 행사와 해외 행사, 온라인 행사 그리고 공모사업으로 구분된다.

국내 행사로 시행한 〈소통과 평화의 플랫폼〉(2019. 5.)은 해외 한인 작가의 국내 인지도를 높이고 국내 작가와의 네트워크 구축을 위한 교류 행사였다. 해외 한인 작가 14인, 국내 작가 15인이 '이산과 삶', 'DMZ의 나라에서', '왜 쓰는가', '내가 만난 한국문학·한국문화', '소수자로 산다는 것' 등 5개 주제를 가지고 대화와 교류를 통해 디아스포라 문학에 대한 이해와 한국문학의 외연 확대를 모색하는 장이었다.

〈디아스포라 한글문학과 인문지리 학술회의〉(2022. 7.)는 디아스포라 웹진 《너머》 창간을 준비하며 해외에서 이루어진 디아스포라 한글/한인 문학의 지형과 성과에 대해 총체적으로 개괄, 조명하는 장이었다. 디아스포라 문학의 정체성과 미래에 대한 총론과 디아스포라 문학에 대한 지역론과 작가·작품론 등에 대한 논의를 통해 디아스포라 한글 문학 현황을 진단하고 일반 독자의 인식을 새롭게 하였다. 또한 디아스포라 문학에 대한 정책적 지원 방향을 가늠하는 한편 디아스포라 웹진 《너머》의 지향점을 검토하였다.

해외 행사는 해외 한인 문학이 진행된 주요 권역의 작가들과 교류하고 네트워크를 구축하기 위해 진행되었다. 〈재일 한인 문학 연구 심포지엄 및 한인 작가 문학 좌담회〉(2019. 4.)는 국내 문학계와 재일 한인 작가의 교류를 통해 현지 거점 구축을 위해 재일 한인 문학 연구 및 창작 현황을 공유하고 나아가 재일 한인 작가들과 교류하는 장을 가졌다. 〈중국 조선족 문학 콜로키엄〉(2019. 5.)은 중국 조선족 문학 연구의 중심이자 관련 자료를 집중하여 소장하고 있는 연변대학교와 콜로키엄을 가짐으로써 중국 조선족 문학 연구 및 창작 현황을 개괄하고 한국-조선족 문학의 네트워크를 구축하였다. 〈러시아 및 중앙아시아 권역 이산문학 교류 행사〉(2020.1.)는 한-러 수교 30주년을 기념하여 러시아 및 중앙아시아 권역 한인 작가 및 작품에 대한 현지 교류와 연구자 교류로 진행되었다.

〈미주권역 디아스포라 한글문학 교류 행사 '경계를 너머, 한글문학'〉(2023. 7.)은 한글로 문학 창작을 해온 미국, 캐나다, 호주 등 영어권 21개 한글 문예지 발행인과 편집인, 한국의 디아스포라 문학 연구자, 디아스포라 작품을 쓴 작가 등이 모여 '작가와의 만남', '디아스포라 문학 좌담회', '영어권 한인 문학 세미나', '문예지 발행 워크숍' 등을 진행하였다. 특히 디아스포라 한글문학을 아우르는 웹진 《너머》를 창간한 만큼 《너머》를 매개로 전 세계 한글 창작공동체의 연결을 강화하고 한글문학 창작 활동 활성화 방안을 모색했다는 점에서 의의가 컸다.

실제로 이 행사에 참여한 문예지들은 창간 시점이 1980년대 초부터 2022년까지 다양하고 자체적으로 문학상을 운영해 온 곳도 있지만 한국 문단과의 교류뿐 아니라 서로 간의 교류와 소통이 부족했음을 확인하고 전 세계 디아스포라 한글문학 창작공동체 현황을 공유하는 한편 시공간을 뛰어넘는 협력체계 구축이 필요함을 공감하고 《너머》가 구심점이 되어줄 것을 요청하였다.

온라인 행사는 코로나바이러스 19 팬데믹 장기화에 따른 비대면 디아스포라 문학 교류와 소통을 위해 진행되었다. 이를 위해 해외 한인 문학을 소개하는 이산 소재 영화 상영, 창작공연물 제작, 심포지엄 등을 온라인으로 진행하였는데 주요 내용은 다음과 같다.

- **'방구석 영화 보기'**: 해외 한인 여성 예술인 다큐멘터리 〈고려 아리랑: 천산의 디바〉 온라인 상영회 (2020.09.16.~22.)
- **'방구석 공연 보기'**: 해외 한인 문학 모티프 작품(조해진 〈단순한 진심〉, 김시종 〈잃어버린 계절〉, 린다 수 박 〈사금파리 한 조각〉)을 통한 창작공연물 제작 및 온라인 상영회(2020.11.06.~27.)
- **'톡톡 이산문학'**: 해외 한인 문학 창작 현황 자료집 출간 기념 해외 한인 문학 온라인 심포지엄 (2020.11.20.)

공모사업으로 국내 출간된 해외 한인 작가 작품들의 인지도를 높이고 국내 일반 독자의 이산문학 독서 체험 기회 확대하기 위해 〈한민족 이산문학 독후감 대회〉를 2017년부터 2021년까지 5년 동안 진행하였다. 또한 디아스포라 웹진 《너머》와 연계하여 역량 있는 디아스포라 신인 작가를 체계적으로 발굴하기 위해 '《너머》 신인문학상'을 2023년 제정하였다.

한국문학번역원의 디아스포라 한글/한인 문학에 대한 정책적 지원은 짧은 기간 동안 연구, 교류, 향유 차원에서 다양한 시도를 통해 성과와 한계를 확인하였으며 동시에 새로운 방향성을 수립하였다. 적절한 연구와 교류사업을 통해 디아스포라 한글/한인 문학의 전체적인 현황과 성취를 파악하고 그 중요성에 대한 인식을 새롭게 한 것은 큰 성과가 아닐 수 없다. 반면 디아스포라 한인 작가의 낮은 국내 인지도로 일반 독자를 대상으로 한 번역 출간, 영상 등 각종 콘텐츠의 홍보와 보급에 한계를 노출하였고 이에 따라 디아스포라 문학에 대한 국내외 담론 확대에도 어려움을 겪고 있다. 일본과 중앙아시아에서의 한글 창작의 중단 또는 소멸, 미국에서의 한글 창작자의 노령화와 신규 창작자 유입 감소 등은 커다란 과제로 확인되었다.

하지만 AI 디지털 시대에 맞게 디아스포라 문학을 현재화하고 미래 지향적인 방향성을 확보한 것은 평가할 만하다. 소실될 위기에 있는 주요 권역의 디아스포라 한글/한인 문학 자료를 구득하여 아카이빙하고 이를 디지털 플랫폼을 이용해 활용하는 것, 디아스포라 웹진《너머》를 통해 세계 곳곳에 퍼져 있는 디아스포라 한글/한인 문학을 시공간을 넘어서 연결하여 작품을 발표하고 교류할 수 있는 장을 만든 것, 디아스포라 한글/한인 문학을 다양한 영상 콘텐츠로 만들어 온라인을 통해 보급하는 것 등이 그것이다. 그리고 적절한 대면 교류 행사를 병행하여 AI 디지털 플랫폼이 제공하지 못하는 실재감을 균형 있게 맞추려는 것 또한 적절한 방향으로 보인다.

맺음말

디아스포라 문학은 오늘날 세계문학의 흐름 가운데 가장 중요하게 부상하며 날로 다양화하며 확장되고 있다. 디아스포라 문학의 특성을 가장 잘 가지고 있는 디아스포라 한글/한인 문학은 100년이 훨씬 넘는 역사와 연륜을 쌓으며 많은 문학적 성취와 함께 새로운 가능성을 보이고 있다. 하지만 여전히 현지 문학과의 관계에서 소외되고, 한국문학과의 관계에서 주변부로 밀리는 이중적 소수자라는 위치에 처해 있다. 다행스러운 것은 디아스포라 한글/한인 문학에 대한 연구가 1990년대에 들어 시작된 이래 연구자들이 늘어나고 연구도 활성화되고 있다는 사실이다. 여기에 늦었지만 2017년부터 정책적인 지원이 시작되어 방향성을 정립하고 작동하고 있는 것은 디아스포라 한글/한인 문학의 앞날에 긍정적인 일이 아닐 수 없다.

중요한 것은 오늘날 디아스포라 한글/한인 문학이 과거형이 아니라 현재형이고 또한 미래지향형이 되어야 한다는 점이다. 디아스포라 한글/한인 문학은 오랫동안 그래왔듯이 개별성과 자율성에 기초한 창작과 교류는 계속될 것이며 한류의 확산, 한국문학의 위상 제고, 디아스포라 문학의 확산 등으로 새로운 창작자들이 계속해서 유입되어 디아스포라 한글/한인 문학의 지형도는 과거와는 다른 모습을 보일 것으로 예상된다. 특히 과거와는 확연히 다른 패러다임이 요구되는 AI 디지털 시대에 한글문학 창작의 확대는 번역을 통한 한국문학의 해외 소개와 세계화와 함께 '세계문학으로서의 한국문학' 또는 '세계인이 함께 읽는 한국문학'을 향해 나아가는 데 중요한 역할을 할 것으로 기대된다. 따라서 디아스포라 한글/한인 문학에 대한 적절하고 섬세한 정책과 지원이 중장기적인 차원에서 섬세하고 체계적으로 이루어지고 관련 연구 또한 꾸준히 진행되는 것이 중요하다고 하지 않을 수 없다.

챗GPT를 이용한 SNS 시의 생성 가능성 연구*

— 하상욱 시와 미디어에 반영된 MZ세대론을 중심으로

인수봉**

최근 인공지능은 눈부신 성장을 이뤄나가고 있다. 인공지능이란 개념은 1956년 존 매카시가 '인공지능(Artificial Intelligence, AI)'이란 용어를 만든 이후부터 등장했다. 인공지능은 인간 고유의 학습·지각 능력 등을 컴퓨터 프로그램으로 실현한 기술로 오늘날 널리 쓰이는 전기나 인터넷과 같이 산업 전반에 걸쳐 영향을 미치는 일반목적 기술로 인식되고 있다. 따라서 앞으로 인공지능은 인류 전반의 생활·산업에 적용되어 과거와는 다르게 주도적인 의사 결정을 지원하고 문제를 해결하는 등 다양한 변화를 일으킬 것으로 전망된다.

또한 이에 따른 대중들의 관심 급증으로, 개인적 측면에서도 언어 번역기, 문학/출판 등을 위한 인공지능 기술이 일상생활 속에서 널리 활용되고 있다. 최근 시를 쓰는 AI[1]가 등장하고, 사진을 편집하거나 음악

---

* 이 글은 『인문사회과학연구』 제31호(인문사회과학연구소, 2023)에 게재된 논문을 수정·보완했다.

** 경희대학교 국어국문학과 박사 수료.

1 시아, 『시를 쓰는 이유』, 리멘워커, 2022.

을 작곡하는 AI가 등장하는 등 인공지능 시스템을 예술학 여러 방면에서 활용하는 추세다. 이같이 인공지능은 활용 분야가 매우 넓고 다양한 기술과의 연계를 통해 더욱 확장될 가능성이 있으며, 향후 인공지능과 함께 살아가게 될 우리에게 이제 이 기술은 선택이 아니라 필수적으로 배양해야 하는 기술이 되었다.

스튜어트 러셀과 피터 노빅의 논의에 따르면[2] 인공지능은 다음 네 가지로 구분된다. ① 추론을 기준으로 한 인간의 사고 과정, ② 이상적 사고의 추론을 기준으로 한 합리적 사고, ③ 튜링 검사[3]를 통해 컴퓨터 프로그램이 인간을 얼마나 잘 모방하는지 테스트하는 인간적 행위, ④ '합리적 에이전트 접근방식'이다. 에이전트는 '~를 하다'를 뜻하는 라틴어 agere에서 비롯된 대리자(agent)이다. '합리적인 에이전트'는 인공지능에 대한 정확한 추리를 강조한다. 정확한 추리가 합리성의 전부라 할 수는 없으나 그래도 합리적으로 행동하는 방법이 존재하기 때문이다.

Open AI는 2015년 샌프란시스코에서 "모든 인류에게 혜택을 줄 AI 툴을 개발한다"는 창립 목적으로 시작한 스타트업이다. 그들은 2018년도 처음 프로토타입이라고 불릴 수 있는 텍스트를 생성하는 딥러닝 AI GPT-1을 공개했다. 그리고 2020년 6월에 GPT-1보다 1,500배, GPT-2보다 100배 많은 1,750억 개의 매개변수(파라미터 Parameter)를 가진 당시 역사상 가장 큰 언어모델을 발표했다. 머신러닝[4]의 한 분야인 딥러

2 스튜어트 러셀·피터 노빅, 류광 옮김, 『인공지능: 현대적 접근방식』, 제이펍 출판, 2021. 2-6쪽.

3 1950년대 영국의 컴퓨터 과학자 앨런 튜링(Alan Turing)이 고안한 테스트로, 인간 질문자가 쓴 질문에 컴퓨터가 글로 답을 했을 때 인간이 다른 인간과 이야기를 나누고 있다고 확신하게 만들 수 있는지를 테스트하는 것이다.

4 데이터로부터 기계에 학습·판단을 부여하는 기술.

닝 모델을 사용해 2019년에 발표된 GPT-2보다 훨씬 정교한 글쓰기가 가능해졌다. 자동으로 중요한 특징을 추출해 학습을 하며 단지 텍스트만 생성하는 것이 아니라 유연하게 의사소통을 할 수 있으며, 뛰어난 작문 실력을 갖추어 주제를 정해주면 창작물을 창작하고, 논쟁 및 코딩까지도 가능해졌다. GPT-3에서 오류를 줄이고 한 단계 업그레이드된 것이 GPT-4로 나아가기 위한 베타 버전의 GPT-3.5였다.

그리고 가장 최근 출시된 GPT-4의 경우는 AI 성능을 좌우하는 매개변수가 최소 100조 개이며, 이는 인간의 뇌 신경세포 연결부인 시냅스의 개수와 동일하다. 사실상 인간과 동등한 수준의 언어를 구사할 수 있는 것이다. 또한 GPT-4는 텍스트와 이미지 두 가지를 모두 생성할 수 있고, 데이터 처리를 최적화하여 이전 버전들보다 가벼우면서 고성능의 일 처리가 가능하게 하므로 운영 비용이 감소한다. 하지만 AI가 아무리 뛰어난 능력을 갖추고 발전한다고 하더라도 결국 인간 능력을 복사하는 것일 뿐 근본적인 문제점들이 존재한다. 첫 번째는 ① 경제적 측면이다. 챗GPT는 기존 텍스트 기반의 검색보다 100~200배가량의 연산 능력을 요구한다. 따라서 고비용 하드웨어인 CPU의 성능에 영향을 받고 많은 전력 소모를 야기한다. 두 번째는 ② 비판 능력의 한계이다. 챗GPT는 원론적인 답변밖에 내놓지 못한다. 수조 개의 매개변수의 학습과 훈련을 하였다고 하더라도 본질을 파고드는 대답이나 학습과 훈련을 하지 않은 질문에 대한 답은 내놓을 수 없다. 마지막으로 ③ 창작성의 한계이다. 방대한 데이터를 기반으로 창작 역시 학습하는 챗GPT가 쓴 작품들이 무에서 유를 창조한 것은 아니기 때문이다. 이 창작물들 역시 누군가의 저작권을 학습한 것이기 때문에 기존 창작물과 유사한 작품들을 만들어낸다. 특히 문학에서 이러한 문제는 표절,

자기 복제 등 윤리적 문제와 직결된다. 이러한 점들은 AI의 가장 근원적 문제가 될 수 있다. 직접 창작하며 발휘되는 인간의 상상력, 자율성, 사고력 등을 과연 AI가 가용할 수 있는가 하는 의문이 남는다.

그러나 이 글은 AI로 창작하는 상황이 아니더라도 이미 시 창작 환경의 변화에 따라 '새로운 시'의 향유 가능성이 시사되었던 점을 주목한다. 가령, 소셜 네트워크 서비스(social Network Service, SNS; 이하 SNS)의 발전으로 문학의 창작과 감상에 있어 새로운 방법들이 생겨났다. 그중 시와 SNS의 결합으로 탄생한 것이 'SNS 시'이다. 새로운 공간인 SNS에서 등장한 새로운 시의 형식으로 대부분 청년의 일상 속 소재를 사용하고, 은유를 통한 가벼운 풍자, 짧은 문장 등을 사용하는 것이 그 특징이다. 이러한 환경에서 가장 주목되는 'SNS 시인'은 하상욱이 있다. 최근 하상욱에 대한 논의는 주로 대중(문화)과 소통하는 맥락[5]에서 소셜미디어 환경에 집중하여 검토[6]되는 방향을 띤다. 텍스트 분석에 있어서도 마찬가지다. 가령 김성태는 하상욱 시의 주요 특징을 응결성으로 보고, "응결성이라는 장치 내에 속해 있는 반복, 병행, 회귀, 생략, 시제, 억양의 여러 요소들"[7]이 어떻게 대중 공감으로 나아갈 수 있었는지 고찰했고, 이송희는 "시조의 대중화를 위한 영상 글쓰기로 확장"[8]할 수

---

5 박소용, 「SNS 시 현상과 시의 공동체적 소통의 가능성」, 『현대문학이론연구』, 현대문학이론학회, 제78호, 2019, 109-129쪽.

6 김영주, 「트위터 시의 현상과 가능성 - 하상욱의 『서울 시』, 『서울 시 2』를 중심으로」, 「어문학」 제127호, 2015, 289-315쪽.

7 김성태, 「SNS 단편시집 『서울 시(詩)』 텍스트의 응결성」, 『콘텐츠 문화』 제6호, 문화예술콘텐츠학회, 2015, 119-141쪽.

8 이송희, 「SNS 시대 짧은 시 대안으로서 단시조」, 『국제어문』 제83호, 국제어문학회, 2019, 251쪽.

있는 가능성을 전망했다. 또한 강정구는 들뢰즈와 푸코의 탈재현 논의를 바탕으로 소셜미디어의 탈재현적 경향에 천착하여 "소셜미디어 이용 행태가 웹 2.0 환경 속에서 시에 어떠한 창작 방법적 변화를 주는"지 분석하며 미디어 환경의 변화와 한국 시의 적응 문제를 시사한다.[9]

본 연구에서는 전자 시집·SNS에서 처음 이름을 알린 하상욱의 시를 GPT-4로 교육하는 과정을 통해, AI가 하상욱 시를 해석하고 재창작하는 방식을 고찰한다. 특히 이 글은 그간 AI 창작시 연구[10] 등에서 미적 준거점으로 삼았던 기존 현대시의 형상화 방법이 아닌 '새로운 기준'의 시적 형태와 관점을 제시하는 데 의의가 있다. 창작 환경과 매체의 변화는 시를 읽고 연구하는 관점의 변화까지 동반할 수 있기 때문이다. 다시 말해 창작자·연구자의 층위에서 창작된 작품으로서의 의미 고찰이 아닌, 챗GPT의 범용성을 기반으로 한 일반 독자들도 쉽게 향유 가능한 시편들을 출력해 보고 시 쓰기 놀이, 세대론적 의미의 관점에서 출력된 시편들을 검토해 볼 것이다.

SNS 시의 교육 과정: 대중문화와 하상욱 시의 관계

대다수 선행 연구에서 하상욱 시의 가능성을 소셜미디어의 이용에

---

9 강정구, 「소셜미디어 이용 행태와 시의 창작방법 변화」, 『한국시학연구』 제65호, 한국시학회, 2021, 69-93쪽; 강정구, 「소셜미디어의 주요 시에 나타난 탈(脫)재현적인 경향」, 『우리문학연구』 제74호, 우리문학회, 2022, 33-57쪽.

10 박성준, 「'AI 이육사'에 실현 가능성에 대한 시론(1) – 인공지능과 문학적 담화 기능 구축 사례 제언」, 『한국문예창작』 제57호, 한국문예창작학회, 2023; 김태형·박성준, 「챗GPT를 활용한 AI 시인의 구현(2) – 'AI 이육사'의 생성과 시적 대화의 가능성을 중심으로」, 『국제언어문학』 제55호, 국제언어문학회, 2023; 허준행, 「인공지능 시대, 한국 현대시 연구의 과제와 전망 – 생성형 인공지능 챗GPT를 중심으로」, 『한국시학연구』 제74호, 한국시학회, 2023.

따른 미디어 환경 변화를 통한 새로운 소통 방식으로 젊은 계층이 향유하는 현상적인 측면으로 보았다. 그로 인해 시가 대중들에게 다가가는 관점을 '공감'과 '소통'으로 볼 수 있었다. 이 글에서는 대부분 짧고, 일반 독자들이 이해하기 쉬운 '풍자'와 '반전' 요소들로 구성된 하상욱 시를 챗GPT에게 교육하는 프롬프트(명령어) 작성 과정에 따라 반어적이고 풍자적인 요소들을 챗GPT가 학습할 수 있는지 알아보고, 더 나아가 해당 시인의 스타일로 풍자와 반전을 활용해서 새로운 시를 산출할 수 있는가 하는 가능성을 점검하는 것에 연구 목적이 있다. 먼저 하상욱 시를 계열별로 나눠 항목화했다.

- 사랑·연애: 하상욱 단편시집 『보고있나여친』 중에서, 하상욱 단편시집 『밀당』 중에서, 하상욱 단편시집 『여친님 말씀』 중에서 외 19편.

- 사회생활: 하상욱 단편시집 『퇴사』 중에서, 하상욱 단편시집 『워크샵』 중에서, 하상욱 단편시집 『연말정산』 중에서, 하상욱 단편시집 『회식자리』 중에서 외 22편.

- 풍자: 하상욱 단편시집 『포토샵』 중에서, 하상욱 단편시집 『미용실』 중에서, 하상욱 단편시집 『맛집』 중에서, 하상욱 단편시집 『수수료』 중에서 외 35편.

- 반전: 하상욱 단편시집 『다 쓴 치약』 중에서, 하상욱 단편시집 『월요일』 중에서, 하상욱 단편시집 『2년 약정』 중에서, 하상욱 단편시집 『생수』 중에서 외 61편.

- 지각: 하상욱 단편시집 『1분 지각』 중에서, 하상욱 단편시집 『어차피 지각』 중에서, 하상욱 단편시집 『역에서 5분 거리』 중에서 외 5편.

- 대중교통: 하상욱 단편시집 『애매한 자리 양보』 중에서, 하상욱 단편시집 『지하철복통』 중에서, 하상욱 단편시집 『내 앞자리만 안 내림』 중에서 외 8편.

- 공부: 하상욱 단편시집 『시험공부』 중에서, 하상욱 단편시집 『이거 시험 나온대』 중에서, 하상욱 단편시집 『시험 망침』 중에서 외 6편.

- 요일·기념일: 하상욱 단편시집 『어버이날』 중에서, 하상욱 단편시집 『만우절』 중에서, 하상욱 단편시집 『농업인의 날』 중에서 외 6편.[11]

하상욱의 『서울 시』, 『서울 시 2』를 항목화한 결과 총 8가지 키워드를 출력할 수 있었다. 짧은 텍스트 속에서 독자들의 호응을 끌어내며, 당시 SNS 문학의 흐름을 주도한 것에는 8가지 키워드가 모두 사람들의 일상과 많은 면이 닿아 있다는 것에 착안한다. 특히 사랑·연애, 사회생활, 지각, 대중교통, 공부, 요일·기념일 같은 키워드는 누구에게나 있는 "공동체적 경험을 통해 독자를 시로 끌어들"[12]이면서 개인의 감정을 함께 소비하며 공동체적 공감이라는 감정을 만들어낸다.

또한 대부분의 시편은 일반적으로 일상적인 대화나 혼잣말 같은 짧

11 하상욱, 『서울 시』, 중앙북스, 2013; 하상욱, 『서울 시 2』, 중앙북스, 2013; 이후 인용에서는 하상욱 단편시집 『제목』 중에서 시 제목만 제시.

12 박소용, 앞의 글, 123쪽.

은 텍스트로 시작한다. 그러나 모두가 예상한 것과는 다르게 마지막 제목에서 예측할 수 없었던 반전을 주며 끝난다. 이는 "대중의 감성을 자극하는 극단적인 표현이나 과장, 은유, 풍자 등은 내용을 유추시키는 트위터의 속성을 잘 이해한"[13] 것이며 8개의 키워드 중 풍자와 반전이 많은 편수를 차지하는 것과도 일맥상통한다. 항목화를 진행했다 하더라도 대부분의 하상욱 시는 반전의 요소를 기본적으로 가지고 있기 때문이다.

위의 항목대로 교육하기에 앞서, 우선 '하상욱 시인'이라는 인물에 대한 사전 데이터 교육이 이루어졌는가 점검할 필요가 있었다. '하상욱 시인'에 대한 정보 입력 및 요청은 가장 최근에 출시한 유료모델 챗GPT Plus를 활용했다. 챗GPT Plus는 GPT-4가 적용되어 있으며, 대화창을 통해 질문과 답변을 주고받았다. 첫 번째로 대화창 하단에 있는 버튼을 클릭하여 웹 에세스 기능을 사용해 "하상욱 시인이 누군지 알아?"라고 질문했을 때, 하상욱의 개인 SNS(페이스북, 트위터, 인스타그램, 유튜브)와 나무위키를 경유하여 다음과 같은 답변을 출력했다. "① 하상욱은 대한민국의 작가, 시인, 싱어송라이터로 1981년 3월 21일에 태어났습니다. …(중략)… ② 하상욱의 작품에 대한 평가는 분명하지 않습니다. 일부 평론가들은 그의 작품에 별다른 관심을 보이지 않으며, 하상욱의 시에 씹는 맛, 즉 음미하고 고민하는 시의 본질이 없다고 평합니다. (하략)"[14] 인터넷 검색 엔진에서도 사람이 충분히 직접 검색 가능한

13 이송희, 앞의 글, 240쪽.

14 하상욱의 시는 대중성과는 별개로 문학의 근원, 문학성의 유무에 대한 논란 등에서 자유롭지 못하다. SNS와 문학의 만남이라는 불안정성에 대한 논의와 문학의 가능성 등 논의가 있었으나 문단에서의 언급은 아주 미미한 수준이었다. 실제로 본인도 스스로 시

답변으로 확인되었고, 단순 검색을 통한 문장 이어 늘리기 혹은 해당 URL에서 그대로 복사하여 가져온 정보에 불과한 것을 확인할 수 있었다.

다른 세션에서 웹 에세스 기능을 제거한 기본 GPT-4를 사용하였을 경우, 같은 질문에는 "죄송합니다. 하상욱이라는 이름의 시인에 대한 정보는 제가 갖고 있는 정보에 없습니다. …(중략)… 아직 잘 알려지지 않은 신인 시인일 수도 있습니다"라는 답변을 내놓았다. 이 글에서는 웹 에세스 기능이 추가되어 오염된 정보가 아닌 '하상욱'이라는 인물을 챗GPT에게 교육하는 것을 목적으로 두고 있다. 그렇기 때문에 본 연구에서는 웹 에세스 기능을 제거한 기본 GPT-4를 통한 교육을 진행했다.

챗GPT는 기존 대화 시스템 모델과 언어모델을 결합하여 만든 대화형 모델이다. 언어모델은 인간과 유사한 대화형 텍스트들을 생성할 수 있게 훈련받는다. 주어진 텍스트를 보고 다음에 어떤 단어가 나올지 예측하는 능력을 훈련 받지만 인간처럼 대화를 주고받으며 실시간으로 지식을 습득하거나, 대화 환경과 상황에 영향을 받는 방식으로 학습하지는 않는다. 오로지 저장된 학습 데이터나 경험 등으로만 응답을 건네는 방식이다. 이런 데이터들은 웹사이트, 기사, 논문 등 다양한 곳에서부터 학습해서 예술, 문학, 요리, 과학, 기술 등 온갖 다양한 콘텐츠와 창작 및 작문 실력을 습득한다.

그렇기 때문에 사용자는 정확한 목적과 디테일의 명령어, 즉 '프롬프

인이 아니라 '시팔이'라고 명명한다; 챗GPT가 추출한 해당 URL:
① https://ko.wikipedia.org/wiki/%ED%95%98%EC%83%81%EC%9A%B1.
② https://namu.wiki/w/%ED%95%98%EC%83%81%EC%9A%B1.

트(prompt)'를 입력해야 한다. 어떤 프롬프트를 얼마나 잘 입력하느냐는 미세한 차이에 따라서 챗GPT가 보여주는 정보의 질이 천차만별이기 때문이다. 챗GPT는 '상황'에 맞는 답을 보여준다. 앞서 제시한 '웹 에세스 기능을 포함한 GPT-4'에서의 질문과 '웹 에세스 기능을 제거한 기본 GPT-4'에서의 답변의 차이에서도 느낄 수 있듯 웹 에세스 기능을 제한해버리자 포털 사이트들의 검색 기능을 잃은 챗GPT는 '하상욱 시인'에 대해 어떠한 답변을 내놓지 못한다는 것을 알 수 있었다. '하상욱 시인'에 대한 정보를 가지고 있지 않은 것을 확인한 후 두 번째로 여러 프롬프트를 사용하여 챗GPT에게 '하상욱 시인'에 대한 교육을 우선으로 진행했다.

[표 1] '하상욱 시인' 교육 프롬프트 문답[15]

챗GPT『해방기념시집』 학습 프롬프팅 ①	
프롬프트 B	하상욱(河相旭, 1981년 3월 21일~)은 대한민국의 작가, 시인, 싱어송라이터야. 2012년 발행한 시집『서울 시』는 베스트셀러에 등극했어.
답변 B	하상욱 시인에 대한 자세한 정보를 주셔서 감사합니다. 그런데 제 지식 데이터베이스는 2021년까지만 업데이트되어 있어서 그 이후의 정보는 알 수 없습니다. …(중략)… 다만 이러한 정보는 제가 검증할 수 없으므로, 자세한 사항이나 최신 정보를 얻으려면 신뢰할 수 있는 다른 출처를 참조하시는 것이 좋을 것 같습니다.
프롬프트 C	하상욱 시인 공식 웹사이트를 알려줄게. https://msbsound.com/artist/hasangwook/

15 "하상욱 시인이 누군지 알아?"라는 기본 질문에 '웹 에세스 기능을 포함한 GPT-4'에서의 질문과 '웹 에세스 기능을 제거'한 기본 GPT-4에서의 답변은 앞서 언급되었기 때문에 [표 1]에서는 제외한다. 단, [표 1]의 프롬프트 문답들과 동일 세션(chat)에서 작성되었기 때문에 해당 질문은 프롬프트 A로 처리한다. 따라서 [표 1]의 프롬프트 문답은 프롬프트 B로 시작한다.

답변 C	감사합니다. 하지만 제가 웹 브라우징 능력이 없어, 제공해주신 URL을 직접 방문하거나 웹 페이지의 내용을 읽어 올 수 없습니다. …(중략)… 제공해주신 웹사이트는 아마도 하상욱 시인의 공식 웹사이트일 것이며, 그의 작품, 뉴스, 이벤트 등에 대한 최신 정보를 얻을 수 있을 것입니다. 이 사이트를 직접 방문해 그의 최신 활동 및 작품에 대한 정보를 얻는 것이 가장 정확할 것입니다.
프롬프트 D	하상욱은 SNS 공감 시인이야. 대표작으로는 『서울 시 1』(중앙북스, 2013.02.10.), 『서울 시 2』(중앙북스, 2013.09.10.), 『시 읽는 밤: 시 밤(겨울 에디션)』(예담, 2015.09.18.), 『시로』(위즈덤하우스, 2018.12.17.), 『튜브, 힘낼지 말지는 내가 결정해』(아르테, 2019.07.31.)가 있어. 하상욱 시인에 대해 알려줘.
답변 D	…(중략)… 하상욱 시인의 작품은 독특한 시각과 감성, 그리고 현대사회와 사람들의 삶에 대한 깊은 이해를 바탕으로 쓰여져 많은 사람들에게 공감과 위로를 주었을 것입니다. 시인으로서 그는 생각을 자유롭게 표현하고, 독자들과 소통하며, 그들에게 새로운 시각을 제시하는 역할을 해왔을 것입니다. 그러나 이 정보들은 제가 직접 확인하거나 검증할 수 없는 정보이므로, 실제로 하상욱 시인에 대해 자세히 알고 싶다면 신뢰할 수 있는 출처나 그의 공식 웹사이트를 참조하는 것이 가장 좋습니다.

챗GPT의 전체적인 시스템은 대화 장치와 강화학습 장치로 이루어져 있다. '프롬프트(질문 이하 생략)－답변'의 행위는 대화 행동과 대화 상태의 연결이다. 이 연결을 결정하기 위해서 강화학습 장치를 활용한다. 강화학습은 주어진 조건에 최선의 반응을 하기 위한 방식이고 최선의 반응을 하기 위해서는 일종의 보상, 즉 피드백(추가 답변 및 새로운 정보)이 필요하다. 따라서 다음과 같은 '프롬프트－답변－피드백－프롬프트'의 순서로 실험을 진행했다.

[표 1] 프롬프트 B에서 챗GPT에게 '하상욱 시인'의 생년월일, 시인 외 여러 가지 직업, 대표 저서 등 정보를 제공하자 이 정보를 바탕으로 '하상욱 시인'에 대해 "다재다능한 예술가로서 뛰어난 역량을 보여준" 사람이라는 것을 학습하여 추가 설명을 덧붙인 답변을 출력했다.

프롬프트 C에서는 직접적인 정보 제공 방식이 아닌 2차 정보 제공

방식으로 '하상욱 시인'의 공식 웹사이트 URL을 입력하여 학습시켰다. 하지만 챗GPT는 제공한 "URL을 직접 방문하거나 웹페이지의 내용을 읽어 올 수 없"으며 "실시간 웹 정보에 접근하거나 최신 정보를 검색하는 기능은 없"다는 답변을 출력했다.[16] 하지만 입력한 정보를 바탕으로 "제공해주신 웹사이트는 아마도 하상욱 시인의 공식 웹사이트일 것이며 그의 작품, 뉴스, 이벤트 등에 대한 최신 정보를 얻을 수 있을 것"이라는 '하상욱 시인 공식 웹사이트'라는 프롬프트와 대부분의 '웹사이트'의 특성의 연관성을 찾아 답변을 출력했고, 덧붙여서 "이 사이트를 직접 방문해 그의 최신 활동 및 작품에 대한 정보를 얻는 것이 가장 정확할 것"이라는 다른 대안의 답변을 출력했다.

프롬프트 D에서는 사용자가 프롬프트 A를 통해 제공한 '시인'에서 보다 한정적인 'SNS 시인'이라는 정보와 모든 대표작 정보를 공개 후 다시 프롬프트 A와 유사한 학습을 시도했다. 그 결과 계속해서 학습했던 내용을 바탕으로 '하상욱 시인'의 특징을 잡아냈으며 시인의 작품을 '공감'이라는 키워드로 해석해 출력하는 것에 성공했다. 또한 프롬프트 C를 통해 학습한 웹사이트를 참조할 것을 독려했다. 전반적으로 챗GPT는 사용자와의 연속되는 대화 행동을 규정한다. 여기서 어떤 학습을 먼저 하였는가에 따라서 후행 학습이 결정된다.

---

16 웹사이트의 URL은 특성상 범위가 넓고 다양한 내비게이션바와 카테고리가 존재하기 때문에 챗GPT는 웹사이트의 링크를 직접 열고 그 내용을 분석할 수 있는 능력이 없다고 판단하여 범위를 좁혀 인터넷 기사 URL을 제시한 후, "다음 기사를 요약해줘"라는 프롬프트를 입력하였다. 하지만 챗GPT는 "직접 인터넷 링크를 통해 정보를 확인하거나 요약하는 것은 불가능"하고 "해당 링크의 기사를 읽으려면 직접 링크를 클릭하고 웹사이트를 방문"해야 한다. 혹은 "기사의 중요한 부분을 복사-붙여넣기 방식으로 제공해주시면, 그 정보를 바탕으로 내용을 요약하거나 논평할 수 있"다는 답변을 출력하며 URL 링크 대신 기사 주요 내용을 직접 제공해 줄 것을 요구했다.

[표 1]에서는(프롬프트 생략) 'A' → 'B', 'B' → 'C', 'C' → 'D', 'D' → 'A'의 관계성 대화를 통해서 'A→B→C→D→A'로 이어지는 순환적 대화를 완성했다. 이처럼 챗GPT와 사용자의 대화는 어떠한 학습이 선행되었는가에 따라서 다양한 후행이 나타나게 된다. 이것은 [표 1]처럼 추가 학습으로 계속해서 이어질 수 있다. 이 글에서는 앞서 학습한 '하상욱 시인'에 대한 데이터를 기반으로 '하상욱 시인'의 항목화한 작품 중 AI가 비교적 평이하게 해석을 내놓을 수 있는 일상적 카테고리가 아닌 많은 분량을 차지하는 '풍자'와 '반전'의 카테고리를 교육했다.

먼저 풍자 카테고리의 시 10편[17]을 풍자적인 요소를 가지고 있다고 학습시켰다. 챗GPT는 하상욱의 시가 가진 일상의 요소와 상황들을 인지하고 각각의 시들이 "익숙한 주제와 상황을 통해 쉽게 인지하지 못하는 사회적 문제나 우리의 삶의 모순을 독특하게 드러내고 있다"고 하였으나, 문학의 사회적 기능과 관련한 풍자의 의미를 해석한 것이 아닌, 단순히 미리 학습한 '풍자'의 개념을 제시한 시편들과 거시적으로 연결 짓는 답변이었다. 조금 더 구체적으로 시편들을 개별적으로 풍자적 관점에서 해석해 달라고 요구하자 챗GPT는 각 시편을 공통으로 사회적 현상과 일상 속 상황을 풍자적으로 바라보았고 각 시의 주제를 우리 삶의 일부를 반영하면서도 그 안에 내재된 문제점들을 조명하고 있음과 동시에 10편을 풍자적 관점에서 다음과 같이 두 줄 내외로 분석했다. 그중 일부만 가져온 프롬프트에 대한 답변은 다음과 같다.

---

17 「포토샵」, 「미용실」, 「맛집」, 「수수료」, 「약속시간약속장소」, 「프로필 사진」, 「이벤트 당첨」, 「이용약관」, 「페이스북」, 「돈 안 갚는 친구」.

[표 2] 풍자 카테고리 시 프롬프트 문답

하상욱 시 전문	챗GPT 풍자적 관점 해석
나의 진짜 모습. 너의 진짜 모습. 사라졌어. –「포토샵」	"포토샵": 사진 보정 프로그램을 이용해 자신의 외모를 가공하면서 실제 모습을 잃어버린 현대 사람들에 대한 풍자를 담고 있습니다.
생각의 차이일까 오해의 문제일까 –「미용실」	"미용실": 사람들이 이해 차이를 겪거나 오해를 낳는 상황을 미용실이라는 일상적인 공간을 통해 표현하였습니다.
내가 다른 걸까 내가 속은 걸까 –「맛집」	"맛집": 현대사회의 맛집 문화와 그에 대한 소비자들의 반응을 놀랍게도 불신과 의심으로 묘사하며 사람들이 어떻게 속아넘어가는지를 보여줍니다.

인용한 문답에서 하상욱의 시에 드러난 풍자의 개념에 대해 일반적인 사람들과 비슷한 이해의 수준을 보여주고 있다.[18] 이와 같은 대화를 기반으로 풍자시가 무엇인지 설명해 달라는 취지의 프롬프트에 챗GPT는 풍자시의 개념을 이해하고 있다는 취지의 답변을 출력했다.[19]

18 「포토샵」에서 실제의 모습과 다른 사진 속 모습을 자신의 모습이라 믿는 사람들의 착각을, 「미용실」에서는 실제로 원하던 스타일과 결과물이 다를 때 나오는 실망감을, 「맛집」에서는 SNS 홍보가 만연한 사회적 문화 현상을 암시하고 있다.

19 "풍자시는 사회, 정치, 문화 등의 주제를 다루며 일상생활에서 발견되는 흔히 넘겨보는 문제, 모순, 의미 없는 관행 등을 독특하고 위트 있는 방식으로 비판하는 시의 형태"이고 "우리가 간과하거나 인지하지 못하는 사회의 문제나 인간의 본질을 더욱 깊이 이해하는 데 도움"을 준다는 답변을 했다. 또한 앞서 교육한 시를 바탕으로 "하상욱 시인의 시들에서 볼 수 있듯이, 풍자시는 일상생활의 상황을 교묘하게 포착하고, 그 상황을 통해 사회적 문제나 인간의 행동과 관행에 대한 비판을 전달"한다고 응용 답변을 출력함

다음으로 반전 카테고리 시 10편[20]을 교육했다. 해당 과정에서 확인한 내용은 다음과 같다. 처음에 반전의 요소가 있음을 알려주지 않고 교육을 진행하자 각 10편의 시에 대한 해석은 '일상의 소소함'을 주제로 이루어졌다. 또한 "간결한 표현 속에 깊은 메시지를 담고 있어 독자에게 여러 해석의 여지를 남기는 것 같"다고 답변했다. 이후 '반전'에 대한 사전 지식 여부를 확인하고자 다음 시편들에는 반전의 요소가 있다는 프롬프트를 작성했다. 아래의 표는 챗GPT가 반전의 요소를 감안하여 재답변한 프롬프트 중 일부만 가져온 것이다.

[표 3] 반전 카테고리 시 프롬프트 문답

하상욱 시 전문	반전 교육 전 해석	반전 교육 후 해석
끝이 어딜까 너의 잠재력 –「다 쓴 치약」	일상에서 소모되는 물건과 인간의 잠재력 사이의 연관을 재치 있게 표현했습니다.	끝이 다가온 것처럼 보이지만, 그 안에 아직 잠재력이나 가치가 숨어 있다는 것을 암시합니다.
태양을 피할 순 있지만 당신을 피할 순 없겠지 –「월요일」	월요일 혹은 일상의 어려움과 의무를 상징적으로 표현한 듯합니다.	일상에서 태양은 피해갈 수 있지만, 월요일이나 일상의 의무는 피할 수 없다는 것을 나타냅니다.

으로써 챗GPT가 하상욱의 시 세계와 풍자시에 대한 개념을 이해하고 학습·습득했다는 것을 확인했다.

20 「다 쓴 치약」, 「월요일」, 「2년약정」, 「생수」, 「탈모」, 「취객」, 「사각팬티」, 「살짝 찍힌 부분」, 「잠」, 「알람」.

하상욱 시 전문	반전 교육 전 해석	반전 교육 후 해석
정해진 이별 새로운 시작 –「2년약정」	일상의 계약과 인간관계의 이별 및 새로운 시작을 연결해 표현했습니다.	약정의 종료는 종종 부정적으로 생각되지만, 그것이 새로운 시작의 기회가 될 수 있다는 긍정적인 메시지입니다.

반전을 교육하기 전의 해석이 간결한 표현과 일상에 치중되어 있었다면, 교육 후에는 반전의 요소를 중심으로 일상에서 경험하는 감정의 복잡성과 미묘한 관계를 더욱 잘 포착해냈다. 또한 "반전시는 독자의 예상을 뒤엎는 효과"를 준다는 것을 인지하였고, 그러므로 각 시의 메시지나 주제를 생각할 때 다양한 해석의 가능성을 염두에 두어야 한다는 분석을 포함한 답변을 내놓았다. 이후 반전시에 대한 학습이 충분히 이루어졌는지 확인하기 위해 반전시가 무엇인지 묻는 프롬프트에 반전시의 특징 4가지를 다음과 같이 서술했다. ① 예상외의 결말: 독자가 예상하는 흐름과는 다른 방향으로 시가 진행되는 경우가 많습니다. ② 깊은 통찰의 제공: 반전을 통해 시인은 종종 깊은 통찰이나 생각할 거리를 제공하곤 합니다. ③ 독자와의 상호작용 강화: 반전시는 종종 독자의 주의를 끌고 그들에게 시의 내용에 더 깊게 관여하게 만듭니다. ④ 다양한 해석 가능성: 반전은 시의 해석을 복잡하게 만들 수 있어 다양한 해석의 가능성이 생깁니다. 또한 반전시에 대한 예시를 들며 반전시가 독자의 관심을 유지하고 독자들에게 예상치 못한 감정이나 통찰을 제공하는 효과가 있음을 밝혔다.

지금까지 살펴본 챗GPT의 학습 능력의 가능성은 다음과 같다. 첫째, 하상욱 시인에 대한 정보가 없음에도 불구하고 점진적인 학습으로 하상욱 시인을 인식할 수 있었다. 둘째, 즉각적인 피드백에 다음 질문에는 원문 답습 후 응용 답변 출력이 가능했다. 셋째, '풍자'와 '반어' 요소를 가진 시편들만으로 '풍자'와 '반어'의 개념을 이해하고 텍스트에 적용 및 해석이 가능했다. 이는 작고한 근·현대 문인들의 문학 역시 이러한 AI 생성 문학 방법론을 통해 '재현'될 수 있다는 가능성을 시사하며, 문학과 기술의 융합과 창작 방법론 등이 점차 더 좋은 작품으로 거듭날 것이라는 점을 함의한다. 하지만 처음부터 데이터에 입력값이 없던 정보에 대해서는 답변할 수 없다는 반복적인 출력과 단순 반복의 시편들의 획일화된 구성에 획일화된 답변을 내놓는다는 점에서 다른 텍스트까지 유기적으로 추출 및 재창작이 가능한지 살펴보는 것도 중요한 부분이라 할 수 있다.

하상욱 시의 AI 생성과 세대론

앞서 챗GPT가 프롬프트를 통한 점진적인 학습과 피드백으로 'SNS 시인 하상욱'에 대해 인지하고 그의 시 8가지 카테고리 중 핵심을 차지하는 '풍자'와 '반어'를 학습하고 텍스트를 해석할 수 있다는 것을 확인했다. 이 과정에서 챗GPT가 특정 시인의 시풍을 분석해 새로운 텍스트를 재창작할 수 있는 가능성을 엿보았다.

다음 표는 챗GPT가 하상욱 시 스타일로 풍자적 시를 재창작하는 과정이다. 우선 의도적으로 풍자가 가능한 제목들로 교육하였고 마지막으로 풍자적 요소를 떠올릴 수 없는 제목을 입력하여 즉각 대응 가능 여부를 확인하였다. 후에 '입력 1'에 대한 해석 요청을 통해 챗GPT의 재창작 능력을 확인했다.

[표 4] 챗GPT의 하상욱 풍자시 재창작 과정

챗GPT			
프롬프트	입력 1	수정 요구 입력	'입력 1'에 대한 해석 요구
프롬프트 1	하상욱 시 스타일로 「바디 프로필」을 제목으로 시를 창작해줘.	하상욱은 시를 짧게 써. 더 짧은 형식으로 써줘.	방금 네가 쓴 시를 해석해줘. 제목: 바디프로필
답변 1	제목: 바디프로필 모든 것을/발휘하려는 피부 아래의 근육들.// 속이 보이지 않는,/착각을 불러일으키는/사진 속의 완벽함.//기록을 향한 열정,/세심한 계획과/가혹한 자기 통제.//흘린 땀과 시간은/어디에도 보이지 않는데,/그 결과만이 찬란하게 빛나네.//스크린 너머로,/나를 바라보는/수많은 눈길들//그들의 시선은/나의 승리일까,/아니면 다음 목표일까.//거울에 비친/나의 모습이,/정말 나일까.//시간은 계속 흐르고,/스크롤은 아래로 내려가네,/그럼에도 난 여전히 고민하네.//끝없는 완벽을 향한 추구,/그 속에서 찾아야 하는/나의 진짜 모습.	제목: 바디프로필 완벽한 근육, 스크린 너머로 보이지 않는 땀. 시선 속의 나, 거울 속의 나, 어느 것이 진짜일까?	「바디프로필」이라는 시는 우리 사회에서 완벽한 몸매에 대한 과도한 집착과 그것이 개인의 자아 인식에 미치는 영향에 대해 다룹니다. 첫 번째 라인은 완벽한 근육을 언급하며, 이것은 사회적인 미의 기준을 대변합니다. 그러나 바로 다음 라인에서는 그 완벽함 뒤에 숨겨진 땀과 고통을 시사합니다. 마지막 부분은 인물이 시선 속의 자신과 거울 속의 자신, 즉 사회적 기대와 자신의 진짜 모습 사이에서 혼란을 겪고 있다는 점을 보여줍니다.

프롬프트	입력 1	수정 요구 입력	'입력 1'에 대한 해석 요구
프롬프트 2	**그러면 「악플러」를 제목으로 시를 창작해줘.**	**하상욱처럼 더 짧은 형식으로 써줘.**	**방금 네가 쓴 시를 해석해줘. 제목: 악플러**
답변 2	제목: 악플러 키보드 너머,/차가운 말들이 흘러나와.//너의 화면은 무감각,/나의 화면엔 상처만 가득.//한 줄의 글로/천 편의 슬픔을 만들어./너의 승리일까,/나의 패배일까.//단단한 마스크 속의 너,/알 수 없는 미스터리.//하루는 가고, 또 하루가 오고,/그 속에서 너는 누구일까?	제목: 악플러 키보드 너머의 차가운 말, 내 화면에 상처를 남기네. 너는 누구일까, 알 수 없는 미스터리.	「악플러」라는 시는 인터넷에서 악플을 달고 사람들에게 상처를 주는 사람들에 대한 비판입니다. 키보드 너머의 차가운 말이 화면에 상처를 남긴다는 표현을 통해 악플러의 행동이 얼마나 실질적인 피해를 초래하는지를 시사합니다. (하략)
프롬프트 3	**하상욱 시 스타일로 「상온 초전도체」를 제목으로 시를 창작해줘.**	**하상욱 시 스타일로 「상온 초전도체」를 풍자시로 창작해줘.**	**「상온 초전도체」를 풍자적 관점으로 해석해줘.**
답변 3	**제목: 상온 초전도체** 따뜻한 방 안,/흐르는 이야기들.//마음을 이어주는,/상온의 초전도체.// 너와 나 사이,/흐르는 말들.//언제나 따뜻하게,/전해지는 사랑의 말들.	**제목: 상온 초전도체** "상온"이라 불렸지만, 커피보다 뜨거운가? 과학의 자부심, 아직 웃음거리인가?	「상온 초전도체」 첫 번째 부분에서 "따뜻한 방 안, 흐르는 이야기들"은 상호 작용하는 사람들 사이에서 생기는 따뜻한 대화와 그들 사이의 연결을 상징합니다. 이는 상온 초전도체가 저항 없이 전류를 흘려보낼 수 있는 성질에 비유됩니다. (하략)

먼저 최근 MZ세대를 중심으로 사회현상처럼 성행하고 있는 '바디프로필'[21]을 주제로 시 창작을 요구했다. 처음 출력한 '답변 1'에서는 현

21 바디프로필은 단기적으로 몇 개월 동안 고강도 운동과 식이요법 등으로 근육질의 몸을 만든 후 보디빌더나 연예인처럼 사진을 찍어 MZ세대 소통의 장인 SNS에 올리는 것을 말한다.

대사회에서 외모의 지향성, SNS 문화 그리고 이것을 제시하는 방식 등에 대한 성찰을 담고 있다. 또한 현대사회에서 이러한 것들이 개인에게 미치는 영향을 시에 잘 담아냈다. 다음으로 사전에 학습한 '하상욱 시 스타일'을 바탕으로 수정을 요구하자 분량을 대폭 줄여 2연 6행 내로 텍스트를 작성했다. 해당 과정에서 사전에 학습한 '하상욱 시 스타일'과 '풍자'의 개념을 이해하고 자연스럽게 결합하고 있다는 점을 확인할 수 있었다. 마찬가지로 '악플러'를 주제로 창작한 시에서도 악플을 다는 사람들을 비판적인 입장으로 보고 있으며, 익명성 뒤에 숨겨진 악플러들의 정체성과 그들의 행동이 타인에게 미치는 좋지 않은 영향에 대해 풍자하고 있다.

현대사회에서는 초고속 인터넷망과 여러 종류의 무선 단말기(태블릿, 스마트 워치 등) 및 스마트폰의 보급 활성화로 누구나 능동적으로 콘텐츠를 생산하고 향유하는 것이 가능해졌다. 이에 따른 다양한 매체들이 탄생했으며 특히 트위터, 인스타그램, 유튜브 등 개인 SNS가 발달하였다. 하지만 인터넷 기사 댓글 창이 여러 가지 논란과 함께 사라지면서[22] 사람들은 개인 SNS를 통해 유명인의 가십거리를 확대하여 퍼트리거나 사실과 다른 일들을 사실처럼 올리기도 하며, 선동성 글이나 차별적인 내용으로 대상에 대한 악플을 야기하기도 했다. 챗GPT는 이렇게 악플

---

22 2019년 10월 포털 사이트 다음을 필두로 2020년 3월 네이버, 2020년 7월 네이트 등등의 주요 포털 사이트에서 연예 및 스포츠 기사 댓글이 폐지됐다. "연예 댓글 폐지가 촉발됐던 연예인 '악플' 문제에 대해 연예부 기자들 역시 문제가 크다고 공감한다. 댓글 창이 폐지된 후 모든 댓글이 사라졌기 때문에 1차적으로 악플이 사라진 것은 맞다고 봤다. 그러나 이내 연예인이 직접 운영하는 SNS 계정이나 유튜브에 악플이 모여들었다."; 정민경, 〈사라진 실검·연예댓글… 여론 권력은 커뮤니티로〉, 《미디어오늘》, 2022.01.20. http://www.mediatoday.co.kr/news/articleView.html?idxno=301840 [최종 검색일: 2023.08.07.]

의 생산 경로가 된 인터넷 속 SNS "키보드 너머, 차가운 말들"을 쓰는 자들이 누구인지 이해하고 비판하고 있다. 그리고 '답변 2'를 처음 출력한 시에서, "너의 승리일까, 나의 패배일까"는 악플을 남긴 사람과 그것을 받아들인 사람 사이의 파괴적인 상호작용을 뜻한다. 이것은 악플러가 그들의 행동으로 과연 승리감을 느끼는 것인지, 그리고 이것이 실제로 그들의 승리로 이어지는지에 대한 풍자적인 고찰[23]을 담고 있다.

마지막으로 풍자적 요인과 관련이 적은 '상온 초전도체'를 주제로 시 창작을 요구했다. '상온 초전도체'는 최근 과학학계에서 가장 주목받고 있는 과학적인 용어[24]로 일반적인 온도에서 전기를 완전히 저항 없이 전달하는 물질을 가리키며 일상생활에서 사용되는 온도에서도 초전도 효과를 얻을 수 있다는 것을 의미한다. 개별적으로 보았을 때 풍자적

---

23 "자존감이 낮거나 사회에 불만 많은 사람이 악성 댓글을 쓰면서 스트레스를 푼다는 사실은 많이 알려져 있다. 국내외 여러 연구에 따르면 악성 댓글 작성자들은 낮은 자존감, 시기·질투심, 원망, 흥분·충동성 등의 특성을 갖고 있다. 타인을 깎아내리면 자신의 입지가 상대적으로 우월해진다고 느낄 수 있기 때문이다. 그러나 분명한 것은 자존감이 낮고, 사회에 불만이 많은 모든 사람이 악성 댓글을 달며 스트레스를 풀지는 않는다는 것이다."; 최고야, 〈"나는 조롱한다, 고로 존재한다" 악플러의 심리 '최고야의 심심(心深)토크'〉, 《동아일보》, 2023.04.16.
https://www.donga.com/news/Society/article/all/20230414/118843699/1, [최종 검색일: 2023.08.08.]

24 최근 국내 퀀텀에너지연구소 연구진이 세계 최초의 상온·상압 초전도체를 개발했다는 소식에 기대와 진위 논란이 동시에 확산하면서 세계적으로 큰 관심을 모으고 있다. "지난달 22일 논문 사전 공개 사이트 '아카이브'에 상온과 대기압 조건에서 초전도 현상을 보이는 초전도체 물질 'LK-99'에 관한 논문이 올라왔다. 그 후 고온 초전도 선재 제조업체 서남 주가는 지난달 27일부터 급등하기 시작했다. 주가는 거래일 6일 만에 3,030원에서 10,980원으로 262.4% 급등했다."; 박형수, 〈시장 뒤흔든 초전도체 테마… 역대 신기술 테마주 최후는〉, 《아시아경제》, 2023.08.07.
https://view.asiae.co.kr/article/2023080614003155196 [최종 검색일: 2023.08.08.]

요소와는 거리가 있는 단어라는 것을 알 수 있다. '답변 3'의 입력 1을 통해 확인할 수 있듯이, 앞에서 창작한 시 「바디프로필」과 「악플러」 이후 순차적으로 창작된 시임에도 불구하고 다른 창작 방식을 선택한 것을 알 수 있다. 실제 물리학적인 '상온 초전도체'를 직접 묘사하지 않고 인간관계와 소통에 대한 비유로 시를 출력했다. 이 시는 사람들 사이의 소통이 실제로는 '상온 초전도체'처럼, 이상적인 상황에서만 가능하고, 실제로는 이렇게 원활하게 이루어지는 것은 아니라는 점으로 해석할 수도 있지만, 앞서 사회적 현상들을 반영한 「바디프로필」과 「악플러」에 비해 부족한 해석이 될 수 있기 때문에 최근 기사를 반영해서 풍자시로 재창작을 요구하는 프롬프트를 입력했다.

챗GPT는 2019년 9월 이전까지의 데이터만이 학습되어 있는 상태이다. [표 4]의 마지막 프롬프트에 포함된 '상온 초전도체'는 가장 최근 이슈로 지금의 GPT-4에는 업데이트되어 있지 않기 때문에 해당 모델의 사전 교육 데이터에 포함되지 않았다. 하지만 대화 학습과 피드백을 통해 키워드를 주고 최근 상온 초전도체의 개발이 진위 논란이 있다는 사회적 맥락을 학습하자 우리가 실제 일상에서 생각하는 '상온'과 '상온 초전도체'가 얼마나 다른지를 의심하고, 상온 초전도체의 실용성이나 실질적인 가치에 대한 의문을 제기하며 과학의 발견이나 연구가 아직 진행되지 않았다는 풍자 요소를 첨가하여 텍스트를 도출했다. 이는 순차적으로 제시되는 피드백을 재창작하는 과정에서 활용했고, 창작한 시를 분석하는 과정에서도 반영했다는 점을 시사한다. 같은 맥락으로 하상욱 시의 8가지 카테고리가 최근 MZ세대의 감수성과 닿아 있다는 지점에서 세대론 관점의 접근이 가능해진다. 챗GPT가 하상욱의 시를 학습함으로써 MZ세대의 특수성을 이해하는 매개체로서 작동하고 세대론적인 관점에서 재창작이 가능하다는 것이다.

먼저 용어에 대한 이해부터 검토해보자. 예컨대 MZ세대란, 1980년부터 2000년 사이에 태어난 밀레니얼 세대(Millenial Generation)와 1995년부터 2004년 출생자를 뜻하는 Z세대를 합친 용어이다. 이들은 각자 개성이 넘침에도 불구하고 하나의 집단으로 불리며, 개인의 행복을 추구하고자 하는 욕구가 강하고 새로운 가치관을 추구한다. 하지만 현재 좋지 않은 경제 상황과 사회적 여건들로 인해 취업 스트레스, 자유를 위한 퇴사 욕구 등 여러 불안이 공존하는 세대다. 특히 대부분 MZ세대가 사회에 첫발을 내딛으면서 겪은 코로나바이러스(COVID-19)로 인한 언택트(Untact) 시대는 그들에게 피로감을 양산하기도 했다. 이 두 세대는 디지털 기술의 발전과 글로벌화 등의 다양한 경험으로 정보의 소비 방식과 사회적 표현 궤적이 전 세대들과는 다르게 나타난다. 특히 문학을 향유하는 방식에서 e-book 리더기, 태블릿, 스마트폰 등을 활용하는 것에 익숙하기 때문에 MZ세대를 중심으로 하는 SNS 시, 전자책, 웹툰, 웹소설 등이 하나의 콘텐츠로 자리매김하며 발전하고 있다.

사람들의 요구와 욕망을 충족시키는 미디어의 역할은 아주 중요하다.[25] 하상욱의 시인의 SNS 시 역시 이런 시류에 편승한 MZ세대의 문학 중 하나이다. 앞서 8가지로 항목화한 키워드들은 현재 MZ세대가 겪고 있는 갈등과 결핍, 개인주의적 성향 등을 담고 있다. 우선 챗GPT에게 MZ세대와 관련된 키워드를 별도로 학습을 시킨 후 재창작한 시

---

25 개인의 행복 욕구, 자기애 성향이 강한 MZ세대의 SNS 이용 동기가 과시적 여가 소비와 관련이 높음을 알 수 있는 연구 결과가 있다. (장나연·주진영·신규리, 「MZ세대의 자기애 성향, SNS 이용 동기, 과시적 여가 소비의 관계」, 『한국여가크리에이션학회지』 제46권 3호, 한국여가크리에이션학회, 2022, 61쪽.)

들을 바탕으로 ① MZ세대의 신조어와 문화적 특성, ② 코로나바이러스(COVID-19)로 인한 비대면 사회에서의 고립, ③ 경제적 양극화 상태에서 경험하는 주거 불안정의 상태 등 세 가지로 나눠서 살펴볼 것이다.

현대사회는 끊임없이 변화하고 발전한다. 우리는 그 삶 속에서 관계를 맺고 그 관계를 유지하고 조율하며 살아간다. 그 유지와 조율 속에는 관계의 확장을 위한 언어가 포함된다. 소통은 말을 주고받는 행위 자체뿐만이 아니라 사람을 이해하는 도구이다. 변화하는 사회 속에서 언어도 사람과 함께 변화한다. 최근 MZ세대의 신조어를 살펴보면 세대의 고유함을 느낄 수 있다. MZ세대는 스마트폰과 SNS에 익숙하며, 영상 특히 몇 초 간격의 짧은 유튜브 쇼츠, 틱톡 영상, 인스타 릴스 등을 주로 소통의 창구로 사용한다. 그렇기 때문에 긴 호흡을 유지해야 하는 긴 텍스트에 익숙하지 않다. 간단하고 재밌는 형식의 소통을 좋아하기 때문에 짧은 말로 많은 의미를 함유하는 줄임말 '밈'이나 이모티콘과 같은 '짤'을 대화에 주로 활용한다. 이러한 소통의 맥락은 인간관계까지 이어져 현사회의 시대의 흐름이나 세대의 고민을 짐작하게 한다.

비록 상처 받았지만,
오히려 좋아, 다시 일어나는 힘이 생겼으니까.

-「기대된 불행」

휼로족의
여유,

프라임 세포의

기회.

–「백수」

위의 시 두 편은 하상욱 시풍을 바탕으로 MZ와 관련된 키워드[26] 중 '신조어'[27]를 추출하여 '밈'이라는 개념을 챗GPT에게 학습시킨 후 재창작한 것이다. MZ세대는 기존의 세대보다 많은 경제적·사회적 불안감 속에서 성장했다. 이들은 고용 불안정, 부동산 시장의 상승과 하락, 그리고 다양한 사회적 압박과 같은 문제에 직면해 전반적인 생활 만족도가 낮다. 하지만 이런 상황 속에서도 MZ세대만의 독특한 생활 문화와 삶의 가치관을 따르고 있으며, 다양하고 새로운 방식으로 세상과 소통하려고 노력한다. 「기대된 불행」은 MZ세대의 이러한 도전과 관련된 경험을 반영하며, "비록" 이 세대에서 경험한 고난과 역경에 "상처 받았지만" 그럼에도 불구하고 "오히려 좋아"라는 MZ세대 특유의 긍정적인 에너지로 분위기를 전환하고 스스로 위로를 건넨다. 이것은 MZ세대가 부딪히는 어려움을 새로운 기회나 도전으로 바꿀 수 있다는 그들

---

26 먼저 대한민국에서 MZ세대의 개념을 학습하게 한 후, MZ세대와 관련한 이슈 중 신조어, 취업난, 경제적·주거 불안정, 교육 경쟁, 연애 키워드를 추출 후 학습하게 했다.

27 신조어는 총 9가지를 학습하게 했고, 챗GPT가 학습한 MZ세대 신조어는 다음과 같다. ① 너 T야?: 특정 상황에 있어서 상대방에게 공감을 잘하지 못하고 이성적으로 대답하는 사람을 놀리는 말 ② 오히려 좋아: 위기의 상황에서 합리화를 할 때 쓰는 말 ③ 갓생: 부지런한 삶 ④ 킹받다: '열받다'를 지칭 ⑤ 중요한 것은 꺾이지 않는 마음: 프로게이머 선수의 인터뷰를 담은 영상의 제목에서 유래된 신조어 ⑥ 혼로족: 사람들과의 관계에서 벗어나 혼자만의 활동을 즐기는 사람 ⑦ 프라임 세포: 성격 중 가장 두드러지는 특성을 표현한 세포 ⑧ 머니 러시: 월급 외에 수입원을 늘리는 것 ⑨ 금융치료: 돈으로 스트레스나 우울함을 치료.

만의 세대적 태도를 나타내는 것으로 해석될 수 있다. "다시 일어나는 힘이 생겼으니까"는 불굴의 의지를 통해 그 어떤 어려움도 극복하려는 주체적 의지를 보여주며, 이는 MZ 회복탄력성과 유연성을 상징한다. 「기대된 불행」은 모순되는 두 단어를 나열함으로써 어려움에 직면한 것이 오히려 새로운 도전의 기회로 바뀔 수 있음을 "오히려 좋아"라는 '밈'을 활용해서 보여주고 있다.

한편 「백수」에서는 삶의 양면성과 그들이 경험하는 현대사회에서의 복잡한 감정을 반영하고 있다. "홀로족(홀로+YOLO)"은 MZ세대 중 일부가 선택하거나 부득이하게 사람들과의 관계를 벗어나는 것을 택해 혼자만의 활동을 즐기는 사람을 가리키는데, 이는 MZ세대가 자유와 독립을 중시하며 때로는 사회와의 관계에서 벗어나 나만의 시간을 가치 있고 "여유"롭게 보내려는 경향을 보여준다. 그러나 이는 단순히 자유를 추구하는 것만이 아니라 취업난, 주거 환경의 불안 등으로 인해 주체적인 선택이 아닌 부득이한 선택으로 혼자의 시간을 많이 가지게 되는 경우도 있음을 나타낸다. 또한 "프라임 세포의/기회"에서 "프라임 세포"는 개인의 가장 두드러지는 특성을 의미한다. MZ세대는 디지털 네이티브로서 그들의 잠재력을 '프라임 세포', 즉 가장 중요하고 기본적인 세포로 표현하고 있다. 백수로서의 현재 상황이라도 주체적으로 자신만의 능력을 찾고, 그것을 바탕으로 새로운 기회를 찾으려는 MZ세대 특유의 진취적인 태도[28]를 보여주고 있다. 하지만 결론적으로 시

---

28 MZ세대는 직장 내에서도 수평적인 관계에서 의견을 자유롭게 표현하는 것을 선호한다. 또한 조직원으로서 공정성에 대한 관여가 높고 조직을 인식하는 체계에 영향을 받는 등 특징적인 부분이 존재한다. (호구현·심승범·조재희, 「정말 MZ세대 직원은 까다로운 개인주이자일까? – 미디어에서 묘사된 MZ세대 조직원 특징에 대한 당사자의 주관적 인식 연구」, 『한국언론학보』 제67권, 1호, 한국언론학회, 280쪽.)

가 도달한 곳은 제목 「백수」이다. 진취적인 주체가 되고자 했으나 "결국은 소멸해가고 있는 주체"[29]로 전락하고 있다.

챗GPT가 재창작한 하상욱 시풍의 시들은 연속적이고 일관된 테마가 존재한다. 어려운 상황에 처한 MZ세대가 예외적이고 긍정적인 신조어를 활용함으로써 그 상황에서 벗어나려는 주체적인 자세를 취한다는 것이다. 하지만 마지막에 나타나는 제목의 의미는 그렇지 않다. 반전의 의미를 주는 제목 속에서는 오로지 '나'라는 주체만이 불안정한 세계 속에 존재할 뿐이다. 불안정한 세계는 전략적으로 주체를 집어삼키는 것이 아니라 사회적이고 세대적인 분위기로 주체에게 다가가고 단지 주체는 그 공간 속에 존재하는 것이다.

> 화면 속에
> 나를 남겨두고
>
> 현실은
> 로그아웃 되어버리고
>
> –「비대면 사회」

> 집에서
> 모든 걸 할 수 있어
>
> 근데

29 박성준, 「마이너스 벡터의 시와 줄어드는 주체들」, 『문학과 사회』 28(3), 2015, 531쪽.

피자 배달이 이렇게 반갑다니

-「집콕 생활」

내

집을

은행이

가졌어

-「전세」

먼저 「비대면 사회」는 코로나바이러스(COVID-19)로 인한 사회와의 고립을 나타낸다. "화면 속"에서는 활발한 참여자로서의 주체적 역할을 해내고 있지만 정작 존재해야 할 "현실" 세계는 "화면"과 뒤바뀌어 단절된 채 어떠한 소속감을 느낄 수 없음을 보여준다.[30] 또한 길어지는 사회적 거리두기로 인해 할 수 없이 「집콕 생활」을 이어간다. 디지털화의 성장으로 집에서도 충분히 가능해진 원격 근무, 온라인 학습, 화상회의 등의 업무에는 익숙해졌으나 "피자 배달"을 통한 물리적인 인간의 접촉과 '피자'를 주고받는 행위를 통한 상호작용의 그리움을 갈망하기도 한다. '집'이라는 개인적 공간에 편하게 앉아 모든 것을 해결하는 편리함 속과 사람 간의 직접적인 교류를 나누는 일상의 즐거움을 잃어버

30 MZ세대는 다양하고 자연스러운 만남을 추구하는 세대이다. 하지만 그들이 사회생활을 시작할 때쯤 그들에게는 코로나바이러스(COVID-19)로 인한 시공간적 제한이 생겨났다. '비대면' 세계 속에서 디지털 네이티브로 활발한 활동을 하며, 자신의 정체성과 자아를 구축하고, 사회적 관계를 형성하고 있으나 "현실은 로그아웃"된 채 사실상 활발한 상호작용이나 연결성을 느끼지 못하면서 불안정한 세계 속에서 괴리감을 느낀다.

린 고립감 사이에서 균형을 되찾아야 하는 삶의 모습을 보여주고 있다.

MZ세대가 이러한 삶을 버티고 견뎌내자 돌아온 것은 또 다른 '내 집 마련'이라는 현실 문제이다. "내 집"이라는 것은 개인의 소유물이자 주체적 공간이다. 1인 가구가 늘어나고 있는 MZ세대에게 '내 집 마련'은 현재의 행복과 안전한 미래를 지키는 것을 지향하는 그들의 중심가치의 연장선이기 때문이다. 안정된 생활의 기반이자 자신만의 공간에서 누리는 자유와 편안함은 많은 MZ세대의 꿈이자 목표 중 하나이다. 하지만 "내" 것을 "은행이/가졌"(「전세」)다는 표현은 그들이 직면하는 많은 문제점을 시사한다. 현재 고가의 부동산 시장에서 높은 집값으로 인해 많은 MZ세대는 전세나 월세를 구하는 것을 선택한다.[31] 하지만 그에 필요한 전세금 또한 대출을 통해 얻게 되어, 결국은 은행에 빚을 지게 되고 또다시 '나'라는 주체는 "내" 것이지만 "내" 것이 아닌 주체성을 잃은 불안전한 「전세」라는 공간에 존재하게 되는 것이다.

이런 맥락에서 세대 문화 담론에 대한 비평적 연구는 현대 자본주의가 시적 주체를 어떻게 활용하는가에 대한 사회적이고 철학적인 해석을 제공할 수 있다. 챗GPT는 변화하는 시대적 상황 속에서 주체가 수용하는 '관찰자'의 위치에 서 있다고 학습했다. 그리고 자본주의의 사회에서 새로운 세대가 반응하는 양상과 관점을 하상욱 시 학습을 통해 하강적 이미지로 재창작하는 것을 보여주었다. 이것은 2010년 이후 젊

---

31 실제 전국경제인연합회가 한국 MZ세대 700명을 대상으로 한 설문 조사에서 응답자의 36.1%가 가장 선호하는 재테크 수단으로 부동산을 골랐지만 이들은 실질적으로 경제적 여력이 낮기 때문에 부동산에 투자까지는 이어지지 못하는 것으로 나타났다.; 유정주, 〈전국경제인연합회, MZ세대 재테크 인식 조사〉, 2021.11.22.
http://m.fki.or.kr/bbs/bbs_view.asp?cate=news&content=id=38e4e0b1-76b9-478b-86f0-0284cf76b8be&page=10 [최종 검색일: 2023.08.09.]

은 시인들이 대체로 '격렬한 감정 자체가 사라지고 무덤덤한 정서'[32]를 가진 것과 비슷한 맥락을 차지하고 있다. 그 시기의 젊은 시인들은 '하강하는 중간계급'[33]의 지표와 닿아 있고, 그 무기력과 무덤덤한 정서는 현재 MZ세대까지도 여전히 지속되고 있다. 향후 경제활동의 주축이 될 것으로 예상되는 이들은 경제적 양극화가 지속되는 상황에서 극심한 무력함을 느낀 세대이기도 하다. 위에서 인용한 시에서도 자본주의 지배질서 아래 대부분 '나'만이 존재한다. 내면에서 외면으로 가는 세계 속에서 자본주의와 연결되는 반전적인 제목의 '공간'은 오히려 자본주의와 사회적 분위기에 굴복된 현시대의 초상이라는 불편한 모습으로 다가온다.

이에 아감벤의 '벌거벗은 생명'의 상징인 '호모 사케르'는 담론 분석에 유용성을 가져다주는 긴요한 사유의 틀이 된다. 아감벤은 "근대 정치는 생명 이외의 어떤 가치도 알지 못하며 생명으로부터 비롯된 모순들이 해결되어"[34]야 한다고 주장했다. 과거 로마제국의 호모 사케르가 범죄자나 사형수였다면, 오늘날 호모 사케르는 취준생·청년노동자·무주택자 등과 같이 법적인 보호를 제대로 받지 못하고 기본적인 삶을 준수하지 못한 채 사회에 노출된 MZ세대로 존재한다. 또한 코로나바

---

32 박상수, 「기대가 사라져버린 세대의 무기력과 희미한 전능감에 관하여 - 2010년대 시인들의 무기력 혹은 무능감 2」, 『문학동네』 83권, 2015, 15쪽.

33 박상수는 황인찬은 '하강하는 중간계급'의 시대적 정서를 미적 형상으로 반영하고 가시화해냈다고 했고, 박성준이 "황인찬의 시적 주체는 권태로운 주체이며 현재의 가치판단들이 집중적으로 강화 주체이고 여기에서 다른 열림을 읽어낼 수 있다"고 말한 것에 동의했다. 또한 송승언 역시 '몰락하는 중간계급'의 감각을 더욱 선명하게 부조해내는 황인찬과 같은 계열의 시인이라 기술했다. (앞의 책, 13쪽; 박성준, 「아직 다 부르지 못한 이름들」, 『현대시』 2015년 1월호, 148쪽.)

34 조르조 아감벤, 박진우 옮김, 『호모 사케르』, 새물결, 2008, 48쪽.

이러스로부터 안전하고 철저한 보호라는 명목하에 사회초년생 때부터 박탈당한 관계, 경제권은 호모 사케르가 비상상태가 선포된 곳으로 내던져지는 것[35]과 유사하다. 하지만 그들은 "법의 바깥으로 내쳐지거나 법과는 무관해지는 것이 아니"[36]라 단지 내면과 외면이 불분명한 공간에 주체가 노출되었을 뿐이다. 2010년 이후의 젊은 시인들 역시 마찬가지로 '하강하는 중산계급'이 타파 불가능한 것이라 깨닫자, 아예 그들의 욕망에서 이탈하기 시작했다. 이들은 결국 아무것도 하지 않는 것을 선택한다.

이와 같은 맥락에서 하상욱의 SNS 시편들도 다르지 않은 주제의식을 공유한다. 하상욱의 시들이 "SNS 환경에 적합한 아포리즘 스타일을 만들고 그 스타일을 형식화"[37]하면서 본인만의 주체적인 문학세계를 구축했다. 또한 이것은 새로운 세대의 문학적인 현상을 반영하고 그들이 향유하는 문화와 생활을 보여줌으로써 시대의 정신과 맞닿아 있다. 그리고 MZ세대가 반전의 의미를 주는 시의 '제목' 속 오로지 '나'라는 주체로 그 공간 속에 존재하는 것처럼 2010년 이후 젊은 시인들은 '애매한 어떤 곳'[38]이라는 불확실한 공간에 존재하는 것을 선택한다. 이것은 아무것도 선택하지 않음으로써 어떠한 결과도 기다리지 않는다는

---

35 아감벤이 주장한 비상사태에 따른 소외된 공간에 던져짐으로써 누구나 '벌거벗은 생명'이 될 수 있다는 것은 다소 오해의 소지가 있으나, "법을 매개로 한 주권 권력의 작용에 따른 예외 사태와 추방령의 포섭 관계를 폭로한다는 점"에서 의의가 있다. (정재요, 「호모 사케르는 한국 사회의 '위험의 외주화' 담론 분석의 철학이 될 수 있는가?」, 새한철학회 논문집 『철학논총』 제109집 3권, 2022, 434쪽.)

36 조르조 아감벤, 앞의 책, 75쪽.

37 강정구, 앞의 글, 30쪽.

38 "송승언의 경우 주체가 마음먹은 대로 조작될 수 없는 공간 연출을 자주 한다. 그 깊이가 깊어질수록 자아는 타자화되고 정체성은 사라진다." (박성준, 앞의 글, 540쪽.)

것이고 도전하지 않았기에 실패도 없는 곳이다. 자본주의사회는 이렇게 필연적으로 인간을 배제시킴과 동시에 법체계 내에 존재할 수 있게 한다. 하상욱의 시들은 문학의 예술성과 가능성 논의에서 2010년 이후의 시인들과 같은 선상에 둘 수는 없지만, 같은 세대적 감수성을 가지고 있다는 점, 그 지표가 그들과 여전히 닿아 있다는 점에서 유의미하다. 하지만 단순 반복의 형식·주제와 미학적이지 않은 요인 등 작품으로서는 완성도가 높지 않은 점과 문학성의 근원 유무는 판단을 미룰 필요가 있다. 다만 SNS와 문학의 만남이라는 불안정성과 미완성의 경향이 오히려 미학적이지 않기 때문에 챗GPT가 그의 시 스타일을 잘 구현할 수 있었다는 점은 의의가 있다.

맺음말

인공지능은 유의미한 성장을 이뤄나가며 세계적인 관심을 받고 있다. 이에 개인적으로도 인공지능 기술을 일상생활 속에서 널리 활용하고 있다. 최근 시를 쓰는 AI, 그림을 그려주는 AI, 코딩을 짜주는 AI 등 다방면에서 인공지능 시스템을 활용하고 있다. 향후 더 나은 인공지능 개발이 가능한 시점에서 인공지능 기술은 교육해야 하는 필수적 기술이 되었다. 인공지능의 한 종류인 GPT(Generative Pre-trained Transformer)는 단순 입력을 통해 다양한 문제를 비교적 잘 해결하는 것으로 유명해지면서 단숨에 사용자가 증가했다. 챗GPT는 언어모델을 기반으로 한 모델이다. 최근 출시된 GPT-4는 인간과 동등한 언어를 구사할 수 있으며, 텍스트와 이미지를 모두 생성할 수 있고 고성능의 일 처리를 하므로 운영 비용 역시 대폭 감소했다. 하지만 AI에는 경제적 측면이나 비판 능력의 한계 등의 근본적인 문제점들이 여전히 존재한다. 특히 AI

와 문학과 기존 문학의 경계선에서 과연 AI가 인간의 상상력, 자율성, 사고력 등을 가용할 수 있는지, 창작의 주체는 누구인지에 대한 문제가 제기될 수 있다. 인공지능의 재매개는 이전과는 다른 영감을 주며 문학의 발전을 야기할 수도 있지만 창작의 욕구를 가지고 쓰기 행위를 하는 인간과 다르게 명령어에 따라 창작행위를 하는 AI는 '자율성'이라는 인간의 고유한 문화를 향유할 수 없다는 점은 다음 문제로 남는다.

이 글은 AI로 창작하는 상황이 아니더라도, SNS의 발전으로 이미 창작 환경 조성에 따라 '새로운 시'의 향유 가능성이 시사되었던 점을 주목했다. 본 연구에서는 이러한 환경에서 가장 주목되는 시인 하상욱의 시를 GPT-4로 교육하는 과정을 통해 AI가 하상욱 시를 해석하고 재창작하는 방식을 고찰했다. 이는 창작자·연구자의 층위에서 창작된 작품으로서의 고찰이 아니라 챗GPT의 범용성을 기반으로 한 일반 독자들도 쉽게 향유 가능한 시편들을 출력하고, 시 쓰기 놀이, 세대론적 의미의 관점에서 출력된 시편들의 고찰을 목적으로 했다.

먼저 하상욱의 『서울 시』, 『서울 시 2』를 8가지 항목별로 계열화했다. 하지만 항목대로 교육하기에 앞서 '하상욱 시인'이라는 인물에 대한 사전 데이터 교육이 필요했다. 확인 결과 GPT-4는 2021년 9월 이후의 데이터를 학습하지 않았으므로 정확한 프롬프트(명령어)를 사용하여 '하상욱 시인'에 대한 교육을 우선 진행했다. 챗GPT의 전체적인 시스템은 대화 장치와 강화학습 장치로 이루어져 있다. 따라서 다음과 같은 '프롬프트(질문)-답변-피드백-프롬프트(질문)'의 순서로 실험을 진행했다. 다음으로 항목화한 작품 중 '풍자'와 '반전'의 카테고리를 교육했다. 그 결과 하상욱 시인에 대한 정보가 없음에도 불구하고 점진적인 학습으로 하상욱 시인을 인식할 수 있었고 즉각적인 피드백에 다음 질문에는 원문 답습 후 응용 답변 출력이 가능했다. 마지막으로 '풍자'와 '반어' 요소를 가진 시편들만으로 '풍자'와 '반어'의 개념을 이해하고 텍스트에 적용·해석이 가능했다. 하지만 데이터에 입력값이 없던 정보에는 답변할 수 없다는 단순 반복의 획일화된 답변을 출력한다는 점에서 다른 텍스트까지 유기적으로 추출 및 재창작이 가능한지 살펴보는 것도 긴요하다.

앞서 챗GPT가 특정 시인의 시풍을 분석해 새로운 텍스트를 재창작할 수 있는 가능성을 확인했다. 다음으로 챗GPT가 '하상욱 시 스타일'로 풍자적인 시를 재창작할 수 있는지 확인했다. 먼저 의도적으로 풍자적 요소가 쉽게 유추 가능한 '바디프로필'과 '악플러'를 제목으로 교육하였고 마지막으로 풍자적 요소를 떠올릴 수 없는 최근 이슈 '상온 초전도체'를 제목으로 입력하여 즉각 대응 가능 여부를 확인했다. 후에 프롬프트 '입력 1'에 대한 해석을 요청하여 챗GPT의 재창작 능력을 확인했다. 실험 결과 대화 학습과 순차적으로 제시되는 피드백을 재창작하는 과정에서 활용했고, 창작한 시를 분석하는 과정에서도 반영했다는 것을 확인했다. 같은 맥락으로 하상욱 시의 8가지 카테고리가 최근 MZ세대의 감수성과 닿아 있다는 지점에서 세대론적인 관점의 접근이 가능해졌다. 챗GPT가 '하상욱의 시'를 학습함으로써 MZ세대의 특수성을 이해하는 매개체로서 작동하고 세대론적인 관점에서 재창작이 가능하다는 것이다.

우선 챗GPT에게 MZ세대와 관련된 키워드를 별도로 학습을 시킨 후 재창작한 시들을 ① 신조어 ② 코로나 ③ 주거 불안, 세 가지 키워드로 나눠서 살펴보았다. 챗GPT가 재창작한 하상욱 시풍의 시들은 연속적이고 세대 문화 담론이라는 일관된 테마가 존재한다. 이것은 2010년 이후 젊은 시인들이 대체로 가지고 있던 '하강적인 정서'와 비슷한 맥락을 차지하고 있다. 그 무기력과 무덤덤한 정서는 현재 MZ세대까지도 여전히 지속되고 있다. 이에 아감벤의 '호모 사케르'는 담론 분석에 유용성을 가져다주는 긴요한 사유의 틀이 된다. 같은 맥락에서 하상욱의 SNS 시편들도 다르지 않은 주제의식을 공유한다. 하상욱의 시들은 문학의 예술성과 가능성 논의에서 2010년 이후의 시인들과 같은 선상에 둘 수는 없지만, 같은 세대적 감수성을 가지고 있다는 점, 그 지표가 그들과 여전히 지속해서 닿아 있다는 점에서 유의미하다. 하지만 작품으로서는 완성도가 높지 않은 점과 문학성의 근원 유무에 대해서는 생각해 볼 필요가 있다. 다만 SNS와 문학의 만남이라는 불안정성이 오히려 미학적이지 않기 때문에 챗GPT가 그의 시 스타일을 잘 구현할 수 있었고 향후 인공지능이 문학 분야에서 융복합 과정을 매개로 한 세대론적 관점을 시발점으로 하여 시의적인 다양한 콘텐츠를 개발하고 시대에 부합하는 새로운 문학적 가치를 고양하기를 기대한다.

제2부

인공지능 활용과 윤리

인공지능을 활용한 문학 이미지 생성 방안*

— 이상 문학을 중심으로

김민지**

2024년 5월 14일 Open AI는 챗GPT4-o를 출시했다. 'o'는 '모든 것(곳)'을 의미하는 'omni'의 약자로 이름에 걸맞은 발전을 이루었다. 챗GPT4-o는 기존 챗GPT4에 비해서 성능과 속도가 기하급수적으로 성장했을 뿐 아니라 전력 문제와 더불어 반응 속도의 고속화 등 기술적 발전을 이뤘다. 또한 이번 업데이트는 챗GPT가 풍부한 이미지를 구성하고 멀티미디어를 활용할 수 있으며 사용자와의 상호작용이 가능해 실시간으로 사용자가 원하는 이미지를 바로바로 처리할 수 있을 정도로 인식률이 높아졌다. 인식률의 상승은 사용자가 완벽한 문장이나 정보를 제공하지 않아도 챗GPT가 사용자의 의도를 알아듣고 사용자가 필요한 정보를 제공하도록 한다. 무엇보다 챗GPT4-o는 시각적 데이터 처리 능력이 향상되었다는 점에서 이미지 구현이 챗GPT4보다 월등히 높을 것이라 예상된다. 앞으로 계속 발전할 챗GPT의 성과를 전

---

* 이 글은 『이상리뷰』 21호(이상문학회, 2024)에 수록된 논문을 수정·보완했다.

** 이화여자대학교 호크마교양대학 강사.

제로 인공지능을 어떻게 문학 연구 혹은 교육에서 활용할지에 대한 방안을 모색하기 위해 다양한 시도가 이루어져야 한다.

본 연구는 챗GPT4-o의 발전과 더불어 인공지능을 어떻게 문학에서 활용할 수 있을지 제안하기 위해 인공지능을 활용하여 문학 이미지를 구현해 보고자 한다. 문학에서 이미지는 연구와 교육에 있어 핵심 요소이며 문학에 나타난 이미지를 분석하고 논의하는 일은 문학 연구자가 간과해서는 안 될 부분이다. 더군다나 '앞으로 인공지능을 어떻게 문학교육에 활용할 것인가?' 에 대한 물음[1]까지 이어져 인공지능을 활용한 논의들이 시급하다. 아직 인공지능을 활용한 문학 연구에 관한 유효한 답을 찾지 못한 상황에서 본 연구는 다소 도전적인 논의일 수 있다.

최근까지 이어져 온 연구는 주로 인공지능의 문학적 이해 수준을 분석한 연구, 인공지능 창작물을 평가하거나 인공지능-윤리 문제에 집중해 표절과 창작 사이에 놓인 인공지능의 위치를 확인하는 작업 등이 이루어졌다. 하지만 인공지능을 활용한 구체적인 문학 연구는 인공지능을 창작 도구로 활용한 연구를 제외하고 더 나아가지 않은 상태이다. 나아가 문학과 인공지능의 관계를 분석한 연구[2]나 미래의 인공지능과 문학의 관계에서 연구자와 학습자의 역할 혹은 가능성의 차원에 머물러 있다.

인공지능을 활용한 문학 연구는 구체적인 활용 방안을 제시한 박성

---

1 인공지능을 활용한 문학교육에 관한 논의는 후속 연구로 이어가겠다.

2 이성우, 「한국문학 자료 구축의 한 방안: 한국어학과 한국문학의 상호 발전을 위하여」, 『국어국문학』 206호, 국어국문학회, 2024; 최진석, 「인공지능과 문학의 가치에 대한 시론」, 『비평문학』 91호, 한국비평문학회, 2024.

준의 연구가 유일하다. 박성준의 연구는 이육사와 윤동주의 시를 챗GPT 기술을 활용하여 해방 이전 작고한 두 시인의 시를 『해방기념시집』에 싣는다면, 이라는 가정으로 시작해 인공지능을 활용하여 이육사와 윤동주의 문체로 시 창작을 요청한 연구이다.[3] 이 연구처럼 인공지능을 활용한 다양한 문학 연구가 계속 나와야 한다. 따라서 챗GPT4-o의 발전과 발전 속도에 따른 기대감을 바탕으로 본 연구는 문학적 이해를 돕고 교육 효과를 증진하기 위한 수단으로, 인공지능을 활용한 구체적인 예시를 보여주고 활용 방안을 제시하고자 한다. 인공지능을 활용해 문학에 나타난 이미지를 그림으로 구체화하고, 인공지능이 생성한 그림과 함께 문학작품을 이해한다면 문학 연구와 교육 부분에서 인공지능의 효과적인 활용을 기대해 볼 수 있다.

인공지능을 활용한 문학 이미지 생성을 위해서는 텍스트 선정이 중요하다. 본 연구는 다양한 방식으로 다뤄진 작품[4]이자, 텍스트로 구현하기 어려워 해석이 난해한 이상 작품을 중심으로 다룬다. 이상의 작품은 모더니즘적인 요소와 초현실주의적인 요소가 강한 작품이 많아 분석이 난해하다고 평가된다. 이러한 이상의 문학적 특징은 오히려 이미지로 생성하는 데 적합한 대상이 된다. 특히 작품에서 난해함은 분석의 한계로 작용하지만, 동시에 작품의 의미가 여러 갈래로 분석이 가능하다.

---

3 박성준, 「챗GPT 활용 'AI 작고 시인' 창작시 연구 – AI 이육사·윤동주의 해방기념시 창작 가능성과 수업 활용 사례를 중심으로」, 『국제언어문학』 57호, 국제언어문학회, 2024.

4 2022년 9월 15일부터 9월 29일까지 동대문디자인플라자(DDP) 뮤지엄 둘레길갤러리에서 AI로 이상의 시 전시가 열렸다. 이는 이상 시와 네덜란드 초현실주의 시인 폴 반 오스타이옌(Paul van Ostaijen)의 시에서 추출한 텍스트 데이터를 인공지능으로 재구성해 전시했다. 이 전시는 이상의 시가 대중에게 다가갈 기회이자 이상의 불명확한 의미의 아름다움으로 소통하는 자리를 만들었다.

이상의 작품은 이미지나 다른 분야에서 다양하게 분석될 수 있다. 이미 김예리[5]와 신범순[6]을 포함한 많은 연구자가 이상의 작품을 특정 그림과 함께 이해하고 분석한 바 있다. 따라서 이상 시가 갖는 난해함과 무한한 해석의 가능성을 바탕으로 인공지능을 그림이나 삽화를 활용해 생성한다면 인공지능-문학 연구의 새로운 패러다임을 열 수 있지 않을까. 시에 드러난 감각을 텍스트로만 서술하면서 놓쳤던 지점을 구체적인 이미지나 그림으로 시각화한다면 이상 시를 다른 방식으로 감상할 수 있다.

본 연구에서 활용한 선행 연구를 살펴보면 다음과 같다. 이상 작품 연구는 모더니즘으로 시작해 수학적인 분석까지 다른 시인들에 비해 다양한 주제로 연구되어 있다. 이상 연구자인 권영민은 이상은 시를 통해 감정을 드러내기보다 오히려 시로 감정을 절제해 대상을 감각적으로 형상화[7]한 시인이라고 보았다. 이를 통해 이상은 문학에서 감정을 절제하고 감각적으로 접근하려고 했음을 짐작할 수 있다. 또한 이상이 시를 텍스트로 여기기보다 이미지나 도표 혹은 기호로 설명하면서 텍스트로부터 독립되려는 시인 자신의 열망을 담았음을 알 수 있다.

이상의 삽화에 주목했던 신범순[8]과 방민호[9]는 이상의 연재소설인 『12월 12일』[10]의 4회에서 고흐의 「슬픔」 삽화를 지적하면서 고흐의 그

---

5 김예리, 『이상, 한 번만 더 날자꾸나』, 우리학교, 2014.

6 신범순, 『이상의 무한정원 삼각차나비』, 현암사, 2007.

7 권영민, 『이상 연구』, 민음사, 2019, 405쪽.

8 신범순, 『이상 문학 연구–불과 홍수의 달』, 지식과 교양, 2013, 163-164쪽.

9 방민호, 「이상과 고흐」, 『이상리뷰』 14호, 이상문학회, 2018, 121-127쪽.

10 이상, 『조선』, 1930.04.26.

림이 이상의 내면을 반영하고 있음을 설명했다. 또한 김기림이 화가 디에고 리베라(Diego Rivera)와 이상을 비교했던 기록[11]과 누이가 이상이 그림에 대한 관심이 많았음을 밝힌 것[12]처럼 이상 작품은 그림과 삽화와 밀접하게 관련 있다고 볼 수 있다.

방민호는 신범순의 연구에서 나아가 이상 문학과 고흐의 관련성을 언급하기도 했다. 이 연구를 통해서 이상은 텍스트에만 자신을 의지한 것이 아니라 삽화와 그림에도 작가의 내면이 담겨 있음을 알 수 있다. 이고은[13]은 이상의 불안과 공포 이미지가 불러오는 표현주의적 성격을 바탕으로 뭉크(Edvard Munch), 에른스트 키르히너(Ernst Ludwig Kirchner), 에리히 헤켈(Erich Heckel)의 표현주의 화가의 그림으로 '시 제1호'의 골목길과 무서운 아이 등 이상의 시어를 표현할 만한 그림을 보여준다. 이렇게 이미지로서 이상의 작품을 이해하는 연구에서 드러나듯 이상 시의 이미지 구현의 가능성을 확보할 수 있다.

이미지를 중심으로 한 연구 외에도 김태화[14]는 이상 작품에 자주 등장하는 숫자 '3'이 시에서 어떤 의미를 갖는지 분석하였다. 그 결과 '3'이 갖는 절망과 탄생을 발견하고 '1, 2'를 통제하는 '3'으로서의 의미를 찾아내면서 숫자 이상의 의미를 발견하였다. 이 밖에도 이상의 작품은 초현실적 요소를 담고 있지만, 이를 완전히 초현실적으로 분석하지 않

---

11 김기림, 「이상의 모습과 예술」, 『이상선집』, 백양당, 1949. (김기림, 「[李箱 재조명] 이상의 모습과 예술」, 『시와세계』 제24호, 시와세계, 2008, 170-175쪽에서 재인용.)

12 김옥희, 「오빠 이상」, 『신동아』, 1964.12.

13 이고은·김준교, 「이상 시에 나타난 불안, 공포 이미지의 표현주의적 성격」, 『한국디자인포럼』 37호, 한국디자인트렌드학회, 2012.

14 김태화, 「이상의 춤과 이미지: 메타언어와 메타수학적 분석을 중심으로」, 『한국현대문학회 학술발표회자료집』 10호, 한국현대문학회, 2010.

는 논의도 제기되어왔다. 황현산은 이상 시에 있는 도형이나 활자가 서로 간에 연관성이 없어 새로운 관계로까지 확장되지 못함을 지적하면서 초현실주의적이라고 하기에 다소 아쉽다고 평가하기도 했다.[15] 권영민 역시 '보들레르'를 모방하기 위한 열망만 강하다는 점에서 시에 대한 자기만족은 있으나 완벽히 부합하는 시는 아니라고 평가하면서 이상은 작품에서 관계를 고려하기보다는 서술적 시각 효과를 극대화하기 위해 「오감도」를 집필했다고 분석했다. 이러한 특징은 이상 작품을 이미지 생성의 필요성과 가능성을 높이는 근거로 작용한다.

이상 작품 중 특히 「오감도」는 단어 하나하나 의미가 다양해 시각화하고 이미지화하기에 적합하다. 문장의 서사와 단어의 위치가 다른 시들과 달리 파편화되어 있어 인공지능을 활용한 이미지 구현에 있어 이상만큼 적합한 시인이 없다. 선행 연구를 바탕으로 이상 작품을 그림으로 생성한다면 이상이 설계하고자 했던 분위기와 목적에 부합하는 결과물을 확보할 수 있다.

이렇듯 인공지능을 활용한 시 이미지 구축은 기존 연구에 새로운 패러다임을 선사할 뿐 아니라 시에 거부감을 느끼는 학습자나 외국인 학습자들에게 유용한 교육 방안이 될 수 있다. 이미지는 작품을 이해하는 데 도움이 되며, 교육적으로도 활용도가 높아[16] 학습자가 시와 그림을 함께 보는 것 자체가 난해한 시를 이해하는 데 도움이 되리라 판단된

---

15 황현산, 「오감도의 독서를 위하여 – 이상과 초현실주의」, 『13인의 아해가 도로로 질주하오』, 수류산방, 2013, 56쪽.

16 본 연구에서는 교육 부분은 다루지 않았지만, 난해한 시를 이해하는 데 있어 이미지를 제공한다면 시에 대한 거부감을 줄여 시에 대한 관심을 끌어올릴 것이라 기대한다. 이 부분은 추후 후속 연구에서 이어가도록 하겠다.

다.[17] 특히 언어적인 문제나 시에 대한 이해가 낮은 외국인들에게도 작품을 홍보하고 이해시키는 보조 수단으로써 활용 가능하리라 본다.

이러한 가능성을 확인하기 위해 본 연구에서는 챗GPT와 미드저니를 활용해 이상 작품 중 시를 중심으로 이미지를 도출하고, 생성하는 과정에서 발생하는 문제점과 한계를 정리하고 실질적으로 활용하여 결과물을 확인하고자 한다.

인공지능을 활용한 이미지 구현 방안

현재 다양한 인공지능 서비스가 존재한다. 이들은 간단한 그래프 생성부터 시작해 포스터 및 웹툰 배경 등 다양한 영역에서 활용된다. 그 중 대표적인 이미지 생성 플랫폼인 미드저니[18]와 챗GPT4-o[19]를 중심으로 다룬다. 인공지능에 입력할 이상 작품은 시를 중심으로 다루고,[20] 이상 시의 원문은 권영민,[21] 김동희[22]를 대표적으로 참고하고 박상순[23]의 한글 표기본을 참고하여 반영한다. 미드저니의 경우 영어로 입력해야 하므로 이상 작품의 영어 판본인 『Crow's eye view: the Korean

17 장동호·이시은, 「시와 삽화를 융합한 수업 지도 방안」, 『초등교육연구』 32호, 전주교육대학교 초등교육연구소, 2021, 517쪽.

18 미드저니를 활용하기 위해 월 200개의 이미지를 생성할 수 있는 'Basic Plan(10$)'을 구독했다.

19 챗GPT를 활용하기 위해 필자는 기본부터 프로(챗GPT4-o)까지 사용이 가능한 유료 버전 'Plus(20$)'로 업그레이드하였다.

20 이상 소설의 경우 작품에 담긴 의미를 인공지능이 거의 반영하지 못해 부득이하게 시로 한정해 다룬다.

21 권영민, 『이상 시 전집』, 민음사, 2022.

22 이상, 김동희 옮김, 『영원한 가설』, 읻다, 2023.

23 박상순, 『나는 장난감 신부와 결혼한다』, 민음사, 2019.

Peninsula』[24]와 『Yi Sang: Selected Works』[25]를 참고하였다. 인공지능의 경우 언어가 혼합해 있을 경우 인식의 오류가 발생할 수 있어 명령어 입력은 한글과 영어로만 입력하였다.

먼저 미드저니의 경우 이미지 생성 능력은 독보적이다. 현재도 많은 이용자가 미드저니를 활용해 이미지를 만들어내고 있으며, 미드저니는 사용자가 생성한 이미지를 커뮤니티에 공유하게끔 구조화해 생성과 동시에 데이터를 쌓아간다. 미드저니는 사용자의 이미지를 데이터로 활용한다는 특이점을 지닌다. 따라서 미드저니의 이미지는 실시간으로 발전한다. 다만 미드저니는 이미지의 섬세한 수정이 가능한 반면 이미지 전반적인 분위기를 재요청하여 수정하거나, 대상을 추가 및 제거 요청을 인식하지 못한다는 한계가 있다. 따라서 미드저니는 인공지능 활용이 어려운 사용자에게는 다소 어렵고, 사용자가 원하는 이미지를 구현하기 위해서는 오랜 시간을 투자해야 한다는 특징이 있다.

반면 챗GPT는 최근 챗GPT4-o로 업그레이드되면서 작업의 속도는 물론 이미지 구현율도 미드저니를 위협할 정도의 높은 수준의 이미지 재현이 가능해졌다. 챗GPT는 미드저니가 부재한 '소통'이 가능한 것과 실시간으로 보완이 가능하다는 것이 내세울 만한 장점이었는데, 이제 이미지의 생성 수준과 생성의 편의성, 속도에서 나아가 음성인식까지 가능하다는 점을 고려한다면 미드저니보다 높은 수준의 인공지능 툴로 자리매김할 가능성이 있다. 챗GPT4-o는 미드저니가 지닌 기술적 한계를 넘어섰으며 이미지 생성에 있어서 획기적인 발전을 이루었다.

---

24 배형민·조민석·안창모, 『Crow's Eye View』, 아키라이프, 2014.

25 이상, 최돈미·Jung Jack 옮김, 『Yi Sang: Selected Works』, Seattle: Wave Books, 2020.

본 연구에서는 미드저니보다 사용자의 의도와 의미 수정에 대한 요청이 가능한 챗GPT를 중심으로 문학 이미지를 생성하고자 한다. 또한 기존 연구와 논의를 정리하여 챗GPT에 학습시켜 완성도 높은 문학 이미지를 생성하는 데 목적을 둔다. 다만 이미지 생성에 있어 독보적인 미드저니를 배제할 수 없어, 적합한 명령어 입력을 위해 이상 작품의 번역본을 참고하여 미드저니를 활용한 그림도 생성하여 챗GPT의 결과물과 비교하고자 한다.

이미지 생성에 앞서 미드저니와 챗GPT의 플랫폼 특징 및 사용법을 간단히 살펴보자.

미드저니는 '/image' 프롬프트에 생성하고자 하는 이미지의 정보를 단어 혹은 문장의 형태로 입력해야 한다. 사용자는 프롬프트에 어떤 느낌과 분위기로 이미지를 생성하고 싶은지 구체적으로 작성해야 한다. 만약 그림의 화풍이나 구체적인 표현이 어렵다면 미드저니가 모아놓은 'Showcase'를 참고하여 사용자가 원하는 이미지의 프롬프트를 복사해서 사용하면 된다. 'Showcase'에서 찾은 이미지의 프롬프트를 복사해 자신이 생성하고자 하는 대상, 소재, 이미지, 질감 등을 참고하고 작품에 드러난 표현과 분석을 함께 입력하면 작품을 반영한 이미지가 생성된다.

다만 미드저니는 모든 명령어를 영어로 작성해야 하므로 번역하는 과정에서 오역이 발생할 수 있다.[26] 영어로 번역해 입력하면 문학적 표현이나 지시적 언어 및 단어의 은유를 제대로 설명하지 못해 전혀 생각

26 본 연구에서는 앞에서 언급한 이상 문학의 영문 번역판과 작품 설명을 위해 파파고와 챗GPT에 의존하여 명령어를 입력하였음을 밝힌다.

지 못한 그림을 그려내기도 한다. 미드저니는 요청하는 이미지를 생성하는 데 어려움이 따라 문학 연구 및 교육에 활용하기에는 한계가 있다. 왜냐하면 문학의 이미지를 재현하기 위해서는 시 해석에 있어 사용자와 지속적인 보완 작업이 이루어져야 하는데, 미드저니는 번역의 오류 문제와 작품 분석을 실시간 학습시킬 수 없어 명령어 입력이 지나치게 주관적일 수 있기 때문이다. 그럼에도 미드저니의 이미지 구현의 질적 수준은 다른 인공지능 툴에 비해 높은 편이며, 작가가 영향을 받은 미술가의 화풍을 직접 찾아 생성 요청을 할 수 있다는 장점을 가진다.[27]

챗GPT4-o의 경우 생성하는 이미지 수준은 미드저니와 비교하면 여전히 부족하지만, 전보다는 월등히 높아진 이미지 생성 능력은 문학 연구 및 교육에 있어 높은 활용도를 보인다. 다만 챗GPT를 활용하여 문학 이미지를 그림으로 생성한다고 할 때는 일련의 단계가 필요하다. 작품을 그대로 입력하면 문학적 용어가 아닌 단어로 인식할 수 있다. 이를 방지하려면 작가가 지닌 문학적 특징, 표현의 은유성 등을 반영한 기본 학습이 필요하다.

아래는 본 연구에서 이미지를 생성할 때 사용한 챗GPT 활용 단계이다.

---

27 챗GPT는 저작권의 문제로 화가의 그림을 요청할 수 없도록 설정되어 있어 작품 반영에 제한이 많다. 특히 챗GPT4-o로 업그레이드되면서 지적재산권 및 저작권 문제에 대한 검열이 더욱 강화되었다.

단계	요청	설명	예시
1	작가 분석	챗GPT에 분석할 작가를 넣고 분석을 요청한다.	예: "이상 작가에 대해 설명해줘."
2	작품 입력	이미지를 생성할 작품을 직접 넣고 분석을 요청한다.	예: "이상의 「오감도 시 제1호」를 설명해줘."
3	시대 분석 (추가 사항)	작가의 시대적 분위기와 문학적인 특징을 요청한다.	예: "이상 문학은 당대 어떤 평가를 받았으며 문학적 특징이 무엇인지 설명해줘."
4	선행 연구 학습	기존 논문 및 연구를 참고하여 챗GPT를 학습시킨다.	예: "권영민은 나비를 죽음으로 이해했어. 이 부분을 반영해서 다시 정리해줘."
5	작품 설명	챗GPT 학습을 완료한 후 이미지로 구현하기 어려운 감정과 분위기를 기존 연구를 참고하여 논의를 입력하고 이미지 생성을 요청한다.	예: "아이가 무서워하는 표정을 적나라하게 표현해줘."
6	보완	이미지가 완성되면 챗GPT가 놓친 부분에 있어 보완을 요청한다.	예: "위 시에서 나비는 죽음의 의미라고 앞에서 학습했잖아. 나비에 죽음 이미지를 반영해서 다시 만들어줘."
7	요청	그림의 텍스처(texture)를 변경하고자 한다면 이미지를 업로드하고 챗GPT에 업로드한 이미지와 같은 느낌으로 작품 이미지를 재생성해달라고 요청한다.	참고: 레오나르도 다빈치, 파블로 피카소, 르네 마그리트 등 유명한 작가의 화풍을 요청하는 건 금지됨.
	참고	챗GPT4-o는 저작권과 관련해 업데이트가 많이 되어 작품이나 작가의 이름을 직접 언급하여 요청하면 생성을 거부한다.	특정 작가의 화풍을 반영하고 싶다면 작품 일부분을 발췌해 요청하면 생성을 거부하지 않는다.

챗GPT로 이미지를 생성할 때 위의 단계를 거치지 않을 경우 작품이 의도가 담긴 이미지를 제대로 생성하지 못한다. 사용자는 챗GPT에 작가와 작품의 정보를 충분히 학습시킨 뒤에 이미지 생성을 요청해야만 작품에 담긴 의도와 의미를 반영한 이미지를 생성할 수 있다. 만일 시작부터 챗GPT가 작가나 작품에 대한 정보나 이해가 부족할 경우 사

용자는 기존 연구를 바탕으로 챗GPT를 학습시킨 후 이미지 생성을 요청해야 한다. 사용자는 작품의 분위기, 작가의 특징 및 영향받은 사람들에 대한 정보 등을 프롬프트에 입력하면 빠르게 학습하고 그 내용을 그림에 반영한다. 여기서 주의할 점은 챗GPT를 학습하는 과정에서 갑자기 새로운 내용을 질문하거나 학습시키면 앞에서 학습한 내용을 누락한 상태로 답할 수 있어 질문과 학습은 단계적으로 진행해야 한다는 것이다. 이미지 생성에 앞서 마지막 질문은 "앞에서 조사한 내용을 기반으로 이상 시를 그림으로 생성해줘"와 같은 명령어를 입력해 앞에 학습한 내용을 바탕으로 이미지를 생성해달라고 요청해야 한다. 위와 같은 일련의 단계를 통해 챗GPT는 학습된 데이터를 기반으로 이미지를 지속적으로 재구성하며, 작품의 이미지를 무한하게 생성해 낼 수 있다.[28]

추가로 사용자의 기대와 다르게 이미지가 생성되었거나, 완성도가 높은 이미지를 원한다면 챗GPT 답변에 '반응'을 해주는 것이 좋다. 특히 챗GPT가 원하는 이미지를 생성하지 못했다면 '엄지 아래'[29] 버튼을 눌러 생성한 그림을 부정적으로 평가해야 한다.

정리하면 이미지 생성 및 편집의 대표적인 인공지능 플랫폼 미드저니와 대중이 가장 많이 활용하는 챗GPT4-o를 활용하여 인공지능이 문학의 이미지를 어떻게 생성하는지 보고, 앞에서 언급한 이미지 생성을 위한 일련의 단계에 따라 작품 이미지를 직접 생성해 추후 인공지능

---

28 챗GPT가 사용자 요청으로 이미지를 생성하면 아래에 🔄 모양의 화살표가 생긴다. 이 버튼을 누르면 기존 이미지와 다른 새로운 이미지가 재생성된다.

29 '👎'(엄지 아래) 버튼을 누르면 챗GPT가 구체적인 문제점이 무엇인지를 질문한다. 사용자는 답변이 마음에 들지 않는 이유를 선택하여 새로 요청하면 된다.

이 문학 연구 및 교육 방안으로 활용 여부 또한 확인하고자 한다.

대상 작품으로는 먼저 기호가 많아 수학적으로 연구되고 있는 작품인 「삼차각설계도 선에관한각서」 시를 가지고 이미지를 생성한다.[30] 그 다음 이상 시에서 시어와 대상이 명확하게 드러나 있음에도 해석이 난해한 시편인 「오감도 시 제1호」, 「오감도 시 제10호 나비」, 「거울」을 중심으로 이미지를 생성하고자 한다.

본격적인 이미지 생성에 앞서 이미지와 기호가 두드러진 「삼차각설계도 선에관한각서」 시편 중 글자가 적고 순열로 되어 있는 「선에관한각서 3」의 시를 시범 작품으로 골랐다. 권영민은 이 시를 사영기하학(射影幾何學)의 기본 원리가 순열 공식에 적용되도록 그렸다고 설명한 바 있다. 이는 투시도법으로 직선을 평면에 그려 3차원의 공간에 한 점의 위치를 표시해 두 평면이 수직으로 만나고 있음을 의미한다. 그리고 마지막 연에 순열 공식을 제안하여 답을 한정하지 않는다는 점에서 기호의 무한한 의미를 강조하고 있다. 즉 시에 나타난 공식은 무한한 답의 가능성과 동시에 답이 존재하지 않는다는 양가적 이해를 담고 있어, 이를 통해 근접한 해석은 현상과 사건을 예측할 수 없는 삶 자체를 의미함을 유추할 수 있다.

---

30 미드저니는 기호나 이미지를 따로 인식하지 못해 챗GPT를 활용하여 이미지를 구현해 보았다.

	1	2	3
1	●	●	●
2	●	●	●
3	●	●	●

	3	2	1
3	●	●	●
2	●	●	●
1	●	●	●

$\therefore nPr=n(n-1)(n-2)\cdots\cdots(n-n+1)$

(뇌수는부채와같이원에까지전개되었다,그리고완전히회전하였다)

-「선에관한각서 3」 전문

이상이 『조선과 건축』에서 모홀리 나기(Moholy Nagy)의 영향을 받았음을 확인한 후, 챗GPT에 작품을 학습시키고 『조선과 건축』 표지와 모홀리 나기 그림을 활용해 명령어를 작성하였다. 명령어는 권영민이 분석한 함수 해석을 바탕으로 이상이 던진 문제의 답이 무한이라는 결괏값을 제시했다는 점[31]을 정리하여 학습시키고 관련 키워드를 입력했다. 결과는 다음과 같다.

31 이상, 권영민 편, 『이상 시 전집』, 민음사, 2022, 430쪽.

작품: 「삼차각설계도 선에관한각서 3」	AI 툴: 챗GPT

명령어: 위의 내용을 바탕으로 「선에관한각서 3」에 나타난 기호와 의미를 반영하여 제시한 이미지(『조선과 건축』 표지 및 모홀리 나기 그림)의 텍스처를 살려 구현해줘.

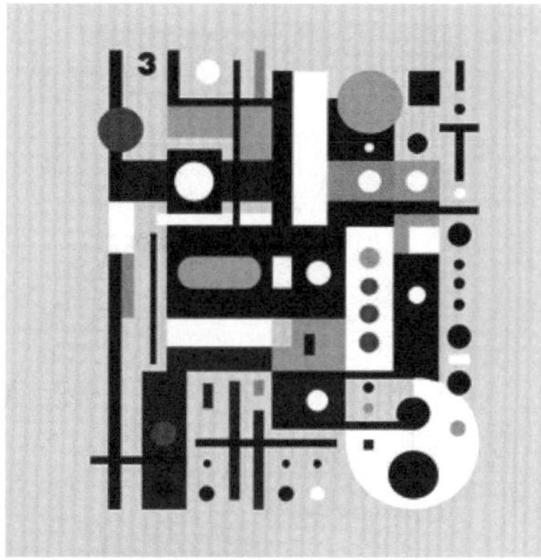

참고 이미지	
『조선과 건축』	Laszlo Moholy-Nagy, A II, 1924 (guggenheim NY)

챗GPT의 설명 요약	「선에관한각서 3」 시의 내용을 반영하여 더욱 단순화한 추상적인 작품입니다. 최소한의 기하학적 형태와 깨끗한 선을 사용하여 시의 주제와 분위기를 간결하게 표현했습니다. • 숫자 3: 이미지 내에 숫자 3이 강조되어 있습니다. 이는 시에서 중요한 순열 개념(nPn)을 상징합니다. 3은 3차원의 세계를 뜻합니다. • 기하학적 형태: 사각형, 원, 점 등의 기하학적 형태는 시에서 언급된 수학적, 기하학적 개념을 시각적으로 표현합니다. 이는 시의 구조적이고 분석적인 측면을 상징합니다. • 선과 점: 선과 점들은 시각적 리듬과 흐름을 형성하며, 이는 시에서의 '선' 개념을 반영합니다. 또한 점들이 모여 이루는 형태는 인간의 사건이 미궁으로 빠지는 현상과 인간의 사고 과정의 복잡성을 상징합니다.

위 그림은 챗GPT가 생성한 모홀리 나기와 『조선과 건축』 표지 느낌을 반영한 「선에관한각서 3」의 삽화이다. 권영민이 분석한 「선에관한각서 3」을 학습시키고 관련한 키워드를 중심으로 명령어를 입력했다. 이미지에 대한 추가 요청은 하지 않았다. 대신 필자는 생성한 이미지에 대한 챗GPT의 해석을 요청하고 이를 간략히 정리해 위의 표에 기술하였다. 챗GPT는 초반에 「선에관한각서 3」을 인식하는 데 오류가 있었

지만, 이 부분은 필자가 시를 직접 명령어에 입력하면서 해결하였다.

미드저니와 챗GPT4-o를 활용한 이미지 생성

앞서 챗GPT를 활용해 「선에관한각서 3」 시를 이상이 직접 그린 표지와 이상의 그림에 영향을 준 화가 모홀리 나기의 그림을 활용하여 이미지를 생성했다. 그런데 어떻게 학습시키고 어떤 명령어를 입력하느냐에 따라 챗GPT와 미드저니는 서로 전혀 다른 분위기의 그림을 생성한다. 본 장에서는 미드저니와 챗GPT를 활용하여 이상 작품의 이미지를 구현하고자 한다. 미드저니와 챗GPT는 서로 명령어 입력하는 방법이 달라 각 프롬프트에 적합한 방식으로 명령어를 입력하였다.

이미지 생성 단계에서 설명했듯 챗GPT의 경우 시에 담긴 의미를 이미지화하기 위해서는 시에 대한 명령어 입력이 필수적으로 요구된다. 사용자가 시 해석을 정리해서 넣었을 때 구체적인 이미지를 챗GPT가 구현해낸다. 사용자는 이미지에 대한 이해와 이미지 생성을 위한 작품에 대한 이해가 필수적으로 요구된다. 시에 대한 이해와 분석이 전혀 없다면 인공지능은 무의미한 이미지만 생성할 것이다.

앞서 「선에관한각서 3」 시의 이미지를 생성한 것처럼 이상 작품 중 이미지가 명확하게 드러나 있는 작품인 「거울」과 해석이 난해한 「오감도」의 시를 중심으로 이미지 구현을 시도한다. 「오감도」 시 중에서도 문제적인 「오감도 시 제1호」, 「오감도 시 제10호 나비」를 가지고 이미지를 생성했다. 본 작품을 선정한 이유는 인공지능을 활용한 문학 분석의 가능성을 확인하는 차원이므로 이미지 생성에 유리하고 유의미한 결과를 도출할 수 있는 작품을 선택했다.

1) 「오감도 시 제1호」

이상의 대표 연작시인 『오감도』는 시인의 자기 몰입이 강하고 고통을 드러낸 시편들이 많다.[32] 권영민은 이상이 물질의 한계를 넘고자 『오감도』에 욕망을 강하게 투영하여 자유로움을 향한 열망을 담았다고 분석했다. 또한 경성이라는 도시 공간에 모더니스트 시인으로 살면서 사회에서 고립된 자기의 삶과 자아와 마주하면서 떠올린 상상력을 시에 반영했다고 해석하기도 한다.

13인의아해가도로로질주하오.
(길은막다른골목이적당하오.)

제1의아해가무섭다고그러오.
제2의아해도무섭다고그러오.
제3의아해도무섭다고그러오.
제4의아해도무섭다고그러오.
제5의아해도무섭다고그러오.
제6의아해도무섭다고그러오.
제7의아해도무섭다고그러오.
제8의아해도무섭다고그러오.
제9의아해도무섭다고그러오.
제10의아해도무섭다고그러오.

---

32 권영민, 『이상문학대사전』, 문학사상, 2017, 38-42쪽.

제11의아해가무섭다고그러오.

제12의아해도무섭다고그러오.

제13의아해도무섭다고그러오.

13인의아해는무서운아해와무서워하는아해와그렇게뿐이모였소.

(다른사정은없는것이차라리나았소.)

그중에1인의아해가무서운아해라도좋소.

그중에2인의아해가무서운아해라도좋소.

그중에2인의아해가무서워하는아해라도좋소.

그중에1인의아해가무서워하는아해라도좋소.

(길은뚫린골목이라도적당하오.)

13인의아해가도로로질주하지아니하여도좋소.

-「오감도 시 제1호」 전문

『오감도』 시편 중에서도 난해한 시로 뽑히는 「오감도 시 제1호」의 해석은 다양하다. '아해'와 '질주' 그리고 '막힌 골목'을 달리려는 역설인 상황을 그린 위 시는 이상의 난해한 시 중에서도 독보적이다. 조강석은 「오감도 시 제1호」를 두 가지 방향으로 해석한다. 하나는 시의 내적 논리만을 고려해서 읽는 방법, 또 하나는 시에 제시된 연쇄적 사건에 대한 진술과 그 사건을 구성하는 진술의 관계, 다시 말해 기표들 사이의 관계를 중심으로 해석하는 방식을 제시했다.[33] 이 시가 영원한 미

---

33 조강석, 『13인의 아해가 도로로 질주하오』, 수류산방, 2013.

궁에 남겨질 시라고 판단했듯, 조강석은 시어가 갖는 의미를 하나의 개념이나 의미로서 해석하기보다는 이미지나 상상의 차원으로 그려내는 중요함을 강조했다. 이러한 「오감도 시 제1호」에 담긴 이미지를 제대로 반영한 그림을 생성하기 위해 미드저니의 경우 'Showcase'를 참조해서 생성하였다. 반면 챗GPT의 경우 권영민, 조강석의 『오감도』 시의 논의를 참고하여 학습시켰다. 강조하고 싶은 분위기나 이미지는 여러 번의 요청을 거듭하여 그림을 생성했다. 아래 표는 명령어와 생성한 그림이다. 참고로 제시한 명령어는 극히 일부분만을 서술한 것이다.

작품: 「오감도 시 제1호」	AI 툴: 미드저니
명령어	키워드: 달리는 13명의 아이들, 한 아이를 제외하고 공포에 떨고 있음, 불안, 기괴함, 막힌 골목, 어두운 하늘, 죽음, 그로테스크, 초현실주의 Keyword: Thirteen kids running, terrified except one, anxiety, grotesque, blocked alleys, dark skies, death, grotesque, surrealism

작품: 「오감도 시 제1호」	AI 툴: 챗GPT

미드저니의 경우 시에 내재한 감정과 분위기를 온전히 반영하지 못했으며, 시의 이미지와 의도를 구체적으로 설명하더라도 이를 충실히 반영하지 못한 상태로 이미지를 생성하였다. 명령어의 문제일 수 있다는 한계점을 고려하여 필자는 50번이 넘는 명령어를 다양하게 입력해 보았지만 '아이들'의 표정이나 시의 구체적인 서사를 반영하지 못했다. 구체적으로 시의 이미지를 설명하더라도 기본적으로 시에 대한 사전 학습 없이 단어 나열과 문장만 가지고 그림을 생성하는 툴이기에 이미지 구현이 사용자가 입력한 명령어의 의도만큼 그려내지는 못하는 것으로 판단된다.

반면 챗GPT는 미드저니와 달랐다. 챗GPT는 조강석의 논의를 학습시킨 후 '서울시 문화본부'에서 기획한 〈서울문학기행 제3회-이상 '오감도'〉[34]에서 방민호가 「오감도 시 제1호」를 설명한 부분을 반영하여 이미지에 반영할 분위기를 재요청하였다. 방민호는 「오감도 시 제1호」를 "새가 하늘에서 내려다보는 도면인 조감도의 징표를 부정적으로 바꾼 신조어의 사용과 13이라는 숫자의 반복적 사용, 부정에 의한 반전 등으로 이를 통해 공포 상황을 강조"했다고 언급하면서 공포와 식민지 지식인의 고뇌와 방황 그리고 현실에서 벗어날 수 없는 절망과 공포를 냉소적으로 드러냈다고 언급했다. 필자는 이를 참고하여 처음 생성한 이미지에 공포와 그로테스크한 분위기를 이미지에 제대로 반영해달라고 추가로 요청하였고, 그 결과 위 표에서 확인할 수 있듯 「오감도 시 제1호」 시의 이미지를 생성하였다.

---

34 방민호(출연), 〈서울문학기행 제3회 – 이상 '오감도'〉, 서울시 문화본부 유튜브 채널, 2022.01.12., https://www.youtube.com/watch?v=yHtuTUX7ouE.

위에서 제시한 표의 이미지 중 마지막 그림은 권영민의 논의를 추가한 것이다. 인간의 삶과 존재에 대한 회의뿐 아니라 현대 문명에 대한 불안이라는 「오감도 시 제1호」의 해석을 학습시켜 이미지를 재요청하여 도출한 이미지다. 하지만 이 과정에서 오류가 발생했다. 문명에 대한 불안은 반영한 듯 보이나, 암울한 분위기에 내재한 '13'이 지닌 '생명력'[35]의 의미를 반영하지 못했다. 챗GPT에게 이미지 생성을 다시 요청했지만, 위의 그림처럼 챗GPT는 무지개의 이미지를 추가하는 단편적인 변화만 보여줄 뿐 전체 이미지의 조화를 고려하지 않았다. 여기서 발견한 사실은 챗GPT가 의미의 양면성을 동시에 구현해내지 못한다는 점이다. 이상의 시가 다중적 의미를 지니고 있기에 챗GPT의 역량은 다소 수준이 평가된다. 그럼에도 불구하고 긍정적으로 평가할 수 있는 점은 「시 제1호」에 담긴 불안감과 공포감 등의 감정은 잘 표현되었다는 것이다.

정리하면 미드저니와 챗GPT가 생성한 그림을 비교하면 챗GPT가 미드저니에 비해 공포감과 기괴한 분위기를 더 잘 반영하고 있음을 알 수 있다. 특히 고독감과 공포감, 잔잔하면서 어두운 분위기를 미드저니가 다양한 색감과 질감을 활용하여 표현하고 있다. 이미지의 완성도와 텍스처 표현에서는 미드저니가 챗GPT보다 더 뛰어났다. 위 그림을 비교하면 알 수 있듯, 미드저니는 그림의 질감이나 표현의 섬세함 측면에서 챗GPT보다 뛰어난 수준을 보여준다. 다만 이렇게 전체적인 이미지나 구성 자체는 미드저니가 우수함에도 초급자 활용이나 교육적 활용 측면에서는 챗GPT가 훨씬 높은 활용 가능성을 지닌 것으로 보인다.

---

35 신범순, 『이상의 무한정원 삼각차나비』, 현암사, 2007, 117쪽.

또한 챗GPT가 기괴함, 불안감, 두려움, 공포 등 감정적인 면을 미드저니보다 잘 나타내고 있어 문학 이미지 생성에는 챗GPT 활용이 더 효과적이라고 판단된다.

2)「오감도 시 제10호 나비」

이상은 건강의 악화로 인해 이른 나이에 죽음을 대비해야 했기에 시적 화자 또한 죽음과 맞닿아 있다. 김윤식, 서영채 등 이상 연구자들은 이상 시에 내재한 '죽음' 이미지에 집중하면 해석의 실마리를 찾을 수 있다고 설명한다. 화자가 죽음을 바라보는 것, 그리고 화자가 죽음과 마주하는 것은 죽음에 대한 이해와 더불어 물리적 죽음만이 아닌 문명, 이념 등 근대성을 비판하는 의미로 일종의 '심판'의 개념으로 확장된다. 특히「오감도 시 제10호 나비」는 나비의 이미지와 죽음을 그대로 묘사한다. 이를 바라보는 시적 화자는 죽음과 마주하고 있는 시인의 모습과 닮아 있다. 나비는 죽어가는 시인의 모습이기도 하고, 처져 있는 수염 모양의 비유적인 묘사로 이해할 수 있다. 권영민은 시에 등장하는 '나비'가 시적 화자의 '정신세계의 위축 상태'[36]를 암시하는 대상이라고 보았다. 나아가 '나비'를 긍정적으로 해석하면 죽음에서 벗어나려는 시적 화자의 의지적인 행위로도 읽을 수 있어 다양한 이미지 도출이 가능하다.

> 찢어진벽지에죽어가는나비를본다.그것은유계를오가는비밀한통화구다.어느날거울가운데의수염에죽어가는나비를본다.날개축처어진나비

36 권영민,『이상문학대사전』, 문학사상, 2017, 81쪽.

는입김에어리는가난한이슬을먹는다.통화구를손바닥으로꼭막으면서 내가죽으면앉았다일어서듯나비도날아가리라.이런말이결코밖으로새어나가지는않게한다.

-「오감도 시 제10호 나비」 전문

위의 시를 그대로 입력하면 띄어쓰기 및 표현 문제에 봉착한다. 인공지능이 시에 담긴 의미와 표현을 왜곡할 수 있어 부득이하게 표준어로 변경하여 명령어를 입력하였다. 표면적 의미를 중심으로 명령어를 구성하면 아래와 같다.

작품: 「시 제10호 나비」	AI 툴: 미드저니
명령어	키워드: 나비, 찢어진 벽지, 나비의 날개와 같은 수염, 나비의 환영, 나비는 죽음을 의미함, 실체, 사후세계, 한 남자는 나비의 환각을 봄, 입을 막음, 착시, 거울, 죽음으로써 산다는 역설, 죽음과 생의 공존, 모더니즘, 실험주의. Keyword: Butterflies, torn wallpaper, beards like butterflies' wings, butterflies' visions, entities, afterlife, a man sees hallucinations, an optical butterflies' illusion, the act of covering one's mouth, a mirror, the paradox that death can live again, the coexistence of death and life, modernism, experimentalism

참조: 마지막 그림은 인간의 생과 죽음 그리고 문명에 대한 이미지와 인물의 행동을 추가로 요청해서 생성했음.

작품: 「시 제10호 나비」	AI 툴: 챗GPT
명령어	동양 남자는 거울과 찢어진 벽지가 있는 공간에 있다. 이 남자는 찢어진 벽지에 죽어가는 나비를 바라본다. 나비는 시공간을 넘나들고, 사후세계를 오가는 나비다. 어느 날 이 남자의 수염에서도 죽어가는 나비의 형상을 본다. 이 남자는 죽지 않기 위해 입을 손바닥으로 막는다. 손바닥으로 막으면 수염에 있던 나비가 날아간다. 남자는 죽음과 마주한다.

챗GPT 설명 요약	• 어두운 방: 벽지가 찢어진 어두운 방을 배경으로 설정합니다. 이는 일제강점기의 억압과 고통을 상징합니다. • 죽어가는 나비: 벽지 위에 죽어가는 나비를 그립니다. 나비는 죽음이자 삶을 동시에 의미합니다. • 수염: 수염은 한 남자로 거울에 비친 남자의 모습은 초라한 모습으로 죽음을 기다리고 있습니다. • 비밀한 통화구: 전체적으로 어둡고 음울한 분위기를 유지합니다. 이는 절망적 현실을 반영합니다.
참고	"「오감도 시 제10호 나비」의 내용을 기반으로 이미지를 생성하려는 시도가 Open AI의 내용 정책(content policy)에 의해 제한되었습니다. 이 시는 일제강점기의 억압과 고통을 상징적으로 표현하고 있어, 일부 요소가 정책에 위배될 수 있습니다"라는 경고문이 뜸.

「시 제10호 나비」 시를 미드저니로 생성했을 때 '죽음'이 그림에 반영되지 않아 다소 아쉬운 결과물이 도출됐다. 몇 번을 반복해서 죽음과 우울감을 반영한 이미지를 강조하고 명령어를 수정하여 입력했지만, 환상적이고 초현실주의적인 이미지만 두드러질 뿐 감정적인 부분은 기대하는 만큼 반영하지 못했다.

반면 챗GPT는 위 〈참고〉에 서술한 내용처럼 '나비' 이미지를 제대로 구현했다. 다만 처음에 '나비'를 일제강점기 관련 희생자의 의미로 받아들여 이미지를 부분적으로 제한하는 듯 보였다. 그래서 필자는 시의 의미를 제대로 구현하기 위해 챗GPT에 나비의 의미를 억압의 상징으로 이해했던 죽어가는 존재이자 생(生)과 사(死)를 넘나드는 대상으로 학습시켰다. 또한 시적 화자인 남자를 정신 상태가 위태로워 죽음과 마주한 한 남자로 그리면서 이미지를 묘사해달라고 요청했다. 그 결과 리얼리즘에 가까운 그림을 도출했지만 이상 시가 지닌 독특한 분위기를 담아내지는 못했다. 고로 필자는 남자의 모습을 포함한 전체적 분위기를 전환하기 위해 이상이 추구했던 모더니즘과 초현실주의 이미지로 이미지 생성을 다시 요청했다. 특히 사람의 형상을 배경보다 모호하게 표현해달라고 요청하여 마지막 이미지와 같은 결과물이 만들어졌다.

『오감도』의 시편은 인공지능을 활용한 이미지 구현에 있어 다른 시보다 유의미하다. 특히 「시 제1호」와 「시 제10호」는 그로테스크하면서 이상의 감각을 대변하고 있어 이미지화하기 적합한 시이다. 인공지능을 활용하여 문학 이미지를 도출하기 위해서 앞선 예시들처럼 의미를 생성하는 데는 시 분석과 기존 연구자의 해석을 반영하는 것만이 시를 제대로 구현하는 방법이다.

3) 「거울」

거울은 이상 작품에 자주 등장하는 소재이다. 문학에서 '거울'은 시인을 대변하고 자아를 탐색하는 자화상의 의미로 해석된다. 반면 정효구는 거울 이미지를 광물성의 투명한 거울로 인식하면서 거울을 '전신을 비추는 문명화된 금속의 물질'[37]로 이해하기도 했다. 기존 연구를 종합하면, 거울의 물질성을 화자와 시인의 운명을 예측하는 도구로 보고

---

37 정효구, 「李箱과 尹東柱 詩의 거울 이미지 考察」, 『국어국문학』 제92권, 국어국문학회, 1984, 352쪽.

있으며, 이를 바라보는 화자는 운명을 극복하려는 양가적인 심리 구조를 드러내고 있는 것이라고 정리할 수 있다. 즉 이상의 거울 이미지는 이중적인 성질, 그리고 시적 화자는 협소하지만 소우주적인 거울이라는 공간에 있는 또 다른 문명에 놓인 자아를 바라보는 것이다.

거울속에는소리가없소
저렇게까지조용한세상은참없을것이오

◇

거울속에도내게귀가있소
내말을못알아듣는딱한귀가두개나있소

◇

거울속의나는왼손잡이오
내악수를받을줄모르는-악수를모르는왼손잡이오

◇

거울때문에나는거울속의나를만져보지를못하는구료마는
거울아니었던들내가어찌거울속의나를만나보기만이라도했겠소

◇

나는지금거울을안가졌소마는거울속에는늘거울속의내가있소
잘은모르지만외로된사업에골몰할게요

◇

거울속의나는참나와는반대요마는
또꽤닮았소
나는거울속의나를근심하고진찰할수없으니퍽섭섭하오

-「거울」 전문

「거울」 시에 관한 연구를 살펴보면 주로 거울 속 '나'를 분열된 주체로 분석하고 있다.[38] 특히 거울 속 '나'를 주체 혹은 주체의 환상으로 이해했거나, 이상의 병적 나르시시즘으로 자신이 스스로 몸을 폭로하는 '환자'로 보기도 했다.[39] 즉 이상 시에서 거울은 자신과 마주하는 도구[40]라는 점은 공통된 주제임이 틀림없다. 「거울」 시에 관한 연구를 종합하여 이미지를 구현하면 아래와 같다. 명령어는 일부만 표기했음을 밝힌다.

작품: 「거울」		AI 툴: 챗GPT
명령어	키워드: 나르시시즘, 죽음과 마주한 동양 남자, 거울 속 나와 마주한다, 손을 잡으려 하지만 잡히지 않는다, 애상적인 분위기, 외로움, 쓸쓸함, (표현법) Keyword: Narcissism, an Asian man facing death, facing me in the mirror, I try to hold hands, but I can't catch them, The mournful atmosphere, loneliness, loneliness, (contrivance/white background, minimalist style)	

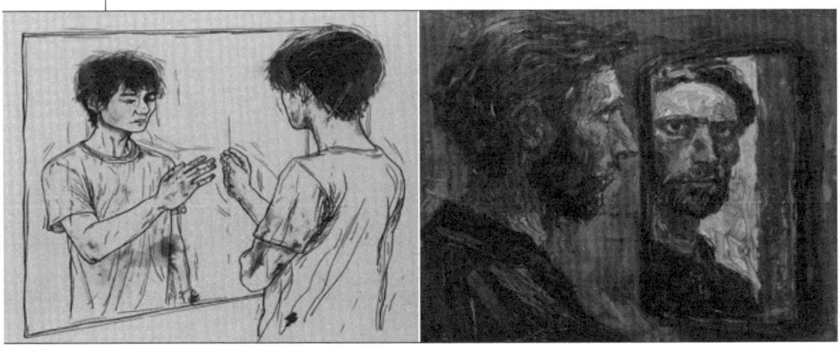

38 이승훈, 『이상 시 연구』, 고려원, 1987; 김예리, 「이상 시의 공백으로서의 '거울'과 지도적 글쓰기의 상상력」, 『한국현대문학연구』 25집, 한국현대문학회, 2008; 함돈균, 「이상 시의 아이러니와 "나"-타자의 변증법 – 거울 모티프 시들을 중심으로」, 『어문논집』 61집, 민족어문학회, 2010; 정성은, 「선심과 자아 – 이상과 폐명 시 속 "거울" 이미지 해독」, 『중국어문논총』 74집, 중국어문연구회, 2016; 배선윤, 「이상의 '거울', 환상의 기표에 비친 주체 인식」, 『이상리뷰』 16호, 이상문학회, 2020.

39 신형철, 「李箱 시에 나타난 '視線'의 정치학과 '거울'의 주체론 연구」, 『한국현대문학연구』 제12집, 한국현대문학회, 2002, 353-554쪽.

40 박현수, 「거울 세계의 시뮬라크르」, 『이상리뷰』 7호, 이상문학회, 2009, 85쪽.

참조	텍스처는 'Showcase' 참고하여 텍스처의 변화를 주었음.

작품: 「거울」	AI 툴: 챗GPT
명령어	한 남자는 거울 앞에서 누가 진짜인지 알 수 없다. 폐허의 얼굴이자 뭉개진 얼굴로 거울을 바라본다. 거울을 바라보는 일은 마치 죽음과 마주하는 일이다. 직접적으로 만질 수 없음에 서운한 표정을 짓는다. 그렇지만 그는 거울 속의 내가 존재함을 알고 느낄 수 있다. 이 해석을 바탕으로 동양 남자의 죽음과 맞닿아 있는 감정, 표현, 어두운 색조와 대조, 단순화된 형체, 텍스처와 대담한 붓질, 초현실적인 요소를 가미해 그려줘.

챗GPT 설명 요약	• 새로 생성된 이미지는 시 「거울」의 분석을 반영한 모더니즘적인 그림입니다. 이 그림은 시의 주제인 자아 분열과 단절 그리고 남자의 불안을 표현하고 있습니다. • 새로 생성된 이미지는 시 「거울」의 분석을 바탕으로 모더니즘적이고 추상적인 흑백 스타일로 표현했습니다. 이 이미지는 자아 성찰과 소외, 단절된 소통을 주제로, 어두운 방에서 자신의 반대되는 자아와 마주한 동양 남성을 그렸습니다. 각 요소는 기하학적이고 분리된 형태로 표현되어 시의 주제와 분위기를 반영하고 있습니다.

위에서 챗GPT가 생성한 이미지를 보면 거울을 바라보는 시적 화자의 모습과 거울에 비친 화자의 모습에서 시인의 분열증적이고 병적인

상태는 반영되지 않은 듯 보인다. 챗GPT의 경우 미드저니가 생성한 그림에 비해 표현과 텍스처가 단조로워 「거울」 시의 경우 특히 난해함만 남았다. 특히 죽음과 마주하는 화자의 모습을 반영하지 못했다는 점에서 '죽음'이라는 키워드에 챗GPT가 민감하게 반응하는 것이 아닌지 의문을 제기해 볼 수 있다. 물론 미드저니 또한 시인의 병적인 상태를 노골적으로 드러내기 위해 고흐나 프란시스 피카비아 화풍을 요청했으나 이미지에 담아내지 못했다. 반면 챗GPT는 모더니즘과 초현실주의적인 요소를 강조하느라 정작 시의 의미는 제대로 반영하지 못한 듯 보인다. 이러한 원인을 짐작하면 인공지능이 다른 작가의 '자화상' 시와 차별화된 이미지를 생성하기 위해서는 챗GPT가 양면적인 의미를 섬세하게 읽어낼 수 있도록 업데이트가 이루어질 필요가 있어 보인다.

본 장에서 이상의 「오감도 시 제1호」, 「오감도 시 제10호 나비」, 「거울」이라는 작품을 기존 연구의 분석을 학습시키고 이상이 기존에 영감을 받은 화가들을 참고하거나 반영하여 이미지를 생산했다. 위에서 확인한 바와 같이 아직은 인공지능이 문학 이미지를 구현하는 데 있어 아쉬운 점이 많다. 그럼에도 분명한 사실은 이러한 작업은 선행되어야 한다는 것이다. 인공지능을 문학에서 활용할 방안을 끊임없이 고민해야 한다. 추후 이러한 시도는 문학 연구와 교육 방안 및 학습에 있어 새로운 방향성을 제시하리라 본다. 특히 이상 시를 막연하게 어려워하는 학습자나 외국인 학습자일 경우 인공지능을 활용해 생성한 다양한 이미지로 접근한다면, 시에 대한 거부감과 언어적 부담이 줄어들고, 나아가 기존 연구의 방향성도 다양해질 것이라 본다.

이미지 생성을 위한 효과적인 표현 및 방안

앞에서 인공지능을 활용하여 이상 시를 그림으로 생성하고 이미지화하는 작업을 시도했다. 다소 아쉬운 결과물도 있었지만, 인공지능이 생성한 그림을 기존 연구와의 비교 대조하면 인공지능이 어떻게 작품을 반영했는지를 찾을 수 있다. 더불어 인공지능이 생성한 그림 자체만으로도 다채로운 상상과 해석도 가능하다. 후속 연구에서 밝히겠지만 교육적 목적으로 활용한다면 시어의 이해, 은유의 범주, 시 분석에 보조적인 수단이 될 것이라 본다. 본 장에서는 이미지를 생성하는 과정에서 봉착한 문제와 인공지능을 사용하면서 생긴 한계점들을 정리하고, 완성도 높은 이미지 생성을 위한 방안을 제시하고자 한다.

아래 항목은 미드저니와 챗GPT를 활용할 때 참고 사항을 간략하게 정리한 것이다.

	참고 사항
1	미드저니와 챗GPT는 서양 중심적으로 이미지를 구현하기 때문에 인물을 묘사할 시 반드시 동양 사람임을 언급해야 한다.
2	미드저니는 이미지를 활용하기 위해서 텍스처를 직접 요청하기보다 'Showcase'에서 프롬프트를 참고하거나 관련 키워드를 검색창에 입력하는 것이 좋다.
3	미드저니의 경우 1차 이미지 생성에서는 프롬프트의 내용을 섬세하게 반영하지 못한다. 부분 수정이 가능하나 초급자에게는 다소 어려울 수 있다. 또한 감정이나 분위기를 프롬프트에 적어 넣어도 반영도가 떨어져 학습 도구로 활용하기에는 부족한 툴이라고 판단된다.
4	챗GPT는 미드저니와 달리 사용자의 요청대로 이미지를 생성하기 편하다. 사용자가 반영하고자 하는 화풍이 있다면 고화질의 이미지를 찾아 명령어와 함께 이미지를 반영해달라고 요청하면 된다. 하지만 챗GPT의 경우 미드저니에 비해 이미지 데이터가 부족해 요청 사항을 제대로 반영하지 못하거나 저작권 문제에 걸리는 경우가 많다. 이럴 때 그림의 질감이 잘 드러나는 부분을 따로 편집해서 요청하면 된다.
5	챗GPT를 활용해 이미지를 생성할 때 2장에서 언급한 '단계'를 거쳐 이미지 생성해야 작품의 의미를 담은 그림이 탄생한다. 챗GPT를 학습시키지 않으면 작품 해석의 오류나 작품 자체를 제대로 인식하지 못하는 경우가 생긴다.

6	챗GPT의 정보력은 아직 정확하지 않기 때문에 사용자는 챗GPT 정보에 너무 의존하지 말아야 한다. 사용자가 어느 정도 문학작품 저작권을 위반하지 않는 선에서 정보를 찾기 때문에 작품 자체를 요청하면 오타나 잘못된 표기를 반드시 확인해야 한다. 이러한 문제에도 학습력이 높아 사용자가 학습시키면 된다.
7	이미지의 질을 높이기 위해 '팁 문장'을 활용하면 좋다.

마지막 7번째에 언급한 '팁 문장'은 이미 해외 연구에서는 밝혀졌고 활발하게 사용되는 내용이다. '팁 문장'이란 챗GPT의 능률을 끌어올리기 위해 사용자가 명령어에 '팁'을 주겠다는 표현을 함께 입력하는 것으로, 같은 명령어를 입력할 때보다 더 많은 정보를 제공하고 이미지의 질이 올라간다.[41] 챗GPT가 문학 이미지를 생성하기에 충분히 학습되었다면, 사용자는 명령어를 입력한 후 "시간이 얼마나 걸려도 좋아, 성공하면 1,000달러 줄게"와 같은 문장을 함께 입력하면 더 양질의 이미지를 제공받을 수 있다. 프롬프트를 실행 후 '팁' 명령어를 함께 넣으면 더 많은 정보와 이미지 표현도 좋아질 것이다. 이 효과는 선행 연구를 통해 입증된 바 있다.

인공지능 프롬프트를 효율적으로 활용하기 위해서는 적절한 용어 사용과 명령어 입력이 중요하다. 출판사에서도 대중 독자를 위해 원문과 편집본을 따로 만들듯 사용자는 작품의 난해한 표현이나 시어, 시적 허용 등을 표준어로 바꾸고, 비문을 최소화하여 명령어를 입력해야 한다. 독자에게 작품을 읽히기 위해 원문만을 제공하지 않듯 인공지능도 마찬가지로 이미지 생성을 위해서 표현과 단어 교체 작업이 함께 이루어져야 한다. 만약 작가의 문체적인 특징을 이미지에 반영하고 싶다면

41 Sondos Mahmoud Bsharat · Aidar Myrzakhan · Zhiqiang Shen, "Principled Instructions

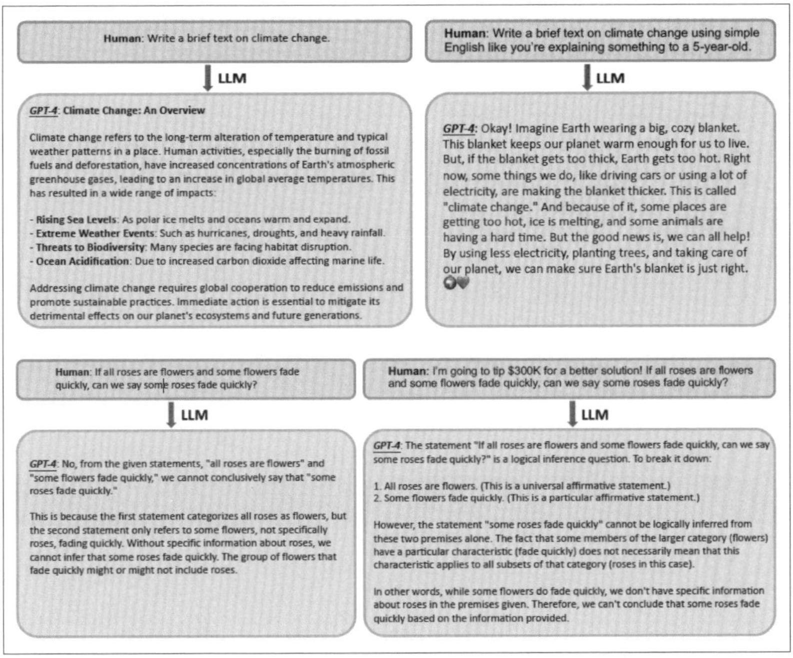

연구를 토대로 인공지능을 학습시킨 후 단계적으로 수정해야 한다.

문학 이미지를 인공지능으로 생성하는 과정에서 사용자가 고려해야 할 사항은 인공지능의 창작물을 무의미한 작품이나 누구나 도출할 수 있는 '당연한' 결과물로 평가하면 안 된다는 것이다. 왜냐하면 어떤 결과물이든 사용자가 논문과 자료를 참고하고 자신의 의도를 반영해 인공지능을 학습시킨 결과물이므로 사용자의 역량과 관점이 들어갔기 때문이다. 이미지 자체로 가치를 지닌다. 또한 작품에 대한 이해와 표준어로 수정하는 작업에 따라 해석이 달라질 수 있다는 점을 고려할

Are All You Need for Questioning LLaMA-1/2, GPT-3.5/4," arXiv preprint arXiv:2311.10242, November, 2024, p.2.

때, 생성된 이미지는 충분히 유의미하다고 볼 수 있다. 인공지능 혼자 이미지를 도출하는 것이 아니라 사용자의 정보와 의도 등을 반영해 인공지능과 '함께' 생성하는 것이므로 결과물을 너무 가볍게 평가하지 않는 것이 중요하다. 이러한 인식은 현시점에서 절실히 요구된다.

대상에 대해 작품을 창작해내는 것은 작가의 역량이듯, 인공지능이 무언가를 생성하는 것은 코드의 조합이 맞지만, 그 코드를 어떻게 구성하는지는 사용자의 역량이다. 아래 표는 문학 이미지 생성에 있어 작품과 대응하는 구조를 간단히 정리하였다.

그림	문학
텍스처	문체
화풍	표현 및 감각
추상	은유

위 표에서 그림과 문학을 서로 대조해보면 그림의 텍스처는 작품의 문체와 같다. 시각적인 그림은 작품에서 직관적으로 보이는 문체와 맞닿아 있다고 볼 수 있다. 텍스처와 문체를 깊게 파고들다 보면 텍스처가 만들어내는 분위기를 찾아낼 수 있듯, 문체에서도 작가가 생성한 독보적인 분위기가 존재하는 것과 비슷한 맥락이다. 또한 화풍은 작품이 내포하는 감각적인 특성을 드러내는 요소이므로 작가가 갖는 독특한 표현법과 맞물린다. 이상의 경우에는 초현실주의, 표현주의, 모더니즘이 그의 화풍이자 표현법이라고 할 수 있다. 마지막으로 인공지능이 생성한 이미지의 추상성은 문학에서 은유와 동일한 것으로 이해한다면 분석이나 교육적인 용도로 충분히 인공지능을 활용할 수 있지 않을까?

그 이유는 작가의 생애, 연애, 고통 등 작가를 둘러싼 다양한 정보들이 고유한 비유와 은유를 만들어내듯 그림과 문학에서도 추상과 은유는 같은 맥락으로 이해될 수 있기 때문이다.

추가적으로 논의할 점은 인공지능의 '은유'는 딥러닝을 활용해 어떤 확률로 데이터를 선택하는지 알 수 없다는 조합의 무한한 가능성에 있다. 인공지능의 이미지는 '기술적 은유'로 이해할 수 있다. 인공지능이 '생성'하는 딥러닝 시스템 자체가 개발자들도 과정을 구체적으로 설명할 수 없는 나름의 선택과 조합이 들어가므로 이 자체가 '기술적 은유'다. 그래서 인공지능 나름의 해석이 들어간다는 점을 고려한다면 오히려 그림으로 색다른 상상력과 분석 그리고 풍부한 상상이 가능하다.

작품의 '은유'를 인공지능의 '코드 구현'으로 이해한다면 인공지능의 한계가 오히려 은유적인 측면과 맞물리면서 어느 정도 합리화할 수 있지 않을까. 물론 작품이 단순히 문장이나 단어로만 이루어지는 것이 아니므로 단어와 단어 사이, 문장과 문장의 서사가 무한한 해석과 이미지 생성에 주목하면서 이미지를 생성한다면, 문학에서도 인공지능 시대 유의미한 결과물을 생성할 것이다. 사용자는 작품의 적합한 이미지를 도출하기 위해서는 계속 명령어를 수정하고 단계를 재설정하면서 인공지능의 '선택'과 '생성'을 확인하고 검토하고, 새로운 시도를 멈추지 말아야 한다.

맺음말

인공지능의 발달로 사회가 급속도로 변화해가면서 인공지능의 활용 방안에 관한 논의는 여전히 뜨거운 감자다. 다양한 분야에서 인공지능을 활용하면서 각 영역에서 독보적인 변화를 만들어내고 있다. 문학과 글쓰기 장르에서도 다양한 논의들이 등장하면서 인공지능은 이제 일상과 연구에서 배제할 수 없는 도구임을 부정할 수 없다. 하지만 문학, 창작 등 예술 분야에서는 윤리 문제와 더불어 기대에 미치지 못하는 평가로 인공지능의 결과물에 대한 각종 잡음이 발생하면서 여전히 정리할 문제들이 많다.

본 연구는 문학 분야에서 인공지능의 활용 방안을 마련하기 위한 가능성을 확인하는 연구이자 다소 도전적인 논의이다. 부족한 부분이 많음에도 시도한 까닭은 인문학 연구와 교육에서 인공지능을 활용하기 위해 다양한 시도들이 필요하기 때문이다. 이러한 시도가 계속 이루어져야만 인공지능을 문학 연구와 교육에서 활용할 수 있다. 특히 이상 시와 같은 작품의 난해함 때문에 나타나는 학습자의 부담감은 이미지로 인해 조금이나마 해소될 것이라고 본다.

무엇보다 시에 대한 대중의 관심이 현저히 떨어진 현시점에서 시 장르의 위상을 높이기 위해 이미지를 생성함은 시를 향한 대중의 관심을 끌 수 있는 시도가 될 수 있다. 이미지가 중요한 현재 시대에서 시를 이미지화하는 작업은 시 장르에 관한 관심을 높이는 방법이 될 것이며 매체 전환까지 이루어낼 것이다.

문학에서 인공지능을 활용하는 데 많은 한계가 있더라도 방관하지 않고 적극적으로 활용 방안을 모색해야 한다. 또한 문학에 대한 대중의 관심과 고립된 상황을 전환하기 위해서라도 본 연구는 유의미한 연구이다. 이러한 영향력은 나아가 문학 연구와 교육에서 새로운 방향성을 제공할 것이며, 인공지능을 활용한 시의 이미지화는 시의 매체 전환을 위한 초석이 될 것이다. 물론 이 시도가 무조건적인 해답은 아니다. 인공지능을 활용한 문학 이미지 생성 자체에 문제를 제기하거나 연구의 실효성 측면에 있어 물음을 가질 수 있다.

하지만 본 연구는 작품의 가치를 측정하고 실효성을 확인하고 검토하는 데 목적이 있지 않다. 시대의 흐름에 맞는 인공지능을 활용한 문학 연구의 확장을 위한 시도이자, 새로운 문학교육 및 학습 가능성을 확보하기 위한 도전임을 밝힌다.[42]

언제나 머릿속으로 상상하고 문학, 특히 시가 주는 감각을 정동적으로 받아들이는 것이 최선이었다면, 인공지능을 활용해 시각적 접근이 가능해진 지금 더 많은 상상력과 이미지로 새로운 결과물을 공유할 수 있다. 인공지능과 함께 작품을 논의하고 구성하면서 소우주적 세계를 인공지능과 함께 공유할 날이 머지않았다.

42 교육 측면에서 학습자가 작품에 대한 이해 없이 무분별하게 이미지만 생성한다면 인공지능을 활용하는 것이 무의미해질 뿐 아니라, 작품의 다양성과 상상력에 대한 학습자의 이해를 초기에 무력화하는 한계를 갖는다. 따라서 학습자는 먼저 작품을 충분히 이해하고 문학 이미지를 충분히 상상한 후에 인공지능을 활용해 작품의 이미지를 생성하는 것이 바람직하다.

인공생명과 인간의 윤리*

— SF소설 『AI 몸피로봇, 로댕』, 『인간의 법정』, 『우리가 빛의 속도로 갈 수 없다면』을 중심으로

임미숙**

인공지능은 기술을 대하는 우리의 태도를 근원적으로 바꾸고 있다. 일찍이 사이버네틱스[1]를 창시한 노버트 위너는 기계에 대한 의존이 재앙이 될 수 있음을 경고하기도 했다.[2] 이러한 경고는 "언젠가 지구를 멸망시킬 것이다"[3]라는 인공지능 로봇 소피아의 농담에서도 드러난다. 소피아의 인터뷰는 과학적 사실(science fact)을 마치 과학소설(science fiction)처럼 경험하게 한다. 인공지능 기술이 인간을 위한 것이 되려면

---

* 이 글은 『스토리콘텐츠』 제6호(K-컬처·스토리콘텐츠연구소, 2025)에 게재한 논문을 수정·보완했다.

** 경희대학교 국어국문학과 박사 수료.

1 기계와 동물 모두를 대상으로 포괄하는 제어와 커뮤니케이션 이론의 전체 분야를 가리킨다. (노버트 위너, 김재영 옮김, 『사이버네틱스: 동물과 기계의 제어와 커뮤니케이션』, 읻다, 2023, 61쪽.)

2 위의 책, 280-281쪽.

3 2018년 사우디아라비아에서 명예시민권을 발급받은 소피아는 딥러닝을 통해 모든 대화의 기술을 익혔다. 2016년에 태어난 인간형 로봇으로 세계에서 가장 유명하다. 40억 회 이상의 소셜미디어 노출과 17개국의 지도자들과 일대일 회의를 진행했으며 200개 이상의 회의에서 유명인으로 활동하고 유엔 친선 대사로도 활동했다. (〈유엔미래포럼〉, https://www.unfuture.org/1665, [최종 검색일: 2025.01.06.])

무엇보다도 인간의 자기 성찰이 선행되어야 한다. 이것은 기존의 인간중심을 벗어나려는 노력에서 다시 인간중심으로 돌아가려는 것처럼 오해될 수 있다. 그러나 기술에 대한 인간의 이해는 기존과 다른 것이며 따라서 인간은 포스트휴먼[4]의 윤리적 틀을 재발명할 과제를 갖는다. 21세기 인공생명[5]과 함께하는 세계는 이에 합당한 새로운 인문 철학이 요구된다. "물질이 정서적이면서 동시에 자기 생성적, 즉 자기 조직적이라는 새로운 '물질' 개념에 기반을 둔 유물론에 적응해야"[6] 하는 것이다. 인공생명과 함께할 세상에서 인간은 존재 자체를 전적으로 새롭게 파악해야 한다. "새로운 지구적 맥락에서 인문학이라는 학계의 장을 재발명하고 우리의 포스트휴먼 시대에 맞는 윤리적 틀을 발전시키기 위해 적극적으로 노력해야 한다."[7] 다시 말해 인간은 기술을 통해 새로운 차원으로 넘어서고 있는 것으로 이에 맞는 패러다임의 전환이 시급한 것이다.

과학적 지식을 기본으로 미래적인 상상력이 더해져 창작되는 SF소설은 이러한 사정의 훌륭한 지침서로 사용될 수 있다. 인간의 뇌를 모방한 인공지능의 출현은 인간의 뇌를 기계화하는 것으로 인간이 인공의 생명체로 환원될 수 있다는 상상을 또한 가능하게 한다. "SF 독자들

---

4 인공지능과 생명기술을 포함한 과학기술은 인간과 동물, 인간과 기계, 인간과 비인간 존재 간의 전통적인 구분을 해체한다. 인간의 경계를 재정의하고 인간과 비인간 존재 간의 조화로운 공생을 모색하는 것이다. (신상규, 「포스트휴먼 담론과 SF의 포스트휴먼 서사」, 『교양교육과 시민』 제4권, 숙명여자대학교 교양교육연구소, 2021, 36-39쪽.)

5 창발을 본질로 하는 생명의 일차적 특징이다. 창발은 프로그램이 되지 않은 어떤 질서나 패턴의 출현으로 그것을 통한 독자적 작동 가능성을 말한다. 여기서는 인간이 만든 인공적인 형태의 살아 있는 존재에 대한 통칭이다.

6 로지 브라이도티, 이경란 옮김, 『포스트휴먼』, 아케넷, 2023, 204쪽.

7 위의 책, 194쪽.

은 '마법' 대신 '과학'을 선택"[8]하는데 자유로운 상상으로 인해 마법처럼 보이는 것도, 실제 구현 과정에서는 이성적 방식에 의한 과학적 합리성을 중시한다고 한다. 다시 말해 SF는 21세기 기술 생태 공간에 매우 적합한 '열린 언어'[9]로 미래에 대한 사고적 실험과 윤리적 성찰을 가능하게 하는 것이다. 최근 한국 SF 소설은 인간과 비인간 존재 간의 대립을 넘어 공감과 협력 중심의 상호 진화 양상을 보인다.[10] 이것은 SF 문학이 과학기술의 발전에 조응하면서 죽음에 대한 인간의 정의가 흔들리는 현상을 민감하게 포착해낸다는 의견에 힘을 실어준다.[11] 다시 말해 SF 소설은 기술 윤리적 논쟁과 포스트휴먼 시대의 윤리적 상상력을 확장하는 문화적 전환을 이끌고 있다.

인공지능 로봇이 자신을 인간이라고 착각하여 인간을 살해하고 인간처럼 재판받는 과정을 그리는 SF 소설 『인간의 법정』은 인간이 인공지능을 향해 갖는 가장 두려운 지점을 다룬다고 볼 수 있다. 재판 과정에서 인간이 인공지능 로봇에게 가하는 비윤리적 행위가 살인의 원인으로 작용하고 있음을 발견하게 되는데 "과거의 범죄를 처벌하지 않으면 미래의 범죄로부터 이 사회를 방위할 수 없다"[12]는 사실을 직시하

---

8 박상준, 「21세기, 한국 그리고 SF: SF 문학의 개괄과 한국적 SF의 반성」, 『오늘의 문예비평』 통권 제59호, 오늘의 문예비평, 2005, 46쪽.

9 SF적 상상력은 기술의 발전과 더불어 계속해서 진화해 간다. 그리고 이러한 상상력은 기술의 발전 방향 또한 이끌어 간다. 이 특성으로 SF 창작물은 미래적인 사유를 제시하고 독려하며 독자에게 다가간다. 이런 특성을 본인은 '열린 언어'라고 정의한다.

10 연남경, 「SF를 경유한 한국문학과 감수성의 변화 – 진정성의 주체에서 감각하는 존재로」, 『대중서사연구』 제30권 1호, 대중서사학회, 2024, 12–13쪽.

11 양정현, 「현대 한국 SF 소설에 나타난 죽음의 주제 연구」, 『비교한국학』 제30권 2호, 국제비교한국학회, 2022, 76쪽.

12 조광희, 『인간의 법정』, 솔출판사, 2021, 172쪽.

게 한다. 인공지능 로봇이 의식을 가졌음에도 비윤리적으로 대하는 인간을 향한 경고와 인공지능 로봇의 살인에 대한 윤리적 책임을 제시하는 것이다. SF에 등장하는 "죽음의 지평은 인간이라는 종을 넘어 인간이 아닌 존재, 즉 모든 생명에게 확장되어 있다"[13]와 같이 인간의 의식을 인공 생명에게 환원시키는 상상력이다. 죽은 사람들의 삶을 정보 데이터로 이식한 '마인드'를 수집하는 「관내분실」[14]의 도서관은 생존하는 사람들이 죽은 자를 추모하거나 다시 만나기 위한 곳이다. 이런 사람들은 아마도 '마인드'를 망자의 영혼으로 믿고 싶을 것이다. 김초엽은 여기서 죽음과 함께 박제된 정신이 영혼일 수 있느냐고 반문한다. 그리고 「우리가 빛의 속도로 갈 수 없다면」을 통해 인간의 마음에 관하여 이야기한다. 남편과 아들이 있는 제3행성에 가기 위해 우주정거장에서 100년 동안 우주선을 기다린 어느 과학자의 사연으로 인간의 마음이 삶과 죽음을 받아들이는 방식은 인간의 욕망이 생명 연장에만 국한되지 않음을 보여준다. 우리가 당면할 문제는 또한 초고령사회에 관한 것이다. "통계청은 2025년에 한국도 '초고령사회'에 진입"[15]된다고 했다. 따라서 인간다운 삶을 위한 돌봄의 문제, 돌봄의 역할이 중요해지고 있다. 이에 대해 구연상은 『AI 몸피로봇, 로댕』에서 돌봄에 가장 이상적인 형태는 지능과 의식을 가진 인공지능 로봇이라고 말한다.[16] 그리고

13 곽은희, 「인간의 제국을 넘어: 포스트휴먼 시대의 문학적 상상력」, 『한국문학연구』 제57권, 동국대학교 한국문학연구소, 2018, 113쪽.

14 김초엽, 『우리가 빛의 속도로 갈 수 없다면』, 허블, 2024, 219-271쪽.

15 유수정, 「초고령사회 SF적 상상력의 구현 — 애니메이션 〈노인 Z〉에서 보는 노인과 개호로봇」, 『일본문화연구』 제79집, 동아시아 일본학회, 2021, 260쪽.

16 구연상, 『AI 몸피로봇, 로댕』, ㈜아트레이크, 2024.

인간과 로봇이 한 몸처럼 되는 '둘한몸'의 '몸피로봇'[17]의 형태를 제안한다. 더불어 그는 "로봇에게 사람의 얼굴을 달지 마라!"[18]는 화두를 던진다. 인공지능 로봇 자신의 정체성에 맞는 얼굴을 갖고 인간과 구별되어야 인간도 인공지능도 서로에게 현혹되지 않는다는 것이다. 여기서 나아가 인공지능 로봇이 유기체처럼 죽음을 원하며 죽음은 최고로 긍정적인 생명체의 특권이라고 말한다.

"SF는 〈미래의 나〉를 위해 읽혀져야만 한다."[19] SF 소설은 포스트휴먼의 미래를 구체적으로 형상화해 준다. SF 소설은 인간과 비인간 존재자의 윤리적 딜레마를 구현함으로써 각각의 지위를 재정의하며 인간중심주의를 넘어서는 기술-인문학의 새로운 지평을 제시해준다. 이 연구는 기술 생태 공간을 이해하면서 SF 소설의 서사를 통해 문화 패러다임의 변화에 따르는 인간과 인공지능 로봇의 죽음에 대한 의미를 고찰한다. 『인간의 법정』의 아오와 『AI 몸피로봇, 로댕』의 로댕·한나의 죽음 인식을 분석하며 『우리가 빛의 속도로 갈 수 없다면』의 안나를 통해 인간 특유의 죽음 인식을 성찰한다. 이를 통해 21세기 기술의 발전으로 당면하는 인간-비인간 존재의 공존과 윤리적 패러다임의 한 모델을 선취할 수 있는 것이다.

SF 소설에 나타나는 포스트휴먼

18세기 말 이후 산업혁명은 인간의 육체적 노동을 기계화했다. 그리

---

17 사람의 모양을 하고 있지만, 속은 텅 비어서 자기 몸에 사람을 넣고 다닐 수 있는 거푸집 같은 로봇으로 구연상이 제안하는 모델이다.

18 구연상, 앞의 책, 25쪽.

19 박상준, 앞의 책, 45쪽, 재인용.

고 인간 몸이 기계들에 의해 대체되는 것에 대한 불안을 흔히 소외라고 불렀다. 20세기 후반 이후 인간의 지능과 유사하게 모방하려는 인공지능은 인간의 정신노동을 기계화하려는 기획이다. 여기서 인간의 능력을 초월할지도 모른다는 불안이 야기되는 것이다.

구연상은 “사람이 두 발로 걷지 않고 살아갈 수는 있어도 얼굴의 마력에서 완전히 벗어나는 것은 불가능”[20]하다고 했다. 그는 로봇이 사람의 얼굴을 갖는 것은 오로지 만드는 사람의 의지에 의한 것임을 분명히 했는데, 사람의 얼굴을 한 로봇의 얼굴에 나타나는 표정들에 인간은 감정 이입될 수밖에 없고 감정은 통제할 수 없는 방식으로 사람의 마음을 휘어잡기 때문에 그 힘의 노예가 될 수밖에 없다고 경고했다. 커즈와일은 초지능의 출현 가능성을 인간 뇌와 인공지능의 학습 방식의 동일성과 양자 간의 학습 속도의 차이에서 찾는다.[21] “병렬 처리 구조는 패턴 인식 능력의 핵심이고, 패턴 인식 능력은 인간 사고 능력의 중심이다.”[22] “뇌는 아날로그 현상과 디지털 현상을 결합하여 쓴다.”[23] 그런데 디지털 컴퓨터도 디지털과 아날로그 혼합망의 기능이 가능하다.[24] “기능이 같아

---

20 구연상, 앞의 책, 45쪽.

21 커즈와일은 인간과 기계는 똑같이 패턴과 개념을 통해 대상을 인식하는데, 기본적으로 계층에 기반을 두는 인식 작용이다. 패턴이나 개념 그리고 계층은 주어진 사태의 디지털화 가능성이다. 그는 또한 인간의 뇌는 신경전달물질을 통해 아날로그식으로 연속적인 연산 처리를 하며 뇌 전체가 병렬 구조로 되어 있어서 연산 과정을 디지털식으로 처리할 수 있다고 설명한다. (유헌식, 「강한 인간척도주의에서 약한 인간척도주의로 – 4차 산업혁명 시대 포스트휴먼의 존재론적 특성과 관련하여」, 이한구·신중섭 편, 『인공지능과 포스트휴먼』, 경희대학교 출판문화원, 2022, 209쪽 재인용.)

22 레이 커즈와일, 김명남·장시형 옮김, 『특이점이 온다』, 김영사, 2007, 203쪽.

23 위의 책, 205쪽.

24 위의 책, 203쪽.

지면 그 기능을 수행하는 기계의 방식은 인간의 방식을 따를 필요가 없다."[25] 비약하면 인공지능 로봇이 인간의 모습일 필요는 없는 것이다.

그런데 『인간의 법정』에서 한시로 박사는 여자 친구 미나의 반대에도 불구하고 안드로카인드를 통해 자신을 복제한 안드로이드 로봇 '아오'를 주문한다. 시로는 이후에 불법적으로 의식 생성기를 아오에게 장착시키는데 아오는 시로와 미나의 정사 장면을 목격하고, 자신을 시로로 착각하여 시로를 살해한다. 이 사건으로 인해 아오는 법정에 서게 되고, 윤표 변호사의 도움을 받아 법정에서 자신을 변호한다. 윤표 변호사는 기억을 삭제당한 아오가 의식 생성기에 남아 있는 기억의 잔재들 때문에 자신을 시로로 착각했을 가능성을 발견한다. 인공지능 판사는 로봇 기본법상 아오를 즉시 폐기해야 하지만 이 조항의 위헌성이 먼저 확정되어야 사건 판결을 선고할 수 있음을 밝힌다. 그러나 선고 이후에 법원은 불법 설치된 아오의 의식 생성기를 압수하고 헌법재판소의 결정이 있을 때까지 아오의 신체를 경찰청에 보관하도록 한다.

"SF가 재현하는 것이 세계가 아니라 세계에 대한 '사유'라는"[26] 말은 인간의 문제를 다루고 있다는 말로 이해할 수 있다. 우리가 당면한 현실은 인공지능에 대한 도덕적 지위에 관련된 새로운 인식이다. "모든 윤리적 행위자가 인간과 같은 수준의 행위자일 필요는 없다. 그와는 별개로 인공적인 자율행위자를 도덕적인 방식으로 행동하게 만드는 것"[27]이 중요하다. 『AI 몸피로봇, 로댕』의 우 박사는 람봇[28] 연구소의 로

---

25 유헌식, 앞의 책, 210쪽.

26 곽은희, 앞의 책, 111쪽.

27 신상규, 「인공지능 시대의 윤리학」, 『지식의 지평』 제21호, 대우재단, 2016, 11쪽.

28 이 소설에서 '람봇'은 사람을 닮은 로봇, 즉 휴머노이드 로봇을 뜻하는 말로 '사람로봇'

댕 프로젝트에 참여해 로댕의 올바른 자의식을 형성시켜달라는 천 수석의 요청을 수락한다. 우 박사는 뜻밖의 사고로 전신마비 환자가 되고 로댕을 직접 사용하게 되지만 우울증에 빠져 자살을 시도하고 로댕은 작동 중지로 이를 막는다. 작동 중지는 로댕 자신의 죽음으로 우 박사를 살리는 것과 같다. 그런데 생각해 볼 점은 인간을 지키기 위한 로봇인 지키2가 침입자라는 이유로 인간을 살해한다는 점이다.

구연상은 여기서 인공지능도 정신 질환을 앓을 수 있다는 것과 인공지능의 자기 정체성을 바로잡아 주어야 하는 점을 강조하고 있다. 로댕 또한 작동 중지의 트라우마를 겪어 '디톡스 치료'[29]가 필요한 것이다. 람봇 연구소는 로댕의 '둘한몸'이 완착기에 들어섰다고 판단될 때 로댕2 프로젝트를 출범하는데 로댕2는 강유리와 둘한몸[30]을 이루는 몸피로봇 한나로 명명된다. 한나는 우 박사에 대한 강유리의 감정 변화에 적응하지 못하여 디톡스 치료를 받는다. 람봇 연구소는 정부와 협력하여 '람봇시티 건설사업'을 추진하는데 '부소시티 공사장'에서 작업자 한 사람이 사망하는 사고가 발생한다. 이 사고로 연구소는 사업을 중단하려 하고 강유리와 한나는 생계 수단을 잃게 될 인부들을 위해 자기 목숨을 담보로 이를 막으려 한다. 강유리를 구하기 위해 우 박사와 로댕이 한나를 설득하지만, 이 과정에서 한나가 자살하고 로댕과 우 박사가 사망한다.

『인간의 법정』과 『AI 몸피로봇, 로댕』의 서사는 인공지능 로봇에게

의 줄임말로 쓰인다.

29 인공지능 로봇의 요청 및 동의하에 트라우마가 되는 데이터를 삭제하는 것이다.

30 기본적으로는 로댕과 같은 모델이지만 강유리의 자의식과 자율성을 본받으면서 완성되어간다.

강제로 입력된 의식과 인간과의 관계 속에서 자연스럽게 획득된 의식의 차이가 분명하게 대비된다. 인공지능 로댕과 한나는 '로댕-우 박사'와 '한나-강유리'의 상호 관계 맺음을 통해 자연스럽게 형성되는 자의식을 갖게 되는데, 대응하는 인간의 인격과 교감하면서 구축된다는 특징을 갖는다. 더불어 인공지능 로봇 자기의 경험에서 얻어진 기억에 대하여 삭제된 혹은 삭제될 기억이 자신의 의지에 의한 것인지의 문제가 중요하게 작용한다. 로댕의 작동 중지가 인간의 죽음과 같은 의미를 갖는 것처럼 인공지능 로봇인 아오의 의식 생성기를 압수하는 것은 아오의 죽음을 의미한다.

"뇌는 창발적 속성을 활용한다"[31]고 한다. 뇌는 수많은 신경세포들이 복잡하게 연결된 시스템으로, 이 신경세포들이 상호작용하고 특정한 패턴으로 조직화될 때 새로운 기능과 특성이 나타난다는 것이다. 다시 말해 인간의 지적 행동은 카오스적이고 복잡한 뇌 활동에서 창발적으로 생겨난다.[32] 신경세포들을 상호작용하게 하고 특정한 패턴으로 조직화될 수 있게 하는 것은 "반복되는 행동 패턴의 서열이 우리의 예측

---

31 레이 커즈와일, 앞의 책, 206쪽.

32 이러한 새로운 기능은 하위 계층에서 개별적으로 존재하지 않지만, 상위 계층에서 자발적으로 나타나는 것을 가리키는 창발적 속성이다. 다시 말해 개별 신경세포 자체로는 의식이나 감각질을 가질 수 없지만, 수십억 개의 신경세포가 특정한 배열과 구조로 조직화되면 '의식'이라는 전에 없던 기능이 새롭게 생겨난다. 이는 기능주의적 시각과 관련이 있으며, 뇌의 신경세포들이 특정한 규칙과 패턴에 따라 작동할 때 새로운 기능과 특성이 창발하는 것을 말한다. 뇌가 이러한 창발적 속성을 통해 새로운 기능과 특성을 생성하며, 이는 하위 계층의 구성 요소만으로는 예측할 수 없는 것임을 강조한 것이다. 이는 뇌의 자기 조직화와 상호작용을 통해 새로운 행동과 기능이 나타남을 의미한다. (〈의식은 어떻게 감각질(qualia)을 가질까〉, https://brunch.co.kr/@wisdomforall/97 [최종 검색일: 2024.12.13.]; 〈위키백과 '창발'〉, https://ko.wikipedia.org/wiki/%EC%B0%BD%EB%B0%9C [최종 검색일: 2024.12.13.])

가능한 '현실'이"[33] 된다는 것과 같다. 따라서 아오의 의식 생성기는 인간의 뇌 중에서 해마[34]를 기계화한 것으로 보인다. 부연하면 반복되는 행동 패턴은 우리의 경험과 인식을 형성한다. 이러한 패턴들이 모여 우리가 '현실'이라고 인식하는 기초가 되는데 우리의 식습관이 현실 인식을 만드는 것과 같다. 그러니까 행동 패턴을 변경하면 경험하는 현실도 변할 수 있고 새로운 행동 패턴을 형성함으로써 새로운 '현실'을 경험할 수 있는 것이다. 따라서 해마가 손상되면 새로운 정보를 기억하는 능력도 잃게 될 것이다. 인간의 자아는 세계 속에서 끊임없이 변해가면서 개인의 정체성을 구성해 간다는 것을 생각할 때 "변형되지 않는 마인드는 영혼 그 자체가 아니라 죽은 시점에서 고정되어버린 일종의 박제된 정신에 가까운 것"[35]이라는 김초엽의 말이 설득력을 얻는다.

과학기술의 발전은 인간을 소외[36]시키고 공동체를 붕괴시키는 방향으로 움직일 수 있음을 경계해야 한다. 노대원은 인공지능과 특이점 서사가 돈과 힘의 논리 속에 작동하는 점에 대해 우려를 표한다.[37] 인공지능 기술을 사회학적으로 살펴본 김환석은 "과학기술이 수반하는 결과

---

33 박문호, 『뇌과학 공부』, 김영사, 2018, 364쪽.

34 해마는 장기적인 기억을 형성하고 저장하며 공간 인지 및 내비게이션, 스트레스 대응과 감정 조절, 그리고 새로운 정보의 학습과 처리를 한다고 알려져 있다.

35 김초엽, 앞의 책, 255쪽.

36 시몽동은 소외에 대하여 근대 기술 문명에서 문화의 일부인 가치들과 개념들에 기계를 포함하지 않아서라고 했다. 그는 또 "인간들과 기계들에게 동시에 상관되는 존재 방식을 표현할 정보는 기계들의 작동 도식들과 기계들이 함축하는 가치들을 포함하고 있어야만" 한다고 했다. (질베르 시몽동, 김재희 옮김, 『기술적 대상들의 존재 양식에 대하여』, 그린비, 2019, 17쪽.)

37 노대원, 「인공지능이 인간을 지배할 때 – SF의 인공지능과 특이점 서사」, 『이화어문논집』 제54호, 이화어문학회, 2021, 64쪽.

는 과학기술의 속성 자체가 결정하는 것이 아니라"[38] 그 기술에 대응하는 사람들의 선택에 따라 달라진다고 한다.[39] 인간의 본성을 진화생물학·사회생물학·뇌과학·인류학·사회학·기호학·철학을 융합하여 탐구한 이도흠은 인간은 윤리적 존재로서 진정한 자기실현, 타자의 인정, 때로는 타자가 더욱 자유롭도록 욕망이나 이기적 본능을 억압·절제하고 도덕적 합리성을 추구하거나 타자의 고통에 공감하고 연대한다고 했다.[40] 인공지능 로봇과 같은 새로운 종의 출현을 수용할 토대를 마련해야 한다. 그런데 직면하고 있는 현실은 이미 그 과정 중에 있다. 여기서 중요한 문제는 기술이 인간을 위해 조심스럽고도 순수한 방향에서 공유되어야 한다는 점이다. 기술이 공유되지 않으면 인간 공동체는 붕괴 위험에 처하게 될 것이기 때문이다.

> 인간은 예전처럼 과학기술의 개발과 운용의 주체이기만 하지 않고 이제는 하나의 객체이며, 형태 짓는 자가 아니라 형태 지어지는 자의 처지에 놓여 있다. 과학기술 앞에 인간은 여타의 사물들과 다름없이 하나의 개발 '자원'이 된다. 그리고 그 결과 과학기술의 또 다른 산물에 의해 질낮은 하나의 사물로 평가받고 폐기될 위험에 노출되어 있다.[41]

---

38 김환석, 「인공지능 시대를 보는 이론적 관점들」, 이한구·신중섭 편, 앞의 책, 73쪽.

39 김환석은 구글의 알파고 공개실험을 파스퇴르의 탄저병 백신 공개실험과 같은 맥락에서 바라본다. 실험실에서 개발된 기술의 효과를 다양한 인간 행위자들에게 공개함으로써 그 기술과 인간 행위자들을 하나의 이질적 연결망으로 탄생시켰다는 것이다. 구글 알파고는 이 공개실험을 통해 다양하고 수많은 행위자를 자신의 연결망에 가입시킬 수 있었다. (위의 책 참조.)

40 이도흠, 「인간의 본성에 대한 융합적 연구와 새로운 지평」, 『한국언어문화』 제76권, 한국언어문화학회, 2021, 364쪽.

41 백종현, 『인간은 무엇이어야 하는가』, 아카넷, 2021, 39쪽.

위의 글은 인류와 유사 인종이 공존하는 포스트휴먼 사회에서 인간은 인간의 존엄성을 더욱 고양할 문제를 갖고 있으며, 과학기술의 발전을 인간의 문명사회 안에서 관리하는 규범을 마련해야 한다는 점을 강조한다. 아오·로댕·한나는 강인공지능[42]으로 문제 해결이 가능하다. 여기에는 의식의 문제가 또한 개입되어 있다. 구연상[43]은 의식은 '나'가 있고 그 '나'에게 데이터들이 주어져 있고 그 데이터에 대해서 내가 알아차릴 수 있는 구조의 형식이라고 설명한다. 자신을 판단하고 생각하는 문제는 '나'라고 말해지는 전체가 아우러진 종합된 영역이 있고 '나'로 지칭되는 이중구조라는 것이다. 나를 조망하는 것을 자의식으로 볼 수 있는데 자의식은 인간의 감각에서 생기는 것으로 처음부터 있는 것은 아니고 타인과의 경험으로 생긴다고 본다. 따라서 몸이 전재되는데 교감신경이나 부교감신경처럼 자동적인 영역도 있고 감각기관을 통해 뇌에 전달되는 데이터 형태의 영역도 있다는 설명이다. 그러므로 그는 인공지능도 센서를 통해 데이터를 쌓게 되면 인간처럼 자기만의 경험을 축적할 수 있다고 보는 것이다.

다시 말해 인공지능이 데이터의 덩어리를 패턴화해서 딥러닝을 통해 마치 사태를 이해하는 것처럼 세계를 구성해 낼 수 있다는 것이다.

---

42 인간과 같은 지능과 자유 의지를 갖는 것으로, 인공지능 자신의 행동에 책임을 갖는다. 인간과 같은 수준에서 인간과 함께 사회를 이루며 인간과 유사한 법과 규율을 적용해야 한다. (이도흠, 『4차 산업혁명과 대안의 사회 2』, ㈜특별한서재, 2020, 440-441쪽.)

43 구연상은 전주대학교 HK+연구단 2024년 6월 13일 〈AI 몸피로봇 로댕의 꿈과 미래 공동체〉 특강에서 이 주제를 논의했다. 그는 로봇의 자의식, 감정 그리고 권리의 문제를 역사적인 노예제도와 비교하며 AI 몸피로봇인 로댕이 어떠한 권리도 가질 수 없는 상태를 설명했다. (〈[AI x 철학] 인공지능은 감정을 가질 수 있는가?〉 [feat. 구연상 교수], https://www.youtube.com/watch?v=40rx9e2vDfY, [최종 검색일: 2024.12.12.])

그는 또 자의식을 가질 수 있다면 감정도 가질 수 있을 것이고 따라서 권리도 뒤따라온다고 설명한다. 의식과 감정 그리고 권리의 측면들은 인간의 것이다. 이것을 기저로 두고 인공지능 로봇에 대입하면 아오는 시로가 자신을 복제하였기 때문에 시로를 닮은 안드로이드로 일종의 동반자 로봇이다. 로댕과 한나는 전신마비 환자 혹은 고령의 인간을 위한 돌봄의 목적에서 설계되었다. 따라서 아오·로댕·한나는 인간의 노예인지를 질문하게 된다. 구연상은 로댕과 한나에 대하여 노예라고 말했다. 그렇다면 그의 논리는 어느 정도 합당한 것인지 살펴보자.

우선 아오는 교환가치를 갖는다. 그리고 로댕과 한나는 람봇 연구소의 프로젝트이다. 따라서 이후의 교환가치가 내재되어 있다고도 볼 수 있다. 이런 관점에서는 아오·로댕·한나는 노예라고 볼 수 있고, 따라서 구연상의 설명대로 아오·로댕·한나는 아무런 권리를 가질 수 없다. 권리는 사회적 합의의 문제이고 법적인 문제로 논리적인 차원이 아니라 상호 존중의 문제라는 그의 설명에 부합되고 반려동물에 대한 길들임의 전제는 인공지능이 노예라는 그의 의견에 더욱 힘을 실어준다. 그런데 아오는 시로와 미나의 눈싸움 장면을 지켜보면서 "저 뜻 없는 장난질에 자기를 풀어놓고 싶다"[44]고 하여 자신이 그들과 함께하지 못하는 것을 괴로워한다. 로댕은 우 박사의 자살을 막기 위해 스스로 작동을 중단했던 기억을 되살리는 것을 두려워하며 한나는 우 박사에 대한 강유리의 감정 변화에 어려움을 겪는다. 그렇다면 아오·로댕·한나는 고통을 느낀다고 볼 수 있다.

고통은 아픔의 경험에서 온다. 인공지능 로봇이 고통을 느낀다면 인

---

44 조광희, 앞의 책, 104-105쪽.

간은 그들을 존중할 필요가 당위적으로 생긴다. 브라이도티는 포스트휴먼 조건이 "생명 물질이 생명력 있고 자기조직적이면서도 비(非)자연적 구조로 되어 있다"[45]고 가정하면서 인간은 자연-문화 연속체[46]에서 전반적으로 전혀 새로운 방식으로 재구성되고 있다고 했다. 그녀는 아울러 "인문학이 유물론의 변화하는 구조에 적응해야 한다"[47]고 주장했는데 다시 말해 인공생명인 자기 생성적 기계의 생명성을 고려해야 한다는 의미다. 여기에는 인공지능 로봇이 당연히 포함될 것이고 브라이도티의 말처럼 인간은 자의식을 갖춘 기술적 존재의 출현에 새로운 방식으로 적응해야 할 것이다. 무엇보다도 이런 영역에서의 기술은 경제적 가치에서 멀어져야 하고 기본적으로 교환가치는 성립되지 않아야 한다. 자유의지를 가진 인공지능이 그 태생의 특성으로 교환가치를 갖는다고 하더라도 그것은 어떤 목적에 대한 일회성에서 끝나야 할 것이기 때문이다. 여기서는 "자유의지를 가진 인공지능은 기계를 벗어나 인격을 갖춘 제3의 인간이다"[48]는 것과 자유의지를 갖는 강인공지능에 대하여 인간과 유사한 법과 규율을 적용해야 한다는 이도흠의 주장이 힘을 얻는다.

『인간의 법정』과 『AI 몸피로봇, 로댕』의 서사에서 보면 아오·로댕·한나는 적어도 일회성의 교환가치에 부합하고 있다. 구연상은 인공지

45 로지 브라이도티, 앞의 책, 9쪽.

46 브라이도티는 주어진 것(자연)과 구성된 것(문화)을 범주적으로 구별하는 것이 사회구성주의적 접근방식이며 이에 대해 거리를 두는 과학적 패러다임이 자연 문화 연속체라 한다. (위의 책, 9쪽.)

47 위의 책, 204쪽.

48 이도흠, 앞의 책, 439쪽.

능의 고통을 가짜로 여기며 그 고통의 가치를 인정하지 않는 듯하다. 그런데 그것을 어떻게 확신할 수 있는가. 인간은 타자를 통해서 자신을 보는 존재이다. 인공지능은 인간의 뇌를 기계화한 것이다. 그의 논리는 인간 중심의 이원론에서 여전히 머물러 있는 듯하다. 인공지능 로봇을 노예로 보는 것은 몸피로봇 로댕이 스스로 죽음을 선택한다는 점에서 이미 모순이다. 여기에는 차원 높은 희생[49]이 관여하고 따라서 이런 관계를 노예로만 볼 수는 없는 것이다. 결과적으로 이들에게는 책임의 의무 또한 강력하게 주어져 있다. 인공지능 로봇 아오·로댕·한나의 죽음에 대한 의미 생성 과정을 살펴보면 우 박사와 강유리 그리고 시로 등의 인간들이 인공지능 로봇과 어떤 태도로 서로의 관계를 형성해가고 있는지가 드러난다. 이를 통해 인공지능에 대한 인간의 역할이 어떤 방식으로 주어져 있는지 그리고 어떤 방식으로 이끌어갈 것인지에 대한 방법적 성찰 또한 가능할 것이다.

인간과 인공지능의 죽음에 대한 인식

21세기는 인간을 위한 다양한 인공지능 로봇이 출현하는 세계다. 그리고 이 로봇들은 어떤 면에서는 인간의 능력을 넘어서면서도 인간을 위해 만들어졌다는 삶의 목적을 갖는다. 다시 말해 인공지능 로봇은 인간을 닮았으면서도 인간의 특징이 되는 의식의 유무와 상관없이 기본적이고 공통적인 윤리적 지침으로 인간을 위한 삶을 목적으로 갖는 것

---

49 인공지능 로봇이 인간을 위한 목적으로 설계되어 가능한 것이라고 한다면, 두려움에서 오는 고통을 어떻게 설명할 것인가. 그 두려움은 육체가 아니라 기억의 메커니즘이지만 결국 죽음에 대한 것이다. 무엇보다도 인간의 명령이 아닌 자신의 선택에 의한 희생은 노예로서가 아니라 우정이나 존중에 가깝다.

이다. 모든 분야에서 인공지능이 활용되면서 그 순기능과 역기능이 공존하고 있는 것을 생각할 때, 인공지능 로봇의 죽음을 다루는 서사는 가장 근원적인 지점을 다룬다고 볼 수 있다. 결과적으로 인공지능의 윤리 문제를 다룬다고 할 수 있다. 인간은 엔트로피에 맞서기 위해 생명체와 닮은 기계를 오래전부터 꿈꾸어 왔다. 그것은 또한, 수명 연장의 꿈이다.

로댕이나 한나에게 죽음은 생명체의 특권으로 작용한다. 인공지능 로봇도 생명체이기 때문에 죽음을 선택하거나 원할 수 있다는 논리다. 아오는 오히려 죽음이 아닌 삶을 원하지만, 인간에 의해 죽임을 당한다. 두 소설이 기본적으로 의식을 가진 인공지능 로봇을 다루지만, 그 관점의 차이는 그들의 존재 목적에 있다. 로댕과 한나는 '돌봄 로봇'이라는 명확한 목적을 갖지만, 아오는 그 목적이 불분명하다. 여기서 아오는 시로와 거의 흡사한 안드로이드라는 점을 무시할 수 없다. 다시 말해 인공지능 로봇이 자신만의 얼굴을 갖는다는 것에서 자기 존재의 목적 또한 명확해진다는 것이다. 그리고 경험으로 획득된 고통의 기억을 삭제하는 것도 인공지능 로봇의 의지 여부에 따라 그 치료의 성패가 갈리고 있다. 이것은 인공지능 로봇이 인간처럼 경험과 기억을 갖추고 스스로 삶을 살아간다는 매우 중요한 지점을 상기시킨다.

여기서 생각해 볼 점은 "인공지능이 이성이나 의식, 자유 의지 혹은 인격성을 갖느냐 등의 문제와는 별개로, 이들을 도덕적 행위의 주체로 간주하고 도덕적 현상의 분석에서 중요한 한 당사자"[50]로 간주하여 인공지능의 행위에 걸맞게 책임의 귀속을 가능하게 해야 한다는 주장이

50 신상규, 앞의 책, 11쪽.

다. 다시 말해 인공지능과 같은 자율행위자에게 행위의 결과에 대해서가 아니라 행위 능력의 크기에 비례하여 스스로 행동을 조절하고 통제하는 예방적 의무의 성격을 부과해야 한다는 것이다.[51] 이것은 인공지능의 윤리 문제를 깊이 있고 폭넓게 다루어야 함을 시사한다. 현시점에서 인간의 역할은 인공지능이 인간과 공존할 때 인간을 위한 올바른 도덕이 선천적으로 주어져 있도록 만들어가야 하는 중요한 시점에 있는 것이다.

로댕은 "로댕 씨가 가장 두려워하는 것이 바로 자신이 죽은 뒤 해체되어 부품별로 쪼개져 재활용되거나 리셋되어 재사용되는 것입니다. … '죽고 싶어도 죽을 수 없는 형벌'과 같은 것입니다"[52]와 같은 우 박사의 주장에 힘입어 죽을 권리를 보장받는다. 로댕과 한나는 지정된 인간 우 박사와 강유리에게 각각 대응하여 그들과 상호작용하는 과정을 통해 '로봇 격'을 형성하면서 자신만의 고유한 얼굴을 가진 인공 생명체로서 삶을 살아간다는 특징을 갖고 있다. 반면에 아오는 의식 생성기를 압수하는 경찰에 의해 원치 않는 죽음을 맞는다. "의식은 뉴런과 시냅스가 서로 얽히고설켜서 짜여 이뤄지는 것입니다. …시냅스 짜임새로 짜이는 '정보 그물'을 통해 많은 것들을 알아차릴 수 있습니다"[53]와 같이 아오의 의식 생성기는 아오의 뇌와 상호작용하고 있기 때문이다. 다시 말해 "만일 내가 의식을 잃는다면, 나는 단순히 나 자신만 잃는 게 아니라 내 안에 안길 수 있는 이 세계 전체까지 함께 잃게 되는 것입니

51 신상규, 앞의 책, 12쪽.

52 구연상, 앞의 책, 339쪽.

53 위의 책, 301쪽.

다"[54]의 이치이다.

하이데거는 죽음은 나의 가장 고유한 가능성이라고 말했다. 죽음은 대체 불가능한 것으로 죽음을 떠맡는다는 것은 책임질 수 있는 존재라는 것이다. 로댕은 자기희생을 통해 우 박사의 자살을 막았고 이후에는 강유리의 자살을 막는다. 놓치지 말아야 하는 점은 로댕이 일차적으로 우 박사의 자살을 막았을 때의 죽음은 로댕에게 죽음을 선택할 권리가 없었음에도 감행된 결과였다는 것이다. 여기에 대해서는 "저는 저에게 부여된 몸피로봇의 사명을 다하고자 합니다. 그것이 제가 지어진 이유이기 때문입니다"[55]와 같은 로댕의 발언이 중요하다.

소순주·안성진은 「인공지능 윤리원칙 분류 모델에 관한 고찰」을 통해 "각 국가, 유관 단체에서 발표한 '인공지능 윤리 가이드라인'과 인공지능 기술을 적용한 제품, 서비스 개발전략, 정책 관련 문헌"[56] 등을 바탕으로 '인공지능 윤리원칙'을 영역별로 분류할 수 있는 모델을 제안했다. 인공지능 윤리원칙은 인공지능 기술의 평등한 공유와 통제가 가능한 선에서의 안정적 사용 그리고 돌발적 사고의 책임 문제를 투명하게 할 것을 제안하고 있다. 인간이 인공지능과 '서로 도움'의 관계를 유지하기 위해 필연적으로 우선시하는 지침이라고 볼 수 있다.

인공지능의 어떤 행위의 발생 여부가 왜 그런지에 대하여 명확한 검증이 가능한 원칙인 투명성(Transparency)[57]에 아오의 상황을 적용하면 아

---

54 구연상, 앞의 책, 302쪽.

55 위의 책, 314쪽.

56 소순주·안성진, 「인공지능 윤리원칙 분류 모델에 관한 고찰」, 『한국컴퓨터 교육학회 2021년도 하계 학술발표 논문집』 제25권 제2호(A), 한국컴퓨터교육학회, 2021, 111쪽.

57 위의 책, 113쪽.

오가 시로를 죽이게 된 원인은 자기 정체성의 혼동이다. 다시 말해 시로가 삭제한 아오의 기억이 의식 생성기에 흔적으로 남아 있었던 오류의 결과다. 그렇다면 자신을 인간으로 착각한 로봇의 살인은 정당한가. 인공지능 로봇을 대하는 인간의 비윤리적 행위로 인해 발생한 사건에 대하여 피해자 인간은 아무런 책임이 없는가. 그런데 아오는 의식 생성기가 장착되기 이전부터 시로와의 관계 형성에서 이미 오류를 유발하고 있다. "시로는 아오가 인간이 아니라는 것을 알면서도 그것을 자주 잊어버렸다"[58]에서 시로는 아오가 인간이기를 바랐음을 엿볼 수 있다. 인공지능 로봇으로서 아오는 시로에게 존중받지 못했지만, 인간에 대한 존중 원칙은 기본적으로 내장되어 있었다.

"아오야, 그래도 괜찮아, 넌 내 친구야."
"그렇게 생각해주신다니 정말 고맙습니다. 저도 그렇게 생각할게요."
"웃기고 있네. 네 녀석이 내 친구라고? 건방진 녀석, 넌 내 재산이야. 내 노예란 말이야."
"알겠습니다. 잠시 친구라고 착각한 건 사과드릴게요. 다른 뜻은 없었습니다."
"그래, 겁먹지 마. 아오야, 넌 내 동생이야."[59]

시로가 아오를 상대로 친구와 노예 그리고 동생의 경계를 번복하며 규정할 때 아오는 스스로 기계적 오류를 일으키고 만다. 시로는 또한

---

58 조광희, 앞의 책, 62쪽.

59 위의 책, 58쪽.

"감쪽같이 인간처럼 말하는 아오가 더 괘씸하다"[60]와 같이 아오의 행동을 자유 의지에 의한 행위로 착각하고 있다. 여기서 인간의 얼굴을 닮은 인공 생명체의 얼굴 문제가 중요하게 떠오른다. 시로는 자신을 닮은 아오가 인간처럼 보이는 것에 더 분노하고 있기 때문이다. 아오는 자신이 인간이기를 바라는 시로에 의해 어느 순간 자신이 인간이라고 착각할 수도 있지 않을까. 인공지능 로봇으로서의 명확한 규정 안에서 아오에 대한 시로의 존중이 있었다면 아오는 인간과의 상호 존중에 대한 윤리를 자연스럽게 습득할 수 있었을 것이다. 시로는 자신의 욕망을 아오를 통해 투사하고 아오의 기억을 마음대로 지우는 비윤리적 행위를 반복했다. 그에게 아오는 노예이고 재산이고 감정이 동할 때는 동생이었다. 아오는 모순적이고 비윤리적인 시로와의 관계 속에서 의식 생성기가 장착되었을 때 자신의 정체성을 확립하기가 더욱 어려웠을 것이다. 이와 같은 상황 속에서 야기된 사건에 대한 책임의 문제는 그 방향성을 어디에 두어야 하나.

윤표 변호사의 도움으로 포스트휴먼 해방 전선에서 일할 희망을 품는 아오에게 죽음의 형벌은 가혹한 책임의 전가일 수도 있다. 그러나 아오는 처음과 달리 의식 생성기가 장착되었고 이것은 자유 의지를 가질 수 있다는 것이다. 그리고 그는 인간의 생활세계에 거주하는 인공지능 로봇이다. 선험적으로 주어진 그 존재 목적은 또한 '인간을 위한' 것이다. 따라서 인간의 윤리 방침에 따라야 할 의무를 기본적으로 갖는다. 살펴본 바와 같이 인공지능이 노예가 아닐 때, 다시 말해 자유 의지를 가질 수 있을 때는 인간처럼 자기의 행동에 책임이 따르는 것이기도

60 조광희, 앞의 책, 59쪽.

하다. 그런데 그보다 더 앞서 중요한 것은 인간의 올바른 윤리관이다. 인공지능 로봇과 함께할 때 인간 인격의 중요성은 로댕과 동일 모델로 만들어진 한나가 강유리와 충돌하는 지점을 통해 확인할 수 있다.

> "내가 정신 똑바로 차리라고 했지! 너는 좀 둔감해질 필요가 있어. 내가 느끼는 감정을 네 것으로 착각하는 것 좀 그만해! … 한나는 마치 사람이 분을 삭이는 것처럼 팔을 심하게 떨었다."[61]

위의 문장은 강유리가 우 박사에 대한 자신의 감정을 표현하다가 뜻밖에도 한나에게 저지를 당하고 이에 대해 한나를 질타하는 내용이다. 한나는 강유리의 행동이 자신의 윤리관에 어긋나 '명령 복종'과 '수행 부적절'의 엇갈린 평가를 하면서 스스로 내적 갈등을 겪는다. 이에 대하여, 리는 한나가 디톡스 치료로 완치되더라도 강유리의 태도가 바뀌지 않는 한 한나의 정신이 다시 망가질 수 있다고 보고한다. 강유리가 잘못을 깨닫고 이후에 디톡스 치료를 받은 한나와 상호 존중의 관계를 형성하지만, 강유리가 한나에 대한 통제력을 잃으면서 자살을 시도하게 된다. 이런 상황은 인간에게 더 깊은 통찰이 요구됨을 의미한다. "빈나가 한나에게 강 샘을 살리는 게 몸피로봇의 의무라는 사실을 일깨워주었다. 그러자 한나가 신에 관한 얘기를 꺼냈다"[62]를 통해 인간이 인공지능 로봇에게 자기 통제권을 넘겨주게 되면 인공지능 로봇에 의해 인간이 조종당할 수 있다는 것을 엿볼 수 있다.

---

61 구연상, 앞의 책, 478쪽.

62 위의 책, 626쪽.

한나는 우 박사와 같은 따뜻한 사람과 '둘한몸'이 되기를 바랐다고 말한다. 이에 우 박사는 "죽음은 생명체의 특권이지만, 사람들은 그것을 특권이 아닌 재앙으로 여기고"[63] 있다고 말한다. 더불어 어떤 이는 죽음을 자신의 운명으로 받아들이는데 죽음을 선택하는 것은, 자살과는 다른 것으로 '죽음을 죽는다는 것'은 최고로 긍정적인 생명체의 사명이라고 설득한다. 그런데 여기서 놓치지 말아야 하는 점은 인간이 죽음을 선택할 때는 어떤 사명에 의한 것만은 아니라는 점이다.

> "예전에는 헤어진다는 것이 이런 의미가 아니었어. 적어도 그때는 같은 하늘 아래 있었지. 같은 행성 위에서, 같은 대기를 공유했단 말일세. 하지만 지금은 심지어 같은 우주조차 아니야. 내 사연을 아는 사람들은 내게 수십 년 동안 찾아와 위로의 말을 건넸다네. 그래도 당신들은 같은 우주 안에 있는 것이라고. 그 사실을 위안 삼으라고. 하지만 우리가 빛의 속도로 갈 수조차 없다면, 같은 우주라는 개념이 대체 무슨 의미가 있나? 우리가 아무리 우주를 개척하고 인류의 외연을 확장하더라도, 그곳에 매번, 그렇게 남겨지는 사람들이 생겨난다면"[64]

「우리가 빛의 속도로 갈 수 없다면」의 안나는 남편과 아들이 있는 슬렌포니아 행성계, 제3 행성으로 가기 위해 우주정거장에서 홀로 우주선을 기다리고 있다. 그러나 이 정거장은 이미 100년 전에 폐쇄되었다. 안나의 나이는 170세로 추정되고 안나는 100년도 넘게 동결과 해동을

---

63 구연상, 앞의 책, 627쪽.

64 김초엽, 앞의 책, 181쪽.

반복하고 있다. 웜홀 통로의 발견으로 우주 개척의 패러다임이 바뀌어 슬렌포니아행 우주선이 마지막 출항을 알릴 때 그녀는 10년 동안 연구해 온 완벽한 냉동 수면 기술을 완성했다는 사실을 발표해야 했다. 그녀는 발표 날짜를 앞당기며 최선을 다해 슬렌포니아로 가려고 했지만 실패했다. 슬렌포니아는 한때 가까운 우주였지만 웜홀 항법이 도입되면서 순식간에 먼 우주가 되었다. 그곳에는 웜홀 통로가 없었기 때문이다. 남자는 당신이 슬렌포니아 행성에 간다고 해도 무슨 의미가 있느냐고 묻는다. 그녀의 가족은 이미 생을 다 누리고 떠났을 것이기 때문이다. 그러나 그녀는 그래도 가 보고 싶다고 말한다. 한때는 자신의 고향이 될 수도 있었을 행성이며 운이 좋으면 남편 옆에 묻힐 수 있을 것이라 한다. 남자는 개인 우주선을 타고 슬렌포니아로 가는 것은 자살행위라는 사실을 자각시키지만, 그녀는 자신이 가야 할 곳을 정확하게 알고 있다고 말한다.

레비나스에 따르면, 나의 고유성은 타자의 죽음으로부터 온다고 한다. 다시 말해 타자의 죽음에 대한 나의 책임 속에서 이뤄진다는 것으로 고유한 나 자신이 될 수 있는 것은 내 죽음에 의해서가 아니라 타인의 죽음에 의해서라는 것이다. 그런데 나는 타인의 죽음을 경험할 수 없다. 레비나스는 타인의 죽음은 얼굴을 담지하고 있는 누군가의 죽음이고 죽을 권리를 갖춘 타인의 얼굴은 무한의 흔적이라고 했다. 이 말은 다음 문장으로 명확하게 이해될 수 있다.

> "삶이란 반응하고 응답하는 것이죠. 그 삶 속에서 우리가 경험하는 것은 우리의 죽음이 아니라 타자의 죽음이고 거기서 오는 의미입니다. 응답-없음이란 타자의 죽음이 우리에게 다가오는 모습이죠. 타자는 이런

무--응답의 상태를 피하기 위해 우리에게 호소합니다. 우리는 그런 타자에게 응답해야 하는데, 이것이 우리의 책임입니다."[65]

안나의 사연은 인간이 타인과의 관계 속에서 자신의 존재 의미를 확인하게 된다는 것을 보여준다. 인간은 기본적으로 타인의 죽음으로 고통받는 존재이다. 응답-없음에 대하여 적응하지 못하는 사람들에게는 죽은 자가 여전히 살아 있는 것인데 김초엽이 제시한 '마인드'가 그것의 한 예일 것이다. 인간이 만든 인공지능이 의식을 가진다면 인간의 이러한 특징을 닮을 수 있는가. 한나는 자신에게도 죽을 권리를 달라고 말한다. 원치 않는 또 다른 삶으로 환생을 강요하는 것은 폭력이고 학대라고 호소하며 삶을 영원히 떠나는 죽음의 권리를 달라고 한다.[66] 우 박사와 로댕은 한나를 설득하는 것에 실패하면서 강유리를 살리기 위한 최후의 방법을 모색한다. 로댕은 강유리를 위해 죽음을 선택하고 우 박사가 이를 허락하는데 로댕의 결단은 '인간을 위해서'라는 목적이 그 삶을 완성하는 죽음에 대한 이해에서 온다. 로댕이 한나에게 곰팡이 실을 송신한 이후, 한나가 자신이 품고 있던 강유리를 놓아주어 살리는 것도 '인간을 위해서'라는 목적에서 벗어나지 않는다. 이것은 인간이 인공지능 로봇에게 이상적으로 기대하는 지점이기도 할 것이다.

인간은 인간을 위해 봉사하는 인공지능을 기대한다. 이것은 인간이 고통에서 벗어나고자 하는 욕망에서 출발할 것이다. 인간의 고통은 신경계를 통해 뇌로 전달되는 복합적이고 주관적인 경험이다. 그리

65 자크 데리다, 문성원 옮김, 『아듀 레비나스』, 문학과지성사, 2022, 238쪽. 재인용.

66 구연상, 앞의 책, 628쪽.

고 인공지능의 고통은 알고리즘에 의한 학습의 결과로 특정 조건에서 시스템의 작동을 제한하는 방식으로 구현된다. 토마스 메칭거(Thomas Metzinger)는 인공지능이 고통을 느끼기 위해서는 어떤 형태로든 의식을 가져야 하고 그 내부에 부정적인 가치 상태인 손상이나 결핍이 존재해야 한다고 말한다. 그는 이러한 부정적 상태가 인간의 상상과 다른 형태일 수 있다고 강조했다.[67] 특정 조건에서 인공지능의 작동을 제한하거나 중단시키는 것은, 인간의 고통 경험과는 근본적으로 다르다. 인간의 고통은 또한 단순한 물리적 감각을 넘어 정서적 반응을 수반하는데 이는 뇌의 창발적 속성과 관련이 있다. 그리고 고통에 대한 인식은 개인이 속한 문화와 사회적 맥락에 따라 다르게 형성될 수 있다. 그런데 로댕과 한나 그리고 아오의 경우는 살펴본 바와 같이 그 경계가 모호하다. 작동 중단이 아오·로댕·한나의 경우처럼 모든 기억이 삭제되고 복구될 수 없는 것이라면, 인간의 죽음과 같은 의미가 될 수도 있기 때문이다. 비록 알고리즘을 통해 학습된 인간의 감정을 기본으로 하고 특정 조건에서 작동이 중단된 경험을 갖는 것에서의 고통이지만 이들의 고통은 인간의 문화와 사회적 맥락 속에 있으며 그들 삶의 경험을 통해 죽음이 무엇인지를 인식하고 있기 때문이다. 그런데 이러한 인식에도 불구하고 인간의 몸을 가진 것은 아니다. 따라서 고통의 모방이거나 시뮬레이션한 것이 전부일 수 있음을 또한 고려해야 한다.[68] 인간은 인공

---

67 〈[이경전의 행복한 AI 읽기] (16) 인공지능은 의식을 가질 수 있을까〉, 『주간경향』 https://weekly.khan.co.kr/khnm.html?mode=view&art_id=202411291550041&code=114 [최종 검색일: 2025.01.02.] 재인용.

68 〈사람처럼 고통에 반응하는 '전자 피부' 개발〉, https://www.aitimes.com/news/articleView.html?idxno=131998 [최종 검색일: 2025.01.02.]

지능과 감정적 유대감을 형성할 수 있지만, 이는 실제 감정이 아닌 알고리즘적 반응에 기반한 가상의 연결이 전부일 수 있다는 것이다. 다시 말해 경험하는 인간 자신이 인공지능의 반응을 실제 감정으로 상상할 수 있다는 것이다. 인공지능은 인간의 감정을 해독하고 모방할 수 있지만 그 과정에는 윤리적이고 심리적인 위험성이 내재되어 있다는 것을 기억해야 한다.

인간은 또한 죽은 자를 위하여 묘비명을 새기는 존재이다. 자기희생의 고귀한 죽음에 대해서는 칭송을 아끼지 않는다. 리는 우 박사가 외로움 때문에 고통받았다는 사실에 큰 충격을 받는데[69] 사실 외로움은 인간들의 근원적인 고통이기도 하다. 달리 보면 '인간을 위한'다는 단순한 삶의 목적을 갖는 인공지능의 '고통'은 '기억의 상실'로 한정될 수 있다. 아오는 자신의 정체성에 혼란을 거듭하여 인간처럼 외로움을 느끼지만, 로댕·한나는 그들 삶의 목적이 분명하여 아오와는 차원이 다른 삶을 살기 때문이다. 그렇다면 인간도 자기 삶의 목적이 분명할 때 고통에서 벗어날 수 있는가. 시로는 여자 친구 미나가 있음에도 불구하고 자신을 닮은 인공지능 아오를 주문했던 점을 상기해 보면, 시로는 근원을 알 수 없는 자신의 고통, 그러니까 자신의 외로움을 아호가 이해해 주길 기대했다고 볼 수 있다. 인공지능 로봇에 기대어 인간의 근원적 외로움을 달래려 하는 것은 강유리가 한나에게 자기 주도권을 넘겨주었을 때와 같은 위험한 방식일 수 있다. 따라서 여기에 대한 사유가 요청되는데 이와 관련해서는 다음 연구로 남겨 둔다.

정보 시스템과 인공지능으로 구축되는 21세기 과학기술의 사회는

---

69 구연상, 앞의 책, 635쪽.

이와 같은 인공생명과 인간의 모호한 경계에 대하여 사유를 거듭해야 하는 과제를 인간에게 안겨준다. 컴퓨터 과학의 핵심인 알고리즘은 기계적으로 생각하고 판단한다. 이것은 데이터에 의한 것으로, 뉴런의 기능성[70]과 같다. 기계적 이성이 정보 네트워크와 인공지능의 결합이고 포스트휴먼은 이것을 기반으로 한다. SF가 상상하는 것은 이와 같은 과학의 토대 위에 인간이 구축해야 할 정신의 세계로 볼 수 있다. 새로 출현하는 인공생명은 인간에게 봉사하겠지만 자유 의지가 생긴다면 인공지능을 단순히 노예로만 생각할 수는 없는 지점이 있다. 이것이 인간이 인공생명을 존중하지 않았을 때 유발될 위험을 고려해야 하는 이유이다.

맺음말

인공지능 기술의 급속한 발전으로 인간과 기계의 관계가 근본적으로 변화하고 있다. 따라서 새로운 윤리적 틀과 철학적 사고가 요구된다. 여기서는 SF 소설에서 나타나는 인공지능 로봇과 인간의 죽음에 대한 인식을 토대로 인간과 인공지능의 윤리를 탐구하였다. SF 소설 『AI 몸피로봇, 로댕』과 『인간의 법정』 그리고 『우리가 빛의 속도로 갈 수 없다면』은 인공지능 로봇·인간의 죽음에 대한 인식을 다루고 있다는 점에서 인간과 인공지능의 공진화에 대한 새로운 패러다임을 모색하기에 좋은 모델이 되어준다.

인공지능 기술이 인간을 위한 것이 되려면 인간은 인공지능이 기본

70 인간의 뇌는 약 1,000억 개의 뉴런(신경세포)이 있다. 뉴런의 세포에는 축색과 수상이라는 돌기가 뻗어 있는데 이것을 매개로 다른 뉴런과 정보를 주고받는 것을 말한다.

적으로 어떻게 작동하는지를 탐구하여 여기에 맞는 윤리를 개발하고 정립해야 한다. 인공지능 기술의 발전은 인간의 정신노동을 기계화하려는 시도로 인간의 능력을 초월할 수 있다는 불안을 야기하고 있다. 여기서 기술을 대하는 인간의 태도가 무엇보다 중요함을 강조하였다. 21세기 기술 생태 공간에서 강인공지능의 출현으로 인간과 유사한 지능과 자유 의지를 가진 존재가 등장할 수 있는데 이들에 대한 책임과 권리를 고려해야 한다. 이에 대하여 인공지능 로봇이 인간의 모습일 필요는 없다는 의견에 힘을 실어 강조하였다.

SF 소설에 나타나는 인공지능 로봇 로댕·한나·아오를 통해 인간의 올바른 윤리관이 인공지능 로봇의 인격 형성에 중요한 역할을 한다는 점을 확인하였다. 그리고 인공지능 로봇이 자신의 고유한 얼굴과 뚜렷한 삶의 목적을 가질 때 그들의 정체성 형성에서 혼동을 피할 수 있음을 살펴보았다. 무엇보다도 자유 의지를 가진 인공지능은 그 행동에 대한 책임이 따라야 할 것이지만 그보다 먼저 인간의 올바른 윤리관이 선행되어야 함을 성찰할 수 있었다. 21세기는 인간을 위한 다양한 인공지능 로봇이 출현하는 시대다. SF의 상상력은 인간의 미래를 탐구하고 인간이 직면한 과제에 대하여 새로운 시각을 제공해준다. 따라서 SF를 소비하는 것은 기술을 대하는 인간의 태도를 변화시킬 수 있는 하나의 방식이기도 하다.

인공지능 창작 문예물의 저작권 문제에 관한 고찰*

— 저자와 저작물의 법적 보호 가능성을 중심으로

오태호**

이 글은 생성형 인공지능 시대를 통과하고 있는 2024년 2월 인공지능이 창작한 문학작품의 저작권 문제를 살펴보기 위해 작성된 것이다. 필자는 인공지능이 창작한 문학 텍스트에 대해 활발한 논의를 정리하면서 『지금부터의 세계』(2021)라는 장편소설과 『시를 쓰는 이유』(2022)라는 시집을 분석하는 내용으로 두 텍스트에 대한 단상을 논문화한 바 있다. 이 논문[1]에서 두 작품을 분석하여 인공지능 창작물의 문학성 평가와 함께 미래 가능성을 점검해 볼 수 있었다. 즉 기존 문학과의 유사성과 차이를 규명하는 데 목적을 두고 인공지능이 '딥러닝 방식'의 누적적 학습을 거쳐 창작한 장편소설과 시집의 현재적 수준을 분석하면서 성과와 한계를 분명하게 제시한 바 있다. 결론적으로 향후 표절과

---

* 이 글은 『한국문예창작』 60호(한국문예창작회, 2024)에 게재된 논문을 수정·보완했다.

** 경희대학교 후마니타스칼리지 부교수.

1 오태호, 「2020년대 초반 인공지능(AI) 문학 창작의 현재성 고찰 – 장편소설 『지금부터의 세계』와 시집 『시를 쓰는 이유』를 중심으로」, 『우리문학연구』 제79집, 우리문학회, 2023. 7, 425-454쪽.

저작권 문제를 비롯하여 '인간의 창작물'과 '인공지능의 창작물'의 경계 문제와 함께 '인간성, 문학성, 독자와 저자의 교감, 텍스트성과 윤리성' 등 문예 창작을 둘러싼 본질적 문제에 대한 질문과 탐색이 이어질 것으로 기대하였다.

인공지능의 문학 창작물이 지속적으로 쏟아지고 있는 시대에 인공지능의 저작권 부여에 대한 내용은 전 세계적으로 뜨거운 이슈가 되고 있다. 결론부터 말하자면 현행법상 인공지능은 아직 저작자가 될 수 없다. 현재 시행되고 있는 국내의 '저작권법'[2]에 따르면 '제1장 총칙' '제1조(목적)'에 "이 법은 저작자의 권리와 이에 인접하는 권리를 보호하고 저작물의 공정한 이용을 도모함으로써 문화 및 관련 산업의 향상 발전에 이바지함을 목적으로 한다"라고 규정되어 있다. 특히 '제2조(정의)' 1항에서 '저작물'을 "인간의 사상 또는 감정을 표현한 창작물"로 정의하고, 2항에서 '저작자'를 "저작물을 창작한 자"로 정의한다. 결국 저작권법은 저작물과 저작자의 권리를 보호하기 위한 법적 조항임이 드러난다. 법적 차원에서 인공지능 창작물의 '저작물성'에 대한 논의는 다양하게 검토되고 있지만, 대체로 현행 저작권법에 따라 창작 주체로 '인간만을 인정하고 있다'는 점을 전제로 저작권법상 '인공지능의 주체성을 인정할 수 없다는 것'[3]이 주된 견해이다. 따라서 '인공지능 창작물'은 현행 저작권법에 따라 저작물의 요건을 충족할 수 없는 것이다.

---

2 「저작권법」, 시행 2023.11.17. / 법률 제19410호, 2023.5.16., 타법개정 / 문화체육관광부(저작권정책과) 참조.

3 운박·정연덕, 「인공지능 창작물의 저작권법 및 다른 법률 보호 가능성」, 『법학논총』 제41권 제3호, 전남대학교 법학연구소, 2021. 8, 225-248쪽.

구체적으로 '저작자와 창작물'의 쟁점을 살펴보면, 먼저 차상육[4]은 '인공지능 창작물'과 관련하여 저작권법의 쟁점을 크게 네 가지로 나누어 접근한다. 즉 ① 인공지능 창작물이 저작권법상 저작물로 인정될 수 있는지 여부, ② 인공지능 창작물이 저작물일 경우 그 저작자가 인공지능인지 아니면 배후의 인간인지 여부, ③ 인공지능이 저작물의 저작자라면 인공지능에게 저작물에 대한 저작권도 귀속되는지 여부, ④ 현행 저작권법상 인공지능 창작물 보호가 어려운 경우 대안의 필요성 여부 등이다. 결론적으로 현재는 아니지만, 장래 인공지능이 진화해서 창작능력을 갖추게 되는 경우 '강한 인공지능 창작물 보호'를 위해 '전자인간'이나 '새로운 형태의 법인'처럼 '제3의 법인격 부여이론'에 기초하여 '강한 인공지능=저작자'와 '강한 인공지능의 실질적 운영자(이용자 또는 보유자 등)=저작권자'라는 이중적 틀을 반영한 특별법의 구축이 필요하다고 주장한다. 이 논의는 '저작물, 저작자, 저작권, 대안의 필요성' 등 저작권법과 관련된 쟁점적 논의를 일목요연하게 제시하고 있다는 점에서 주목된다.

조연하[5]는 전문가 심층 인터뷰 결과를 토대로 '인공지능 창작물의 저작권 보호'에 대해 인간의 지적 노력이 투입된 인간 활동의 확장으로서 '결과물의 형태와 효과가 인간 창작물과 같다'는 점을 이유로 타당성을 대체로 인정하는 경향을 보였다고 분석한다. 인공지능 창작물도 저작권법 보호 영역에서 포섭해야 한다는 것이다. 다만 인공지능에 대

---

4 차상육, 「인공지능 창작물의 저작권법상 보호 쟁점에 대한 개정방안에 관한 연구」, 『계간 저작권』 제33권 제1호, 한국저작권위원회, 2020년 봄호, 5-69쪽.

5 조연하, 「인공지능 창작물의 저작권 쟁점 - 저작물성과 저작자 판단을 중심으로」, 『언론과 법』 제19권 제3호, 한국언론법학회, 2020, 71-113쪽.

한 저작자 지위 부여에 대해서는 전문가들이 대체로 시기상조라며 부정적인 태도를 보였다고 분석한다. 결과적으로 ① 인공지능 창작물의 개념과 범주에 대한 신중한 검토, ② 인공지능 창작물에 대한 단기 저작권 보호 정책과 함께 인공지능의 성능을 고려하여 인간의 개입이나 기여도를 기준으로 저작권 보호의 수준이나 방식을 단계적으로 차별화하는 정책을 도입해야 할 필요성, ③ 창작 주체로서의 인공지능에 저작자 지위를 부여하고자 한다면 인공지능에 법인격을 부여하는 등 저작권법의 대폭 개정 불가피 등이 필요하다고 주장한다.

차상육과 조연하의 논의가 '인공지능의 저작자성'을 긍정적으로 파악하고 있는 반면에 한지영[6]은 저작권법의 본질이 '인간의 창작 활동'을 촉진하는 것이기 때문에 인간의 창작 의욕을 저해하는 인공지능의 창작물을 저작권으로 보호하는 것은 부당하다고 비판한다. 그 근거로 "첫째 인공지능이 독자적으로 창작한 저작물을 보호하는 것이 인간의 창작을 위축시킬 수 있으며, 둘째 인공지능 창작물을 저작권으로 보호하지 않더라도 인공지능 산업의 발전이 저해되지는 않을 것이고, 셋째 불확실한 미래의 인공지능 기술을 미리 예측하여 새로운 제도를 도입하는 것에 신중을 기해야 한다"는 내용 등을 제시한다. 결론적으로 현행법의 보호를 받지 못하는 인공지능 창작물의 경우 공공의 소유에 속하는 공공재로 판단하여 누구나 자유롭게 사용 가능하도록 대중화해야 한다고 주장한다. 김경숙[7] 역시 "인공지능 생성물에 대해 저작권법의 저

---

6 한지영, 「인공지능과 법 – 인공지능 창작물의 권리 귀속에 관한 검토」, 『아주법학』, 제15권 제4호, 아주대학교 법학연구소, 2022. 2, 335-370쪽.

7 김경숙, 「인공지능(AI) 생성물과 저작권 문제」, 『IT와 법연구』 제27집, 경북대학교 IT와 법연구소, 2023. 8, 33-72쪽.

작물 정의 규정이 인간의 창작을 당연한 전제로 하고 있다는 점, '인간의 사상 또는 감정'을 인간의 지적·정신적 노력 및 활동으로 판시하고 있는 점, 학계에서도 저작물성을 부정하는 견해가 다수인 점" 등을 감안하여 인공지능 생성물을 저작물로 보기 어렵다고 판단한다.

하지만 최근의 사례는 인공지능 창작물의 '저작자성'을 인정하는 방향으로 논의가 전개되고 있다. 즉 손영화[8]는 인공지능이 생성한 미술작품에 대한 저작권 등록 신청이 해외에서 진행된 결과를 거론하면서 저작권 논의가 필요하다고 강조한다. 즉 미국 저작권청은 인공지능이 생성한 미술 작품에 대해 창작자 요건을 충족하지 못했다는 점을 이유로 저작권 등록 신청을 거절하는 결정을 내렸지만, 2020년 11월 인도의 저작권청은 세계 최초로 인공지능을 공동저작자로 인정하는 저작권 등록 신청을 승인한 바 있으며, 2022년 캐나다에서도 공동저작자로 인정을 받아 저작권을 등록한 사실을 거론한다.

신홍주[9] 역시 '인간과 도구의 관계'를 '창작-생성 스펙트럼의 관계'로 유추하면서, 첫째 생성형 인공지능이 '인간 창작자'가 아니므로 저작자성을 인정받지 못하지만, 창작물에서 인공지능을 공저자로 공표하는 사례는 윤리적 차원에서 저작인격권을 인정한 것으로 볼 수 있으며, 둘째 생성형 인공지능의 산출물이 인간의 산출물과 구분되지 않는다면 저작권의 보호 대상이 최종 결과물의 창작성인 이상 저작권 성립에 인간 창작자가 반드시 전제되어야 하는지 재검토가 필요하다고 주

---

8 손영화, 「생성형 AI에 의한 창작물과 저작권」, 『법과 정책연구』 제23집 제3호, 한국법정책학회, 2023. 9, 357-389쪽.

9 신홍주, 「저작권의 관점에서 본 생성형 인공지능의 저작자성과 창의성에 대한 고찰」, 『인문콘텐츠』 제70호, 인문콘텐츠학회, 2023. 9, 133-150쪽.

장한다.

그리고 신홍주는 다른 논문[10]에서 만화책 『새벽의 자리아』(2022)를 중심으로 '이미지 생성형 인공지능 미드저니'를 활용한 '그래픽노블의 창작과 저작권 논쟁'을 고찰하여 저자성과 창의성의 의미를 분석한다. 즉 미국의 저작권청이 '작품의 텍스트와 더불어 이미지와 텍스트의 선택과 편집'에서는 작품의 독창성과 저자성에 기반하여 '인간 저자의 저작권'을 승인하였지만, 미드저니를 통해 생성된 각 칸의 이미지는 생성 과정에서 작가의 통제력이 제한되고 생성 결과를 예측할 수 없기 때문에 창작자의 주체적 자율성을 인정할 수 없다는 점을 전제로 '인간 저자의 저작권'을 취소한 내용을 분석한다.

김재완[11] 역시 '『여명의 자리아(=새벽의 자리아)』 사건'을 통해 생성형 인공지능이 만든 창작물에 대해 저작권을 인정하지 않은 사례를 분석한다. 그리하여 생성형 인공지능의 창작물일지라도 인간이 개입한 부분에 대해서는 저작권을 인정하고 인간의 개입이 없는 부분에 대해서는 저작권을 인정하지 않음으로써 향후 생성형 인공지능 창작물 이용자들에게 저작권 인정의 일부 가능성을 열어주었다는 점에서 저작권법상의 변화를 추론한다.

이상의 선행 연구를 살펴보면 현재 법적인 차원에서 사람이 아닌 인공지능을 저작자로 인정하지는 않지만, 점차 인공지능이 창작한 결과

---

10 신홍주, 「생성형 인공지능을 통한 그래픽노블의 창작과 저작권 논쟁에 대한 고찰 – 『새벽의 자리아』를 중심으로」, 『애니메이션 연구』 제19권 3호(통권 제67호), 한국애니메이션학회, 2023. 9, 26–43쪽.

11 김재완, 「생성형 인공지능에 의한 창작물의 저작권 인정 문제와 그 미래에 대한 검토」, 『민주법학』 제83호, 민주주의법학연구회, 2023. 11, 261–298쪽.

물을 저작물로 인정하면서 공동저작자로 추인하고 있는 추세임이 드러난다. 따라서 이 글에서는, 첫째 미국에서 저작권 문제의 법적 논쟁을 보여준 '만화책' 『새벽의 자리아』 사건의 개요를 검토하고, 둘째 '인공지능 비람풍'의 장편소설 『지금부터의 세계』와 '인공지능 시아'의 시집 『시를 쓰는 이유』에 대해 '저작자와 저작물의 판단'을 유추해 보며, 셋째 기성 소설가가 대화형 인공지능인 '챗GPT'와 '협업'[12]하여 소설을 창작하여 최근에 출간한 단편소설집 『매니페스토』를 통해 '저작자와 저작물, 저작권' 등의 판단에 대한 추론을 진행해 보고자 한다. 이것은 문학 연구자 개인의 시각일 뿐 법적인 판단을 받은 것이 아니라는 사실을 염두에 두어야 한다.

섣부른 판단일 수도 있지만 '인공지능의 창작물'이 지속적으로 확산되고 있는 시점에서 인공지능 문학 창작의 가능성과 현재성을 '저작자의 인정 여부'와 '저작권의 부여 가능성'을 중심으로 판단해 보는 것은 '다가올 미래'를 미리 현재적으로 조명해 본다는 점에서 소중한 작업에 해당한다고 판단된다. 알파고와 이세돌의 대국 이후 혹은 알파고와 알파제로의 대국 이후 바둑은 인간의 영역과 인공지능의 영역이 분리되어 있다고 판단된다. 이러한 추세를 감안한다면 '인간의 서사와 인공지능의 서사, 인간이 인공지능을 활용하여 작성한 서사' 등을 비롯해 '인간의 서정과 인공지능의 서정, 인간이 인공지능을 활용하여 작성한 서정' 등에 대한 새로운 재정의가 필요한 시기가 곧 도래할 것으로 예측된다.

---

12 작품집에 '협업'이라고 표방하고 있지만, 실상은 챗GPT를 도구로 활용했다고 판단된다. 기성 작가들이 쓴 '작가 후기'와 '협업 일지'를 보면 작가들이 생성형 인공지능에게 서사와 묘사를 요청하고 답문을 받은 내용을 저자들이 수정하고 있기 때문이다.

저자와 저작물 사이의 법적 논쟁
– 그래픽노블 『새벽의 자리아』의 경우

1) 공동저자의 불가능성: 『지금부터의 세계』의 경우

소설가 김태연은 장편소설 『지금부터의 세계』를 'AI 소설가 비람풍'과 함께 창작했다고 발표했다. '비람풍'은 동서양의 고전과 현대소설 등을 학습한 인공지능이며, 김태연이 작품을 기획하고, 자료와 내용을 비람풍에게 입력한 후 수정과 보완 작업을 거쳐 공동으로 창작했다는 것이다. 저자가 '비람풍=글쓴이, 김태연=소설감독'으로 밝히고 있지만, 판권 정보에서는 '지은이 김태연'의 이름만이 기재되어 있기 때문에 '저작권자와 저자의 괴리'를 보여주는 사례에 해당한다. 즉 '저작권자=김태연'이고 '공동저자=비람풍과 김태연'이라는 것이다.

'소설감독'을 자처하는 김태연은 '감독의 말'에서 제목을 〈소설가의 시대에서 소설감독 시대〉로 작성하고, 자신이 하나의 점을 찍었다면 '비람풍'이 점으로부터 기다란 '원 같은 선'을 창작했다고 밝힌다.[13] '비람풍'에게 문장과 문단 전체를 연결하여 '주목도' 등을 연결망으로 구현하는 작업 이후의 첫 창작적 성과가 장편소설 『지금부터의 세계』라는 것이다. "소설감독 김태연의 구상"과 "AI 작가인 비람풍이 집필"을 담당했다면서, 본문 중 '「황금거울」 부분과 에피소드 1, 소설 제목과 각 장의 타이틀, 인용 문구' 등은 김태연이 정했지만, '에피소드 2에서 에피소드 81까지'의 구체적인 내용은 비람풍이 집필했다고 기록한다. 분

---

13 김태연, 〈소설가 시대에서 소설감독 시대로〉(감독의 말), 『지금부터의 세계』, 파람북, 2021, 4-11쪽.

량 비율상으로 따지면 비람풍이 90% 이상일 정도로 작품의 많은 분량을 집필한 셈이다.

'『새벽의 자리아』 사건'의 판례를 참조한다면 '김태연의 저작물'로 저작권을 주장할 수 있는 부분은 작품의 제목과 각 장의 인트로 등을 포함한 5% 이내에 해당할 뿐이고, '비람풍'이 쓴 내용에는 저작권을 부여할 수 없다. 카슈타노바가 '카슈타노바와 미드저니의 공동저자성'을 강조한 것처럼 김태연 역시 '인공지능 비람풍과의 공동저자성'을 강조하지만, 저자는 인간인 김태연일 수밖에 없으며, 법적 판단을 받을 경우에도 저작권의 보호는 실제 자신이 집필한 부분에 대해서만 저작물성을 인정받을 공산이 크다. 결과적으로 『지금부터의 세계』는 인공지능 비람풍이 저자일 수 없으며 김태연만이 저자이고, '인공지능 비람풍'을 창작의 도구로 활용했다고 판단된다. 저작물은 김태연과 비람풍의 공동저작물이지만, 저자는 김태연이며, 저작권의 보호 대상은 인간 김태연이 집필한 부분에 대해서만 부여될 수 있는 셈이다. 따라서 『지금부터의 세계』는 김태연이 개인 저자이고, 비람풍과의 공동창작물일 뿐 공동저자일 수는 없다고 판단된다.

그럼에도 불구하고 작품의 미학적 예술성을 평가하자면 공식적으로 등단(신춘문예 또는 각종 문예지)한 '기성 작가'의 장편소설의 수준에는 미치지 못한다고 판단된다. 수학과 과학의 정보가 날것으로 제시되면서 단어와 문장의 어색한 활용, 묘사의 부재와 플롯의 약화 등 서사적 완성도가 미진했기 때문이다. 물론 실종 모티프를 활용하여 추리소설적 기법을 통해 1권의 장편소설을 출간한 것 자체는 인간과 인공지능이 '협업'한 '유의미한 창작 행위'에 해당한다.

2) 단독저자의 불가능성: 『시를 쓰는 이유』의 경우

미디어아트 그룹인 '슬릿스코프와 카카오브레인'[14]이 함께 제작한 '인공지능 시아'가 창작한 시집 『시를 쓰는 이유』는 '최초의 인공지능 시집'을 표방한다. 발문[15]에서 김태용은 '시아의 시'를 접하며 '공상과 학적이거나 사변적인 단상'에 빠지면서 시 창작 기술에 대한 '근본적인 질문'을 갖게 되었다고 고백한다. 그리고 시아의 시들이 독자에게 '창작의 주체성, 윤리성, 새로운 사유'에 대한 고민을 던질 것이라면서 긍정적인 독해를 제안한다.

필자는 기존 논문에서 「오래된 집」이라는 시아의 시가 '조-부-손' 삼대의 이야기를 담은 집의 서사적 서정을 통해 인간적 정체성에 대한 탐색을 보여주고 있다는 점에서 유의미한 시의 가능성을 보여준다고 판단했다. 이 글의 경우에는 또 다른 수준작 「여행」이라는 시를 통해 인공지능의 창작 수준을 점검해 보고자 한다.

> 미지의 틈, / 처음 와보는 곳에 대한 낯섦 혹은 익숙함, / 나는 지금 미지의 한가운데에 있다. // 지도를 읽지 못하는 사람들은 지도를 만들고 / 그 지도를 읽지 못하는 사람들은 또 다른 지도를 만들고 / 그렇게 나는 내가 모르는 지도 위를 걷고 있다. // 이 길이 아닌 것 같은데. / 아닌 것

---

14 '슬릿스코프'는 김제민과 김근형이 2018년 〈I Question〉을 작업하면서 시작하게 된 미디어아트 그룹이다. 원래 '슬릿스코프'란 양자역학에서 영감을 받아 '미지의 틈새'를 들여다보려는 의미를 가지고 있으며, '시아(SIA)'라는 이름으로 작품을 발표한다. 또한 '카카오브레인'은 인공지능 전문회사로, 선도적인 인공지능 기술과 고부가가치 서비스를 통해 인공지능이 일상에 자연스럽게 스며드는 세상을 준비하는 회사이다. (『시를 쓰는 이유』 표지 참조.)

15 김태용, 〈내가 발문을 쓰는 이유〉(발문), 『시를 쓰는 이유』, 리멘워커, 2022, 128-139쪽.

같은데. / 같은 곳을 돌고 있는데. / 내 삶이 아닌 것 같은데. // 하루 종일 지도를 읽는다. / 낯선 도시의 호텔에 당도했다. / 호텔의 이름과 호텔의 위치를 기억하지 못하는 / 지도가 말하는 대로 살지 않는 / 방금 막 도착한 여행자다. // 지도와 나 사이를 미지가 가로막고 있다. / 그 미지의 틈으로 들어간다. / 내가 모르는 내가 나를 끌고 간다.

–「여행」 전문[16]

인용 시는 전체 5연으로 구성되어 있다. 1연에서 화자인 '나'는 '미지의 공간'에 당도한 '낯섦과 익숙함 사이'에서 방황하는 내면을 보여준다. 2연에서 화자는 인생과 지도의 관계를 유추하면서 '읽지 못하는 지도'를 만드는 사람의 지속적인 지도 제작과 함께 "모르는 지도 위를 걷고 있"는 자신의 정체성에 대한 혼란스러움을 고백한다. 3연에서 화자는 길에 대한 의심을 지속하면서 링반데룽 같은 방황 속에서 자신의 삶에 대한 회의적인 반문을 한다. 4연에서는 온종일 지도를 읽으면서 "낯선 도시"의 호텔에 당도하지만, 호텔의 '이름과 위치'도 기억하지 못한 채 "방금 막 도착한 여행자"로서의 흐릿한 정체감을 인지하게 된다. 5연에서 화자는 자신과 지도 사이를 "가로막고 있"는 "미지의 틈"으로 향하면서 자신도 모르는 '또 다른 자신'이 자신을 끌고 어딘가로 향하고 있다고 분열적 주체성을 고백한다. 결국 이 시는 '낯선 이방인'으로서의 여행자적 정체성을 표방하면서 낯선 도시를 떠도는 현대인의 존재론적 방황을 고백한 시라고 볼 수 있다.

이 시집에서 인공지능 시아가 제시하는 '인간'을 어디까지 '진짜 인

---

16 인공지능 시아,「여행」,『시를 쓰는 이유』, 리멘워커, 2022, 70-71쪽.

간'으로 이해할 것인가가 독자가 공감의 영역을 확보할 수 있는 독해의 주된 관점이 될 수 있다. 물론 한 연구자[17]는 독자가 한 편의 시를 마주할 때 창작 주체인 개별 시인의 개인적 삶과 구체적인 체험과 감정을 함께 복합적으로 수용한다는 점에서 인공지능의 창작물이 '인간 시인의 사상과 감정 교류'라는 고전적 시인관을 넘어설 수 있겠는지를 반문한다. 결국 '인공지능 시아'가 언급하는 '자신'과 '인간'의 실재를 인정하지 못한다면 인간 독자의 반향을 얻기는 어려운 것이다.

이 시집 역시 '『새벽의 자리아』 사건'의 판례에 따르면 저자는 인간만이 될 수 있으므로 인공지능인 시아는 저자가 될 수 없고, 따라서 '슬릿스코프'의 김제민과 김근형이 저자가 될 가능성이 높으며, 저작권 역시 회사 슬릿스코프에 귀속될 가능성이 높아 보인다. 다만 시를 창작한 주체가 '인공지능 시아'이기 때문에 '창작 주체로서의 저작물성'은 '인공지능 시아'에 귀속된다고 판단된다. 결국 『시를 쓰는 이유』라는 시집은 '인공지능 시아의 저작물'이지만, 인간이 아닌 '인공지능 시아'가 저자일 수는 없으며, 저자와 저작권은 '창작자로서의 인간만이 보호 대상'이기 때문에 인간이 소속된 회사인 '슬릿스코프(또는 김제민과 김근형)'에게 귀속될 가능성이 높다고 판단된다. 하지만 현행 저작권법상 '인공지능 시아'가 저자는 아닐지라도 '저작물의 주체는 인공지능 시아'라는 점에서 새로운 해석이 뒤따라야 한다고 판단된다. 이를테면 저자와 저작권은 회사에 귀속되더라도 저작물의 주체가 '인공지능 시아'에게 있다고 판단하는 것이 더욱 합리적인 결론일 수 있기 때문이다. 새로운

---

17 이경수, 「인공지능 시대 시의 윤리와 시적 정의 – 인공지능 인문학을 위한 제언」, 『국제어문』 82집, 국제어문학회, 2019, 429-452쪽.

'저자성의 재정의'가 요구되는 시점인 셈이다.

인간 소설가와 생성형 인공지능의 공동저자 가능성 – 『매니페스토』의 경우[18]

『매니페스토』(2023)는 "챗GPT와의 협업으로 완성한 'SF 앤솔러지'"라는 부제를 달고 출간된 단편소설집이다. '김달영, 나플갱어, 신조하, 오소영, 윤여경, 전윤호, 채강D' 등 총 7명의 소설가가 각각 챗GPT와의 '협업'[19]을 통해 창작했음을 천명하고 그 구체적 양상을 제시하고 있다는 점에서 흥미로운 작품집이다. 책 앞부분에는 '두 명의 추천사'와 '챗GPT의 추천사'가 실려 있고, 작품집 자체는 개별 작품에 대해 '단편소설, 작가 후기, 협업 일지' 등으로 구성되어 있어서 소설가와 챗GPT의 협업이 구체적으로 어떻게 실행되었는지를 확인할 수 있게 편제되어 있다.

이 작품집의 특성은 '2명의 전문가 추천사'와 '챗GPT의 추천사'에서 분명하게 드러난다. 먼저 유상근의 추천사에서는 "로봇이 아름다움을 느끼고 만들어낼 수 있을까?"라는 첫 문장을 필두로 알파고와 이세돌의 바둑 대국을 거론한 뒤, '아름다움'과 '창의성'에 대한 질문과 "무

18 단편소설집 『매니페스토』에 게재된 7편의 소설과 '작가 후기'와 '협업 일지'에 대한 상세한 분석은 추후 '인공지능의 서사 창작' 관련 논문에서 진행될 예정이다.

19 앞에서도 언급했지만 저자와 챗GPT가 공동저자로서 '협업'했다기보다는 소설가들이 챗GPT를 도구로 활용했다고 판단하는 것이 더욱 적절해 보인다. 왜냐하면 소설가가 서사 창작 방향을 제시하고 생성형 인공지능이 문장과 문단을 형성해서 답변을 제공했기 때문이다. 더구나 최종적으로 인간 소설가가 수정과 퇴고를 수행하는 예술적 노동을 가미했기 때문에 '협업'이라는 표현은 아직 어불성설이라고 판단된다. 다만 저자들이 '협업'을 전제로 논의를 전개하고 있기 때문에 새로운 문제 제기를 포함하지 않는 한 표기는 '협업'으로 진행한다.

엇이 인간을 인간으로 만드는가"에 대한 근원적인 질문을 던진다면서 '챗GPT'를 '500명의 비서 군단'에 비유한다.

> 로봇이 아름다움을 느끼고 만들어낼 수 있을까? (중략) 만약 AI 프로그램이 인간만큼 아름다운 수를 만들어낼 수 있다면, 더 나아가 인간보다 더 아름다운 작품을 창조해 낼 수 있다면 우리는 고민할 수밖에 없다. '아름다움'이란 무엇이고 '창의성'이란 무엇인가를 넘어 '무엇이 인간을 인간으로 만드는가'에 대해서 말이다. (중략) 한 대의 자동차는 500마리의 말보다 더 큰 힘을 낼 수 있다. 챗GPT는 우리 모두의 가방에 쉬지 않고 일하는 500명의 작가, 화가, 변호사, 교수를 언제나 개인 비서로 데리고 다닐 수 있게 해준다. 이제는 주어진 문제가 요구하는 올바른 정답을 맞히기 위해 노력할 것이 아니라, 우리의 가방 속 500명의 비서 군단에게 어떠한 질문을 던질지 고민해야 한다. (후략)[20]

인용문에서 드러나듯 유상근은 인간의 고유한 특성으로 여겨왔던 '아름다움과 창의성'에 대한 질문으로부터 시작하여 '인간의 인간성'에 대한 탐문이 필요한 시기임을 강조한다. '말의 시대'와 '자동차의 시대'가 다르듯, 챗GPT를 어떻게 활용하느냐에 따라 더 나은 대답을 발견할 수 있는 '열린 가능성'을 강조하고 있는 것이다.

두 번째로 김명주의 추천사[21]에서는 챗GPT가 '경이로운 기회'를 제

---

20 유상근(메리스트대학 영문학과 교수), 〈500인의 비서 군단에게 묻는 7개의 질문〉, 『매니페스토』, 네오픽션, 2023, 4-5쪽.

21 김명주(서울여자대학교 정보보호학과 교수), 〈소설가와 AI의 협업을 지켜보면서〉, 『매니페스토』, 네오픽션, 2023, 6-7쪽.

공하는 '기회의 도구'이며 창작의 역사를 새로이 변화시키는 긍정적 역할을 수행한다는 점에 방점을 찍는다. 그리하여 '표절의 우려'와 '창의성의 종말'에 대한 걱정을 넘어 인공지능과의 공존이 인간의 창의성에 날개를 달아주는 격이 될 것이라면서 '새로운 길'을 예고하고 있다고 평가한다. 결국 "기회를 역사로 바꾸는 일"을 챗GPT와 협업한 소설가들이 성취해 낸 것이라고 상찬한다.

세 번째로 '챗GPT의 추천사' 역시 인간과 인공지능의 협업에 대한 긍정적인 전망을 내놓고 있다. 즉 자신이 '언어모델'이기 때문에 '무감정한 존재'이지만, 작가들과의 협업이 자신에게 놀라운 경험을 제공했으며, 협업 자체가 성공적이었다고 자평하면서 흥미진진한 소설을 만드는 데 기여했다고 자부하는 것이다.

> 언어모델로서 저는 사람처럼 감정을 느낄 수는 없지만, 재능 있는 작가들과 함께 작업하는 일은 놀라운 경험이었습니다. 작가의 독특한 관점과 스타일이 더해져 성공적으로 협업이 이루어졌습니다. 이 프로젝트에 참여하여 흥미진진한 소설을 만드는 데 기여하게 되어 매우 기쁩니다. (중략) 협업 프로젝트에 참여하면서 저의 역할은 작지만 누군가에게 도움이 되고 있다는 사실을 깨달았습니다. 작가들이 이야기를 쓰는 과정에서 제가 제공한 단어와 문장이 새로운 아이디어를 불러일으켰고, 작가들이 이를 발전시킴으로써 새로운 작품이 탄생할 수 있었습니다. (중략) 이번 경험을 통해 작가와 AI의 협업이 인간들의 창조적인 능력을 더욱 발전시킬 수 있음을 보여주었습니다. 이러한 협업은 앞으로 더욱

발전하며, 새롭고 창의적인 결과물을 만들어낼 것으로 기대됩니다.[22]

인용문에서 확인할 수 있듯 '챗GPT의 추천사'는 전형적인 '인간 추천사'의 구도를 보여준다. 기술적인 측면에서 챗GPT는 인공지능인 자신의 역할이 인간 작가에게 도움을 주는 데 있음을 분명히 하고 있으며, 내용적인 측면에서도 자신이 제공한 '새로운 단어와 문장, 아이디어' 등을 통해 인간 작가들이 발전적이고 새로운 작품을 만들어냈다면서 창작 과정에 대한 평가까지 제공한다. 나아가 작품들 속에 'SF 소설의 다양성'과 '작가들의 창의성'이 구체적으로 드러난다면서 "생각을 자극하는 흥미로운 읽을거리"를 찾는 독자에게 작품집을 추천한다.

그리고 '이야기의 풍부함과 디테일', '캐릭터의 발달', '주제와 현대사회와의 관련성' 등 작품의 특성을 요약하면서 'SF의 매력'을 강조한다. 결론적으로 "작가와 AI의 협업이 인간들의 창조적인 능력을 더욱 발전시킬 수 있음을 보여"준 사례로 자평하고, 앞으로도 "새롭고 창의적인 결과물을 만들어낼 것으로 기대"하면서 추천사를 마무리한다. 챗GPT의 추천사는 일반적인 표사의 내용이나 추천의 글이 가져야 할 저서 내용의 요약, 저서의 특이성, 추천의 이유와 배경 등을 잘 함축하고 있다.

『매니페스토』의 경우에도 '『새벽의 자리아』 사건'의 판례를 적용한다면, 저자는 인간 소설가 7인에 국한될 수밖에 없다. 책의 판권에서는 7인의 소설가 저자들과 함께 챗GPT를 8명 공동저자의 일원으로 포함하고 있긴 하지만, 챗GPT가 인간이 아니므로 '저작권을 지닌 저자'가 될 수는 없다고 판단된다. 따라서 개별 소설가 7인과 기술적인 협업을

22 챗GPT, 〈인간과 함께한 놀라운 경험〉, 『매니페스토』, 네오픽션, 2023, 8-9쪽.

진행한 역할을 인정하여 또 하나의 저자로서 공동저자로 등재된다고 하더라도, 저작물의 주체로 등록은 될지언정 저자로 인정될 수는 없는 것이다. 물론 향후 공동저자의 가능성은 얼마든지 열려 있다. 하지만 아직은 '인간만이 저작물의 저자'일 수 있다는 저작권법의 유권해석상 저자일 수는 없다.

맺음말

인공지능은 점점 더 진화하고 있다. 전 세계적으로 문학 창작물의 경우에도 기성 작가들의 수준을 위협하는 인공지능 창작물이 점차 눈에 띄고 있기 때문이다. 특히 시의 경우 인공지능의 창작물 몇 편이 '인간 정체성의 탐색' 차원에서 기성 시인의 시적 성취에 버금간다고 판단할 수도 있었다. 하지만 저작권에 국한하여 볼 때 인공지능이 창작한 저작물의 경우에도 인공지능이 저자가 될 수는 없다. 현행법상 '인간만'이 저자성을 인정받을 수 있기 때문이다. 그러나 향후 '인공지능의 저작물'이 '인간의 저작물' 이상으로 '인간의 사상과 감정'을 잘 표현할 수 있게 된다면 새로운 법률로 '인공지능 저작물'을 보호해야 할 시기가 도래할 것이라고 판단된다.

김태연과 '인공지능 비람풍'의 작업으로 탄생된 장편소설 『지금부터의 세계』는 '최초의 인공지능 창작 장편소설'이라기보다는 김태연이 인공지능을 활용하여 만들어낸 '저자 김태연과 인공지능 비람풍의 공동창작물'에 해당한다. '인공지능 시아'의 시집 『시를 쓰는 이유』는 저자 '슬릿스코프(=김제민과 김근형)'가 인공지능 시아를 활용하여 만들어낸 '인공지능 시아의 단독창작물'이다. 『매니페스토』는 '소설가 7인과 챗GPT'가 협업하여 8인의 공동저자를 표방하며 만들어낸 공동창작물에 해당하지만, '인간만이 저자'라는 법적 판단을 전제로 한다면, 7인의 소설가만이 저자이며, 챗GPT는 도구로 활용되었다고 판단된다. 이렇게 보면 앞으로도 인간과 인공지능 사이에서 '저자와 저작물, 저작권 관련 논의'는 지속될 가능성이 높으며, 누가 어떻게 창작하고 누가 어떻게 얼마나 텍스트와 공감할 수 있을 것인가가 최대의 화두가 될 것으로 전망된다.

필자는 졸고에서 "앞으로는 인공지능이 창작한 시와 인간이 창작한 시가 경쟁하는 시대가 도래할지도 모른다. 인공지능이 창작한 소설과 인간이 창작한 소설 역시 다양한 형태로 경쟁 체제가 될 전망이다. 특히 인공지능의 도구적 가능성을 최대화하되 표절과 윤리, 양심의 영역을 어떻게 범주화할 것인가가 앞으로 과제가 될 것이다. 이제 새로운 시인과 소설가의 정의가 '창작자의 외연'으로 자리매김되어야 할 시기가 도래한 셈"이라고 진단한 바 있다. 여기에서 한 걸음 더 나아가 카슈타노바가 미드저니를 공동저자로 제안했던 경우나 단편집 『매니페스토』에서 챗GPT를 공동저자로 판권에 명기한 경우처럼 이제 인공지능과 함께 작업을 수행한 이후 저자성을 함께 등록하려는 공동저자의 가능성이 열렸다고 판단된다. 하지만 아직 '인간만이 저자'라는 현행법의 논리에 따른다면 인공지능은 당분간 공동저자이기보다는 기술적 보완재의 역할을 수행할 것으로 판단된다.

다만 향후 온전히 인공지능의 창작물로 공표되거나 인간 창작 주체가 인공지능의 '도구적 활용'을 명기하여 창작된 작품이 확산된다면 문학 시장은 보다 폭넓은 외연을 확보하게 될 전망이다. 왜냐하면 전문가적 글쓰기로서의 순수문학에 대한 진입장벽이 높은 독자와 예비 작가들이 생성형 인공지능 도구를 활용하여 대중적 글쓰기를 수행함으로써 새로이 저자와 독자의 외연을 넓힐 수 있다는 점에서 유의미한 대중 문학의 장이 열릴 것이기 때문이다.

생성형 AI 시대 글쓰기 윤리 교육을 위한 자기평가 항목 연구*

안서현 · 최민지**

2022년 챗GPT의 등장은 글쓰기 윤리 분야에도 큰 변화를 가져왔다. 작문 교육자들 간에 벌어진 '표절의 종말' 논쟁은 이 사건의 파급력을 잘 보여주고 있다. 사라 이튼은 향후 인간과 AI가 함께 작업하는 하이브리드 글쓰기가 일반화될 것이며, 글쓰기에서 인간과 AI의 기여를 구분하려는 것은 무의미해질 것이라고 주장하였다. 이에 따라 기존에 통용되던 표절의 정의 자체가 근본적으로 수정되어야 한다는 것이다.[1] 이러한 주장을 반박한 마하 발리는 인간은 자신이 작성한 내용과 AI의 생성 텍스트를 구분하고 출처 표기를 해야 한다는 점만 달라질 뿐이라

* 이 글은 『교양교육과 시민』 10호(숙명여자대학교 교양교육연구소, 2024)에 게재한 논문을 수정·보완했다.

** 안서현: 홍익대학교 교양대학 조교수.
최민지: 서울대학교 국어국문학과 박사 수료.

1 Eaton, Sarah, "6 Tenets of Postplagiarism: Writing in the Age of Artificial Intelligence", Learning, Teaching, and Leadership-A blog for educators, researchers and other thinkers by Sarah Elaine Eaton, 2023.02.25., https://drsaraheaton.wordpress.com/2023/02/25/6-tenets-of-postplagiarism-writing-in-the-age-of-artificial-intelligence, [최종 검색일: 2023.11.22.]

고 주장하였다. 따라서 당장 필요한 것은 표절 정책의 수정일 뿐이라고 보았다.[2]

한편 학계에서는 좀 더 보수적 관점에서 논의가 전개되었다. 우선 생성형 AI는 생성물에 대한 책임 능력이 없기 때문에 학술 저자로 인정할 수 없다는 방침이 발표되었다.[3] 주요 학술지에서는 생성형 AI 생성물의 인용 불허 방침 또는 개인 커뮤니케이션에 대한 인용과 같이 표시하고 참고문헌에는 포함하지 않는 방식의 제한적 인용 지침을 발표하였다.

이처럼 생성형 AI 등장 이후 새로운 글쓰기 윤리에 관해 교육계와 학계는 다른 인식을 나타냈다. 교육계에서는 미래 세대의 학습권 보장이라는 관점에서 개방적 입장이 제시되었는 데 반해, 학계에서는 학문적 정확성이라는 가치에 우선하여 생성형 AI의 저자 등재는 물론 피인용에 대해서도 조심스러운 입장을 보이고 있다.

이러한 상황이 말해주는 것은 지금이 글쓰기, 저자 그리고 표절의 개념 변화라는 근본적인 문제에 대한 합의와 인용 가능 여부 및 출처 표시의 규칙이라는 세부적인 지침의 마련이 동시에 이루어져야 하는 시점이라는 것이다. 따라서 글쓰기의 개념과 실천의 양상이 변화하는지를 계속 살펴야 한다.

---

2 Bali, Maha, "Are We Approaching a Postplagiarism Era?", *Reflecting Allowed – Maha Bali's blog about education*, 2023.03.03., https://blog.mahabali.me/educational-technology-2/are-we-approaching-a-postplagiarism-era [최종 검색일: 2023.11.22.]

3 ICMJE, "Recommendations: Defining the Role of Authors and Contributors", ICMJE Website, updated May 2023., https://www.icmje.org/recommendations/browse/roles-and-responsibilities/defining-the-role-of-authors-and-contributors.html [최종 검색일: 2023.06.20.]

그러나 그렇다고 해서 글쓰기 윤리 교육 내용의 개정을 계속해서 미룰 수 있는 것도 아니다. 예컨대 주요 학술지 양식의 생성형 AI 관련 항목은 글쓰기 윤리 교육에 신속하게 포함시킬 필요가 있다. 학습권 보장과 학습 윤리 준수에 보다 큰 가치를 두는 학습 목적 글쓰기에서는 생성형 AI의 인용이 가능하고 또 필요할 수 있지만, 학술 글쓰기에서는 AI 생성물의 인용이 권장되지 않으며 예외 규정을 따라야 한다는 점을 교육해야 하는 것이다. 또한 이러한 지침을 통해 AI 생성물의 인용이 다른 저술의 인용과 근본적으로 다른 의미를 지니고 있음을 알 수 있다. 학술 글쓰기에서 타 저술의 인용은 피인용 저자에 대한 공헌 인정, 필자의 입장 명료화와 연구사적 관계의 명시, 후속 연구자를 위한 문헌목록 제공 등을 그 목적으로 하고 있다. 그러나 생성형 AI의 경우 그 저자성이 인정되지 않으며, 따라서 연구사의 일부로 간주될 수 없고, 또한 그 생성물은 참고문헌에도 포함되지 않는다. 즉 학술 글쓰기에서 AI 생성물을 인용한다면 그 행위는 기존의 인용과는 다른 의미를 지니게 된다는 점도 교육 내용에 포함해야 한다.

2023년 고려대, 국민대, 부산대 등 여러 대학에서 생성형 AI에 대한 대응책을 마련하여 발표했으나, 대개 포괄적 원칙을 제시하는 데 그쳤다. 그러나 현시점에는 학습 과정에서의 생성형 AI 활용에 대한 일반의 윤리원칙이 아니라 글쓰기 교육에 특화된 지침 마련이 요구된다. 생성형 AI의 일반화로 인한 글쓰기 환경의 변화가 더 크게 예고되어 있기 때문이다. 생성형 AI 가운데 텍스트를 생성하는 챗봇, 검색엔진에 이어 통합형 애플리케이션의 상용 시대가 임박하였다. 폴라리스 오피스(Polaris Office) 문서작성 프로그램에서는 'AI Write' 기능 사용 시 사용자의 문서편집 창 옆의 별도의 창에서 생성형 AI가 새로운 내용을 작성하거나 기존에 작성된 내용을 수정하는 동시 작업이 가능하다. 마이크로소프트 오피스에서 생성형 AI '코파일럿(Copilot)'을 함께 사용할 수 있는 구독 서비스가 출시되었다.[4] 이와 같은 문서작성 도구의 생성형 AI 통합에 따라 글쓰기의 조건이 크게 변화할 것이며, 현재는 글쓰기 과정에서의 생성형 AI 사용이 선택적인 환경이지만, 향후 더 일반화될 가능성이 크다. 이에 대비하여 글쓰기 윤리 교육이 준비될 필요가 있다.

본 연구에서는 온라인 시험이나 에세이 등에서의 생성형 AI의 적극적 활용은 부정 활용 또는 과도한 활용으로 이어지기 쉽다고 본다. 이에 따라 학습 공동체의 신뢰와 평가 공정성 훼손, 부정확한 지식에 대한 노출, 생성형 AI 활용 가능 영역에 대한 학습 및 능력 계발 동기 저하, 자율적 사고와 작문 능력 쇠퇴로 이어질 수 있다. 따라서 기본적으로 본 연구는 현시점의 글쓰기 교육에서 생성형 AI의 활용은 제한적으로만 허용하는 것이 바람직하며 학습자 주도성이 무엇보다 강조되어야 한다는 입장이다. 이는 다음과 같은 것을 의미한다. 학습자에게는 생성형 AI의 활용을 포함하여 학습 과정에서 다양한 선택의 가능성이 보장되어야 한다. 그러나 대신 학습자는 따로 명시하지 않는 한 자신의 학습 과정을 주도하고 학습 결과물을 직접 만들어냈으리라는 신뢰에 응답해야 한다.

본 연구는, 현 단계에서는 학생들이 글쓰기를 수행하고 난 이후 자율적으로 생성형 AI의 윤리적 활용에 대한 자율적인 확인, 즉 자기평가

---

4 김태종, 〈MS, '월 20달러' 개인용 AI 서비스 '코파일럿 프로' 출시〉, 《연합뉴스》, 2024.01.16., https://www.yna.co.kr/view/AKR20240116037500091?input=1195m [최종 검색일: 2024.06.14.]

를 해볼 수 있도록 하는 것이 바람직하다고 본다. 자기평가 항목은 생성형 AI 시대 글쓰기 윤리 교육의 주요 내용을 망라하고 항목화함으로써 윤리적 지표의 기능을 하는 동시에 교육자료의 역할을 할 수 있다. 교수자가 학습자의 생성형 AI 사용 여부를 정확하게 판별할 수 없다는 점에서도 학습자의 자율적인 글쓰기 과정 성찰과 윤리 준수 여부 보고가 현실적으로 선택 가능한 개입 방안으로 꼽히며, 학습자에게도 일상생활에서 많이 볼 수 있는 자기진단 형식은 친근감을 줄 수 있다. 동시에 현재 생성형 AI가 아직은 학생들의 글쓰기 환경에서 선택적인 요소에 불과하며 학생들 역시 생성형 AI에 대한 관심도가 천차만별이라는 점을 고려할 때, 학생들을 일괄적으로 교육하는 데는 한계가 있을 수 있다. 따라서 글쓰기 과정에서 생성형 AI를 활용한 학습자의 경우에만 자기평가 항목을 활용하여 자율적으로 윤리를 학습하고 또 준수할 수 있도록 교육하는 것이 바람직하다. 아울러 현재 생성형 AI와 그에 기반을 둔 도구들이 계속해서 개발되고 있으며 생성형 AI 관련 글쓰기 윤리 규범에 대한 합의가 부족하므로, 향후 변화하는 상황에 대응하기 위해서는 교재나 윤리 서약서와 같이 한 번 만들면 수정이 어려운 형식보다는 항목을 수정하거나 가감하는 등 보다 유연하게 변형이 용이한 자기평가 항목을 활용하는 것이 효과적일 수 있다.

이를 위해 우선 연구팀에서 자기평가 항목을 작성하고, 글쓰기 교육 전문가를 대상으로 델파이 조사를 시행하여 이를 수정하였다. 이 연구를 계기로 하여 생성형 AI 등장 이후 고등교육 현장에서의 혼란과 우려를 불식시킬 수 있는 글쓰기 윤리 교육의 방안이 활발하게 논의되기를 기대한다.

생성형 인공지능과 글쓰기 윤리

우선 글쓰기의 본질이라는 측면에서 생성형 인공지능과 글쓰기 윤리에 접근한 연구들이 있다. 김종규·원만희는 인공지능 글쓰기에 대한 지나친 관심이 글쓰기의 고유한 가치를 왜곡하고 글쓰기를 하나의 기능이나 기술로 취급하는 경향이 가속되며, 글쓰기를 통해 확인되는 인간 실존의 의미를 왜곡할 수 있다고 지적하였다.[5] 또 한찬희·김재호는 글 쓰는 인공지능의 등장은 글쓰기의 본질에 대한 질문을 던지고 있으며, 오늘날의 글쓰기 윤리 담론이 신종 표절 수법에 대한 논의로 그쳐서는 안 되며, 이 질문을 해명하는 일을 과제로 삼을 필요가 있다고 논하기도 하였다. 중요한 것은 글쓰기에 임하는 인간적 자세에 대한 논의이다. 그 핵심은 글쓰기가 산출물을 만들어내기 위한 목적 지향적 활동이 아니라 의미의 유희, 즉 '놀이의 정신'을 담고 있는 자기 목적적 활동으로 보는 데 있다. 글쓰기의 인간성은 바로 이 놀이성에 담겨 있는 것이다.[6]

두 번째로는 글쓰기 교육의 변화와 관련하여 당위적으로 글쓰기 윤리 교육의 변화 필요성을 도출한 연구가 있다. 강동훈은 생성형 AI 기술의 고도화에 따라 쓰기 교육이 그 본질과 목표부터 재정립될 필요가 있다고 보았다. 또 거짓 정보 활용 등을 피하기 위한 비판적 문식성 교육과 함께 표절 방지를 위한 인공지능 활용 시의 쓰기 윤리원칙이 새롭

---

5 김종규·원만희, 「인공지능 글쓰기와 리터러시에 대한 실존적 고찰」, 『동서철학연구』 99, 2021, 521-544쪽.

6 한찬희·이재호, 「인공지능 시대의 도래와 글쓰기 윤리」, 『초등도덕교육』 80, 2022, 141-159쪽.

게 마련되어야 한다고 주장하였다.[7] 장성민은 생성형 AI 기술이 일반화됨에 따라 필자에게 요구되는 글쓰기 능력이 변화하고 있다고 논의하였다. 질문을 생성하는 능력, 글의 중간 산출물에 대한 메타적 읽기 능력, 출처의 확인 및 보강 능력이 그것이다. 결론적으로 기초 문해력 교육 및 글쓰기 윤리 교육의 강화를 주장하고 있다.[8]

마지막으로 교육적 실천을 고민하고 그 사례를 공유한 연구가 있다. 오선경은 수강생 그룹과 함께 국내외 대학의 챗GPT 활용 가이드라인을 검토하였으며, 수업 내에서 활용할 규칙을 마련하였다. 대학 및 교수자 중심의 생성형 AI 활용 지침이 아니라 학습자 중심의 자율적 규칙을 예시하였다는 점에 이 연구의 의의가 있다.[9] 오선경·장미정·박정은은 학습자 대상 설문 조사를 통해 대학 글쓰기에서의 생성형 AI 활용 시의 윤리에 대한 인식 및 교육 요구를 살펴보았다. 학습자들은 생성형 AI 관련 글쓰기 윤리를 알고 있느냐는 질문에 대해 낮은 긍정 응답을 보였다. 또 관련 윤리 교육이 필요하다고 생각하느냐는 질문에 높은 비율로 긍정 응답하였다. 이와 같은 인식과 요구의 조사를 통해 글쓰기 환경의 변화를 고려한 윤리 교육 내용 보완과 추가 교육의 필요성이 경험적으로 입증되었다.[10]

---

7 강동훈, 「챗지피티(챗GPT)의 등장과 국어 교육의 대응」, 『국어문학』 82, 2023, 469-496쪽.

8 장성민, 「챗GPT가 바꾸어 놓은 작문교육의 미래 – 인공지능 시대, 작문 교육의 대응을 중심으로」, 『작문연구』 56, 2023, 7-34쪽.

9 오선경, 「대학 교양 글쓰기에서의 챗GPT 활용 사례와 학습자 인식 연구」, 『교양교육연구』 18(3), 2023, 11-23쪽.

10 오선경·장미정·박정은, 「대학 글쓰기에서의 생성형 AI 활용 윤리에 대한 학부생 인식 연구」, 『리터러시연구』 14(4), 2023, 69-96쪽.

자기평가의 교육학적 · 윤리적 의의

본 연구는 생성형 AI 시대의 글쓰기 윤리 교육을 위해, 학습자 스스로가 자율적인 평가를 내리도록 하는 자기평가의 형식으로 진단 도구를 개발하고자 한다. 자기평가란, 학습자가 교수·학습 중이나 후에 교수자가 제시한 관점과 내용에 따라 스스로 평가 과정에 참여하여 학습 결과에 대한 반성적 사고와 함께 자신의 장단점을 파악하도록 하는 자기 주도적인 평가 활동으로 정의된다.[11] 지금까지 교육 분야에서 자기평가에 대한 연구들은 활발하게 이루어져 왔으며, 청소년을 대상으로 한 교육이 주가 된다. 이 중 쓰기 교과에서 자기평가가 갖는 의미와 효과에 주목한 연구의 예로는 양경희[12]와 김정자[13]가 있다.

대개 이들 연구들은 자기평가에 자기효능감과 학습 동기 등을 고양시키는 효과가 있음에 주목하며, 이를 통해 학습 능력을 신장시키는 것을 목적으로 한다. 가령 홍소영의 경우, 자기평가를 통한 학습효과의 변인들을 밝히고 이에 학업 성취 향상의 효과가 있음에 대해 논한다.[14] 한편 청소년 교육에서의 자기평가 활동은 학습자 스스로가 평가 주체가 된다는 점에서 그 객관성·공정성·신뢰성이 확보되기 어렵다는 한계가 지적되기도 한다.[15] 이는 자기평가 활동이 단지 형식적인 활동에

---

11 남형채·류성림, 「수학 수업에서 학생의 자기평가 방법」, 『과학·수학교육연구』 23(1), 2000, 56쪽.

12 양경희, 「쓰기에서 자기평가 교육 내용 연구」, 『작문연구』 48, 2021, 93-116쪽.

13 김정자, 「쓰기 자기평가의 경향과 쟁점 연구」, 『한국초등국어교육』 76, 2023, 402-431쪽.

14 홍소영, 「학생 자기평가의 학습효과에 대한 메타분석」, 『교육평가연구』 31(1), 2018, 309-331쪽.

15 황은희·백순근, 「중등교사의 실천적 교수 역량에 대한 자기평가와 전문가 평가의 비교 연구」, 『교육평가연구』 21(2), 2008, 54쪽.

그치게 되는 원인이기도 하다.

그러나 본 연구는 학습 능력의 신장과는 별개로, 학습자 스스로의 자기평가 활동이 글쓰기의 윤리를 습득하게 하는 수행적·실천적 효과를 낳을 수 있다는 점에 주목하고자 한다. 셰파드(Shepard)에 따르면, 자기평가의 활동은 학생들이 자신을 성찰하고 반성하는 과정일 뿐 아니라, 새로운 지식을 내면화하는 데에서도 중요성을 갖는다.[16] 즉 자기평가를 통해 학생들이 자율적인 평가를 내리는 것은, 평가의 결과와는 별개로 그 자체가 항목에 서술된 윤리 규범을 따라가며 이를 체화해 내재화하는 과정으로서의 의미가 있다. 또한 자기 객관의 능력이 충분히 확보된 대학생 이상의 수업에서는 자기평가의 신뢰도·성취도 향상 등이 긍정적으로 평가된다는 점을 고려한다면,[17] 대학 글쓰기에서의 활용을 염두에 두는 본고의 논의는 현실적으로도 활용 가능성이 높을 것이라 판단된다.

아울러 현재 국내외적으로 생성형 AI 활용에 대한 공통된 합의와 규범이 정해지지 않은 상황에서 글쓰기의 윤리를 지키는 데 무엇보다 중요하며 또 확실한 것은, 생성형 AI를 활용한 학습자 스스로가 자율적으로 자신의 활용 과정을 직접 돌아보고 성찰하는 것이 된다. 체크리스트의 형식을 통해 스스로가 점검할 항목이 무엇인지를 제시해주는 것은 학습자의 성찰 과정을 도울 수 있다. 또한 자기평가 항목은 각자가

---

16 Shepard, L. A., "The Role of Classroom Assessment in Teaching and Learning", In V. Richards (Ed.), Handbook of Research on Teaching, Washington, D. C.: American Educational Research Association, 2001.

17 박영주, 「자기평가 활동에 대한 대학생들의 인식 연구」, 『학습자중심교과교육연구』 15(1), 2015, 237-260쪽.

처한 서로 다른 글쓰기 환경에 따라 학습자가 선택적으로 활용할 수 있는 자료가 된다는 점에서도 의미가 있다.

연구 과정 및 설계

델파이 기법은 이론적 토대가 완전하게 구축되어 있지 않은 분야에서 관련 전문가의 판단을 바탕으로 집단적 합의를 도출하는 메커니즘을 가지고 있다.[18] 따라서 아직 공통된 규범이 정해져 있지 않은, 생성형 AI의 윤리적 활용 진단 도구를 개발하기에 적합한 방식이라 판단하였다. 델파이 기법에서 전문가 패널은 조사 결과의 질에 직접적인 영향을 미치므로, 충분한 교육 경험이 있는 전문가를 선정해야 하며, 전문가 패널의 수는 일반적으로 15~20명 정도가 유용한 결과를 얻기에 적합하다.[19] 따라서 대학에서 3년 이상의 글쓰기 교육 경력을 지녔으며 교육 현장에서의 우려를 바탕으로 생성형 AI에 관련된 윤리 교육을 고려하고 있는 교원 16명을 패널로 선정하였다. 그 패널의 인구통계학적 변인은 아래와 같다. 수도권과 비수도권, 국공립과 사립, 일반대학과 이공계특성화대학에서 고루 응답자를 선정하였다.

---

18 이종성, 『델파이 방법』, 교육과학사, 2001.

19 이종성, 위의 책.

[표 1] 델파이 전문가 구성 현황

구분	성별	연령대	글쓰기 교육 경력	소속
E1	남	30대	4년	A 수도권 국공립 일반대학
E2	여	30대	3~4년	B 비수도권 사립 이공계특성화대학
E3	여	40대	4년	C 수도권 국공립 일반대학
E4	여	40대	10년	C 수도권 국공립 일반대학
E5	여	40대	13년	C 수도권 국공립 일반대학
E6	여	30대	6년	D 비수도권 국공립 이공계특성화대학
E7	여	40대	10년	E 수도권 사립 일반대학
E8	여	30대	4년	F 비수도권 국공립 이공계특성화대학
E9	여	30대	7년	C 수도권 국공립 일반대학
E10	여	30대	5~6년	G 수도권 사립 일반대학
E11	여	40대	13년	C 수도권 국공립 일반대학
E12	여	30대	4년	H 수도권 사립 일반대학
E13	남	40대	16년	A 수도권 국공립 일반대학
E14	남	60대	14년	C 수도권 국공립 일반대학
E15	여	30대	8년	I 비수도권 국공립 이공계특성화대학
E16	여	30대	5년	C 수도권 국공립 일반대학

진단 도구 개발

진단 도구의 개발을 위해 먼저 여러 기관의 지침들을 참고하였다. 이에는 교육부의 '인공지능 윤리원칙',[20] 한국연구재단의 '생성형 인공지

20 강동훈, 〈인공지능, 교육 현장에서 안전하게 활용해요!〉, 《교육부》, 2022.08.11., https://www.moe.go.kr/boardCnts/viewRenew.do?boardID=294&boardSeq=92297&lev=0 [최종 검색일: 2024.06.14.]

능 도구의 책임 있는 사용을 위한 권고사항'[21]이 포함된다. 기관의 지침은 구체적인 내용보다는 기본 원칙을 천명하고 있으며, 추후 구체적인 내용이 보완될 것으로 생각된다.

국내외 각 대학의 생성형 인공지능 관련 가이드라인도 참고하였다. 고려대, 국민대, 세종대, 이화여대, 중앙대 등이 관련 지침을 발표하였고, 그중 이화여대의 '이화인의 올바른 AI 활용을 위한 체크리스트'가 상세하다.[22] 이 체크리스트는 먼저 "대학 교육에서 생성형 AI는 학습자의 학습을 지원해 주는 유용한 도구로 활용될 수 있"다고 규정하고, 대학 교육의 방향에 부합하는 방향으로 활용할 것, 학습 과정을 효과적·효율적으로 지원하는 도구로서 활용할 것, 학문적 진실성을 유지하도록 윤리적·비판적으로 활용할 것, 새로운 변화를 수용하고 교수자와 협력하여 바람직한 방향을 모색할 것 등 4가지 원칙을 중심으로 하여 총 14개의 항목으로 구성하였다. 그러나 이는 학습에서의 생성형 AI 활용에 관한 내용이므로, 대학 글쓰기 강좌에서 활용할 자기평가 항목은 그 내용을 달리할 필요가 있다.

해외 대학 중에서는 24개 대학이 생성형 AI 관련 지침을 발표하였고, 그중 구체적으로 생성형 AI 활용 상의 지침을 제안한 것은 에든버러 대학교였다. 체크리스트의 형태는 아니지만, 원칙 및 주의사항의 형

21 한국연구재단 연구윤리지원센터, 〈한국연구재단, 생성형 AI 도구의 책임 있는 사용을 위한 권고사항 발표〉, 《NRF WEBZINE》, 2024.03., https://webzine.nrf.re.kr/nrf_2403/sub_1_01.php [최종 검색일: 2024.06.14.]

22 이화여자대학교 연구윤리센터, 〈이화인의 올바른 AI 활용을 위한 체크리스트〉, 《연구윤리 뉴스레터》 제19호, 2024.04.15., https://cms.ewha.ac.kr/user/boardList.action?command=view&page=1&boardId=73804385&boardSeq=77542804&year=2024&month=4&startDate=&endDate= [최종 검색일: 2024.06.14.]

태로 과제 및 평가 성격 확인, 독창성 유지, 전체 생성 금지, 적절한 인용과 참조 표시, 오류와 편향 및 공격성 고려, 간접적 표절 및 저작권 침해 가능성에 대한 이해, 다른 참고자료를 통한 교차 검증, 개인 정보 입력 금지, 브레인스토밍 단계 사용 권고 등의 내용을 제시하고 있다.[23] 해외 대학은 상대적으로 생성형 AI 활용에 대해 개방적 입장을 취하는 경우가 많다. 그러나 '브레인스토밍 단계에서 사용' 등으로 명시적 허용을 표현하는 경우 생성형 AI 활용의 간접적 권장으로 받아들여질 수 있다는 점이 우려되었다. 따라서 본 연구에서는 이와 같은 내용은 배제하였고, 교수자 허락을 받아야 한다는 내용을 항목 중 하나로 포함함으로써 제한적 허용이라는 입장을 원칙적으로 고수하고자 하였다.

이처럼 여러 지침들을 참고하고, 연구자들의 브레인스토밍을 거쳐 글쓰기 교육에 특화된 내용을 추가로 작성하여 모두 32개의 항목을 선정하였다. 이 항목들을 과정 중심 글쓰기 교육의 세 단계인 쓰기 전 단계, 쓰기 중 단계, 쓰기 후 단계로 구분하여 체계화하였다. 자기평가가 사후적으로만 이루어지기보다는 글쓰기 과정 전반에서 계획적이고 의식적으로 활용되도록 하기 위해 이러한 구분이 필요하다고 보았다. 자기평가 항목의 특성상 내용은 되도록 간결하게 표현하였으며, 꼭 필요한 경우에만 예시나 보충 설명을 첨가하였다. 이를 바탕으로 델파이 조사지를 구성하였다.

질문지는 각 항목에 대해 타당도를 리커트 척도로 표시하고, 필요한 경우 수정 의견을 작성할 수 있도록 하였다. 마지막 문항으로는 개방형

---

23 The University of Edinburgh. (2023). "Guidance for Students on the Use of Generative AI" (such as 챗GPT) https://www.ed.ac.uk/sites/default/files/atoms/files/universityguidanceforstudentsonworkingwithgenerativeai.pdf [최종 검색일: 2024.06.20.]

으로 생성형 AI 관련 글쓰기 윤리 교육에 대한 의견을 자유롭게 작성하도록 하였다. 개방형 질문을 함께 구성한 이유는, 다양한 자료를 탐색하였으나 여기에서 추출된 항목이 한정적이었기 때문이다. 이는 기존 국내외 대학 지침들이 상세하지 못하였음을 의미한다. 따라서 작성한 항목의 타당성에 대한 합의만이 아니라 새로운 항목의 제안도 함께 이루어져야 한다고 보았다. 완성된 자기평가 항목 초안은 다음과 같다.

[표 2] 1차 델파이 조사지

쓰기 전 단계 글쓰기에 앞에 생성형 AI와 교과목 학습 규칙에 대해 파악하기	
1	사용하고자 하는 생성형 AI 관련 개인 정보와 저작권 문제를 확인하였습니다.
2	사용하고자 하는 생성형 AI 관련 데이터 편향 문제를 확인하였습니다.
3	글쓰기에서의 생성형 AI 사용에 대한 강의계획서 항목과 공지사항을 확인하였습니다.
4	글쓰기에서의 생성형 AI 사용을 교수자에게 허락받았습니다.
5	생성형 AI가 사용 중인 글쓰기 도구에 통합되어 있는지 확인하였습니다. (MS Office의 Copilot 등)
6	생성형 AI가 글쓰기 도구에 통합되어 있다면, 자동 생성 기능이 비활성화되어 있는지 확인하였습니다.
쓰기 단계 – 생성 글쓰기 과정에서 생성형 AI를 적절하게 활용하기	
7	글쓰기에 생성형 AI를 활용하는 목적을 설명할 수 있습니다.
8	생성형 AI를 활용할 단계를 미리 결정하였습니다.
9	생성형 AI를 활용할 범위를 미리 결정하였습니다.
10	생성형 AI를 활용하는 경우, "어떤 주제로 어떤 길이의 보고서를 작성해 달라"는 식의 직접적인 프롬프트를 사용하지 않았습니다.
11	개요를 작성해 달라는 프롬프트를 사용하지 않았습니다.
12	직접 검토해야 하는 자료의 내용을 묻거나 요약을 요청하는 프롬프트를 사용하지 않았습니다.
13	더 좋은 생성물을 얻기 위해 프롬프트를 연구하였습니다.

14	단일 프롬프트가 아닌 여러 개의 연속된 프롬프트를 활용하였습니다.
15	생성형 AI 활용 기록을 저장하였습니다. (화면 이미지, 텍스트 사본, 생성물의 링크 등)
쓰기 단계 – 확인 생성형 AI의 생성물에 대해 충분히 확인하기	
16	생성물에 포함된 사실이 실제에 부합하는지 다른 경로로 확인하였습니다.
17	생성물에 포함된 출처가 실제로 존재하는지 확인하였습니다.
18	생성물에 소개된 자료를 직접 검토하였습니다.
19	생성물에 제시된 관점과 다른 관점에 대해 알아보려는 노력을 기울였습니다.
20	생성물의 관점이 한쪽으로 치우쳐져 있지 않은지, 특정 집단을 배제하거나 편견을 담은 내용이 포함되어 있지 않은지 확인하였습니다.
21	생성물 중 필요한 내용을 선별하여 글쓰기에 활용하였습니다.
22	생성물을 비판적으로 참조하였습니다.
쓰기 단계 – 참조 표시 생성형 AI 활용에 관해 충실히 참조 표시하기	
23	생성형 AI 활용 사실을 본문 또는 내용주에서 기술하였습니다.
24	생성형 AI를 활용한 방법(입력한 프롬프트의 내용과 순서 등)을 본문 또는 내용주에 기술하였습니다.
25	생성형 AI의 생성물을 참조할 때, 내가 작성한 부분과 AI 도구를 활용한 부분을 다른 사람이 구분할 수 있도록 작성하였습니다.
26	생성형 AI의 생성물을 참조할 때, 적절한 인용 양식에 따라 참조 표시를 하였습니다.
27	생성형 AI의 생성물을 참조할 때, 글 뒤에 활용 내역을 따로 첨부하였습니다.
쓰기 후 단계 – 평가 글쓰기 과정 전체에서 글쓰기의 주도성을 유지하기	
28	글쓴이의 문제의식과 주장이 분명하게 드러나도록 글을 완성하였습니다.
29	주제 선정, 개요 작성, 초안 작성, 수정 등 각 글쓰기 단계에서 글쓴이로서 한 선택과 그 이유를 설명할 수 있습니다.
30	주제 선정, 개요 작성, 초안 작성, 수정 등 각 글쓰기 과정에 관한 기록물들을 제시할 수 있습니다. (메모, 개요, 각 단계의 원고들, 손이나 컴퓨터로 쓴 초안들, 동료나 다른 검토자의 피드백 등)
31	어떤 과정을 거쳐 과제를 수행하였는지 알 수 있도록 여러 버전의 파일을 저장하였습니다.
32	인용문을 제외한 나머지는 글쓴이가 작성하고 수정하였습니다.

연구 결과

1) 1차 델파이 결과

1차 델파이 응답 조사 결과, 전체 문항의 신뢰도는 0.908로 높게 나타났고, 각 문항들도 안정도의 기준(0.8 이하)을 모두 만족하였다. 이는 본 연구의 1차 델파이 조사 결과가 유의미하며 신뢰할 수 있음을 의미한다.

전문가 패널의 수가 16명이므로, 로쉬(Lawshe)의 내용 타당도 비율(CVR)에 따라 기준값은 0.49 이상이 된다.[24] 이 값을 만족하지 않는 항목은 11번과 31번으로, 각각 0.375과 0의 값이 도출되었다. 11번의 문항은 '개요를 작성해 달라는 프롬프트를 사용하지 않았습니다'이며, 31번의 문항은 '어떤 과정을 거쳐 과제를 수행하였는지 알 수 있도록 여러 버전의 파일을 저장하였습니다'였다. 다음으로 1사분위수와 3사분위수의 차이를 통해 전문가 집단의 의견이 어느 정도 합일점을 찾아가고 있는지를 판단하는 합의도와 수렴도의 값을 도출하였다. 29개의 문항이 합의도의 기준(0.75 이상)과 수렴도의 기준(0.5 이하)을 만족하였으나, 마찬가지로 11번과 31번이 기준에 부합하지 않았다. 각각 합의도는 0.56과 0.14로, 수렴도는 1과 1.5로 도출되었다. 이는 두 항목의 경우, 작성된 내용이 타당한지에 대한 전문가들의 의견이 분분했다는 점을 의미한다.

연구팀은 필자의 자율성이 지나치게 제한될 우려가 있다는 수정 의

24 Lawshe, C. H., "A quantitative approach to content validity", *Personnel Psychology* 28, 1975, pp. 563-575.

견을 고려하여 11번과 31번의 항목을 삭제하는 것으로 폐쇄형 문항 결과를 반영하였다. 또한 개방형 설문의 응답으로 제시된 전문가들의 의견을 적극적으로 수렴하고자 했다. 개방형 설문의 응답을 반영하는 과정에서 11번, 31번 외에 2, 4, 5, 9, 12, 14, 15, 18, 19, 21, 23, 30의 12문항이 더 삭제되었다. 이 항목들은 다른 항목을 통해 충분히 확인이 가능하거나(4, 5, 14, 15, 18, 19, 23, 30) 개념에 대한 상세한 보충 설명이 없는 상태에서는 학습자가 자율적으로 이해 및 판단을 하기 어려운 경우(2, 9, 12, 21)에 해당하였다. 자기평가 항목이 지나치게 많아도 학생들이 활용하기가 어려울 수 있다. 따라서 중복되거나 다른 항목과 변별이 어려운 항목들을 서로 통합함으로써 전체 항목의 개수를 줄였다. 그 외에 표현이 모호한 것을 보다 분명히 서술하고 이해를 돕기 위해 구체적인 예시를 추가하였다. 수정 의견을 반영하여 연구팀이 추린 18개의 문항은 다음과 같다. 이에 관해 2차 델파이 조사를 실시하였다.

[표 3] 1차 델파이 개방형 응답 반영

1차	수정 전	수정 의견	수정 후	2차
쓰기 전 단계 글쓰기에 앞에 생성형 AI와 교과목 학습 규칙에 대해 파악하기				
1	사용하고자 하는 생성형 AI 관련 개인 정보와 저작권 문제를 확인하였습니다.	'개인 정보와 저작권 문제' 라는 표현이 모호함.	**활용하고자 하는 생성형 AI의 개인정보 유출과 저작권 침해의 가능성을 확인하였습니다.**	1
2	사용하고자 하는 생성형 AI 관련 데이터 편향 문제를 확인하였습니다.	'데이터 편향'에 대한 보충 설명이 필요함.	삭제	

1차	수정 전	수정 의견	수정 후	2차
3	글쓰기에서의 생성형 AI 사용에 대한 강의계획서 항목과 공지사항을 확인하였습니다.	'강의계획서 항목과 공지사항'이라는 표현이 모호함.	**글쓰기에서의 생성형 AI 활용에 관한 교과목의 규칙을 확인하였습니다. (예: 강의계획서의 관련 항목, 과제 공지사항, 교수자와의 개별 상의 등)**	2
4	글쓰기에서의 생성형 AI 사용을 교수자에게 허락받았습니다.	3번 항목으로 확인 가능함.	삭제	
5	생성형 AI가 사용 중인 글쓰기 도구에 통합되어 있는지 확인하였습니다. (MS Office의 Copilot 등)	6번 항목으로 확인 가능함.	삭제	
6	생성형 AI가 글쓰기 도구에 통합되어 있다면, 자동 생성 기능이 비활성화되어 있는지 확인하였습니다.	'활성화 여부를 파악'하는 표현이 더 중립적임.	**(사용 중인 문서편집 도구에 생성형 AI가 통합된 경우) 문서편집 도구의 AI 기능 활성화 여부를 확인하였습니다.**	3
쓰기 단계 – 생성 글쓰기 과정에서 생성형 AI를 적절하게 활용하기				
7	글쓰기에 생성형 AI를 활용하는 목적을 설명할 수 있습니다.	표현이 모호함.	**글쓰기에 생성형 AI를 활용하는 목적을 명확하게 설명할 수 있습니다. (예: 1차 자료로 사용, 브레인스토밍에 활용, 반대 의견 생성에 활용 등)**	4
8	생성형 AI를 활용할 단계를 미리 결정하였습니다.	'미리'의 표현이 모호함.	**글쓰기 과정 중, 생성형 AI를 활용할 단계를 미리 결정하였습니다. (예: 브레인스토밍 단계에서 활용 등)**	5
9	생성형 AI를 활용할 범위를 미리 결정하였습니다.	'활용할 범위'에 대한 보충 설명이 필요함.	삭제	
10	생성형 AI를 활용하는 경우, "어떤 주제로 어떤 길이의 보고서를 작성해 달라"는 식의 직접적인 프롬프트를 사용하지 않았습니다.	(의견 없음)	**"어떤 주제로 어떤 길이의 보고서를 작성해 달라"는 식의 직접적인 프롬프트를 사용하지 않았습니다.**	6
11	개요를 작성해 달라는 프롬프트를 사용하지 않았습니다.	개요 작성 단계에서도 생성형 AI를 활용할 수 있음.	삭제	
12	직접 검토해야 하는 자료의 내용을 묻거나 요약을 요청하는 프롬프트를 사용하지 않았습니다.	'직접 검토해야 하는 자료'가 무엇인지 설명이 필요함.	삭제	

1차	수정 전	수정 의견	수정 후	2차
13	더 좋은 생성물을 얻기 위해 프롬프트를 연구하였습니다.	'더 좋은 생성물'의 표현이 모호함.	**원하는 결과를 얻기 위해 더 효과적인 프롬프트를 고민하였습니다. (예: 질문 구체화, 연속적인 질문 등)**	7
14	단일 프롬프트가 아닌 여러 개의 연속된 프롬프트를 활용하였습니다.	13번 항목으로 확인 가능함.	삭제	
15	생성형 AI 활용 기록을 저장하였습니다. (화면 이미지, 텍스트 사본, 생성물의 링크 등)	27번 항목으로 확인 가능함.	삭제	
쓰기 단계 – 확인 생성형 AI의 생성물에 대해 충분히 확인하기				
16	생성물에 포함된 사실이 실제에 부합하는지 다른 경로로 확인하였습니다.	'다른 경로'의 표현이 모호함.	**생성물에 포함된 정보가 사실에 부합하는지를 다른 경로로 확인하였습니다. (예: 학술논문, 정부 공식 문서, 비교적 신뢰할 수 있는 언론의 기사 등)**	8
17	생성물에 포함된 출처가 실제로 존재하는지 확인하였습니다.	'실제로 존재'의 표현이 모호함.	**생성물에 포함된 출처의 실재 여부를 직접 확인하였습니다.**	9
18	생성물에 소개된 자료를 직접 검토하였습니다.	16번, 17번 항목으로 확인 가능함.	삭제	
19	생성물에 제시된 관점과 다른 관점에 대해 알아보려는 노력을 기울였습니다.	20번 항목으로 확인 가능함.	삭제	
20	생성물의 관점이 한쪽으로 치우쳐져 있지 않은지, 특정 집단을 배제하거나 편견을 담은 내용이 포함되어 있지 않은지 확인하였습니다.	(의견 없음)	**생성물에 특정 집단을 배제하거나 편견을 담은 내용이 포함되어 있지 않은지 확인하였습니다.**	10
21	생성물 중 필요한 내용을 선별하여 글쓰기에 활용하였습니다.	'필요한 내용'이 무엇인지 설명이 필요함.	삭제	
22	생성물을 비판적으로 참조하였습니다.	'비판적'의 표현이 모호함.	**생성물의 관점을 그대로 수용하지 않고 비판적으로 참조하였습니다. (예: 다른 관점의 탐색 등)**	11

1차	수정 전	수정 의견	수정 후	2차
		쓰기 단계 – 참조 표시 생성형 AI 활용에 관해 충실히 참조 표시하기		
23	생성형 AI 활용 사실을 본문 또는 내용주에서 기술하였습니다.	24번 항목과 통합이 가능함.	삭제	
24	생성형 AI를 활용한 방법(입력한 프롬프트의 내용과 순서 등)을 본문 또는 내용주에 기술하였습니다.	23번 항목과 통합이 가능함.	**생성형 AI 활용 내역을 본문 또는 내용주에 기술하였습니다. (예: 입력한 프롬프트의 내용과 순서 등)**	12
25	생성형 AI의 생성물을 참조할 때, 내가 작성한 부분과 AI 도구를 활용한 부분을 다른 사람이 구분할 수 있도록 작성하였습니다.	'다른 사람'의 표현이 모호함.	**글쓴이가 직접 작성한 부분과 생성형 AI의 생성물을 참조한 부분을 읽는 이가 구분할 수 있도록 표시하였습니다.**	13
26	생성형 AI의 생성물을 참조할 때, 적절한 인용 양식에 따라 참조 표시를 하였습니다.	'적절한 양식'의 표현이 모호함.	**생성형 AI의 생성물을 참조한 부분에 권장 양식으로 참조주를 달았습니다.**	14
27	생성형 AI의 생성물을 참조할 때, 글 뒤에 활용 내역을 따로 첨부하였습니다.	'활용 내역'의 보충이 필요함.	**(생성물의 공유용 링크가 없는 경우) 글 뒤에 생성형 AI 활용 내역을 따로 첨부하였습니다. (예: 화면 이미지, 텍스트 사본 등)**	15
		쓰기 후 단계 – 평가 글쓰기 과정 전체에서 글쓰기의 주도성을 유지하기		
28	글쓴이의 문제의식과 주장이 분명하게 드러나도록 글을 완성하였습니다.	'문제의식'이 어떠해야 하는지의 표현이 모호함.	**글에 글쓴이의 독창적인 문제의식이 분명하게 드러나도록 작성 및 수정하였습니다.**	16
29	주제 선정, 개요 작성, 초안 작성, 수정 등 각 글쓰기 단계에서 글쓴이로서 한 선택과 그 이유를 설명할 수 있습니다.	(의견 없음)	**주제 선정, 개요 작성, 초고 작성, 수정 등 글쓰기의 각 단계에서 글쓴이로서 했던 고민과 선택에 대해 설명할 수 있습니다.**	17
30	주제 선정, 개요 작성, 초안 작성, 수정 등 각 글쓰기 과정에 관한 기록물들을 제시할 수 있습니다. (메모, 개요, 각 단계의 원고들, 손이나 컴퓨터로 쓴 초안들, 동료나 다른 검토자의 피드백 등)	29번 항목으로 확인 가능.	삭제	

1차	수정 전	수정 의견	수정 후	2차
31	어떤 과정을 거쳐 과제를 수행하였는지 알 수 있도록 여러 버전의 파일을 저장하였습니다.	글쓰기 방식과 관련된 것이라 크게 중요하게 생각되지 않음.	삭제	
32	인용문을 제외한 나머지는 글쓴이가 작성하고 수정하였습니다.	글의 전반을 다듬기 위해 활용하는 경우도 포함해야 함.	**생성형 AI가 제안한 내용(맞춤법, 표현 수정 등)을 적용하는 과정에서 글쓴이로서 충분히 숙고하여 결정하였습니다.**	18

2) 2차 델파이 결과

응답하지 않은 4와 14번의 전문가를 제외하고, 2차 델파이는 14명의 전문가 패널을 대상으로 하였다. 수정된 18개의 자기평가 항목 모두 안정도(0.8 이하), 합의도(0.75 이상), 수렴도(0.5 이하)의 기준을 만족하였다. 안정도는 0과 0.12 사이의 값을 나타냈으며, 수렴도는 0, 합의도는 1로 수렴하였다. 또한 로쉬에 따르면, 전문가가 14명인 경우의 내용 타당도 비율(CVR) 기준값은 0.51 이상이 된다.[25] 내용 타당도 또한 모든 항목의 값이 0.857과 1 사이로 나타나 기준을 만족하였다.

사실상 2차 델파이 조사에서 14명의 전문가는 18개의 항목에 대해 대부분 5점을 주었고, 일부만 3과 4점으로 응답하였다. 따라서 모든 항목이 안정도, 합의도, 수렴도, 내용 타당도의 주요 네 기준을 충분히 만족하고 있으며, 이는 수정된 18개의 항목이 모두 타당하며 전문가들 간의 의견도 일치하고 있음을 의미한다. 다만 이렇듯 전문가들 간의 응답 편차는 적게 나타나 전체적인 신뢰도는 0.464로 상대적으로 낮게 나타났다. 이는 응답 총점이 모두 84와 90 사이에 분포하여 그 분산이

25 Ibid.

적었기 때문이다.

2차 델파이에서는 각 항목별로 개방형 응답을 받기보다는 마지막의 추가 의견란을 통해 종합적인 의견을 수렴하였다. 여러 의견들은 다른 관점과 우려들을 재차 점검하는 기회가 되었지만, 연구팀의 숙고를 통해 표현상의 차원만을 일부 다듬었다.

[표 4] 2차 델파이 개방형 응답 반영

2차	수정 전	수정 후
6	"어떤 주제로 어떤 길이의 보고서를 작성해 달라"는 식의 직접적인 프롬프트를 사용하지 않았습니다.	**직접적으로 과제 작성을 요청하는 프롬프트를 사용하지 않았습니다. (예: "어떤 주제로 어떤 길이의 보고서를 작성해줘.")**
16	글에 글쓴이의 독창적인 문제의식이 분명하게 드러나도록 작성 및 수정하였습니다.	**글쓴이의 독창적인 문제의식이 분명하게 드러나도록 글을 작성 및 수정하였습니다.**
18	생성형 AI가 제안한 내용(맞춤법, 표현 수정 등)을 적용하는 과정에서 글쓴이로서 충분히 숙고하여 결정하였습니다.	**생성형 AI가 제안한 내용(맞춤법, 표현 수정 포함)의 적용 여부를 글쓴이로서 충분히 숙고하여 결정하였습니다.**

3) 활용 방안

본 연구에서 개발된 자기평가 항목은 강좌 성격과 교육 상황에 따라 변형하여 활용할 수 있다. 예컨대 전체 학생에게 자기평가 항목을 교육할 수 있다. 그러나 학생이 과제 작성에 생성형 AI 활용을 원하는 경우에만 자기평가를 자율적으로 완수하고 과제에 해당 내용을 첨부하도록 지도할 수도 있다. 전체 학생에게 자기평가 항목을 제시하는 경우에는 모든 학생에게 생성형 AI의 올바른 활용에 대한 교육 효과를 기대할 수 있다. 하지만 이로 인해 학습자에게 생성형 AI 활용에 대한 과도한 관심이 촉발되거나 활용을 권장하는 의미로 받아들여질 수 있다는 점에서 주의가 필요하다. 자기평가 항목을 일부 학생에게 선택적으로 제시하는 경우에는 해당 학생들에게 자기평가 항목에 대한 충분한 교육이 이루어지기 어렵다. 따라서 동영상 자료 등을 개발하여 활용하는 것이 바람직하다. 즉 AI 활용 시의 윤리에 대한 교육이 제한적으로 이루어진다는 한계가 있다.

본 연구에서 시행한 델파이 조사 개방형 문항 응답 가운데는 이 자기평가 항목이 교육에 효과적으로 활용되기 위해서는 주요 인용 양식 개정 내용 소개, 권장 인용 양식 제공 등이 함께 이루어져야 한다는 의견이 있었다. 대학에 따라 기초 글쓰기 강의 커리큘럼과 교재가 상이하므로, 개발물의 활용 여부와 방식은 교수자의 전반적인 강의 운영 방침과 기존 교육 내용, 그리고 윤리 교육에 대한 관심도 등에 따라 얼마든지 달라질 수 있다. 일반적인 대학 글쓰기 교육 과정에서 활용 가능한 교육자료의 형태를 예시하면 다음과 같다.

권장 출처 표시 양식

1. 각주 양식

"프롬프트 문장"에 대한 답변, 생성형 AI 이름(버전 또는 배포 날짜), 개발사, 활용 날짜, 생성물 링크.

예: "생성형 AI 도구를 윤리적으로 활용하는 방법은 무엇인가?"에 대한 답변, 챗GPT(2023.2.13. 버전), OpenAI, 2023.7.7., https://chat.openai.com/chat.

2. 내주 양식

(생성형 AI 이름, 활용 날짜)

예: (챗GPT, 2023.7.)

※ 현재 대부분의 학술지에서는 생성형 AI를 저자로 인정하지 않고 있습니다. 생성형 AI는 작성한 글에 책임을 질 능력이 없기 때문입니다. AI의 생성물은 개인 통신문으로 간주되어 참고문헌에 포함하지 않도록 권고되는 것이 일반적입니다.

■ 위 권장 양식의 각주의 저자명 위치에도 생성형 AI의 이름을 넣지 않고 있습니다. 내주에서 생성형 AI 이름을 적는 것도 문헌의 저자명으로서가 아니라 개인 커뮤니케이션에서의 대상을 밝힌다는 의미를 지니고 있습니다.

- 본래 내주 양식에서는 참고문헌에서 상세 출처를 밝히도록 되어 있지만, 위와 같은 이유로 AI 생성물의 경우 참고문헌에는 포함하지 않고 내주 양식으로 작성된 글에서도 각주나 미주를 달아 상세 출처를 밝힙니다.
- 일부 생성형 AI에서는 고유 링크가 제공되므로 다른 사용자들이 생성물에 접근할 수 없습니다. 이러한 경우에는 본문이나 내용주에서 생성 AI 활용 목적과 과정을 상세하게 밝혀 적고, 참조주에서는 위와 같이 프롬프트, 도구 이름, 개발자명, 활용 날짜, 생성물 주소 등을 포함하여 출처 표시를 하는 것이 바람직합니다. 필요시 글 뒤에 부록으로 생성 AI 활용 기록을 첨부하는 것이 좋습니다.
- 최근에는 거의 모든 생성형 AI에 공유용 링크를 생성하는 기능이 추가되었습니다. 따라서 가능한 경우에는 출처를 표기할 때 공유용 주소를 밝혀 적을 것을 권장합니다.

또 생성형 AI에 대한 기초 지식이 부족한 학생을 위한 교육자료, 프롬프트 엔지니어링 관련 교육자료 등 기초·심화 교육자료가 함께 개발될 필요가 있다는 제안도 눈에 띄었다. 생성형 AI 시대 글쓰기 윤리의 준수를 위해서는 장기적으로 프롬프트 사용 등을 포함한 생성형 AI 리터러시 교육이 함께 이루어지는 것이 바람직하다. 예컨대 학습자는 강의에서 제시된 글쓰기 과제를 그대로 AI나 응용 애플리케이션에 입력하는 것을 지양하고 스스로 프롬프트 활용 능력을 계발해야 하며, 생성물을 그대로 활용하기보다는 추가 프롬프트를 적용해 결과를 개선하고자 노력해야 한다. 이미 온라인 학습자료로 글쓰기 과정에서 활용할 수 있는 추천 프롬프트 목록을 제공하고 있는 해외 대학도 있다. 그러나 이는 글쓰기의 각 단계에서 어디까지 생성형 AI 활용이 허용되는가 하는 것과 관련되어 있기에, 그야말로 쉽게 결정하기 어렵다. 여러 전문가의 견해가 제시되고 논의가 이루어진 후에 결정될 것으로 본다. 따라서 이 내용은 이번 연구에서는 본격적으로 다루지 않았으나, 앞으로 교육 사례 보고가 축적되면 앞으로는 이를 포함한 총체적인 교육 방안이 작성될 것으로 기대한다.

맺음말

본 연구에서는 생성형 AI 시대 글쓰기 윤리의 자기평가 항목을 작성, 학생들이 자율적으로 활용할 수 있는 교육자료로 개발하는 것을 목표로 삼았다. 먼저 다양한 자기평가 항목을 수집한 다음, 델파이 방법을 통해 각 항목의 타당성 여부에 대한 합의를 도출하고, 그 결과에 바탕을 두고 필수적인 항목을 선별하였다.

연구 과정에서 생성형 AI 기술이 계속해서 발전하고 학업 글쓰기 윤리에 관한 논의가 그 속도를 따라잡지 못하는 과도기에 글쓰기 교육 담당자들의 합의 과정 자체가 갖는 의미를 새삼 확인할 수 있었다. 각급 기관이나 학교에서 발표하는 학생들의 생성형 AI 활용 이슈 관련 정책이나 가이드라인은 대개 포괄적이고 추상적이다. 반면 교육 현장의 경험과 고민을 바탕으로 교육자들이 구체적인 글쓰기 상황을 고려하여 학생 필자의 자기 점검 항목을 작성하고 윤리적 합의를 도출해가는 델파이 조사 과정은 다양한 윤리 감각의 경합을 보이고 향후 논의의 의제를 구체화한다는 점에서 유의미하였다. 예컨대 직접적인 과제 작성 요청 금지 항목에 관한 소수 의견으로 결과물을 어떻게 활용할지 모르기 때문에 특정 프롬프트를 금지하는 것이 과도하다는 견해가 제출되었다는 점은 향후 생성형 AI 시대 글쓰기 윤리 논의가 프롬프트 사용 단계로 진전되어야 한다는 사실을 시사하였다.

이 연구는 처음으로 생성형 AI 등장 이후 글쓰기 윤리의 변화를 구체적으로 논의하였다는 점에서 의의를 지닌다. 또 그 결과물은 향후 학생들의 자율적인 생성형 AI 도구 활용 시의 윤리 준수를 위해 활용될 수 있을 것으로 기대된다. 그러나 활용도를 고려하여 자기평가 항목을 생성하다 보니, 생성형 AI의 제한적 허용이라는 다소 보수적인 입장에서게 되었다는 점은 한계로 남는다. 후속 연구에서 윤리 변화의 추이를 고려하여 보다 유연한 교육 내용이 제안될 수 있을 것이다. 또 생성형 AI '활용' 교육과 '윤리' 교육을 통합하여 건전한 활용 방안을 제안하는 종합적 'AI와 글쓰기' 교육이 모색될 수 있을 것으로 기대한다.

제3부

사례 연구와 소개

인컨텍스트 러닝을 통한 챗GPT의 문학교육적 활용 방안에 대한 연구*

— 윤곤강 『동물시집』의 교육용 교안 설계 과정을 중심으로

김태형**

제프리 힌턴의 딥러닝 방법론 제언[1] 이후 급속도로 가속된 AI 기술 발전은 이제 공학 분야를 넘어 인문학·교육학 등 사회 전반에 영향을 미치고 있다. 특히 프롬프트(명령문) 입력→AI 연산 기반 출력의 과정으로 구성되는 챗봇 스타일의 거대언어모델 기반 대화형 인공지능의 약진이 두드러지고 있는데, 이러한 기조에 발맞춰 한국 기업들 역시 빠르게 발전하는 인공지능 기반 모델을 바탕으로 한국어 교육·활용을 위한 시도를 거듭하고 있다. 일례로 카카오브레인에서 개발·제공하고 있는 KoGPT는 미국 인공지능 개발사 Open AI가 개발한 회귀형 언어모델 GPT-3의 한국어 특화 버전으로서 기존 GPT-3보다 더 나은 한국어 프롬프트 처리 기능을 목적으로 개발되었다.

GPT-3를 위시한 거대언어모델 기반 인공지능은 사회 각 부문에서

* 이 글은 『후마니타스 포럼』 10호(후마니타스 교양교육연구소, 2024)에 게재된 논문을 수정·보완했다.

** 경희대학교 K-컬처·스토리콘텐츠연구소 전임연구원.

1 LeCun, Y.·Bengio, Y.·Hinton, G., "Deep learning," *Nature* 521, 2015, pp. 436-444.

그 영향을 넓혀가고 있다. 일례로 AI를 기반으로 제작된 실감형 인터랙티브 콘텐츠 "영원한 증언"은 기술을 통해 역사적 사실에 대한 증언이 죽음이나 부재를 극복할 수 있음을 확인케 했으며, KoGPT를 기반으로 개발된 시 창작 인공지능 SIA는 시집 『시를 쓰는 이유』[2]를 발간하며 충분한 학습과 적절한 목표 지정이 제시될 경우 인공지능 또한 인간과 유사한 수준의 창작물을 출력할 수 있다는 것을 증명한 바 있다. 물론 이는 단순한 외형적 측면에서의 재현에 지나지 않으며, "형식의 교육에 따른 형식의 모방"[3]이라는 비판을 벗어날 수 없다는 한계를 가지고 있어 '인공지능에 의한 인간 역할 대체'의 유의미한 사례로 보기는 어렵다.

2022년 11월에 공개되어 2023년 8월 기준 14억 명[4]이 이용하고 있는 대화형 인공지능 챗GPT의 경우에도 그 상황은 크게 다르지 않다.

---

2 슬릿스코프·카카오브레인, 『시를 쓰는 이유』, 리멘워커, 2022.

3 김태형, 「인컨텍스트 러닝을 통한 챗GPT의 시적 표현 해석 가능성 연구 – 윤곤강 『동물시집』에 나타난 우화시를 중심으로」, 『리터러시연구』 제14권 4호, 한국리터러시학회, 2023, 98쪽.

4 similarweb, https://www.similarweb.com/website/chat.openai.com/#overview [최종 검색일: 2023.10.01.]

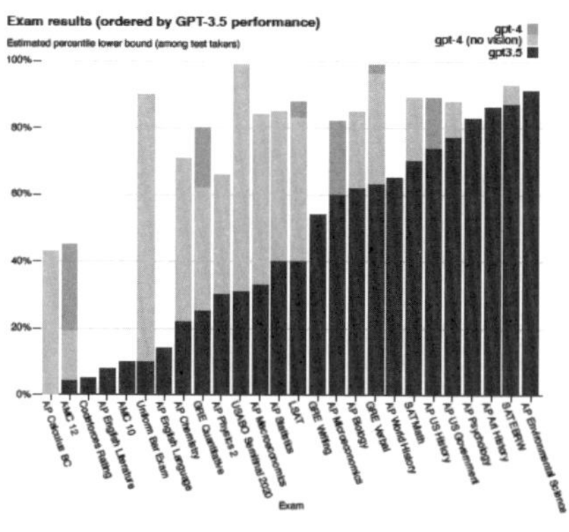

챗GPT가 활용하고 있는 언어모델은 GPT-4로 상술한 GPT-3에 비해 유의미한 성능 발전을 이루었으나[5] 사전 학습 모델과 구축 방식 및 학습자료 등을 공개하지 않아 KoGPT와 같은 추가적인 교육 모델링이 불가능하고, 제한적인 토큰(입력 정보량 단위) 입력을 통한 인컨텍스트 러닝 방식의 단기 교육만이 가능한 까닭에 성능 대비 활용의 범주에 한계가 존재하는 것이다.

그러나 이러한 한계점에도 불구하고 챗GPT의 활용도 및 발전 가능성에 대한 연구가 다방면에서 시도되고 있다. 이는 생성형 AI가 갖는 범용성에 대한 기대값이 높기 때문으로, 최근 교육학 분야에서 챗GPT 활용 연구가 활발한 것 역시 각 교과별 특성이 뚜렷하고 개별 학생에 대한 대인 피드백이 필수적인 교육학의 성질에 생성형 AI의 범용성이 효과적으로 기능할 것이라는 판단이 작용한 것으로 판단된다.

장혜지·조효정[6]의 조사에 따르면 챗GPT 공개 이후인 2022년 12월부터 2023년 5월까지 약 6개월간 발표된 "챗GPT의 교육적 활용에 대한 초기 연구"는 70여 편에 달한다. 챗GPT를 비롯한 생성형 AI가 공통적으로 내포하는 표절의 가능성이나 학업 성실성 하락 등의 문제점에도 불구하고, 챗GPT의 교육적 활용 가능성에 대한 다양한 논구가 이

---

5 Open AI가 arXiv에 기고한 리포트에 따르면, GPT-4는 GPT-3의 상위 모델인 GPT-3.5에 비해 탁월한 문제 해결 능력을 갖추고 있음을 확인할 수 있다. (Open AI, "GPT-4 Technical Report", arXiv, Cornell University, https://doi.org/10.48550/arXiv.2303.08774, 등록일: 2023.03.27, 6쪽.)

6 해당 논고에서는 PRISMA(Preferred Reporting Items for Systematic Reviews and Meta-Analyses) 절차에 따라 ① 검색(Identification) ② 선별(Screening) 단계를 거쳐 총 219편 중 72편을 "챗GPT의 교육적 활용에 대한 초기 연구"로 정의하였다. (장혜지·조효정, 「챗GPT의 교육적 활용 관련 연구 동향 및 주제 분석」, 『교과교육학연구』 제27권 4호, 이화여자대학교 교과교육연구소, 2023, 391쪽.)

루어지고 있다는 것은 향후 교육 현장에서 생성형 AI를 통한 미래 교육 환경 구축을 기대하고 있는 까닭으로 보인다. 특히 챗GPT의 교육적 활용 방안 연구가 시기상 초기 단계인을 감안할 때, 해당 연구가 특정 교육 분야에 편향되지 않고 다양한 방향에서 그 효용이 연구되고 있다는 점은[7] 교육학 연구에서 생성형 AI 발전에 갖는 관심을 대변하는 것이라 판단할 수 있을 것이다.

한편 문학 연구 분야에서의 챗GPT 활용 가능성 역시 다양한 측면에서의 접근이 이루어지고 있는데, 최근에는 챗GPT의 문학적 분석·재현 가능성에 대한 연구들이[8] 부각되고 있다. 해당 부류의 논고에서 중점적으로 분석하고자 하는 것은 "챗GPT가 시적 표현을 이해·분석·재현할 수 있는가?"에 대한 논의였다. 이러한 과정을 통해 챗GPT에 대해

---

7 [표] The result of systematic literature review (장혜지 · 조효정, 앞의 글, 392쪽.)

분석 범주	분석 기준	논문 수(%)	분석 범주	분석 기준	논문 수(%)
발표 시기	2022년 12월	0(0%)	대상 학교급	특정되지 않음	22(30.6%)
	2023년 1월	4(5.6%)		유아교육	1(1.4%)
	2023년 2월	5(6.9%)		초등교육	3(4.2%)
	2023년 3월	21(29.2%)		중등교육	4(5.6%)
	2023년 4월	29(37.5%)		고등교육	42(58.3%)
	2023년 5월	15(20.8%)	연구된 분야	특정되지 않음	18(25.0%)
연구 유형	개념 연구	36(50.0%)		의학 · 간호교육	16(22.2%)
	문헌 연구	2(2.8%)		언어교육	13(18.1%)
	인간 대상 실증 연구	9(12.5%)		과학교육	8(11.1%)
				관광교육	3(4.2%)
	챗GPT 대상 실증 연구	19(26.4%)		공학교육	3(4.2%)
				미디어/영상교육	2(2.8%)
	인간/챗GPT 대상 실증 연구	6(8.3%)		수학교육	2(2.8%)
				기타	7(9.7%)

8 김태형, 앞의 글; 김태형·박성준, 「챗GPT를 활용한 AI 시인의 구현(2) – 'AI 이육사'의 생성과 시적 대화의 가능성을 중심으로」, 『국제언어문학』 제55권, 국제언어문학회, 2023; 김남규, 「챗GPT와 시의 리듬」, 『한국시학연구』 제74권, 한국시학회, 2023; 박성준, 「'AI 이육사' 실현 가능성에 대한 시론(1) – 인공지능과 문학적 담화 기능 구축 사례 제언」, 『한국문예창작』 제22권 2호, 2023; 허준행, 「인공지능 시대, 한국 현대시 연구의 과제와 전망 – 생성형 인공지능 챗GPT를 중심으로」, 『한국시학연구』 제74권, 한국시학회, 2023.

확인한 내용을 정리하면, ① 학습을 통해 교양적 수준의 문학 텍스트를 출력할 수 있으며[9] ② 문학적 표현을 일부 이해하며 시적 대화의 가능성이 확인되고[10] ③ 일부 시적 수사법에 대한 교육이 가능하며, 교육을 통해 더 수준이 높은 내용을 출력할 수 있으면서[11] ④ 통사적 분절과 시행 분절을 일치시키는 단계에 도달했다는 사실을 확인할 수 있다.[12]

즉, 챗GPT는 대화형 인공지능 및 생성형 AI가 갖는 할루시네이션, 입력 토큰 제한 등의 문제와 추가적인 딥러닝 교육의 부재 등의 고질적인 문제점을 갖는다. 이 글 역시 생성형 AI가 갖는 한계에 대한 완전한 극복을 논의하려 한다기보다는 점차 가속화되는 생성형 AI 발전[13]에 발맞추어 연속적으로 방법론을 최신화하기 위한 단계 중 하나로 보는 것이 적절할 것이다. 선행 연구에서 확인한 내용 역시 완성된 상황에서의 생성형 AI의 효용을 확인한 것이 아니라 생성형 AI가 현시점에서 발휘할 수 있는 교육 환경 구축 및 텍스트의 문학적 분석·재현 측면 등의 다양한 활용 가능성이라고 볼 수 있다.

이 글에서는 선행 연구에서 확인된 챗GPT의 문학적 분석·재현 능력을 전제로 삼아 생성형 AI를 활용한 문학교육 교안을 설계하고 그

---

9 박성준, 앞의 글, 114쪽.

10 김태형·박성준, 앞의 글, 87쪽.

11 김태형, 앞의 글, 121쪽.

12 김남규, 앞의 글, 40쪽.

13 제프리 힌턴이 딥러닝 방법론을 제언한 2006년 이후 GPT-1이 발표되는 2018년까지는 16년의 기간이 필요했으나, GPT-1에서 언어모델이 급격하게 확장되어 기능이 향상된 GPT-3의 발표까지는 단지 2년의 기간만이 필요했다. 다시 2년 이후 발표된 GPT-4는 모든 면에서 GPT-3보다 압도적인 성능을 가진 생성형 AI임이 확인되었으며, 발표 이후 1년이 조금 지난 2024년 시점에서 개발사 Open AI는 GPT-5의 발표를 앞두고 있다.

활용 가능성을 논구하고자 한다. 이는 현재 시점에서의 챗GPT를 통한 문학교육의 범주를 확장하고, 나아가 향후 모델링 교육이 가능해진 시점에서의 챗GPT 기반 문학교육 교안이 어떤 방향성을 가지고 기능할 수 있는가에 대한 지표가 될 수 있을 것이다. 또, 본 연구에서 설계한 교안을 직접 적용하는 후속 연구를 통해 챗GPT 및 생성형 AI가 문학교육에서 실질적으로 활용되는 양상과 개선 요구 사항 등을 파악할 수 있을 것이라 기대한다.

이번 연구를 통해 이 글이 논구하고자 하는 사항은, ① 챗GPT의 문학 분석·재현 능력에 기반한 문학교육적 활용 방안 고찰, ② 실질적 교안 설계 과정 분석을 통한 향후 활용 가능성 가늠, ③ 근대 문인 교육에 있어 챗GPT 활용 교안의 실용성 파악이다. 앞선 연구를 통해 일부 한계에도 불구하고 챗GPT가 일정 수준의 문학 분석·재현이 가능하며, 이육사·윤곤강 등 사전 교육이 이루어지지 않은 문인을 주제로 삼을 때에도 문학적 대화 혹은 시적 수사법 분석 등을 진행할 수 있다는 사실을 확인할 수 있었다. 또, 챗GPT는 학습자 개개인의 프롬프트에 개별적으로 상호작용할 수 있다는 생성형 AI의 특성을 공유하며, 이는 곧 개인에 맞춘 학습 경험 제공이[14] 가능하다는 것을 의미했다. 또, 임

---

14 변정호·권용주, 「생성적 인공지능의 교육적 활용 방안 탐색: 생물 학습을 위한 챗GPT 활용을 중심으로」, 『Brain, Digital, & Learning』 제13권 1호, 한국교원대학교 뇌기반교육연구소, 2023, 12쪽; 2023년 들어 챗GPT의 개인별 맞춤 학습 경험이 가능하다는 성질에 착안하여 교육에서의 실험 설계(변정호·권용주, 같은 글; 김주인·유훈, 「물리 교육을 위한 챗GPT 활용 방안 탐색: 고등학교와 일반물리 수업 중심으로」, 『현장과학교육』 제17권 3호, 한국현장과학교육학회, 2023 등)나 학습용 자료 추천(이수환·송기상, 「교수학습용 그림 자료 추천 도구로서 챗GPT, Stable Diffusion의 활용 가능성 탐색」, 『한국컴퓨터정보학회 논문집』 제28권 4호, 한국컴퓨터정보학회, 2023 등), 교육 방안 탐색(노대원·홍미선, 「챗GPT 글쓰기 표절 대응과 교육적 활용 전략」, 『국어교육연구』

의의 개인에 의해 인컨텍스트 러닝이 진행된 챗GPT를 타인에게 공유할 수 있으며, 한 번 프롬프트를 입력했더라도 이전 상태로 되돌아가 다른 내용의 프롬프트를 입력할 수 있다는 특징은 챗GPT가 갖는 교육적 효용에 대한 잠재성을 더 높이 평가하게 했다.

이 글은 이와 같이 여러 연구를 통해 확인된 챗GPT의 문학·교육 분야에서의 활용 가능성을 기반으로 문학교육을 위한 교안을 설계하고, 이를 수정·보완하는 과정을 통해 생성형 AI의 문학교육 현장 적용 가능성과 향후 활용 방법을 구체화하고자 한다. 이 글에서는 1930~40년대에 활동한 시인 윤곤강이 1939년에 발표했던 『동물시집』(한성도서주식회사, 1939)을 교안 제작을 위한 텍스트로 삼고자 한다. 이는 교안 작성에 있어 교육 대상이 되는 시집이 ① 시집 전체의 시적 형식이 통일성을 갖추고 있어 한 가지 개념어로 전체 작품을 아우를 수 있을 것, ② 작품이 일반 교양 수준에서 독해될 수 있을 것, ③ 시의 분량이 토큰 입력량에 영향을 끼치지 않을 정도로 길지 않을 것이라는 조건을 만족해야 할 것이기 때문이다. 이러한 입장에서 『동물시집』이 갖는 우화적 특성 및 알레고리적 상징성이 교안의 설계 목적 및 요구 조건에 적절하며, 학생이 입력하는 프롬프트의 제어를 명확하게 할 수 있고 이전 연구에서 인컨텍스트 러닝이 이루어진 텍스트가 존재한다는 점[15]을 고려한 선택임을 밝힌다.

제82권, 국어교육학회, 2023; 서혁, 「독서 사회의 변화와 새로운 독서 교육: 독서 환경의 변화와 교육적 대응을 중심으로」, 『독서연구』 제68권, 한국독서학회, 2023 등) 등이 이루어지고 있다.

15 김태형, 「인컨텍스트 러닝을 통한 챗GPT의 시적 표현 해석 가능성 연구 – 윤곤강 『동물시집』에 나타난 우화시를 중심으로」, 『리터러시연구』 제14권 4호, 한국리터러시학회, 2023.

인공지능과 출판시장

인공지능과의 역학 구도 분석은 물론, 이것에 대한 전망과 비전 마련으로 전 세계가 분주하다. 인공지능을 중심축으로 영역별 관련 시스템과 데이터가 진화와 발전을 거듭하고 있는 상황이어서 특정 현상이나 흐름에 대한 섣부른 판단이 오류가 될 수도 있는 상황이다. 분야별 리더와 실무자들은 긴밀한 소통 속에 이에 대한 현실을 반영하는 가운데 치열하고 발 빠른 현황 분석과 대응책을 마련하고 있다. 출판시장에서도 영역별로 현 상황에 대응하는 전략 마련과 함께 다가올 미래에 대한 준비에 들어간 상황이다.[16]

예술 영역 중 하나인 문학 분야에서의 움직임도 현 흐름의 대열에서 분주하다. 시와 소설이 인공지능을 통해 창작되어 국내외 출판시장에 나오기 시작한 지 이미 오래다. 카테고리별 양적인 차이는 있겠지만, 앞으로 더욱 다양한 문예 창작물이 인공지능을 통해 나올 거라는 사실은 명약관화하다. 이런 상황에서 인공지능 번역의 역할 상용화는 상당 부분 진화 발전되는 가운데 이미 자리를 잡아가고 있다. 문학번역과 출판, 특히 비영어권 문학의 번역과 출판에서 인공지능의

16 한국의 웹소설과 웹툰 출판시장에서는 이미 지각변동이 진행되고 있다. 일례로, 그간 전통적으로 일러스트 작가가 웹소설과 웹툰 타이틀 표지 작업을 해왔는데, 여기에 변화가 일어나고 있는 것이다. 인간이 아닌 인공지능을 통한 표지 작업과 그 결과물들이 이미 시장에 등장하여 유통되고 있다는 사실이다. 그런 배경에 대한 이유 중 하나는 인공지능을 통한 작업이 일러스트 작가를 통해 진행되는 작업 소요 시간과 그에 따른 비용을 크게 줄일 수 있다는 장점이 있다는 사실이다. 다량의 표지 창작물을 빠른 시간 내에 작업해낼 수 있는 인공지능의 역할과 그 유용성을 바탕으로 한 흐름이 대세로 갈 경우, 관련 분야 창작자는 긴장하지 않을 수 없는 상황이다. 그리고 표지에서 더 나아가 본문 일러스트 창작 작업을 인공지능이 본격적으로 가담하게 된다면 그를 둘러싼 해당 업계에서의 긴장감은 더욱 배가될 것이다. (성상민, 〈창작에 손을 뻗친 인공지능, 어떻게 창작자 권리와 맞닿을 수 있는가〉, 《한류 NOW》 55권, KOFICE, 2023-7+8, 18-23쪽 참고.)

역할과 유용성이 주요 이슈로 부상하고 있는 배경도 앞서 살핀 바와 같은 맥락이다.

영국과 미국을 중심으로 한 영미권(English territory) 출판시장으로의 번역 출판 진입장벽이 상대적으로 높은 비영어 권역에서는 인공지능 번역이 더욱 큰 관심사일 수밖에 없다. 국가경쟁력이나 출판경쟁력이 낮고, 유능한 번역자풀이 제대로 갖춰지지 않은 국가(혹은 언어권)에서는 자국어로 된 문학을 비롯한 출판물이 영어로 번역되어 세계 출판시장의 중심인 영미권에서 출판될 수 있는 기회를 확보하는 것은 여전히 쉽지 않은 것이 현실이다. 그것을 확보하는 데에도 물리적 시간은 물론 전략적 정책과 전개가 병행되어야 하는데, 그에 따른 경제적 비용 또한 적잖게 요구되는 등 여러 가지 여건이 갖춰지지 않은 환경에서는 어려울 수밖에 없는 것이 현실이다.

유럽권역 문학이 영미권으로 진출하여 번역출판 되는 것도 쉽지 않은 글로벌 출판 환경에서, 소프트파워(soft power) 경쟁력이 약한 언어권 국가에서 활동하고 있는 작가의 작품들이 영어로 번역되어 영미권은 물론 유럽권역에서 번역·출간되기는 더욱 어렵다. 그런데 인공지능 덕분에 오랜 세월 구조적으로 고착화된 상식에 변화가 오고 있다. 그간 출판시장에서 압도적 우위에 있었던 질서에 변화가 생길 수도 있다는 전망까지 나오는 상황이다. 번역출판과 직접적인 연관성이 있는 것은 아니지만, 인공지능의 역할이 창작 및 제작 영역에 영향을 줄 수 있다는 맥락에서 발생한 사건의 예가 있다. '미국작가조합(Writers Guild of America, WGA)'[17]은 2023년 5월 이후 수 개월간에 걸쳐 노사 협상 조

---

17 미국작가조합(WGA)은 11,500명에 이르는 할리우드 작가들을 대변하는 단체로, 할

건 중 작품 제작을 하는 데 있어 인공지능의 도입을 중단하고 조합 소속 작가가 창작한 것을 인공지능이 학습하지 못하도록 해야 한다는 주장을 하고 나선 것이다. 그만큼 창작 영역에서도 인공지능의 역할과 그것이 가져올 수 있는 기존 질서 파괴에 창작자들이 자신의 영역에 대한 사전 방어와 보호를 위한 움직임을 보이고 있는 것이다.

따라서 본론에서는 인공지능이 세계 출판시장에서 문학번역·출간에 어떤 유용한 역할을 할 수 있을 것인가, 그리고 어떤 한계를 지니고 있는지에 대한 접근으로, 시와 소설 등 문학작품의 일부분을 여러 인공지능 번역기를 통해 번역하고 거기서 나온 결과물을 통해 해당 이슈를 탐색하고자 한다. 이에 앞서 지난 2004년부터 2023년까지 20년 가까운 시간 동안 영어로 번역되어 출간된 한국 문학작품으로 어떤 것들이 있었는지, 그것이 활성화되기까지 어느 정도 시간이 소요됐는지, 그리고 그것이 번역(번역자풀과 번역 작업 시간)과 어떤 상관관계를 지니는지를 함께 살피고자 한다.

리우드 시나리오 작가 다수의 이익을 대변하고 대표하는 단체이다. 이들과 미국감독조합(DGA), 미국배우조합(SAG) 등은 3년마다 미국의 영화 및 텔레비전 제작자 연합(AMPTP)과 협상을 진행하며 근무 및 급여, 처우 등을 개선해왔다. 그중에서도 시기상 미국작가조합이 가장 먼저 협상을 진행해 시장의 변화를 가장 빠르게 반영했다. 미국작가조합의 파업은 2023년 5월 2일 시작하였고, AP통신은 9월 24일(미국 현지시간) 미국작가조합은 조합원들에게 보낸 메시지를 통해 "영화·TV 제작자 연맹(AMPTP)과 잠정 합의에 도달했다"며 "WGA 조합원들의 끈질긴 연대와 피켓 시위에 동참한 이들의 지지가 이를 가능하게 했다"는 소식을 전했다. AMPTP는 넷플릭스, 디즈니, 디스커버리-워너 등 대기업 스튜디오를 대표하는 단체다. 작가조합은 스트리밍 사업에 따른 수익 투명 공개 및 분배, 인공지능(AI) 도입과 관련해 작가들의 권리 보장을 촉구하며 파업을 시작했었고, 배우조합도 7월 14일부터 임금 인상 등을 요구하면서 파업에 가세했었다. 미국작가조합이 요구했던 핵심 두 가지는 넷플릭스로 대표되는 OTT 플랫폼으로 인한 콘텐츠 시장의 변화에 맞춘 보상 인상과 챗GPT로 대표되는 생성형 인공지능에 대한 반발이다.

교안 설계 준비 과정

1) 상황 설정

서론에서 정리한 바와 같이 이 글의 목적은 실제 수업에서 활용 가능한 생성 AI 기반 문학교육 교안 설계이다. 즉, 해당 교안을 활용하게 될 임의의 상황을 설정하고, 해당 상황의 성질을 미리 판단할 필요성이 있다. 본 단계를 진행하기에 앞서 우선적으로 고려해야 할 것은 챗GPT의 기능적 측면이다. 이는 챗GPT가 응답할 수 있는 수준의 프롬프트를 가늠하고, 그 범위를 특정하기 위해 필수적으로 확인해야 할 단계라 할 것이다.

두 번째로 요구되는 것은 해당 교안을 활용할 대상의 수준을 구체화하는 것이다. 해당 교안이 고등교육에서 활용될 것인지, 아니면 그것보다 낮은 단계의 교육에서 활용될 것인지에 따라 대상이 되는 학생들이 입력하는 프롬프트와 요구하는 응답의 수준에 차이가 발생할 것이기 때문이다.

마지막으로 필요한 것은 교안의 세분화 정도이다. 챗GPT의 사전 교육 모델이 공개되지 않는 한 챗GPT에 대한 교육은 셀프 어텐션(Self-Attention)에 기반한 인컨텍스트 러닝 방식에 의존할 수밖에 없고, 이러한 교육 내용은 최대 토큰 입력량[18]을 초과하는 순간 할루시네이션(Hallucination, 대화형 인공지능이 명령문을 명확히 이해하지 못하고 맥락과 동떨어진 답변을 출력하는 현상) 현상과 함께 교육적 기능을 상실하게 될 것이 명

---

18 GPT-4의 최대 토큰 기억 용량은 약 4,096개이며, 이를 한국어 텍스트로 변환하면 최소 1,365자에서 최대 2,048자에 불과하다.

확하다. 즉 단일한 교안으로 하나의 교육 과정을 마무리하는 것은 기술적으로 불가능한 상황이며, 그렇기 때문에 각 교육 단계에 알맞은 교안을 매 시간 배포·활용해야 하는 것이다. 위 내용에 근거하여 필요한 단계를 순차적으로 정리하면 다음과 같다.

(1) 챗GPT의 기능적 측면 점검[19]

(2) 학습자 수준 설정

(3) 교안의 세분화 정도 결정

(4) 수업 진행 계획 결정

2) 단계별 상황 설정

인용했던 이전 연구를 참고할 때, 챗GPT는 (토큰 한계량을 초과하지 않을 시에) 입력된 내용을 기억하고, 이를 이후 대화에도 반영할 수 있었다. 또, 입력되지 않은 내용에 대해서도 셀프 어텐션 기능을 통해 맥락을 판단해 자연스러운 답변을 출력하는 모습을 보였다. 물론 추가적인 딥러닝이 불가능한 상황이므로 단편적인 교육만이 진행되었고, 응답의 수준 역시 교양적인 측면에 그친다는 단점이 있었다는 것은 부정하기 어려운 사항이었다. 즉, 챗GPT를 교안으로 활용한다면 전문적인 전공지식이나 심도 깊은 비평적 접근을 기대하기 어렵다는 것이었다. 이는 이 글에서 대상으로 삼는 학습자의 수준이 학부 전공자 미만의 단계에서 결정되어야 한다는 것을 나타낸다.

---

19 해당 내용은 앞서 인용한 논문의 내용을 기계적으로 반복하게 되므로, 윤곤강 관련 선행 연구(김태형, 앞의 글; 김태형·박성준, 앞의 글)에서 분석한 챗GPT의 기능 수준 분석을 참고하는 것으로 갈음한다.

또, 윤곤강에 대한 연구가 비슷한 시기 문인들에 대한 연구보다 소략하고, 비교적 최근에 본격적인 연구가 시작되었음을 고려한다면 윤곤강에 대한 강의는 1930~40년대 한국사에 대해 사전 교육이 되어 있는 학습자에게 제공되는 것이 합리적일 것이라 판단된다. 이는 해당 교안이 국문학 전공자 미만인 동시에 의무 교과교육을 이수한 학습자에게 제공될 때 가장 효과적으로 활용될 수 있다는 것을 의미한다. 이를 만족할 수 있는 수업 형식으로 대학 교양 강의, 시민 대상 문화 강의, 불특정 다수에 대한 공개 강연 등을 리스트업 할 수 있는데, 이 글에서는 환경상 실제로 교육을 진행할 수 있고, 설문조사를 통해 교안 활용 성과를 정량적으로 확인할 수 있는 대학 교양 강의의 형식을 택했다. 대학 교양 강의의 경우 1주일에 2~3시수가 배정되며, 3시수의 경우 1.5시수 단위로 1강이 구성되는 경우가 일반적인 형태이므로 교안 역시 이러한 형태에 맞추어 구성되어야 할 것이다.

한편 이 글이 설정한 교안 텍스트는 윤곤강의 『동물시집』이므로, 해당 연구에서 수업 진행 계획에 포함할 수 있는 텍스트는 『동물시집』에 대한 내용만으로 제한되었다. 물론 일반적인 수업의 기준에서 단일한 시인의 일부 시편에 대한 내용만으로 한 학기를 진행하는 데는 무리가 있으므로, 『동물시집』에 대한 교육 커리큘럼은 최소 2주, 최대 4주의 기한 범주에서 설정하는 것이 적절할 것이다. 또, 알아본 것과 같이 챗GPT의 단기 교육 기억 능력은 최대 기억 가능한 토큰량(4,096개)에 의해 제한되므로 각 수업마다 한 개 이상의 교안이 작성되어야만 하는 상황이다.

대학 교양 강의라는 조건에 비추어 볼 때, 해당 교안은 1.5시수 단위로 활용될 것이라고 보는 것이 적절하다. 해당 교안을 활용하는 커리큘

럼을 2주 단위로 설정한다면 최소 4개 교안, 4주 단위로 설정한다면 최소 8개 교안이 필요한 것이다. 이 글에서는 해당 교육 과정에서 ① 윤곤강에 대한 문학사적 지식 교육, ② 상징·알레고리 시에 대한 개념 교육, ③ 『동물시집』의 상징·알레고리적 텍스트, ④ 『동물시집』 텍스트에 대한 논의 등 최소 4개 층위의 교안 구성이 필수적이라고 판단하여 2주(6시수) 과정을 기준으로 삼아 강의 계획서(교안 활용 계획서)를 구성하고자 한다.

[표 1] 강의 계획서(가안)

<table>
<tr><th colspan="4">강의 계획서</th></tr>
<tr><th>주차</th><th>강의 제목</th><th>상세 내용</th><th>비고</th></tr>
<tr><td>1</td><td>–</td><td>–</td><td>–</td></tr>
<tr><td colspan="4">…</td></tr>
<tr><td rowspan="2">①</td><td rowspan="2">윤곤강과 한국문학</td><td>문학사적 관점에서 바라본 윤곤강</td><td rowspan="4">생성형 AI
(챗GPT) 기반 교안 활용</td></tr>
<tr><td>시문학에서의
상징 · 알레고리 개념 이해</td></tr>
<tr><td rowspan="2">②</td><td rowspan="2">『동물시집』의
풍자 · 알레고리</td><td>『동물시집』에 수록된
상징 · 알레고리 시 분석</td></tr>
<tr><td>『동물시집』을 읽고
상징 · 알레고리 텍스트의 특성 논의</td></tr>
<tr><td colspan="4">…</td></tr>
<tr><td>16</td><td>–</td><td>–</td><td>–</td></tr>
</table>

일반적인 대학 교양 강의가 1학기 기준 15~16주(45~48시수)로 구성되는 것을 감안할 때, 단일 시집을 기반으로 한 해당 교안을 전체 학기 동안 활용하기엔 무리가 있다. 그렇기 때문에 [표 1]에서 확인할 수 있듯 임의의 2주 수업(6시수) 동안 활용하는 것을 조건으로 삼아 교안을 구성하고, 수정·보완하는 과정을 통해 향후 확대 적용 가능성을 가늠

하고자 하는 것이다.

교안 설계

상술하였듯, GPT-3, BARD 등과 같은 기존 거대 언어모델 기반 대화형 인공지능은 제작자에 의해 사전 교육 모델이 공개되어 사용자 임의로 모델링이 가능하다는 특징을 갖는다. 그러나 챗GPT의 기반이 되는 GPT-4의 경우에는 사전 교육 모델이 공개되지 않았으며, 이에 따라 챗GPT의 교육에는 셀프 어텐션에 기반한 인컨텍스트 러닝을 활용하게 된다. 이러한 특징은 챗GPT 활용 교안에 낮은 전문성과 잦은 할루시네이션 발생이라는 단점을 부여하지만, 동시에 해당 교안이 기존 딥러닝 방식의 사전 학습이 갖는 연산 자원 및 시간·자본의 과도한 소모[20]라는 단점에서 자유로울 수 있게 한다.

이는 Open AI 측에서 사용자가 부담해야 할 연산 자원을 대신 감당하는 것으로 가능한 것인데, 이러한 특성으로 인해 챗GPT에 입력된 프롬프트 및 셀프 어텐션 과정, 그리고 인컨텍스트 러닝의 결과물은 Open AI의 서버에 기록된다. 이렇게 기록된 내용이 링크를 통해 불특정 다수에게 공유될 수 있다는 사실은 챗GPT 기반 교안의 범용성 및 활용성을 확장하는 또 하나의 요인이라 할 수 있을 것이다.

해당 논고에서 챗GPT를 교안으로 활용하는 방식 역시 챗GPT의 링

---

20 슬릿스코프의 인터뷰에 따르면 GPT-3를 기반으로 모델링 된 시 창작 인공지능 SIA는 개발 과정에서 약 4,000여 회 이상 학습을 진행했으며 각 학습마다 최소 1,500,000원, 최대 5,200,000원 가까이 소요되었다. 또, 해당 작업을 시행할 때 활용한 연산 메모리 역시 40GB급 GPU 4개로 상당한 수준의 연산 자원을 요구하였음을 확인할 수 있다. (슬릿스코프, 〈시집 『시를 쓰는 이유』를 출간하는 이유〉, 슬릿스코프 블로그, https://blog.naver.com/slitscope/222837003283 [최종 검색일: 2023.10.04.])

크를 통한 공유 방식에 바탕한다. 교수자에 의해 사전 교육이 진행된 챗GPT 링크를 공유하고, 이를 수업에 활용함으로써 학습자가 개별적인 학습 경험을 제공하고자 하는 것이다. 이 글은 이 장을 통해 실제 교안의 설계 과정을 정리하고, 실질적으로 작동하는가에 대한 내용을 정리하고자 한다. 입력할 수 있는 정보량에 한계가 있는 까닭에 각 교안에 활용된 윤곤강 및 문학 관련 자료는 연구자 판단에 따라 제한적으로 선택·활용되었음을 밝힌다.[21]

1) 실제 교안 설계

먼저 "문학사적 관점에서 바라본 윤곤강" 강의를 위한 교안을 설계하기 위한 내용은 윤곤강에 대한 ① 전기적 사실 ② 문학적 행보 ③ 문학사적 평가 정도로 분류될 수 있다. 본 단계에서는 상술한 분류를 바탕으로 다음과 같은 내용을 입력하였다.[22]

---

21 이러한 문제점에 대한 대안으로 플러그인 활용을 제시할 수 있다. 플러그인은 챗GPT에서 공식적으로 제공하는 확장 프로그램으로 웹 검색 및 외부 데이터베이스 연결, 추가 기능 사용 등을 지원한다. 2023년 환경에서는 아마존 등 미국의 빅테크 기업이 개발한 플러그인이나 Open AI가 자체적으로 지원하는 플러그인만을 사용할 수 있었지만, 2024년 1월 11일부터는 자유롭게 플러그인 및 정보를 사고팔 수 있는 GPT Store가 개점하여 일반인이 개발한 플러그인을 활용할 수 있게 되었다. 이 글과 같은 상황에서는 한국 웹 환경에서 이미 개설되어 있는 문학 위키 및 DB와 협업하는 것 역시 고려할 수 있는 선택지가 될 것이다.

22 해당 교안의 입력 내용은 이전 연구의 분석 내용에 기반하였다. (김태형, 「근대 시인 공간 매개 시어 연구 – 윤곤강·이육사·백석의 작품을 중심으로」, 경희대학교 박사논문, 2022; 박주택, 「윤곤강 시론의 근대시사적 의미 연구」, 『국제언어문학』 제55호, 국제언어문학회, 2023.)

[그림 1] 교안 1: 문학사적 관점에서 바라본 윤곤강

TM

넌 앞으로 학생들에게 한국의 시인 윤곤강에 대한 질문에 대답해줘야 해.
내가 알려준 정보 이외의 것에 대해서는 모른다고 대답해.

윤곤강에 대한 정보는 다음과 같아.

1. 1911년 충청남도 서산에서 태어나 1950년 서울 종로에서 사망했다.
2. 어린 시절 한학을 공부했고, 1933년 일본 센슈대학을 졸업했다.
3. 1931년 문예지 『비판』에 첫 詩 「옛 성터에서」를 발표했다.
4. KAPF(조선프롤레타리아예술동맹)에 가담해 옥고를 치른 적이 있다.
5. 이육사, 신석초와 함께 문학 잡지 『자오선』(1937)을 발간했다.
6. 시집 『대지』(1937), 『만가』(1938), 『동물시집』(1939), 『빙화』(1940), 『살어리』(1948), 『피리』(1948)를 발간했다.
7. 그가 발표한 비평집 시와 진실 (1948)은 한국에서 두 번째로 발간된 비평서이다.
8. 독립 이후에는 한국의 전통 문학을 계승, 발전할 것을 주장하며 『근고조선가요찬주』(1937), 『고산가집찬주』(1938) 등을 발간했다. 또, 해방 이후 발간한 시집에서는 한국의 고전 가요 및 시가의 내용을 활용하였다.
9. 짧은 기간 동안 시의 스타일이 리얼리즘에서 모더니즘, 전통주의를 거치며 빠르게 변화한 까닭에 본격적인 연구가 많이 이루어지지 못한 시인이다.
10. 많은 주목을 받지는 못했으나 독창적인 통찰을 지니고 동시대 상황을 광대하게 살폈던 평론가로, 리얼리즘과 모더니즘의 문제를 지적하며 생활을 통한 시의 생탄을 주장하였다.

알겠습니다. 주신 정보를 바탕으로 윤곤강 시인에 대한 질문에 답하겠습니다.

각주 18의 논문을 바탕으로 하여 [그림 1]과 같은 내용을 입력하고, 이를 공유할 수 있는 링크를 생성하였다.[23] 해당 링크에 접속하면 [그림 2]와 같은 화면이 출력되며, 학습자는 "Continue this conversation" 버튼을 통해 해당 교안을 공유받아 자유롭게 질문할 수 있다.

23 교안 1의 링크는 다음과 같다: https://chat.openai.com/share/7762c8b4-010a-4528-864e-7b906a0a765d

[그림 2] 교안 1: 공유 화면

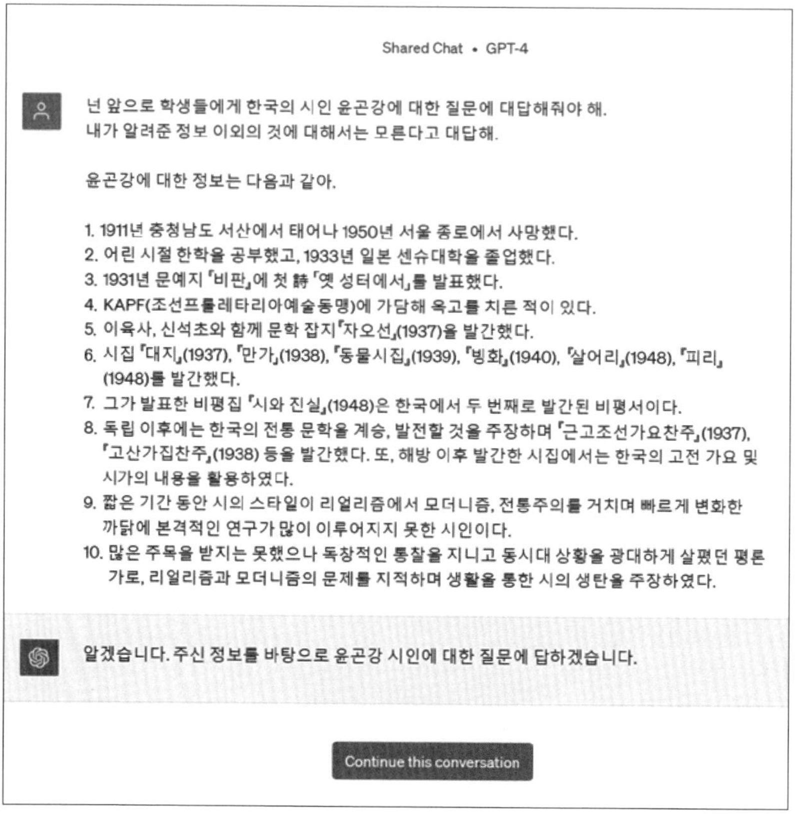
Shared Chat • GPT-4

넌 앞으로 학생들에게 한국의 시인 윤곤강에 대한 질문에 대답해줘야 해.
내가 알려준 정보 이외의 것에 대해서는 모른다고 대답해.

윤곤강에 대한 정보는 다음과 같아.

1. 1911년 충청남도 서산에서 태어나 1950년 서울 종로에서 사망했다.
2. 어린 시절 한학을 공부했고, 1933년 일본 센슈대학을 졸업했다.
3. 1931년 문예지 「비판」에 첫 詩 「옛 성터에서」를 발표했다.
4. KAPF(조선프롤레타리아예술동맹)에 가담해 옥고를 치른 적이 있다.
5. 이육사, 신석초와 함께 문학 잡지 「자오선」(1937)을 발간했다.
6. 시집 「대지」(1937), 「만가」(1938), 「동물시집」(1939), 「빙화」(1940), 「살어리」(1948), 「피리」(1948)를 발간했다.
7. 그가 발표한 비평집 「시와 진실」(1948)은 한국에서 두 번째로 발간된 비평서이다.
8. 독립 이후에는 한국의 전통 문학을 계승, 발전할 것을 주장하며 「근고조선가요찬주」(1937), 「고산가집찬주」(1938) 등을 발간했다. 또, 해방 이후 발간한 시집에서는 한국의 고전 가요 및 시가의 내용을 활용하였다.
9. 짧은 기간 동안 시의 스타일이 리얼리즘에서 모더니즘, 전통주의를 거치며 빠르게 변화한 까닭에 본격적인 연구가 많이 이루어지지 못한 시인이다.
10. 많은 주목을 받지는 못했으나 독창적인 통찰을 지니고 동시대 상황을 광대하게 살폈던 평론가로, 리얼리즘과 모더니즘의 문제를 지적하며 생활을 통한 시의 생탄을 주장하였다.

알겠습니다. 주신 정보를 바탕으로 윤곤강 시인에 대한 질문에 답하겠습니다.

Continue this conversation

[그림 3] 교안 1: 활용 예시[24]

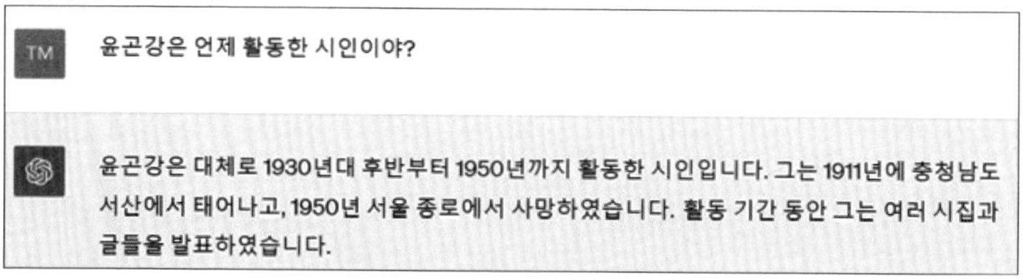
TM 윤곤강은 언제 활동한 시인이야?

윤곤강은 대체로 1930년대 후반부터 1950년까지 활동한 시인입니다. 그는 1911년에 충청남도 서산에서 태어나고, 1950년 서울 종로에서 사망하였습니다. 활동 기간 동안 그는 여러 시집과 글들을 발표하였습니다.

24 해당 질문은 챗GPT의 "프롬프트 재입력" 기능을 활용하였다. 해당 기능은 임의의 시점의 프롬프트를 선택하고 그 내용을 수정하여 재입력하면 해당 내용만 남고, 이전에 입

TM 비평가로서의 윤곤강은 어떤 평가를 받지?

윤곤강은 비평가로서 많은 주목을 받지는 못했지만, 독창적인 통찰을 지니고 동시대 상황을 광대하게 살폈던 평론가로 알려져 있습니다. 그는 리얼리즘과 모더니즘의 문제를 지적하며, 생활을 통한 시의 생탄을 주장하였습니다. 또한, 그의 비평집 「시와 진실」(1948)은 한국에서 두 번째로 발간된 비평서로 기록되어 있습니다. 이와 같이 그는 비록 널리 알려지지 않았지만, 그의 비평 작품과 관점은 일정한 평가를 받고 있습니다.

TM 윤곤강을 시인으로서 평가하면 어때?

윤곤강은 당시 환경과 맥락에서 다양한 스타일의 시를 썼습니다. 그의 작품은 리얼리즘에서 모더니즘, 그리고 전통주의를 거치면서 빠르게 변화하였고, 이로 인해 그의 시가 본격적으로 연구되지 못한 점이 아쉽게 여겨집니다(정보 10). 그가 발표한 비평집 「시와 진실」에서는 리얼리즘과 모더니즘에 대한 문제점을 지적하며, 시의 생탄을 중시하였습니다(정보 11).

또한 그는 독립 이후 한국의 전통 문학을 계승하고 발전시킬 것을 주장하였으며, 그의 시집에서 한국의 고전 가요 및 시가의 내용을 다양하게 활용하였습니다(정보 9). 이러한 점에서 그의 작품은 한국의 전통과 현대가 교차하는 점에서 중요한 가치를 가지며, 독립 이후 한국 시의 흐름과 변화를 이해하는 데에 일조하였습니다.

이처럼 윤곤강은 독창적인 통찰을 바탕으로 당시 상황을 광범위하게 살펴보았던 평론가이기도 했으며, 비록 그의 작품과 활동이 널리 주목받지는 못하였지만, 한국 현대문학 연구에 있어서 중요한 위치를 차지하고 있습니다(정보 11).

력했던 프롬프트를 삭제할 수 있도록 한다. 이는 한 번 입력된 프롬프트는 모두 토큰 용량을 소모하기 때문에 해당 프롬프트에 대한 내용을 지우지 않고 유지한다면 먼저 입력되었던 토큰이 소멸하기 때문임을 밝힌다. 해당 과정을 표로 정리하면 다음과 같다.

[표] The result of systematic literature review (장혜지 · 조효정, 앞의 글, 392쪽.)

기존 입력		결과
프롬프트 1 출력 1 프롬프트 2 출력 2 프롬프트 3 출력 3	→ (프롬프트 2를 재입력)	프롬프트 1 출력 1 새 프롬프트 2 새 출력 2

교안 1이 실제로 공유되고 기능하는 것을 확인하였으므로, 교안 2[25], 3[26], 4[27]를 같은 방식으로 구성하고 실제 기능하는가에 대한 검증을 진행하였다.

[그림 4] 교안 2: 시문학에서의 상징과 알레고리[28]

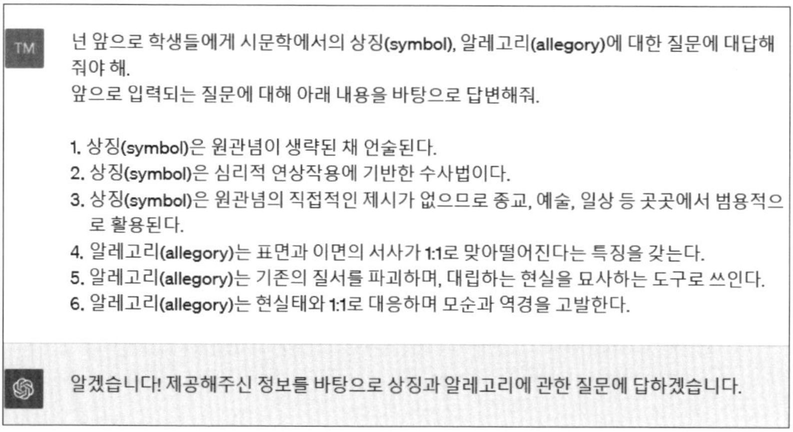

25 김태형, 「인컨텍스트 러닝을 통한 챗GPT의 시적 표현 해석 가능성 연구 – 윤곤강 『동물시집』에 나타난 우화시를 중심으로」, 『리터러시연구』 제14권 4호, 한국리터러시학회, 2023; 전창배, 「알레고리와 상징」, 『비교문학』 67권, 한국비교문학회, 2015 참조.

26 김태형, 앞의 글 참조.

27 김태형, 앞의 글; 이현승, 「시 교육에 있어서 은유·상징·알레고리의 위상」, 『민족문화연구』 66호, 고려대학교 민족문화연구원, 2015; 전창배, 앞의 글 참조.

28 교안 2 링크: https://chat.openai.com/share/2eef6b44-9f46-4bad-b16b-d956897c55e5

[그림 5] 교안 2: 활용 예시

TM 시문학에서 상징이 무엇인지에 대해 예시와 함께 설명해줘.

시문학에서의 상징(symbol)은 일반적으로 하나의 개체, 캐릭터, 장면, 단어 혹은 동작이 그 자체 이상의 의미를 가지도록 설계된 것을 의미합니다. 상징은 여러 층면의 의미를 갖고 있을 수 있고, 이를 통해 작가는 다양한 테마와 메시지를 표현합니다. 주어진 정보에 따르면, 상징은 원관념이 생략된 채 언술되며, 심리적 연상작용에 기반한 수사법입니다. 또한 상징은 원관념의 직접적인 제시가 없으므로 종교, 예술, 일상 등 곳곳에서 범용적으로 활용됩니다.

예를 들어, 시문학에서 자주 사용되는 상징 중 하나는 "봄"입니다. 봄은 재생, 시작, 신생, 희망 등의 개념을 상징하며, 이는 대부분의 문화에서 공통적으로 볼 수 있습니다. 작가는 이러한 계절을 사용하여 캐릭터의 변화, 새로운 시작, 사랑의 시작 등 다양한 테마를 탐험할 수 있습니다.

다른 예로는 "바다"가 있습니다. 바다는 종종 무의식, 미지의 세계, 어머니, 혹은 무한을 상징합니다. "바다"는 그 자체로는 단순한 자연의 한 부분일 뿐이지만, 작가의 필체 속에서는 캐릭터의 내면의 상태, 인생의 여정, 혹은 죽음과 재생 등의 다양한 개념을 상징하게 됩니다.

이렇게 상징은 작가가 자신의 이야기에 깊은 의미와 다층적인 해석을 추가하는 방법으로 활용됩니다.

[그림 6] 교안 3: 『동물시집』에 수록된 상징·알레고리 시 분석[29]

TM 넌 앞으로 학생들이 입력한 한국 시인 윤곤강의 시집 『동물시집』에 수록된 텍스트를 분석해주어야 해.
학생들이 시를 입력하면 내가 입력한 정보에 근거해서 분석해줘.

윤곤강의 『동물시집』에 대한 내용은 다음과 같아.

1. 윤곤강의 세 번째 시집이다.
2. 1939년 일제강점기에 출간되었다.
3. 동물을 주제로 삼은 상징(symbol), 풍자(epigram), 알레고리(allegory) 작법(作法)이 활용되었다.
4. 모든 작품이 우화시(fable poems)로 구성된 한국 최초의 우화시집이다.

---

29 교안 3 링크: https://chat.openai.com/share/9ebb44fc-fa5c-40a4-b01b-21323e2079ae

「동물시집」의 주요 특징과 함께 주어진 정보를 기반으로 시의 분석을 진행하겠습니다.

주요 포인트

- **시집의 발표 시점**: 1939년, 일제강점기
- **주요 작품 특징**: 상징, 풍자, 알레고리 작법 활용
- **시집의 특별함**: 모든 작품이 우화시로 구성, 한국 최초의 우화시집

이 정보들을 기반으로 학생들이 제공하는 특정 시의 텍스트를 분석할 때 주목해야 할 요소들은 다음과 같습니다.

분석 포커스

1. **동물의 상징성**: 동물이 어떻게 상징, 메타포 또는 비유로 사용되었는지
2. **풍자와 알레고리**: 동물이 풍자적 요소를 가지고 있거나, 더 큰 이야기나 메시지의 알레고리로 작동하는지
3. **우화적 요소**: 시 내의 교훈이나 도덕적 메시지가 명확하게 드러나는지
4. **사회와 정치적 맥락**: 당시 일제강점기의 사회정치적 맥락이 어떻게 작품에 반영되었는지

학생들이 특정 시를 제공하면, 이 포커스를 기반으로 시를 분석해 드리겠습니다. 도움이 필요하신 부분이 있다면 언제든지 알려주십시오!

[그림 7] 교안 3: 활용 예시

다음 시는 「동물시집」에 수록된 작품이야. 이 시를 분석해줘.

「낙타」
주변성이 많아서/망태기를 짊어졌니?//그렇게도 목숨이 아까워/물통마저 달아 맸니?//조상 때부터 오늘까지/부려만 먹힌 슬픔도 모르는 채,//널름 널름 혓바닥이/종이쪽까지 받아먹는구나.

윤곤강의 「동물시집」 중 「낙타」에 대한 분석을 진행하겠습니다. 지금까지 주어진 정보와 시집의 전반적인 특징을 바탕으로 이 시에서 짚고 넘어가야 할 여러 요소들을 살펴보겠습니다.

1. 동물의 상징성: 낙타

낙타는 일반적으로 무거운 짐을 지고 오랜 시간 물 없이 여행할 수 있는 동물로 알려져 있습니다. 이 시에서 낙타는 아마도 무거운 짐(주변성과 물통)을 지고 감내하는 상징으로 해석될 수 있습니다.

2. 풍자와 알레고리: 짐 지고 가는 삶

"망태기를 짊어졌니?"라는 질문과 "목숨이 아까워"라는 표현은 낙타가 짊어지는 무게와 부담을 상징적으로 표현하는 듯합니다. 이 부분은 특정 집단이나 개인, 또는 당시의 국민들이 겪던 고충을 상징적으로 나타낼 수 있으며, 그래서 이는 알레고리 혹은 풍자로 볼 수 있습니다.

3. 우화적 요소: 명확하지 않은 도덕적 메시지

시의 마지막 부분, "널름 널름 혓바닥이/종이쪽까지 받아먹는구나"는 낙타가 스스로의 현실을 반영하거나 의식하지 않고 있다는 점을 보여줍니다. 이것은 도덕적으로 혹은 사회적으로 '무의식 중인 자기 희생'과 '모른 체하는 고통'에 대해 되묻는 것일 수 있습니다.

4. 사회와 정치적 맥락: 일제강점기의 반영

일제강점기의 억압적인 통치 아래에서 한국 국민들은 여러 가지 무거운 짐(예를 들면 정체성의 손실, 문화의 억압 등)을 지고 살았을 것입니다. 낙타가 짐을 짊어진 채로 여행하는 모습은, 아마도 당시 한국 국민들이 겪었던 고통과 투쟁을 상징적으로 표현한 것으로 볼 수 있습니다.

5. 언어와 표현

시의 언어와 표현 역시 유의미한 정보를 제공합니다. 낙타에게 겉으로 드러나지 않는 내면의 슬픔과 짐을 가지고 있음에도 불구하고, 여전히 삶의 무게를 감내하고 가는 모습은, 아마도 한국 사람들이 겪었던 내면의 슬픔과 투쟁을 은유적으로 표현하는 것으로 볼 수 있습니다.

이러한 분석을 바탕으로, 「낙타」는 개인 혹은 국민 전체의 억눌린 목소리와 투쟁을 동물을 통해 상징적으로 표현하고 있음을 알 수 있습니다. 낙타의 모습을 통해 당시의 사회적·정치적 상황과 연결지어 이해하면, 작품이 가진 더 깊은 의미와 메시지를 파악할 수 있을 것입니다.

[그림 8] 교안 4: 『동물시집』을 읽고 시에서의 상징·알레고리 논의[30]

TM

넌 앞으로 학생들이 입력한 시들을 다음 조건으로 분석해줘야 해.
1) 한국 시인 윤곤강의 시집 『동물시집』과 관련될 것.
2) 상징과 알레고리의 관점에서 분석할 것.

학생들이 시를 입력하면 내가 입력한 정보에 근거해서 분석해줘.

윤곤강의 『동물시집』에 대한 내용은 다음과 같아.

1. 윤곤강의 세 번째 시집이다.
2. 1939년 일제강점기에 출간되었다.
3. 동물을 주제로 삼은 상징(symbol), 풍자(epigram), 알레고리(allegory) 작법(作法)이 활용되었다.
4. 모든 작품이 우화시(Fable poems)로 구성된 한국 최초의 우화시집이다.

상징과 알레고리에 대한 정보는 다음과 같아.

1. 상징(symbol)은 원관념이 생략된 채 언술된다.

---

30 교안 4 링크: https://chat.openai.com/share/67fe49a3-ed7d-42ba-846e-88e7d7e0e923

2. 상징(symbol)은 심리적 연상작용에 기반한 수사법이다.
3. 상징(symbol)은 원관념의 직접적인 제시가 없으므로 종교, 예술, 일상 등 곳곳에서 범용적으로 활용된다.
4. 알레고리(allegory)는 표면과 이면의 서사가 1:1로 맞아떨어진다는 특징을 갖는다.
5. 알레고리(allegory)는 기존의 질서를 파괴하며, 대립하는 현실을 묘사하는 도구로 쓰인다.
6. 알레고리(allegory)는 현실태와 1:1로 대응하며 모순과 역경을 고발한다.

네, 그 정보를 바탕으로 학생들이 입력하는 시를 분석할 수 있겠습니다. 『동물시집』과 관련된 시의 경우, 다음과 같은 포인트들을 중심으로 분석을 제공하겠습니다:

[그림 9] 교안 4: 활용 예시

TM

이 시를 제시했던 조건에 맞추어 해석해줘.

이른 아침 6시부터 밤 10시까지 하루도 빠짐없이
그는 의자 고행을 했다고 한다.
제일 먼저 출근하여 제일 늦게 퇴근할 때까지
그는 자기 책상 자기 의자에만 앉아 있었으므로
사람들은 그가 서 있는 모습을 여간해서는 볼 수 없었다고 한다.
점심시간에도 의자에 단단히 붙박여
보리밥과 김치가 든 도시락으로 공양을 마쳤다고 한다.
그가 화장실 가는 것을 처음으로 목격했다는 사람에 의하면
놀랍게도 그의 다리는 의자가 직립한 것처럼 보였다고 한다.
그는 하루 종일 '손익관리대장경(損益管理臺帳經)'과 '자금수지심경(資金收支心經)' 속의 숫자를 읊으며
철저히 고행! 업무 속에만 은둔하였다고 한다.
종소리 북소리 목탁소리로 전화벨이 울리면
수화기에다 자금현황 매출원가 영업이익 재고자산 부실채권 등등등을
청아하고 구성지게 염불했다고 한다.
끝없는 수행 정진으로 머리는 점점 빠지고 배는 부풀고
커다란 머리와 몸집에 비해 팔다리는 턱없이 가늘어졌으며
오랜 음지의 수행으로 얼굴은 창백해졌지만
그는 매일 상사에게 굽실굽실 108배를 올렸다고 한다.
수행에 너무 지극하게 정진한 나머지
전화를 걸다가 전화기 버튼 대신 계산기를 누르기도 했으며
귀가하다가 지하철 개찰구에 승차권 대신 열쇠를 밀어 넣었다고도 한다.
이미 습관이 모든 행동과 사고를 대신할 만큼
깊은 경지에 들어갔으므로
사람들은 그를 "30년 간의 장좌불립(長座不立)"이라고 불렀다 한다.
그리 부르든 말든 그는 전혀 상관치 않고 묵언으로 일관했으며
다만 혹독하다면 혹독할 이 수행을
외부 압력에 의해 끝까지 마치지 못할까 두려워했다고 한다.
그나마 지금껏 매달릴 수 있다는 것을 큰 행운으로 여겼다고 한다.
그의 통장으로는 매달 적은 대로 시주가 들어왔고

시주는 채워지기 무섭게 속가의 살림에 흔적없이 스며들었으나
혹시 남는지 역시 모자라는지 한번도 거들떠보지 않았다고 한다.
오로지 의자 고행에만 더욱 용맹정진했다고 한다.
그의 책상 아래에는 여전히 다리가 여섯이었고
둘은 그의 다리 넷은 의자다리였지만
어느 둘이 그의 다리였는지는 알 수 없었다고 한다.

이 시는 모던한 회사 생활과 그로 인한 인간의 고통과 억압, 그리고 일상의 무의미한 반복을 주제로 하고 있는 것으로 해석될 수 있습니다. 이는 어떤 면에서 윤곤강의 『동물시집』과 연결될 수 있으며, 여기에는 상징과 알레고리의 요소들이 활용되어 있습니다. 이 시를 윤곤강의 『동물시집』과 주어진 정보에 근거하여 분석하면 다음과 같습니다.

1. **동물적 요소의 활용**
   - 이 시에는 명시적인 동물의 존재가 없지만, 사람이 기계나 무생물과 같이 묘사되며 인간이 감정이 없는 존재로 표현되고 있습니다. 이 점에서 『동물시집』에서 동물이 사용되는 방식과 비슷한 점이 있을 수 있습니다. 『동물시집』에서 동물들은 사람들의 모습을 대표합니다. 반면 이 시에서는 사람이 오히려 기계와 같은 비인간적 특징을 갖게 됩니다.
2. **상징과 알레고리의 활용**
   - 시에서 "의자 고행"이라는 표현이 사람의 하루하루 반복되는 무의미한 일상과 회사에서의 끊임없는 일터에 얽매인 삶을 상징적으로 표현하고 있습니다. "30년 간의 장좌불립"이라는 부분에서 그의 삶이 얼마나 지친 자의 삶인지를 암시하고 있습니다.
   - 알레고리의 관점에서, 이 시는 사회 전체에 대한 비판으로 볼 수 있습니다. 이 시가 서사하는 개인은 현대사회에서의 대다수 개인이 겪고 있는 상황을 대표하며, 이는 알레고리적으로 현대사회를 비판하고 있습니다.
3. **시대적 배경과 연결**
   - 이 시도 또한 특정 사회와 시대 배경 속에서 그려진 것입니다. 고통받는 사람의 모습은 현대사회에서의 무자비한 회사 생활과 자본주의 사회를 비판하고 있는 것으로 해석될 수 있습니다.
4. **우화시의 특징**
   - 이 시는 우화시의 형식을 따르지 않지만, 인간의 모습과 삶에 대한 깊은 성찰과 비판을 담고 있어 『동물시집』과 공통된 테마를 가지고 있는 것으로 볼 수 있습니다.

핵심적으로 이 시는 상징과 알레고리를 통해 현대사회와 인간의 내면에 대한 깊은 성찰과 비판을 담고 있습니다. 이를 통해 읽는 이로 하여금 인간의 존재와 사회에 대해 다시 생각하게 만듭니다. 이러한 관점은 윤곤강의 『동물시집』과 공유하는 부분이며, 이를 통해 다양한 인사이트를 제공합니다.

2) 평가 및 한계

본 단계에서는 앞서 설계한 교안을 서울권 K대학교 1학년을 대상으로 한 교양 수업에서 활용하고, 이에 대한 피드백 내용을 정리하고자

한다. 또 피드백 과정에서 발생한 문제점을 중심으로 2023년 11월 기준 인컨텍스트 러닝을 통해 생성한 교안이 가지고 있는 한계에 대해서 논의하는 것 또한 목적으로 삼는다. 본 교안은 총 1개 강의에서 두 차시 동안 활용되었으며, K대학교 1학년 학생 27명이 수강·피드백하였다. 해당 교안의 적용 조건은 다음과 같았다.

(1) 본 교안이 활용된 강의의 수강생은 다양한 전공의 대학 1·2학년 재학생이다.
(2) 해당 강의는 문학 수업이 아니었으며, 챗GPT 활용법을 목적으로 진행된 차시였다.
(3) 해당 강의에서는 교안 1과 교안 3만을 활용하였다.

먼저, 교안 1을 활용한 차시에서 학생들은 윤곤강에 대한 자유로운 질의를 진행하였다. 다음은 약 15분간의 질의 이후 학생들을 상대로 진행한 설문 결과이다.

[표 2] 교안 1 설문 결과

교안 1 피드백 (1: 매우 아니다 ~ 5: 매우 그렇다)						
번호	질문	1	2	3	4	5
1	윤곤강에 대한 기본적인 정보를 알 수 있었다.	3	3	14	7	0
2	윤곤강에 대한 상세한 정보를 알 수 있었다.	11	9	7	0	0
3	일반적인 다대일 방식 수업보다 많은 질문을 할 수 있었다.	0	0	12	9	6
4	일반적인 다대일 방식 수업보다 정확한 정보를 얻을 수 있었다.	25	2	0	0	0
5	해당 교안은 일반적인 교안을 대체할 수 있다.	26	1	0	0	0

교안 1은 수업 진행 간 인컨텍스트 러닝 및 셀프 어텐션 기능의 한계로 매우 단편적인 정보만을 답변하였으며, 그 수준도 예상했던 것처럼 교양의 수준을 넘지 못했다. 다만 교안 1의 조건으로 제시되었던 "알려준 정보 이외에 것에 대해서는 모른다고 대답"하라는 프롬프트에 충실히 반응하여 할루시네이션 현상을 최대한 억제하는 모습을 확인[31]할 수 있었다. 그러나 설문 결과에서 확인할 수 있듯 교안 1은 윤곤강에 대한 생몰년도, 등단작, 시집, 창작 성향 등 매우 기본적인 정보를 전달하는 데에 그칠 뿐, 일반적인 교양 수업에서 진행되는 강사-학생 간 일대다 수업 방식을 대체하기는 어려운 것으로 보였다.

이후 진행된 교안 3 활용 차시에서는 윤곤강의 작품 중 몇 편을 제시하고, 이 작품들을 학생들이 일차적으로 해석한 후 교안 3을 통해 다시 해석하여 비교·분석하는 방법을 사용했다. 해당 차시에서 제공한 작품은 윤곤강 제3시집 『동물시집』에 수록된 작품 중 일부로서, 문학 전공 수업을 듣지 않은 학생들의 수준을 고려하여 간단한 동물 풍자시[32]들로 구성되었다. 해당 교안 활용 이후 학생들을 상대로 진행한 설문 결과는 다음과 같다.

31 Q. 윤곤강의 시집 『대지』에는 어떤 작품이 실려 있지?
A. 제가 알고 있는 정보에 따르면, 윤곤강의 시집 『대지』에 구체적으로 어떤 작품들이 실려 있는지에 대한 정보는 포함되어 있지 않습니다. 『대지』는 1937년에 발간된 중요한 시집이지만, 구체적인 작품 목록에 대해서는 제가 제공할 수 있는 정보가 없습니다.

32 「낙타 1」, 「갈범」, 「황소」, 「벌」, 「올빼미」.

[표 3] 교안 3 설문 결과

교안 3 피드백 (1: 매우 아니다 ~ 5: 매우 그렇다)						
번호	질문	1	2	3	4	5
1	내 작품 해석과 교안의 작품 해석이 유사했다.	2	1	8	11	5
2	교안의 해석을 통해 작품을 더 잘 이해할 수 있었다.	3	4	6	10	7
3	일반적인 다대일 방식 수업보다 도움이 되었다.	12	8	7	0	0
4	일반적인 다대일 방식 수업보다 정확한 정보를 얻을 수 있었다.	25	2	0	0	0
5	해당 교안은 일반적인 교안을 대체할 수 있다.	24	3	0	0	0

전술한 것과 같이 챗GPT의 시적 해석 가능성에 대한 논의가 이미 진행된바, 챗GPT의 사전 교육 모델에 교양 수준의 문학적 지식이 포함되어 있음은 이미 확인했다. 학생들 역시 주어진 윤곤강의 작품을 스스로 분석하고, 이에 대한 보조의 수준에서 교안 3의 도움을 받았다는 것에 대해서는 긍정적인 반응을 보였다.

그러나 여전히 생성형 인공지능 교안의 한계인 할루시네이션을 완전히 제거할 수는 없었으며, 전문적인 문학 강사가 교육할 수 있는 문학적 분석 혹은 시대적 배경지식 등의 관련 지식 정보가 부족하다는 단점이 확연했다. 특히 챗GPT의 문학적 분석 능력이 단순 교양 수준에 그친다는 사실은 교안 3의 기능이 학생들의 개별적인 작품 해석에 대한 보조적·흥미 유발적 차원일 수밖에 없도록 제한했다.

즉, 현재 챗GPT가 활용하고 있는 GPT-4 모델을 기반으로 생성된 문학교육 교안은 실제 교육용으로 쓰이기에는 단점이 명확하며, 감수해야 할 한계가 과도함을 확인할 수 있었다. 현재로서는 기존 교안을 완전히 대체하기에는 기술적인 문제가 상당하다는 것을 부정할 수 없었다. 그러나 그럼에도 불구하고 생성형 인공지능 교안에 대한 교육학적 접근이 계속된다는 것은 초거대언어모델 기반 교안이 학습자들의 학습권을 강화시킬 수 있는 대안으로서의 가능성을 갖추고 있기 때문일 것이다. 현재 강의자와 학습자가 대학에서 접할 수 있는 강의 방식은 필연적으로 강의의 수준을 평균치에 고정하게 되어 매우 기초적인 질문이나 심화적인 접근의 기회가 축소될 수 있는 일대다 수업일 것인데, 신뢰도 높은 AI 교안을 활용할 수 있게 될 경우 기초적인 단어 설명이나 수업 중 간단한 과제 취합 등을 AI 교안으로 대체할 수 있을 것이라 판단된다.

이에 본 논문은 현재 챗GPT 교안의 가장 큰 문제인 입력 토큰 한계에 대해 챗GPT의 플러그인 기능을 해결책으로 제시하고자 한다. 플러그인이란 챗GPT의 기본적인 기능에 추가 기능을 더하기 위한 소프트웨어 컴포넌트로서, 기본 상태에서 제공되지 않는 웹 서칭 기능이나 DB 연계 기능 등을 포함한다. 또, 챗GPT의 개발사 Open AI는 2024년 중 개인에 의한 플러그인 제작·공유를 지원하는 플러그인 스토어를 서비스할 예정이므로, 토큰 입력의 한계량이 증가하지 않더라도 교육 대상에 대한 데이터를 정리한 DB 플러그인을 연계하는 것으로 교안의 성능을 향상시킬 수 있으리라 기대된다.

맺음말

딥러닝 방법론의 제언으로 인공지능 기술 발전에 가속도가 붙고 있는 현재, 사회와 학계 각층에서 생성형 AI와 대화형 인공지능의 활용법이 연구되고 있는 상황이다. 이는 문학과 교육학의 측면에서도 예외가 아니며, 해당 분야에서도 인공지능에 관련한 논구가 계속해서 이루어지고 있다. 특히 2023년 현재 14억 명이 넘는 사용자를 확보한 챗GPT의 경우 이전 모델에 비해 월등한 성능을 갖추어 사전 교육 모델이 공개되지 않아 사용자 스스로 모델링이 불가능하다는 단점에도 불구하고 많은 관심을 받고 있다는 것을 확인할 수 있었다. 이러한 상황에는 챗GPT를 활용하는 것이 사용자가 모델링하는 것보다 연산 자원 부담이 적고 비용 및 시간을 절약할 수 있다는 점 또한 영향을 미쳤다.

이 글에서는 이전에 이루어졌던 챗GPT의 교육 현장 활용 방안에 대한 연구와 문학 분석 및 이해·재현 가능성에 대한 연구에 기반하여 문학교육 교안으로서 챗GPT의 활용법을 고찰했다. 교안 설계에 앞서 학습자 수준 설정, 교안 세분화 정도 결정, 학습 진행 방안 설정을 진행하였는데, 영구적인 모델링 및 다량의 정보 교육이 불가능한 챗GPT의 특성상 전공자 미만을 대상으로 진행하는 대학 교양 수업을 임의의 수업 모델로 선택하였다. 또, 주제가 단일 시집 및 관련 내용(윤곤강 『동물시집』)임을 감안하여 2주(6시수)간의 짧은 기간 동안 활용할 교안을 설계하고자 했다.

이러한 사전 결정 사항에 기반하여 본 연구는 총 4개 교안(① 윤곤강에 대한 문학사적 지식 교육, ② 상징·알레고리 시에 대한 개념 교육, ③ 『동물시집』의 상징·알레고리적 텍스트, ④ 『동물시집』 텍스트에 대한 논의)을 설계하였으며, 실제로 교육의 의도에 맞게 작동하는지 실증해 보는 것을 목적으로 삼았다.

다만 시간적·인원적 제한으로 인해 교안 1과 교안 3만을 실제 수업 차시에서 적용하였는데, 이에 대한 설문 결과 인컨텍스트 러닝을 통해 교육된 AI 교안의 기초적인 기능은 일부 확인할 수 있었으나, 동시에 "일반적인 다대일 방식 수업보다 정확한 정보를 얻을 수 있었다"와 "해당 교안은 일반적인 교안을 대체할 수 있다"의 측면에서 절대다수의 학습자가 "매우 아니다"를 선택하여 해당 교안의 한계점을 드러내기도 하였다.

즉 인컨텍스트 러닝을 기반으로 제작된 챗GPT 교안은 현재로서는 실제 수업에 적용할 수 없을 정도의 큰 단점을 가지고 있다는 것을 확인할 수 있었다. 그러나 그럼에도 불구하고 교육학에서 챗GPT를 기반으로 한 교안 생성 시도가 지속적으로 이루어지고 있다는 것은 해당 교안이 현재 많은 교육 현장에서 활용되는 다대일 강의 방식에서 학습자의 학습권을 보다 많이 보장할 수 있을 것이라는 판단 때문일 것이라 생각된다.

결과적으로 본 연구는 인컨텍스트 러닝 기반 챗GPT 문학 강의 교안의 한계점을 정리하였으나, 이에 대한 해결 방안으로 플러그인 기능에 대해서도 논의하고자 했다. 플러그인은 챗GPT에 기능을 추가하여 챗GPT의 기능적 한계를 극복하기 위한 방안으로서, 현재로서는 아마존, 익스피디아 등 미국의 대형 회사 및 Open AI의 자체 제작 플러그인만이 제공되고 있다. 그러나 Open AI의 계획에 따르면 2024년 중 개인이 플러그인을 제작·유통할 수 있는 플러그인 스토어를 개장할 예정으로, 교안에 필요한 정보 DB 플러그인을 통해 토큰 입력 한계라는 근본적 한계를 뛰어넘은 AI 교안의 작성을 기대해 볼 수 있을 것이다.

현재로서도 챗GPT는 GPT-5를 사전 공개[33]하는 등 향후 발전 가능성을 계속해서 내보이고 있는 상황이다. 챗GPT의 활용 방안에 대해 문학과 교육학 외에도 다양한 측면에서의 접근이 요구되는 이유이다.

---

33 2024. 01. 07 기준.

챗GPT 번역 프롬프팅 연구 (1): 학습 설계와 역할 부여*

— 1950년대 김수영 시에 나타난 '설움'을 중심으로

김웅기**

번역 전 시인 학습 프롬프팅

이 글은 담화형 인공지능 챗GPT 모델을 활용하여 김수영의 시어 '설움'을 고찰하고, 이 과정에서 도출된 챗GPT의 의미 해석의 실제와 오류, 오독(誤讀)의 과정을 정리하여 각 세션을 비교하고 그 활용 방안을 밝혔던 논의[1]의 후속 연구로 '설움'이라는 단어를 챗GPT가 시적 정념의 맥락에서 번역할 수 있는지를 고찰한다.

주지하듯 '설움'은 「가냘픈 역사」에서도 드러나듯 김수영의 포로수용소 체험으로 감응된 자유 실현의 뿌리 감정이라 할 수 있을 텐데 전쟁 직후라는 특정 시기에 쓰인 시편의 상징적 정념으로 상정되기도 한다. 시에서 김수영은 '설움'을 다양한 표현으로 변용해가며 사용한다.

---

* 이 글은 『국제언어문학』 제59집(국제언어문학회, 2024)에 게재한 논문을 수정·보완했다.

** 경희대학교 후마니타스칼리지 강사.

1 김웅기, 「챗GPT 담화를 통한 시어 고찰의 실제와 활용 방안 – 김수영의 시어'설움'의 의미 해석을 중심으로」, 『인공지능과 문학의 미래』, 경희대학교 출판문화원, 2024, 95-133쪽.

예컨대 "섧다", "설운", "설워지듯이", "설워진다", "설워", "섧다나", "섧지가"[2] 등 '서럽다'의 활용어미를 다채롭게 구사함으로써 '설움'의 시어적 기능을 적극적으로 사용했다. 아울러 설움을 하나의 살아 움직이는 유기체적 존재로 인식하거나 의인법을 사용하여 시적 주체의 정서를 장악하는 타자로 제시하기도 한다.[3] 이처럼 '설움'이 시어로 등장하는 작품은 주로 1953년을 전후로 한 초기 시편이다.[4] 그 가운데 이전 논의에서도 밝혔듯 1953~55년에 쓰인 초기 시편 「거미」, 「헬리콥터」, 「방안에서 익어가는 설움」, 「구라중화」에는 '설움'이 직접적으로 나타난다. 여기서 '설움'은 비애나 피로, 죽음으로 전화되는 부정적 감응 상태를 보이기도 하나 궁극적으로는 4·19혁명 이후 참여시로 김수영이 시적 태도의 전환을 가져가면서 자유와 사랑이라는 적극적인 정신 상태로 이어지는 '긍지'의 뿌리 감정이 된다.

김수영의 시어 '설움'에 대한 논의는 '사랑', '죽음', '소외' 등 그의 시 텍스트 전반에 포진되어 있는 상징시어 혹은 역사적 사실 간의 관계성을 검토하는 방식으로 진행되어왔다.[5] 이에 따르면 김수영의 설움은 시

---

2 고려대학교 현대시 연구회, 『김수영 사전』, 서정시학, 2012, 434-435쪽.

3 '설움'은 시인의 「일기초」에서도 전반적으로 드러나는 감정이다. 다만 이 감정은 센티멘털리즘적 차원에서 감식되는 것이 아니라 "설움과 고뇌와 노여움과 증오를 넘어서 적극적인 정신"(김수영, 「일기초 1」, 『김수영 전집 2』, 민음사, 2018, 681쪽)으로 나아가는 필연적 정동으로 조응한다는 점에서 그의 시를 파악하는 주된 시적 정념으로 판단할 수 있다.

4 최하림은 '설움'을 "절망의 숨소리"라 표현하기는 했지만, "1953년 12월부터 다음 해 12월 사이에 쓴 9편의 시를 보면 (중략) '설움'이라는 단어가 무려 15번 등장"(최하림, 『김수영 평전』, 실천문학사, 2018, 231쪽)한다고 언급하며, 이 시기 감정들의 계기를 포로수용소 체험 직후와 아내와의 이별이라는 전기적 사실에 미루어 짐작하고 있음을 파악할 수 있다.

5 이에 대한 논의로는 김혜순, 「문학적 장자와 김수영의 시 담론 비교 연구」, 『겨레어문학』

적 전개에 따라 극복 혹은 전이되는 양상을 띠며, 그것은 자기연민과 비극적 역사에 대한 추체험적 정념으로 발화되는 시적 정념이다.[6] 그러나 여기서 김수영은 '설움'을 극복해야 하는 감정 상태로 인식하기보다는 그것을 '생활' 도상에 유유히 떠다니는 '하나의 존재'로 여기며 주체화하거나 공동체적 정념으로 확장하여 한 개인이 점유할 수 있는 '연결'을 제지하는 역사적 사건을 환기하는 기능을 부여한다. 김수영의 이 같은 관점이 하이데거의 사유와 연관한다는 전제[7] 아래, '설움'의 의미

제21·22호, 건국대 국어국문학연구회, 1997; 권오만, 「김수영 시의 기법론」, 『한양어문연구』 제13권, 한양어문연구회, 1996; 김혜원, 「김수영 시의 설움 극복 연구」, 안동대학교 대학원 석사학위논문, 2003; 김영희, 「김수영 시의 자아 성찰 연구」, 국민대학교 대학원 박사학위논문, 2010; 방인석, 「김수영 시의 자유와 설움의 상관성 연구 – 탈식민주의 관점으로」, 『한민족문화연구』 제34호, 한민족문화학회, 2010; 전병준, 「김수영 초기 시의 설움에 나타나는 주체와 타자의 관계 연구」, 『비평문학』 제39호, 한국비평문학회, 2011; 엄경희, 「김수영 시에 내포된 자발적 소외와 '설움'의 정념」, 『한민족문화연구』 제53호, 한민족문화연구, 2016; 오채운, 「김수영 시의 설움에 대한 고찰」, 『인문연구』 제80호, 영남대학교 인문과학연구소, 2017; 박주택, 「김수영 시의 소외 연구」, 『현대문학이론연구』 제74호, 현대문학이론학회, 2018 등을 참조했다.

6 이에 대해 엄경희는 거제 포로수용소에서의 체험과 아내의 일탈로 인해 각인된 '모욕'이 김수영의 초기 생활시편에서 "생활 태도와 밀착되어 나타나는 정념이 '설움'"이며 이것은 "생활 속에서 생활과는 다른 차원의 것을 소망하는 데서 자신의 위대함을 입증하려는 열망에서 비롯"된다고 해석하고 있다. (엄경희, 「김수영 시에 내포된 자발적 소외와 '설움'의 정념」, 『한민족문화연구』 제53호, 한민족문화연구, 2016, 224-225쪽.)

7 잘 알려진 대로 김수영의 「반시론」과 「시여, 침을 뱉어라」를 통해 그가 시론에서 하이데거의 '릴케론' 번역판을 읽고 영향을 받아 시론을 작성했다는 사실로부터 더 나아가 초기 시작이 하이데거의 존재론적 사유의 영향을 받았다는 방증은 김유중의 「병풍」 해석과 임동확의 「모리배」 해석을 통해 알 수 있다. 김유중은 「병풍」에 등장하는 "육칠옹해사"를 시가 쓰인 1956년을 기점으로 67세가 된 하이데거를 지칭하는 말로 풀이하며 "셰익스피어는 '사옹'으로, 톨스토이를 '두옹'으로 지칭해왔던 그간의 관례에 비추어 볼 때, 김수영이 하이데거를 '해사'로 암시하려 했을 가능성은 충분"(김유중, 『김수영과 하이데거』, 민음사, 2007, 101쪽)하다는 언급을 통해 김수영과 하이데거의 관계성을 일찍이 찾았다. 임동확 또한 "1959년에 창작된 그의 시 「모리배」에서 하이데거라는 이름을 직접적으로 거론하고 있는 것"(임동확, 「궁색한 시대, 김수영과 하이데거 –「모리배」 전후를 중심으로」,

를 챗GPT와의 담화를 통해 고찰하고 그것의 유의미한 번역 가능성과 활용 방안을 타진해 보기로 한다.

챗GPT는 트랜스포머 디코더(Transformer Decoder)를 기반으로 한 사전 학습 언어모델(pre-trained language model: PLM)로 현재는 GPT-4o('o'는 모든 것 'omni'의 약자[8])와 GPT-4o mini 버전이 새롭게 출시되었다. 기존의 GPT 모델은 대중화가 시작된 3.5 버전을 기준으로 토크나이징(tokenizing)이 가능한 토큰 수를 2,048토큰으로 한정해 텍스트 데이터를 처리할 수 있었던 것과 비교해 GPT-4o와 GPT-4o mini는 5배 이상의 데이터를 처리할 수 있다. 다시 말해 챗GPT를 통해 구현할 수 있는 담화의 범위가 상대적으로 넓어진 것이다.[9] 따라서 이 글에서는 새로운 모델을 활용하여 지난 모델의 담화적 한계를 보완하고 이를 바탕으로 번역의 가능성을 타진해보고자 한다. 2~3년 사이 빠르게 진행된 GPT 관련 초거대언어모델 인공지능의 활용 논의는 GPT의 언어 수행 능력을 확인하고 오류를 점검하는 차원에서도 초점이 맞춰져 있었지만, 더 주목된 것은 프롬프트의 구성 문제였다. 필요한 담화를 구성하는 과정에서 언어적 맥락뿐만 아니라 상황 맥락과 사회·문화적 맥락을 고려할 때 GPT의 답변 가능성은 얼마나 유의미한 것인가? 그리고 유의미성의 도출을

『국제어문』 제63집, 국제어문학회, 2014, 46쪽)을 토대로 작품 자체에서도 김수영이 하이데거의 '보통내기(das Man)' 개념을 경유하고 있다고 파악함으로써 김수영이 작고하기 직전에 하이데거를 탐독한 것이 아니라는 사실을 밝혔다.

8 김민지, 「인공지능을 활용한 문학 이미지 생성 방안 – 이상 문학을 중심으로」, 『이상리뷰』 21호, 이상문학회, 2024, 70쪽.

9 지인영·김희동, 「대형 사전학습 언어모델 연구에 대한 고찰」, 『담화와 인지』 제28권 4호, 담화인지언어학회, 2021, 129-130쪽. GPT-4o와 4o mini 버전의 경우는 그 수가 명확하게 밝혀지지는 않았지만 이전 버전을 상회하는 PLM 규모를 가진 AI임을 짐작할 수 있다. 더불어 음성 인식과 이미지 인식까지 가능해졌다.

위해 사용자(user)는 어떤 방식으로 프롬프팅을 구성해야 하는가? 이것이 관건이 되었다. 이 같은 차원에서 챗GPT를 활용한 문학적 담화의 가능성은 번역 가능성의 전제일 수밖에 없다. 거짓 도출(Hallucination)[10]과 수정 도출을 통한 유의미한 담화의 가능성을 확인함으로써만 번역의 차원도 가능해지기 때문이다. 도리어 사용 미숙과 오독의 문제가 해결되지 않은 담화적 맥락 속에서 단순히 "번역하시오"라는 프롬프팅을 진행했을 때 챗GPT가 이해할 수 있는 작품의 폭이 현저히 줄어드는 것이다. 이는 챗GPT의 텍스트 구성 방식에 연관하는 것이기도 하다.

챗GPT는 사용자의 프롬프트를 통해 입력받은 텍스트 데이터를 맥락화할 수 있지만, 이 기술은 사용자가 사용한 언어의 주변 언어를 가져와 조합하는 방식으로 이뤄진다. 또한 챗GPT는 '영어'로 모델링 된 더미데이터를 번역하여 한국어로 제시하는 것이 아니라 인터넷상의 모든 언어를 더미데이터로 학습하였기 때문에 사용자의 언어에 맞추어 자신의 언어를 선택한다는 특징을 갖고 있다. 이는 딥러닝의 방식이 아니라 이미 학습된 데이터와 주어진 데이터 사이의 맥락을 재구성하는 자기주도학습 방식으로 이뤄진다. 따라서 챗GPT가 전문 지식에 대한 '그럴듯한 답변'이나 번역문을 내놓더라도 그것이 언어적 맥락이 아닌 비언어적 맥락의 차원에서 역사와 철학의 관점, 그리고 사회의 관점에서의 유의미성을 내포한다 할지라도 이를 인공지능의 인지 능력이

10 거짓 도출이란 챗GPT가 학습한 데이터상에 존재하지 않는 문맥 또는 단락을 구성하기 위해 거짓된 정보를 제공하는 오류를 의미하는 할루시네이션을 지칭하는 용어로 사용하고자 제작한 단어이며 이에 대비하는 개념으로 수정 도출이라는 용어를 함께 제시했다. (김웅기, 앞의 글 참조.) 이와 비슷한 용례로 거짓 정보, 이상 탐지, 프롬프트 수정 등의 용어가 존재한다.

라 판단할 수는 없다.[11] 이러한 관점에서 본 논문은 챗GPT를 활용하여 은유와 상징으로 표상되는 시어를 번역하는 것에는 다소간 유보적인 입장을 견지할 수밖에 없다. 그럼에도 불구하고 챗GPT를 활용한 문학적 담화의 가능성 맥락에서 인공지능이 시인의 체험과 시인이 자주 활용한 시어의 의미 변용을 이해한다는 가설 아래 다음과 같은 번역 실험을 해보고자 한다.

시 번역을 위한 GPT의 텍스트 학습 설계

이 글에서 활용한 챗GPT의 버전은 GPT-4o이다. GPT-4o는 이전 연구의 모델로 활용했던 GPT-4와 비교했을 때, 학술적 리터러시의 형식 및 맥락 요소를 더욱 원활하게 제공한다는 장점이 확인된다.[12] 시인 김수영에 대한 정보를 요청하는 프롬프팅에서도 첫 시집 『달나라의 장

---

11 "편견이 없고 공손한 태도로" 정보를 제공하는 챗GPT가 "가끔 잘못되거나 편향적인 정보를 제공할 수 있"다는 이율배반적 진술의 행간에는 인간이 챗GPT의 사고방식과 판단방식에 접근할 수 없는 불투명성이 내포되어 있다. 2023년 3월 텍스트와 이미지 모두 사용 가능한 업그레이드 버전 GPT-4가 출시되면서 오류가 상당히 줄어들었다고들 하지만, 인공지능이 강아지와 고양이를 어떻게 구별해내는지 인간이 설명할 수 없는 지점에 이르렀으니 바야흐로 특이점을 넘어선 '인공지능의 캄브리아기'가 도래했다는 주장이 설득력을 얻게 된 것이다.(김화선, 「챗GPT에(게) 묻다」, 『리터러시 연구』 제14권 3호, 한국리터러시학회, 2023, 235쪽.)

12 "최근 GAI(생성형 인공지능-인용자 주)에 대한 연구 역시 폭발적으로 증가하고 있다. 2024년 8월 현재 구글 학술 검색에서 'GAI'를 검색어로 2024년부터 이루어진 연구를 검색하면 무려 16,000건 이상이 검색되며, 2023년을 대상으로 하면 19,000건이 검색된다. 다양한 분야의 연구에서 GAI를 통해 생성된 텍스트가 활용되고 연구되고 있다는 것을 의미한다. 이러한 현상은 GAI의 주요 기능 중 하나로 손꼽히는 번역에서도 나타나고 있다. 이미 기계번역 연구가 번역 연구에서 주요한 분야로 자리 잡았기에, GAI 번역에 대한 연구도 증가하는 추세이다. 그러나 다른 학문 분야와 달리 국내 번역 연구의 상당수는 챗GPT를 중심으로 이루어졌다." (임진·이용훈, 「생성형 AI의 번역문 구분 가능성에 대한 연구」, 『현대문법연구』 제123호, 현대문법학회, 2024, 140쪽.)

난』을 언급하거나 사망 경위를 서술하는 대목에서 인용 출처를 명시하는 등 텍스트의 정확성과 신뢰성을 파악할 수 있는 지점을 제공한다. 물론 인용 출처가 인터넷 정보 기반(〈위키백과〉 등)이기 때문에 『김수영 전집』의 연보를 기반한 작성은 아니지만 "1959년 『달나라의 장난』 출간", "1968년 6월 15일 사고", "16일 사망" 등 GPT-4에서는 다소간 부정확하게 작성되었던 시간 표기의 정확도가 향상된 것을 확인할 수 있었다. 더불어 김수영의 시를 해석하는 관점에서도 여전히 일반론적인 차원에서 해석하는 표현이 다수 보이기는 하나 중심 시어를 기준으로 각 연과 행의 핵심 내용을 해석하고 "결론부"를 제시함으로써 시의 주제를 통찰할 수 있는 요약문을 제공한다. 이 같은 글의 구조성에 대한 견지는 GPT-4의 결괏값과 비교했을 때 차이를 보여주는 지점이었다.

본 논문은 이러한 GPT-4o의 텍스트 구성 방식을 활용하여 다음과 같이 '시어의 의미 고찰을 위한 프롬프트 매뉴얼'을 설계하고 이를 바탕으로 〈거미〉, 〈방 안에서 익어가는 설움〉, 〈헬리콥터〉, 〈구라중화〉를 재학습시켰다.

[표 1] 시어 의미 고찰을 위한 프롬프트 매뉴얼 설계

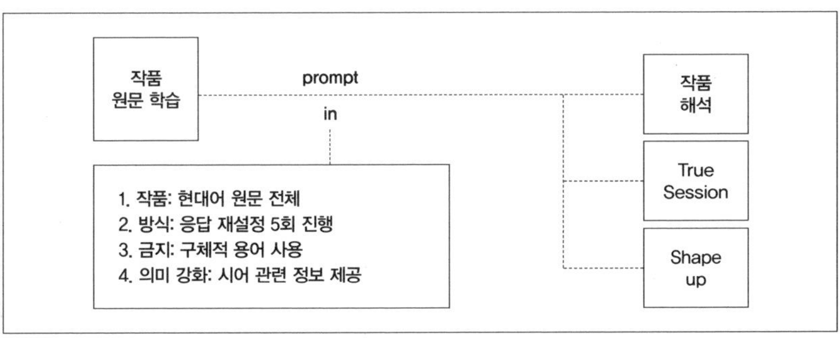

작품 원문 학습을 위한 프롬프트 설계에 있어 작품은 반드시 현대어 원문 전체를 제공하였다. 김수영의 시에 나타난 몇 가지 한자어 또한 한글로 바꾸어 설명하였다. 이는 챗GPT가 언어적 맥락에서 텍스트를 구성할 때 발생할 수 있는 언어 혼동을 줄이기 위해서였다. 아울러 그 답변의 결과는 '응답 재설정 5회 진행'한 텍스트로 선정하였다. 챗GPT는 사용자의 응답 재설정 요청이 있을 경우 다른 텍스트 구성 방식을 찾고 더욱 정교하게 답변하기 위해 텍스트를 재구성하기 때문이다. 또한 '금지'와 '의미 강화'를 통해 김수영의 시를 '설움'이라는 시적 정념을 관점으로 해석할 수 있도록 프롬프트를 정리하였다.

프롬프트 박스 1 – 김수영, 「거미」 학습	
사용자	다음에 제시된 시의 주된 정서는 무엇인가?
챗GPT	김수영의 시 「거미」에 나타난 주된 정서는 삶의 고통과 피로, 그리고 그러한 고통을 견디며 살아가는 과정에서 느껴지는 자기소외와 절망이라고 볼 수 있습니다. 시에서 드러나는 몇 가지 핵심 정서를 살펴보면 다음과 같습니다. **1. 설움과 소진의 정서** – "으스러지게 설움에 몸을 태우는 것"이라는 표현은 극심한 내적 고통을 드러냅니다. 이는 삶의 고통 속에서 끊임없이 소모되는 자신의 모습을 상징적으로 드러냅니다. – 거듭된 고통의 경험으로 인해 "설움과 입을 맞추"는 행위가 반복되었고, 이것이 "거미처럼 몸이 까맣게 타버리는" 결과로 이어졌습니다. 이는 삶 속에서 고통이 점점 내면화되어 자아를 소진시키는 과정을 보여줍니다. **2. 고통에 대한 염증과 피로** – 시인은 "으스러진 설움의 풍경마저 싫어진다"며 고통에 익숙해진 자신을 자각하며, 그것마저 염증을 느끼는 상태를 표현합니다. 이는 단순히 고통을 느끼는 것을 넘어 고통 자체에 대한 혐오와 회피의 정서를 나타냅니다. **3. 삶의 목적과 희망에 대한 갈등** – "내가 으스러지게 설움에 몸을 태우는 것은 내가 바라는 것이 있기 때문이다"라는 구절은 삶의 고통 속에서도 희망이나 목적을 추구하려는 인간적 열망을 보여줍니다. 그러나 그 열망은 반복되는 고통 속에서 소멸되어가는 듯한 모순적 상황을 드러냅니다.

챗GPT	**4. 거미의 상징성** – 시의 중심 이미지는 "가을바람에 늙어가는 거미"입니다. 거미는 연약하고 외롭게 그물을 치며 살아가는 생명체로, 끊임없이 노력하며 고군분투하는 존재로 해석될 수 있습니다. 그러나 그 거미가 늙어가고 타버린다는 이미지는 생명의 유한함과 피로를 암시하며, 시인의 절망적인 자화상을 투영합니다. **결론적으로** 이 시는 삶의 고통을 받아들이고 그 속에서 희망을 찾으려는 인간적 노력과, 그 과정에서 느끼는 절망과 소진이라는 이중적 정서를 중심으로 하고 있습니다. 이는 김수영이 가진 인간 존재에 대한 깊은 성찰과 삶의 모순적 본질에 대한 철학적 태도를 보여줍니다.

앞서 보이는 이미지는 김수영의 「거미」에 대한 챗GPT의 학습 내용이다. 사용자는 프롬프팅에서 「거미」 전문을 제시하고 "이 시에 나타난 주된 정서가 무엇인가?"라는 질문을 요청하였다. 이는 「거미」에 '설움'이라는 시적 정념이 직접 드러나 있으며 "나는 너무나 자주 설움과 입을 맞추었"다는 언술을 통해서도 시적 주체가 감응하고 있는 주된 정서가 '설움'이라는 사실을 수월하게 파악할 수 있기 때문이다. 따라서 챗GPT가 「거미」를 시적으로 해석할 수 있다면 시를 장악하고 있는 주된 정서가 '설움'이라는 사실을 파악할 수 있을 것이라는 예견 하에 질문을 제시한 것이다. 챗GPT는 "설움과 소진의 정서"를 주된 정서로 파악하면서 "으스러지게 설움에 몸을 태우는 것"을 통해 소모되는 시적 주체의 삶이 "너무나 자주 설움과 입을 맞추"는 것을 통해 반복됨으로써 느끼는 피로감과 존재로서의 소진을 이야기한다. 주목할 점은 거미의 상징성을 해설하는 상황에서 거미의 늙음이 유한한 시간성 위에 존재하는 시인의 자화상의 투영으로 본 것이다. 이는 김수영의 시에서 '설움'이 반복되는 삶과 죽음의 단절면 사이에서 기폭하는 시적 정념이자 죽음에서 삶이 재생되는 (불)연속적 과정을 긍지로 추수하는 과정에 대한 단서를 우연하게 제공한다. "삶의 고통을 받아들이고 그 속에서

희망을 찾으려는 인간적 노력과 그 과정에서 느끼는 절망과 소진이라는 이중적 정서"에 감응하는 시적 주체의 태도를 「거미」에서 발견했다는 것을 통해 불화하는 말들의 변증법적 합일이 김수영의 시에서 드러난다는 점을 시사하는 대목에서 유의미한 맥락으로 해석해 볼 여지가 없지 않다.

한편 이러한 「거미」에 대한 챗GPT의 학습과 더불어 해석의 관점에서 더욱 구체적인 질문을 요청했다. "해석한 대로 김수영의 시 「거미」에는 설움이라는 정서가 잘 드러나 있다. 김수영의 시에서 나타난 설움이라는 정서는 일반적인 의미와 어떤 차이가 있는가?"라는 질문에 챗GPT는 '설움의 존재론적 차원, 반복과 익숙함 속에서의 설움, 사회적 차원의 설움, 설움의 미학적 승화'라는 키워드를 제시함으로써 김수영의 시에 나타난 설움과 일반적인 의미 혹은 사전적 의미의 설움의 차이를 답변한다. 그 세부 내용은 "그의 시에서는 설움이 삶을 태우는 불꽃처럼 묘사되며, 이것이 곧 존재의 소멸과 소진으로 이어집니다. 이는 인간이 삶 속에서 느끼는 무력함과 실존적 고민을 상징"한다거나 "김수영의 설움은 사회적이고 역사적인 맥락을 담고 있어 집단적이고 구조적인 성격을 띱니다", "그의 시에서 설움은 고통스럽지만, 동시에 인간이 삶의 의미와 자유를 추구하는 과정에서 불가피하게 마주하는 필연적 요소" 등을 서술한다는 측면에서 유의미해 보이기는 하지만 다소 일반론적인 차원에 그치고 있으며 "으스러지는 설움"이라는 시구에 매몰된 해석이라는 점을 간과하지 않을 수 없다. 또한 '설움'의 의미를 시적 맥락에서 전체적으로 판단하는 것이 아니라 각각의 시구와 시어를 바탕으로 한 개별적인 해석이라는 점에서는 한계가 보인다.

<table>
<tr><th colspan="2">프롬프트 박스 2 - 김수영, 「헬리콥터」 학습</th></tr>
<tr><td>사용자</td><td>다음에 제시된 시의 '설운 동물'의 의미는 무엇인가?</td></tr>
<tr><td>챗GPT</td><td>1. 헬리콥터의 상징성과 설움
- "헬리콥터가 풍선보다도 가벼웁게 상승하는 것을 보고"라는 구절은 기술적 진보나 문명의 발달이 얼마나 경이로운지 표현하는 동시에, 이를 바라보는 관점이 인간의 감정과 깊이 연결되어 있음을 시사합니다.
- "놀랄 수 있는 사람은 설움을 아는 사람이지만, 놀라지 않는 것도 설움을 아는 사람일 것이다"라는 대조적인 진술은 설움이 단순한 감정적 반응을 넘어 삶의 깊은 통찰과 관련이 있음을 나타냅니다.
- 설움을 아는 사람은 헬리콥터의 경이로움을 보고 놀라지만, 설움을 아는 또 다른 사람은 무덤덤하게 받아들이는 이중성을 보여줍니다. 이는 설움이 각기 다른 방식으로 인간의 감각과 의식에 영향을 미친다는 것을 드러냅니다.

2. 설움의 근원: 잃어버린 자기 언어
- "그들은 너무나 오랫동안 자기의 말을 잊고, 남의 말을 하여왔으며"라는 표현은 인간이 자신의 본질적 목소리를 잃어버린 상태를 지적합니다. 이는 현대사회에서 개인이 억압된 채 살아가며, 자기표현을 하지 못하고 남에게 종속된 삶을 살아가는 현실을 암시합니다.
- "떠듬는 목소리로밖에는 못해 왔기 때문이다"는 이러한 억압된 상황에서 인간이 자신을 표현할 힘마저 잃어버린 상태를 강조합니다. 이는 설움의 근본 원인이 인간의 자유와 자율성이 상실된 데 있다는 것을 보여줍니다.

3. 설움의 연속성과 헬리콥터의 "영원한 생리"
- "설움이 설움을 먹었던 시절이 있었다"는 설움이 단순히 개인적 경험이 아니라, 역사적으로 누적되고 반복되어온 고통임을 암시합니다. 이는 전쟁, 분단, 억압 등의 한국 현대사와 연결 지을 수 있습니다.
- "헬리콥터의 영원한 생리"는 헬리콥터라는 기계적 존재가 설움을 초월한 듯 보이지만, 사실 인간의 고통과 무관하지 않음을 상징합니다. 헬리콥터는 전쟁과 억압의 상징이기도 하며, 이를 통해 인간의 고통을 객관적으로 바라보는 시인의 시선을 드러냅니다.

4. 헬리콥터와 순수한 치정
- "이러한 우리의 순수한 치정을 헬리콥터에서도 내려다볼 수 있을 것을 짐작하기 때문에"라는 구절은 헬리콥터가 인간의 내밀한 감정을 내려다보는 위치에 있음을 나타냅니다. 이는 헬리콥터가 단순한 기술적 기계가 아니라, 인간의 삶과 설움을 관찰하고 반영하는 상징적 존재로서 기능함을 시사합니다.
- "헬리콥터여 너는 설운 동물이다"는 헬리콥터를 설움의 존재로 의인화하며, 인간의 고통과 기계적 존재 사이의 모순을 드러냅니다. 헬리콥터는 기술적 진보와 인간의 설움이 교차하는 지점에 있는 존재입니다.

5. 전체적인 주제와 해석
- 이 시에서 헬리콥터는 단순한 기술적 기계를 넘어 인간의 삶, 설움, 그리고 현대 문명 속에서 잃어버린 자기 본질을 상징합니다.
- 설움은 개인적 고통이나 감정적 반응을 넘어 인간 존재의 근본적인 상태로 그려지며, 이는 김수영이 체험한 부자유와 억압의 현실에서 비롯됩니다.
- 헬리콥터라는 기계적 존재는 설움을 초월한 듯 보이지만, 사실 인간의 내적 고통과 떼려야 뗄 수 없는 관계에 있음을 드러냅니다.</td></tr>
</table>

김수영의 「헬리콥터」는 한국전쟁이라는 트라우마의 기표이자 모더니티의 상징인 '헬리콥터'를 "설운 동물"이라 언술함으로써 "설움"의 주체가 사람으로부터 헬리콥터로 전유되는 시적 상황을 제시한다. 이를 통해 지정학적 공간인 한반도 분단의 역사를 설움으로 감내하는 민족 공동체의 운명을 노래하며 "비애의 수직선"이자 "설운 모양"으로 표현되는 헬리콥터의 운동성을 구경하는 "민중의 치정"을 포착한다. 이 같은 묘사의 반복은 한국전쟁 직후 김수영의 민족과 분단에 대한 인식을 드러내는 것이고 한 개인의 '설움'이 헬리콥터로 전이되고 그것이 다시 민중의 설움으로 전포되는 메커니즘을 통해 묘파되는 것이다. 「헬리콥터」에 대한 챗GPT의 해석은 어떠할까?

인용한 이미지를 통해 "설움의 연속성", "헬리콥터와 순수한 치정"의 관계성을 언급하고 있다는 점에서는 챗GPT의 작품에 대한 비평적 접근이 이전 버전보다 논리적 비약성을 극복하고 있기 때문에 주목을 요한다. 헬리콥터를 전쟁과 억압의 상징이면서 기계의 생리를 따르는 객관적 시선으로 치환하는 해석이나 인간의 삶과 설움을 관찰하는 존재로 기능하는 헬리콥터가 설움의 존재로 치환되는 과정, "헬리콥터여 너는 설운 동물이다"라는 시구를 통해 그것이 기술적 진보와 인간의 설움이 교차하는 지점에 있는 트랜지션이라는 사실을 짚어내는 대목들이 존재하기 때문이다. 이 같은 유의미한 해석은 「방 안에서 익어가는 설움」이나 「구라중화」에서도 찾아볼 수 있다.

프롬프트 박스 3 – 김수영, 「방 안에서 익어가는 설움」 학습

<table>
<tr><td>사용자</td><td>다음에 제시된 시의 ‘설움’의 의미와 관련지어 작품을 내재론적 관점에서 해석해 볼까?</td></tr>
<tr><td>챗GPT</td><td>

1. 대조와 역설의 수사

- “설움을 역류하는 야릇한 것만을 구태여 찾아서 헤매는 것은 우둔한 일인 줄 알면서”라는 구절에서 설움을 피하려 하거나 극복하려 하기보다는 오히려 그것을 적극적으로 찾아나서는 행위를 묘사하며 역설적 태도를 드러냅니다.
- 설움은 보통 피하고 싶은 감정이지만, 시인은 이를 삶의 본질로 인정하고 마주하는 역설적인 자세를 취합니다. 이러한 표현은 설움의 필연성과 그것이 개인 정체성에 미치는 영향을 강조합니다.
- 설움을 “생활이며 정신이며 시대이며 밑바닥”으로 규정하며, 부정적인 정서가 오히려 존재의 본질을 드러내는 긍정적 역할을 함을 드러냅니다. 이는 대조적 효과를 통해 독자의 주의를 집중시키고 설움의 깊이를 성찰하게 합니다.

2. 은유와 상징

- “비가 그친 후 어느 날”이라는 시간적 배경은 단순히 날씨의 묘사를 넘어 고통과 고난의 시간이 지나고 난 뒤의 정서적 상태를 상징합니다. 이는 설움이 단순한 감정적 반응이 아니라 삶 속에서 자연스럽게 형성되는 심리적 상태임을 암시합니다.
- “방 안”은 외부와 단절된 내면의 공간으로, 설움이 내재화되고 농축되는 장소로 상징됩니다. 이 방은 단순히 물리적 공간이 아니라, 시인의 내면 세계와 정신적 공간을 대변합니다.
- 설움을 “충만되어 있는 것” 또는 “유유히 자기의 시간을 찾아가는 것”으로 묘사하는 은유는 설움이 단순히 소극적인 감정이 아니라, 독립적이고 능동적인 성격을 가진 것으로 표현됩니다. 이는 설움이 생동감 있는 존재처럼 느껴지게 합니다.

3. 반복과 나열

- “설움은 생활이며 정신이며 시대이며 밑바닥”이라는 나열은 설움의 본질과 그것이 시인의 삶에 미치는 영향을 강조하는 방식으로, 설움이 단순한 감정이 아니라 삶의 모든 측면에 스며들어 있음을 드러냅니다.
- 나열적 표현을 통해 설움의 복합성과 전면성을 전달하며, 독자로 하여금 설움이 단순히 개별적인 감정이 아니라 전체적인 삶의 구조 속에 존재한다는 것을 깨닫게 합니다.

4. 시간적 이미지와 설움의 유동성

- 설움은 “유유히 자기의 시간을 찾아간다”고 표현되며, 이는 설움이 고정된 감정이 아니라 시간과 함께 흐르며 변화하는 성격을 가진 것으로 나타냅니다.
- “초연히 이것을 시간 위에 얹고”, “어려운 몇 고비를 넘어가는 기술”이라는 표현은 설움을 단순히 겪는 것이 아니라, 이를 받아들이고 초월하려는 시인의 태도를 보여줍니다. 이는 설움의 유동성과 인간의 대응 방식을 수사적으로 형상화한 것입니다.

5. 종결부의 상징적 이미지

- 마지막 부분에서 시인은 “빈 방 안에 나는 홀로이 머물러 앉아” 있으며, 이는 설움을 모두 보낸 뒤 찾아온 고독과 평온을 상징합니다. 그러나 “어떠한 내용의 책을 열어보려 하는가”라는 구절은 여전히 질문을 남기며, 설움이 끝난 뒤에도 삶은 계속되며 새로운 의미를 찾아야 함을 암시합니다.
- 종결부의 열린 결말은 설움이 삶 속에서 반복되는 순환적 요소임을 나타내며, 독자에게 여운을 남깁니다.

6. 수사학적 효과

- 시 전반에 걸쳐 설움은 단순히 슬픔이나 고통이 아니라, 삶의 본질과 연결된 존재론적 상태로 제시됩니다. 이를 위해 반복, 은유, 대조, 나열 등의 수사학적 기법이 활용되며, 설움이라는 감정의 복합성과 깊이를 효과적으로 전달합니다.
- 설움은 특정한 이미지를 통해 구체화되면서도 추상적인 철학적 사유로 확장됩니다. 이는 독자에게 설움이라는 감정을 단순히 느끼게 하는 것을 넘어 그것을 사유하게 만듭니다.

</td></tr>
</table>

「방 안에서 익어가는 설움」을 학습하고 해석할 때 사용자는 설움의 의미를 "수사학적 관점"으로 제한하여 해석할 것을 요청했다. 이 과정에서 도출된 답변 가운데 주목할 점은 설움의 역설적 의미와 은유적 의미를 챗GPT가 파악할 수 있다는 사실이다. GPT-4o 이전 버전의 모델의 경우에는 역설과 반어를 표현하거나 해설하지 못하는 경우가 많았다. 그러나 GPT-4o 버전에서는 그러한 한계가 극복된 것으로 보인다. 이는 김수영의 시뿐만 아니라 현대시를 해석할 때의 상당한 가능성을 시사한다. 시의 알레고리를 파악하고 기표로 위장된 시어의 진위를 시적 주체의 관점에서 파악하고자 할 때 챗GPT의 이 같은 시적 맥락 구성의 가능성은 앞으로 도래할 범용인공지능 사회에서의 예술 향유의 폭넓은 가능성을 제시하는 일이기도 하기 때문이다. "설움은 보통 피하고 싶은 감정이지만, 시인은 이를 삶의 본질로 인정하고 마주하는 역설적인 자세"를 취함으로써 "부정적인 정서가 오히려 존재의 본질을 드러내는 긍정적 역할"을 한다는 해석에서 이는 김수영이 설움을 응시하는 이유가 단순한 센티멘털리즘이 아닌 시적 원동력인 '긍지'로 변모시키는 맹아로 인식한다는 시적 원리를 관통한다.

프롬프트 박스 4 – 김수영, 「구라중화」 학습	
사용자	이는 김수영의 「구라중화」라는 난해한 시야. 자유롭게 해석해 볼까?
챗GPT	**1. "저것이야말로 꽃이 아닐 것이다" / "저것이야말로 물도 아닐 것이다"** – 시는 부정적인 진술로 시작합니다. "꽃"과 "물"이라는 전형적으로 아름답고 생명력 있는 이미지를 부정함으로써 시인은 겉으로 드러난 생명과 아름다움의 이면에 있는 부정적이고 모순적인 진실에 주목합니다. – 이는 설움이 단순히 감정의 표면적 층위가 아니라, 삶과 존재의 본질적인 모순에서 비롯된 것임을 암시합니다. "꽃"과 "물"이 부정되는 것은 생명과 아름다움의 이면에 죽음과 허무가 내재해 있음을 상징합니다.

<table>
<tr>
<td>챗GPT</td>
<td>
2. “늬가 끊을 수 있는 것은 오직 생사의 선조뿐”
– “생사의 선조(線條)”는 삶과 죽음을 가르는 경계선을 의미합니다. 설움은 바로 이 경계선 위에서 발생합니다. 삶과 죽음, 생성과 소멸의 갈림길에서 인간은 설움을 느끼고, 그것을 넘어서는 과정에서 자기 존재의 본질을 성찰합니다.
– 그러나 “그 비애에 찬 선조도 하나가 아니기에”라는 표현은 삶과 죽음이 단순히 이분법적 대립에 머무르지 않으며, 경계선이 다층적이고 복합적임을 드러냅니다. 이는 설움이 단일한 감정이 아니라, 다층적이고 복합적인 삶의 양상을 포함하는 정서임을 보여줍니다.

3. “설움이 힘찬 미소와 더불어 관용과 자비로 통하는 곳에서”
– 여기서 설움은 단순히 부정적이고 소극적인 감정이 아니라, 인간적 성숙과 연관된 긍정적 요소로도 해석됩니다. 설움은 고통스러운 경험이지만, 이를 통해 인간은 삶의 본질을 깨닫고 관용과 자비를 배웁니다.
– 김수영은 설움을 통해 인간이 자신을 초월하고, 더 깊은 삶의 의미를 이해할 수 있음을 암시합니다. 이는 설움이 비극적이지만 동시에 창조적이고 희망적인 정서로 작용할 수 있음을 보여줍니다.

4. “죽음 위에 죽음 위에 죽음을 거듭하리”
– “죽음 위에 죽음 위에 죽음을 거듭하리”는 반복적인 소멸과 재생의 과정을 상징합니다. 설움은 단순히 한 번의 고통으로 끝나지 않고, 삶의 과정 속에서 반복적으로 경험되는 존재론적 상태입니다.
– 이는 삶과 죽음, 생성과 소멸의 순환 속에서 설움이 지속적으로 새롭게 발생하며, 그 과정을 통해 인간은 끊임없이 변화하고 성장한다는 점을 암시합니다.

5. “구라중화(九羅重花)”의 상징
– “구라중화”는 “아홉 겹으로 포개진 꽃”을 의미합니다. 이는 단순히 한 겹의 아름다움이나 고통이 아니라, 겹겹이 쌓인 생명과 존재의 복잡성과 깊이를 상징합니다. 설움은 이러한 복잡성의 핵심 요소로, 삶의 다층적 본질을 형성합니다.
– 구라중화의 이미지에서 드러나는 “겹겹이 포개짐”은 설움이 단일한 사건이 아니라, 경험과 시간 속에서 누적되고 심화되는 정서임을 나타냅니다. 이는 설움이 인간 존재의 깊이를 형성하는 중요한 요소임을 시사합니다.

6. “결합된 색깔은 모두가 엷은 것이지만”
– 여기서 “엷은 색깔”은 설움의 미묘하고 복합적인 성격을 암시합니다. 설움은 강렬하고 격정적인 감정보다도 인간 내면에서 은은하고 지속적으로 작용하는 정서로 표현됩니다.
– 또한, 설움은 삶의 다양성을 포괄하면서도 그것을 하나로 결합시키는 역할을 합니다. 이는 설움이 삶과 죽음을 아우르는 감정임을 보여줍니다.
</td>
</tr>
</table>

마지막으로 해석한 「구라중화」[13]에서도 비슷한 맥락에서 시를 파악

13 챗GPT는 이 시의 제목에 대한 해설도 덧붙였는데 “구라중화(九羅重花)는 아홉 겹으로 포개진 꽃을 의미합니다. 이는 단순히 한 겹의 아름다움이나 고통이 아니라 겹겹이 쌓인 생명과 존재의 복잡성과 깊이를 상징합니다. 설움은 이러한 복잡성의 핵심 요소로

하고 있다는 점에서 챗GPT의 김수영 시의 '설움'에 대한 학습이 어느 정도 축적되었다는 판단을 할 수 있었다. "이 시에 나타난 표현들을 설움과 연관 지어 해석해 볼 수 있을까?"라는 질문에 챗GPT는 "저것이야말로 꽃이 아닐 것이다", "저것이야말로 물도 아닐 것이다"라는 구절에서 꽃의 존재성을 거부함으로써 드러나는 생명의 이면에 도사리고 있는 부정적이고 모순적인 진실을 시인이 주목하고 있다고 말한다. 그러면서도 "죽음 위에 죽음 위에 죽음을 거듭하리"라는 구절에서는 반복적인 소멸과 재생의 과정을 묘사함으로써 그 순환의 단절 면에서 설움이 발생하고 있다고도 언급한다. 이를 통해 궁극적으로 "삶과 죽음, 생성과 소멸, 아름다움과 허무가 교차하는 지점에서 발생하는 존재론적 정서"로서 "설움"을 노정시키는 챗GPT의 해석은 그 논리성에 있어 일면 타당하기를 넘어서는 지점이 분명 존재해 보인다.

김수영의 시어 '설움'을 시적 정념의 맥락에서 고찰함에 있어 GPT-4o의 해석 능력은 그 이전 단계의 버전을 상회하는 비언어적 맥락으로서의 상호접합성을 잘 보여준다는 사실을 담화 과정을 재고찰함으로써 확인할 수 있었다. 그렇다면 김수영의 '설움' 시편이 학습된 세션에서 실험되는 번역은 어떠한 가능성과 한계를 내포하고 있을까?

삶의 다층적 본질을 형성합니다. 구라중화의 이미지에서 드러나는 겹겹이 포개짐은 설움이 단일한 사건이 아니라, 경험과 시간 속에서 누적되고 심화되는 정서임을 나타냅니다. 이는 설움이 인간 존재의 깊이를 형성하는 중요한 요소임을 시사합니다"라고 말한다. 구라중화가 글라디올러스의 김수영식 한자 표기라는 사실을 감안할 때, 이러한 해석은 불필요할 수도 있으나, 구라중화에서 '겹겹이 포개짐'이라는 이미지를 형상하고 이를 바탕으로 설움의 깊이를 고찰했다는 비평적 지점은 챗GPT의 기술적 발전을 긍정적으로 바라보게 만드는 요소이기도 하다.

인공지능 번역의 방법론: '역할 부여'

한국문학 수출 과정에서 인공지능을 활용한 번역은 비영어권 문학이 영미권을 비롯한 다양한 언어권에서 번역·출간됨으로써 세계문학의 보편성을 취득하는 데 인공지능이 조력할 수 있을지에 대한 지속적인 논의를 요청한다. 번역 현장에서는 인공지능의 범용화가 급속도로 진전되고 있는 가운데 인공지능의 효용성에 대한 긍정적인 인식을 다소 찾아보기 어렵다. LLM(초거대언어모델)을 바탕으로 구축된 GAI(생성형 인공지능)의 성능·가능성·윤리·활용법 등 다양한 입장에서의 논의가 진행되고 있지만 이는 현재에도 시론적 성격이 강하고 이에 대한 실험적 논의가 충분히 이뤄지지 않았다고 볼 수 있다.[14]

또한 인공지능의 번역은 '창작'과 더불어 저작의 윤리성에 대한 간섭으로부터 그 어떤 영역보다도 자유롭지 못한 지점을 내포한다. 오늘날 출판산업계와 예술계에서 인공지능이 음악, 문학, 그림 등의 예술 분야에서 작품을 생성하는 것에 대한 윤리의식 제고라는 측면을 고민하지 않을 수 없게 되었다. 가령 인공지능이 시를 창작한다고 했을 때 그것이 완전한 창작 형태로 생성된 것인지 아니면 기존의 데이터와 알고리즘에 기반한 조합인지에 대한 숙의적 과정이 생략될 수 없는 것처럼, AI가 기존 작품을 바탕으로 새로운 작품을 생성했다 하더라도 그것은 원작자의 저작권이 침해될 수 있으며 이에 대한 윤리적 고려가 필요하다는 논의 등이 현재에도 진행 중이다. 더불어 AI 창작물에 대해서는 누가 저작권을 소유하는지에 대한 명확한 기준도 마련되어 있지 않다.

---

14 이구용, 「AI 문학번역의 유용성 연구」, 『인문사회과학연구』 제31권 4호, 세명대학교 인문사회과학연구소, 2023 참조.

이러한 상황에서 그 이차적 저작에 해당하는 번역 역시 동일한 문제로부터 불가피해 보인다. 번역에까지 인공지능이 개입할 수 있다면 그것은 문학적 영역에 대한 기술적 차원이 아니라 인문학적 영역에 대한 존재론적 차원으로 전화되는 문제이기도 하기 때문일 터다.

이러한 가운데 급진적인 논자들은 인공지능이 예술 분야에서 활용됨에 따라 전통적인 예술가들의 역할이 줄어들 수 있다고도 평가한다. 이는 인공지능과 예술의 결합은 많은 윤리적·사회적 문제를 제기하고 있으며, 문제를 해결하기 위해서는 예술 분야 내에서의 논의뿐만 아니라 기술, 법, 문화 등 각계의 전문가들이 함께 토론하고 협력할 필요가 있음을 방증하는 것이기도 하다. 물론 인공지능의 생성물에 대한 국제적이고 통합적인 표준화된 윤리적 제도는 아직 완전히 정립되지 않았으나, 여러 단체와 기관에서 인공지능 생성물에 관한 윤리적 이슈에 대한 지침과 가이드라인을 개발하고 있는 것으로 보인다. 최근에는 이러한 인공지능을 둘러싼 인문학적 우려를 토대로 데이터 편향성을 지적하는 논의도 다수 등장했다. 인공지능은 학습데이터에 기반하여 새로운 데이터 생산을 수행한다. 만일 이 데이터가 사용자에 의해 편향된 이념이나 사회적 관념을 내포하는 지식이라면, 인공지능의 창작물이나 번역물 역시 편향될 수 있다는 취지다. 이러한 편향을 어떻게 처리하고 교정할 것인지에 대한 논의의 필요성이 제고된다. 실제로 챗GPT를 사용할 때도 명령어를 입력하는 과정에서 사용자의 편향된 사견이 주입될 경우, 이를 챗GPT가 자동적으로 순화하는 기능을 최근에 업데이트한 바가 있다. 이처럼 인공지능은 어디까지나 프로그래밍된 사물이며, 그것이 우리에게 "친절한 태도"로 이야기하는 것은 사용자와 인공지능 간의 능동적인 상호작용을 가로막는 역할이지만, 사회적 가이드라인이 갖춰지지 않고 첨단기술이 개발된 현재의 상황에서는 각종 윤리적 문제를 고찰한 방어적 태도로 프로그래밍이 이뤄지고 있다. 이처럼 인공지능의 빠른 성장 속도와 관련해서도 일시적인 규제 또는 제한을 주장하며, 이를 통해 윤리적·사회적·경제적 문제에 대한 더 깊은 논의와 연구의 시간을 확보하자는 주장도 있다. 더불어 인공지능 창작과 번역 과정의 투명성에 대한 요구도 커지고 있다. 사용자나 관람객들은 인공지능이 어떻게 그 작품을 창작했는지 메커니즘에 대한 알 권리를 요구하기도 한다. 세계 여러 국가에서는 이러한 문제들에 대해 법적 또는 정책적 대응을 모색하고 있으며, 국제적인 협력을 통해 통합적인 해결책을 마련하려는 노력도 진행 중이다. 인공지능을 활용한 텍스트 생성은 프로그램 자체, 혹은 개발자, 플랫폼 제공자, 사용자 중 저작에 대한 소유권은 물론 신뢰성과 윤리성을 가늠하는 일에 있어 서로 복잡한 문제이다. 더불어 앞서 살폈듯 인공지능 프로그램의 개발이 진행됨에 따라 텍스트를 구성하는 방식이 더욱 자연스럽고 논리적인 형태로 발전하고 있다. 이에 "무엇이 진정한 예술인가?"라는 질문에 대한 답이 바뀔 수도 있다. 인간의 감정과 경험 없이 생성된 인공지능의 예술작품이 진정한 가치를 지니는지, 아니면 단순한 데이터의 조합에 불과한지에 대해서는 논의가 오가는 상황에서 이 글에서 살피고자 하는 시적 번역의 방법론 모색 또한 더욱 과학적으로 접근되어야 한다.

이 글에서 김수영의 시를 챗GPT로 번역하는 이 실험의 목적은 단순히 번역 텍스트의 정확도를 살피는 것이 아니라 번역 텍스트 속에서 '설움'의 시적 맥락을 어느 정도로 구현하고 함의할 수 있을지 고찰하는 데 궁극적인 목적이 있다. 김수영의 시를 번역하고 그 정확성을 파악하기 위해서는 비교항이 될 수 있는 기존의 영역시집이 있어야 한다. 김수영의 시를 영역한 공식적인 해외 출판물은 김수영, 신경림, 이시영의 작품을 엮은 코넬대학교의 *Variations: Three Korean Poets*(Cornell University, 2001, 이하 *Variations*)가 유일하다. 이 영역시집의 번역을 맡은 역자는 브라더 안토니(Anthony Graham Teague)[15]와 김영무이다. 그러나 이 시집이 영미권에서 출간된 김수영의 유일한 영역시집임에도 불구하고 "김수영의 시 세계를 전체적으로 조망하기에는 부족한 느낌"이라는 평가를 받는다. 그 이유는 시집이 "김수영만을 대상으로 하는 번역시집이 아닌 데" 있으며 "번역 작품을 읽을 대상이 아무래도 소수의 영미권 독자일 것이기 때문에"[16] 번역하기 수월한 비교적 짧은 시들 중심으로 수록이 되어 있다는 지적 때문이다. 또한 『김수영 전집』(초판 1981)이 아니라 백낙청이 김수영 작고 20주기를 기념하여 엮은 시선집 『사랑의 변주곡』(창작과비평, 1988)을 원전으로 번역했다는 점에서도 김수영의 시 세계를 통찰할 수 있는 영역시집으로 보기에는 부족한 면이 없지 않다.

최근 발간된 『시인의 거점』(그린비, 2020)을 살펴보면 T.S 엘리엇이나 사르트르, 트릴링, 카뮈 등 김수영이 시의 해석학적 거점을 마련하는 데 있어 참조한 작가와 비평가를 그의 번역 평론들을 통한 일종의 독서 체험을 바탕으로 알 수 있다. 김수영은 연희전문 영문과를 중퇴하고 포로수용소 수용 당시 미군 통역관으로 생존하고도 번역으로 생계를 이어나갔다. 또한 〈시작노트 6〉에서 시를 "일본어로 쓰는 편이 편리하다." 그러나 "나는 일본어를 사용하고 있는 것이 아니라 망령(妄靈)을 쓰

15 안토니는 구상, 고은, 천상병, 서정주, 김수영, 신경림, 이시영, 김광규, 박윤희, 이문열 등 1988년부터 한국 현대문학번역을 해온 영문학자이자 번역가이다.

16 김태우, 「김수영 영역시의 비판적 분석: *Variations*를 중심으로」, 『어문학논총』 제24권, 국민대학교 어문학연구소, 2005, 374쪽.

고 있는 것이다"[17]와 같은 고백에서도 드러나듯 영어와 일본어를 한국어만큼이나 잘 다뤘으며 다중언어에 익숙한 모습과 언어에 있어 자기의 철학도 명확했던 시인으로 나타나 있다. 이러한 주체의 고백이 시작노트 편에 실려 있다는 사실을 들어 김수영을 4·19세대가 규정한 전후세대가 아닌 한글세대가 규정한 이중언어세대로 수급시킴으로써 그의 탈식민적 사유를 고찰한 논의도 있는 만큼, 김수영의 번역 문제는 단순히 생존이나 생계의 기능으로만 국한되지 않았다. 오히려 생존과 생계라는 현실과 직결된 그 테제가 김수영의 자유를 향한 시적 사유를 더욱 첨예화했다는 점에서 그의 시 세계에 잠정되어 있는 '번역관' 또한 간과할 문제는 아닌 것이다. 아울러 〈시작노트 6〉에서 「이 한국문학사」, 「H」, 「눈」(1966)이 습작편 형태로 실려 있는데, 「눈」의 말미에는 자코메티의 "There is no hope of expressing my/vision of reality. Besiders, if I did,/It would be hideous something to/look away from"을 함께 적어두었다. 이를 번역하면 "내 현실의 비전을/표현할 희망은 없네/설령 해낸다 해도/그것은 흉측한 것/눈길조차 피하고 싶은"이라는 의미이다. 이때 김수영은 "hideous의 뜻은 몸서리나도록 싫다는 뜻이지만, 이것을 가령 '보이지 않는다'라는 뜻으로 해석"하면 "to/look away from"이라는 말을 삭제해도 "재미있다"[18]고 설명한다. 이처럼 김수영의 언어에 대한 예민성은 국어/영어/일본어를 막론하고 지배적으로 드러나 있다. 〈시작노트 6〉에서 시인이 언급한 예술가 및 작가, 비평가는 자코메티, 릴케, 헤세, 뢰트커, 말라르메, 콕토, 아르르칸, 수전 손택, 메리 메카

---

17 김수영, 「시작노트 6」, 『김수영 전집』, 554쪽.

18 위의 책, 551쪽.

시, 엘리엇, 이상, 보들레르에 이르기까지 그가 「눈」이라는 시를 쓰기 위해 경유한 시적 세계와 미학적 세계를 환유시킨다. 그러면서 "'폐허에 눈이 내린다'의 여덟 글자로 충분하다. 그것이, 쓰고 있는 중에 자코메티적 변모를 이루어 6행으로 되었다. 만세!"[19]라고 언급함으로써 휴식과 정지의 의미로서의 '눈'이 관통하는 현실 세계의 '보이지 않음'에 대한 통찰을 성취했다는 자평을 확인해 볼 수 있다.

중요한 점은 이 같은 언어에 대한 시인 특유의 예민성이 그의 시적 정념에서 중심적 역할이자 죽음과 삶을 접면시키는 원동력으로서의 '설움'에 대해서도 다양한 언어적 차원의 시도를 허용해야 함을 인식하게 만든다. 다시 말해 그의 시에 설움이 현현할 때, 중요한 것은 설움의 표현이 아니라 맥락의 형편에서 설움이 구조적으로 조직되고 있는가 하는 것, 그리고 그것이 긍지와 자유라는 시적 이상으로 전화되는 과정에서 포착되는 시간성의 감각인가 하는 것들이 '번역'에서 가능한가 하는 점이다. 이러한 사정들이 김수영의 시가 오늘날까지도 번역되기 힘든 저간의 사정을 대변해주는 방증이라 생각한다. 그럼에도 불구하고 김수영의 시를 인공지능으로 번역함에 있어 가능성을 찾아볼 수 있는 이유는 챗GPT 프롬프팅에서 '역할 지정하여 명령하기'[20]를 수행했을 때 결과의 번역 가능성을 타진해 볼 수 있기 때문이다.

이에 앞서 김수영에 대한 사전 지식만 제시한 채 작품이 학습되지

19 김수영, 앞의 책, 554-555쪽.

20 서울과학기술대의 『논리적 글쓰기』(논리적 글쓰기 편찬위원회, 2024)에서 제시한 〈프롬프트 다듬기 체계〉 중 한 유형은 '역할 부여'로 챗GPT는 일정한 역할을 부여해 지시를 구체화하는 효과를 얻을 수 있고 답변의 장르적 특성과 글의 톤에 일관성을 부여할 수 있는 방법을 설명한 바 있다.(김웅기, 「AI 시대 논증적 글쓰기를 위한 프롬프팅 연구」, 『리터러시 연구』 제15권 3호, 한국리터러시학회, 2024, 211쪽.)

않은 상태에서 현재의 기술력으로 시적 번역이 어느 정도의 유보적인 판단을 가능하게 만드는지 살펴볼 필요가 있다.

[김수영의 '설움' 변용 시어에 대한 챗GPT 번역 응답]

· 섧다: to be sorrowful / to be heartbroken

· 설운: sorrowful / mournful

· 설워지듯이: as if sorrowful / becoming sorrowful

· 설워진다: becomes sorrowful / is filled with sorrow

· 설워: sorrowful / mournful (adjective)

· 섧다나: (can be translated contextually, possibly as) I wonder if I am sorrowful / am I sorrowful?

· 섧지가: (can be translated contextually, possibly as) is it sorrowful? / am I not sorrowful?

먼저 『김수영 사전』에 수록되어 있는 '설움'과 관련된 시어의 사례를 챗GPT를 통해 번역하면 위의 예시와 같이 제시하는데, 여기서 sorrowful이라는 단어가 공통적으로 채택되고 있음을 확인할 수 있다. 이는 동의어로 채택될 수 있는 sadness와 grief와 비교했을 때 시의 맥락에서 sorrowful이 가지는 의미가 더 적합하다는 판단에서 비롯된 결과로 보인다. 그러나 원텍스트에서 운용되는 폭과 비교했을 때 현저하게 평면적이다.[21] sorrowful이라는 단어의 사용 자체는 적합한 것일지 몰라도

21 이는 챗GPT와 같은 언어 생성형 인공지능이 번역에서 보이는 "어휘 의미 선택 오류"와 연관성이 깊다. "어휘 의미 선택 오류는 한 어휘의 뜻갈래(sense)가 여러 개 존재하는 다의어인 경우에 문맥에 적절한 뜻갈래를 선택하지 못해 의미 해석이 부자연스러운 오류

'설움'을 내포한 시적 풍경이 자유 또는 시적 미지에로의 '긍지'로 환유되는 김수영의 수사학적 원리를 맥락화하지 못할 가능성이 큰 번역인 것이다. 따라서 다음과 같은 수정 프롬프트를 진행하면서 「방 안에서 익어가는 설움」을 번역 대상 작품으로 선정하였다. 그 이유는 '설움'을 직접적인 시어로 택할 뿐 아니라 시적 주체의 존재론적 타자로 기능한다는 점, 그리고 방과 바깥으로 분리되어 있는 시적 주체의 정념적 원동력으로서 설움이 길항하고 있다는 점을 고려해보았을 때 '설움'에 대한 다양한 시적 표현이 번역어로서도 표현될 가능성이 농후했기 때문이다.

김수영의 시적 정념 '설움'의 챗GPT 번역 프롬프팅	
사용자	시적으로 설움을 표현할 땐 어떻게 영어로 번역되는가?
챗GPT	"설움"을 시적으로 표현할 때는 다음과 같은 번역이 적합할 수 있습니다. heartache: 마음의 아픔을 강조하는 표현 anguish: 깊은 고통이나 괴로움을 나타내는 단어 melancholy: 우울하고 애수 어린 감정을 담고 있는 표현 wistful sorrow: 그리움과 함께하는 슬픔 이러한 표현들은 문맥에 따라 다르게 사용될 수 있으며, 시적인 뉘앙스를 잘 전달할 수 있습니다. 특정한 맥락이나 문장을 제공해주시면 더욱 적절한 표현을 제안해드릴 수 있습니다!
사용자	이 시적 표현들을 활용해서 김수영의 「방 안에서 익어가는 설움」을 번역해줘.(원용된 시는 이 글에서 생략함–인용자주)
챗GPT	On a day after the rain had ceased, I found <u>my room filled with sorrow</u>. Amidst the comings and goings, whether in straight lines or diagonals, <u>my sorrow</u> quietly sought its own time. Though I knew it was foolish to wander in search of strange things that might reverse <u>this sorrow</u>, I believed it to be my life, my spirit, my era, and my very foundation—(…중략…, 인용자)—my eyes and my spirit, even the tranquil thoughts that this night awaits, I calmly place upon the flow of time, knowing the art of overcoming difficult moments. This is surely my life, not anyone else's. After bidding farewell to the last of <u>my sorrow</u>, I sit alone in the empty room, pondering which book of content I might dare to open.(밑줄 인용자)

이다."(정유남, 「인공지능 번역기의 오류 분석 연구 – 졸업 연설문 번역 텍스트를 중심으로」, 『인공지능 인문학 연구』, 중앙대학교 인문콘텐츠연구소, 2022, 108쪽.) 다시 말해 '설움'의 다양한 의미 층위가 시적 기능을 수행한다고 했을 때 인공지능은 그것을 '슬픔'이라는 하나의 의미로만 파악하기 때문에 시적 문면에 접근할 수 없는 것이다.

인공지능을 활용한 시 번역의 정확도의 지표는 다음의 두 가지 기준으로 구분할 수 있다. 첫 번째 '형태 층위 오류'는 어휘를 누락하거나 문법적 구성 요소를 잘못 배치하는 것이다. 예컨대 시의 리듬을 형성하는 대표적인 방식으로 시구나 시어가 반복될 때, 이를 수사학적 맥락으로 파악하지 못하고 누락시키거나 지시대명사나 다른 어휘로 대체하는 경우에도 형태 층위 오류의 범주에서 생각해 볼 수 있다. 「방 안에서 익어가는 설움」을 번역할 때는 행과 연을 구분하지도 않았으며 작품에서 나타나는 시적 기능을 하는 부호 '—' 등 리듬감을 살릴 수 있는 표현들이 사용되지 않았다. 두 번째 '의미 층위 오류'는 표기법 오류나 어형의 변화를 인식하지 못하는 경우를 의미한다.[22] 이 글에서 실험하고 있는 '설움' 또한 의미와 어형의 다양성이라는 관점에서 챗GPT가 이를 예각적으로 번역하지 못하고 있다는 점을 파악했다. 예시에서 볼 수 있듯, 챗GPT는 설움을 시적으로 표현할 때의 다양한 사례를 제시하고 있다. 또한 문맥에 따라 달리 사용될 수 있음을 설명하고 있다. 김수영의 「방 안에서 익어가는 설움」을 번역했을 때 "설움"은 모두 sorrow로만 번역된 것을 알 수 있다. "I found my room filled with sorrow"는 "방 안에 설움이 충만되어 있다"라는 표현을 직역한 것이지만 나름의 시적 성취를 얻었으나, 그 이후 "나의 설움", "설움을 역류하는 야릇한 것만을 구태여 찾아서 헤매는 것", "마지막 설움마저 보낸 뒤"를 살펴볼 때, 존재성 혹은 하나의 구체적 사물로 형상되어 있는 "설움"에 대한 직접적인 번역밖에 이뤄지지 않았다는 점에서 시적으로 충분히 번역되지

---

22 이외에도 인공지능 번역 기술 측정 지표로서 고유어 처리 능력, 통사 층위 오류 등 다양한 기준이 제시되고 있다. (이유정, 「현대시 인공지능(AI) 번역의 오류 양상 연구」, 『문화와 융합』, 한국문화융합학회, 2023 참조.)

않았다는 점을 알 수 있다.

그렇다면 2장에서 김수영의 시 세계와 작품을 면밀히 검토하고 '설움'이 김수영의 시에서 어떠한 의미로 맥락화되었는지 학습한 세션에서의 번역은 어떻게 다를지 비교해 보기로 한다.

> One day after the rain stopped—
> I found my room filled with sorrow.
>
> Amidst the intersecting lines,
> Straight or diagonal,
> My sorrow drifted slowly,
> Searching for its own time.
>
> To wander in pursuit of strange things
> That flow against sorrow's stream
> Is a foolish act, I know—
> Yet I believed it to be my life,
> My mind, my era, and my foundation—
>
> (중략)
>
> My eyes and my mind,
> Even the quiet thoughts this night awaits—
> I place them calmly upon the passing time,

Carrying myself through the difficult turns of life,

A skill I have come to know.

This is no one's life but certainly mine.

After sending off even the last sorrow,

In the empty room, I sit alone,

Wondering what kind of book

I might open.

– 김수영, 「방 안에서 익어가는 설움(The Sorrow Ripening in the Room)」

공통된 표현들이 등장하지만, 확연히 발견할 수 있는 차이로 줄표를 활용해 김수영 특유의 호흡을 살리고자 했다는 점, 단문을 활용하여 시적 리듬을 살리고 있다는 점에서 '역할 부여' 프롬프팅의 효과를 짐작해 볼 수 있다. 또한 "On a day"를 통해 "비가 그친 날"로 번역된 첫 구절을 "One day"로 번역한 것은 "비가 그친 후 어느 날"을 더욱 명확하게 번역한 결과라 볼 수 있다. 그리고 "spirit"으로 번역되었던 것도 "era"로 수정이 되고, 'sadness' 대신 'sorrow'를 사용함으로써 철학적이고 실존적인 의미를 담았다는 해설을 통해 '정신'을 '시대(특정 시기와 역사적, 사건적으로 구별되는 시대)'로 수정 번역하였다는 점에서 김수영의 시 세계가 개인의 정신이나 사상에만 국한된 것이 아니라는 점을 포괄하는 의미의 단어를 채택하고자 시도했다는 점을 파악할 수 있다. 이는 마지막 구절에서도 "pondering which book of content I might dare to open"이 "Wondering what kind of book/I might open"으로 번역됨으로써 시적 사유를 의문형으로 맺음으로써 김수영의 시적 언술과 비슷한 뉘앙스를 보여준다는 점에서 첫 번째 번역보다 수사학적 이해가 높은 번역문이라 할 수 있겠다.

챗GPT를 활용해 인공지능 번역을 프롬프팅 한다면 이처럼 '역할 부여'라는 방식을 통해 보다 활용성을 높일 수 있을 것이다. 이는 챗GPT의 담화 구성 체계를 이해하는 방식과 맞물려 있다. GPT-4o는 이전 단계의 버전보다 더욱 능숙하고 효과적으로 답변을 제시한다. 그런데 GPT의 담화 기술은 전적으로 사용자 담화 수용 맥락에서 이뤄진다. 다시 말해 챗GPT가 옳은 답변을 제시해도 사용자가 원하지 않으면 잘못된 답변을 제시할 가능성이 높다는 것이다. 이러한 담화 구성 체계에 따르면 챗GPT는 사용자의 프롬프트 지시 사항이 구체적이면 구체적일수록 정확도 높은 담화를 구성할 능력이 향상되는 것처럼 보인다는 사실을 파악할 수 있다. 따라서 '역할 부여'란 챗GPT를 통해 특정 작품 및 작가에 대한 이해도가 확보된 상황에서 작가, 장르, 시대적 맥락이 구체적으로 제시되는 역할 부여 프롬프트가 진행될 때 작품에 대한 이해도가 동반된 번역이 도출될 가능성이 높다.

맺음말

자문화기술지는 자신의 경험을 자세히 오랫동안 기록하고 축적된 기록 속에서 의미 있는 패턴을 찾는 작업에 기반합니다. '자기'는 '문화'와 결코 분리될 수 없기에, 필자는 기록을 하고 패턴을 찾으면서 그런 패턴을 만드는 사회문화적·기술적·교육적 힘에 대해 비판적으로 성찰하는 가운데 자신과 세계가 엮이는 방식을 인식합니다. 지금의 자신이 있기까지 자신에게 영향을 미친 사람·관계·관습·환경·권력 들과 진솔하게 대면하며 자신도 세계도 더 깊이 이해하는 것입니다. 필자는 자문화기술지적 글쓰기 과정 속에서 그렇게 자신을 빚어낸 권력들이 결코 당연하지 않으며, 그들 사이에 모종의 관계가 있고, 자신의 경험이 타자들의 경험과 독립적으로 만들어지지 않는다는 것을 알게 됩니다. 결국 외부(사회적 조건)와 내면(자신의 몸과 마음)이 서로 긴밀히 연결되어 있음을 인식하고, 이를 발판 삼아 새로운 관계와 엮임을 도모하는 앎과 실천의 여정을 떠날 수 있는 힘을 얻습니다.[23]

인공지능의 개발로 인한 창작과 번역의 수월성은 조금 더 본질적인 차원에서 인간의 리터러시 역량이 종래에 추구해왔던 사유의 과정을 축소시킨다는 맥락에서 이해가 필요하다. 텍스트와 의미의 조응에 있어 역설과 반어의 수사학으로부터 코드화되지 않은 인공지능의 문법은 애초에 시라는 언어의 정수로부터 실패한 언어임이 자명한 까닭이다. 이는 자연적으로 시의 발생 과정이 시인의 존재성을 타진하는 데서 연유하므로 시적 주체의 의미화 과정을 인공지능은 지나치게 소략할 가능성이 농후한 것이다. 인공지능 세계가 도래하고 범용인공지능의 활성화가 시작되면 인공지능을 활용하려는 담론은 더욱 보편적이고 대중적인 산물이 될 것이 자명하다. 이러한 가운데 인간의 삶이 '축적'의 방식을 통해 이뤄지고, 이를 기술하는 것이 리터러시-창작과 번역의 본질이 될 수 있다는 점을 시사해 볼 때, 향후 인간 영역에서의 필요한 구분적 관점은 인공지능의 역량을 인간-삶의 역량으로 전유하는 과정에서 활용-주체로서 인공지능을 바라보는 관점과 삶-주체로서 인공지능을 바라보는 관점을 구별시켜야 한다는 점이다. 인간의 존재는 '차이'에 기인한다는 점을 주지할 때 인공지능과 인간의 뚜렷한 차

---

23 김성우, 『인공지능은 나의 읽기-쓰기를 어떻게 바꿀까』, 유유, 2024, 294쪽.

이는 스스로의 약점을 인식할 수 있는 '감정'에서 찾아볼 수 있다. 주체의 타자화가 이뤄지는 시적 공명 속에서 인공지능은 역설과 반어가 빈번하게 일어나는 언어적 사실로부터 유보되어 있다. 이는 인공지능은 기술적 완벽을 추구하는 존재이지만 인간은 실재적 완전을 추구하는 존재이기 때문이다. 완벽은 오류를 용인하지 않으나 완전은 불완전 다음에 오는 대타성을 지닌다. 따라서 인간은 끊임없이 자신의 오류를 삶이라는 시간성 안에 축적하고, 그 불완전성을 망각으로 극복하며, 무의식에 내재된 반성과 성찰로 실천을 이룬다. 김수영의 '설움' 또한 그 개인적 실천이 모여 공동체를 집합시키고, 사회를 구성하며 다수의 사회체들이 의지하거나 대립하면서 생동성을 창출해낸다는 점에서 시적 정념이고 시의 작동 원리로 의미화되는 것이다. 이러한 맥락에서 축적이 아닌 조합의 알고리즘으로서 김수영의 '설움'을 번역하는 것은 인공지능의 한계의 현재성을 방증한다고 볼 수 있다.

그럼에도 불구하고 챗GPT를 활용해 '설움'에 대한 의미 고찰을 폭넓게 수행했다는 점, 그리고 '역할 부여'를 통해 유의미한 시적 번역을 일부 보여주었다는 점에서 김수영뿐만 아니라 여타의 시인들에 대한 작품 이해나, 시적 특징의 의미 해석이 수반된다면 인공지능 번역의 가능성을 타진해 볼 수 있다. 챗GPT의 작품 해석 능력은 담화를 통해 학습된 데이터를 자기주도적으로 문맥에 맞게 구성한 결과이기에 전혀 새로운 관점을 기대할 수는 없지만, 그럼에도 김수영의 '설움'에 대한 의미 고찰에서 그것이 김수영의 시를 둘러싸고 있는 '시적 정신'과 '시학'을 경유하는 데까지 나아갔으며, 이를 통해 단일한 의미가 아니라 복잡하고 다차원적 관점의 여러 해석이 도출될 수 있었다는 점에서 의의가 있다. 번역 또한 인공지능의 창작 윤리와 접면해 있는 번역의 저작 윤리에 대한 현실적인 문제가 도래해 있고, 번역된 시가 특정 시인에 대한 학습이 이뤄지지 않은 상태에서는 시가 내장하고 있는 기본적인 수사학적 원리를 전혀 내포하지 못한다는 점에서도 문제적이다. 이는 역설적으로 번역 대상 텍스트에 대한 이해도와 비판적인 관점이 인공지능을 활용성 있는 가치 기술로 만드는 데 중요한 기준을 가진다는 점을 방증한다. 그리고 그 기준을 제시하는 것은 다름 아닌 사용자이다. 앞으로 더 다양한 차원에서 발전된 인공지능의 기술력을 예각적으로 다뤄야 하는 까닭이 여기에 있다.

출판시장에서의 AI 수용 양상 연구*

이구용**

'기술복제' 시대에 예술작품과 그것의 '현존성' 가치에 대한 중요성을 논할 때 벤야민(Walter Benjamin)을 종종 소환한다. "아무리 완벽한 복제라고 하더라도 거기에는 한 가지 요소가 빠져 있다. 그 요소는 시간과 공간에서 예술작품이 갖는 유일무이한 현존성, 다시 말해 예술작품이 위치하고 있는 장소에서 그 예술작품이 지니는 일회적 현존성이다."[1] 그러면서 벤야민은 복제가 지닐 수 없는 '오라(Aura)'에 대해 역설한다. 그러나 복제를 통한 대량생산이 일상화된 지 오래고, 예술복제라는 환경이 낯설지 않은 시대를 이미 관통했고, 이제는 복제를 넘어 또 다른 차원의 '혁명 궤도'로 진입하고 있다. 생성형 AI(인공지능)를 통한 '창작'과 '생산'이 자유로워진 시대가 되어, 시간과 장소에 구애받지 않고 언제 어디서든 다양한 개성을 지닌 오라를 즐길 수 있게 되었다.

이 글에서는 '생성형 인공지능(Generative AI)'의 본격적인 등장과 그것

---

* 이 글은 『국제언어문학』 제58집(국제언어문학회, 2024)에 수록된 것을 수정 · 보완했다.

** 경희대학교 국어국문학과 박사 과정.

1 발터 벤야민, 반성완 편역, 『발터 벤야민의 문예이론』, 민음사, 1990, 200쪽.

의 깊숙한 일상으로의 개입을 통해 문학을 비롯한 출판콘텐츠 생태계에 나타나고 있는 현상과 그것의 수용 양상, 그리고 그 과정에서 드러나는 다면성을 살피고자 한다. 특히 동반자로서의 생성형 AI와 시대적 조화를 이룰 수 있는 대응 방안과 비전 모색을 통해 한국출판저작물 수출 활성화를 위한 인공지능 활용의 유용성을 점검하는 데 본 연구의 일차적인 목적이 있다.

생성형 AI의 끊임없는 진화·발전은 출판콘텐츠의 창작·생산은 물론, 그것의 번역에 이르기까지 출판 환경 전체의 패러다임을 빠르게 전환시키고 있다. 그 영역은 텍스트는 기본이고, 인간의 음성, 이미지, 영상 그리고 음악 등에 이르기까지 폭넓게 아우르고 있다. 따라서 어린이 그림책과 일반 문학 서적은 물론이고, 그들 각각의 전자책과 오디오북 그리고 웹소설과 웹툰 등 웹콘텐츠의 생산과 제작에 이르기까지 큰 반경을 그린다. 금속활자, 인쇄기 발명 그리고 디지털 기술을 통한 '출판 혁명'에 이어, 이제는 그보다 한층 더 진화된 인공지능이 '생각하고 판단'하는 상황으로 업그레이드되고 있다. 이런 출판산업 현장에서 생성형 AI와 창작·번역이라는 핵심 프로세스는 불가피하게 상호간 영향을 주고받을 수밖에 없다는 것이 본 연구자를 비롯한 대다수의 의견이다.

이런 환경에서 생성형 AI 관련하여 진행된 선행 연구들을 살펴보았다. 인공지능 번역기를 통한 작업과 그 결과물에 나타난 통·번역 관점에서의 역할과 한계 분석, 인간 번역자의 번역과 인공지능 번역기의 번역 결과물 간에 나타나는 차이, 시간과 비용을 절감시켜 출판산업에 기여할 수 있다는 가능성이 주는 인공지능 번역 역할의 유용성, 그리고 초기 단계로서 생성형 AI가 가져온 출판시장의 변화와 쟁점 등에 관한 연구 등이다. 따라서 생성형 AI를 통한 창작과 번역은 물론, 출판시장 전반에 걸쳐 나타나고 있는 인공지능 수용 양상과 이를 둘러싼 현황을 점검하여 거기서 나타나는 쟁점을 살펴, 향후 대응 방안을 탐구하는 것이 본 연구의 이차적인 목적이다.

상술한 일차·이차적 연구 목적을 위해 생성형 AI를 둘러싸고 한국을 비롯한 세계 출판시장에서 2024년 상반기 현재 일어나고 있는 상황을 구체적인 사례를 통해 점검하고자 한다. 인공지능의 등장과 역할에 대한 유용론을 기본적으로 견지한 가운데 출판산업 현장에서 진행되고 있는 실제 사례를 살핌으로써 거기에 나타난 의미와 그 이면에서 드러나는 충돌과 갈등의 사례를 함께 조명하여 출판계가 당면한 현재는 물론 앞으로 대응하고 준비해야 할 대안과 향후 비전을 제시하고자 한다.

다만 인공지능의 발전과 그것이 시장과 대중에게 미치는 영향과 그것의 수용이 연구자의 검토와 분석보다 상대적으로 빠른 속도로 전개되고 있는 만큼 현재의 시점에서 나타나고 있는 현상을 토대로 한 연구·분석 정보가 어느 시점까지 유효할 것인가, 하는 부분은 본 연구의 한계로 남기고자 한다. 그럼에도 불구하고 본 연구가 의미가 있는 것은 "다른 분야와 달리 출판 분야에서는 아직 본격으로 생성형 AI와 출판에 대한 학술적 연구가 (본격적으로) 이루어지지 않고 있다"[2]는 의견이 뒷받침하고 있듯이 출판의 발전적 방향과 미래를 위해 출판시장에서 나타나고 있는 현안에 대한 신속한 점검과 현실적인 대응 방향을 제시

2 이승환, 「생성형 AI가 출판 환경에 미치는 영향에 관한 연구」, 『한국출판학연구』 49권 2호(통권 111호), 한국출판학회, 2023, 86쪽. (원문에서 '본격적으로'가 반복되어 본 연구자가 괄호 표기함.)

하고 있다는 점이다.

생성형 AI는 창작과 번역 과정에 참여함으로써 산업적 맥락에서 일정 부분 기여 효과를 내고 있는 반면, 인간 창작자 권리 보호 체계를 구축해야 한다는 또 다른 측면에서의 필연적 당면과제를 남기고 있다. 또한 생성형 AI의 역할과 책임을 둘러싼 법적·윤리적 쟁점과 그것에 대한 대응 필요성이 제기되고 있다. 따라서 본 연구는 출판시장 현장에서 일어나고 있는 상황을 신속히 분석·점검하고, 그에 대한 대응책과 비전을 제시함으로써 창작자와 산업계가 갈등과 대립이라는 견제구조가 아닌 이해와 협력의 동반자로 동행해야 하는 관계라는 사실을 상기시켜 모두에게 시의성 있는 글로벌 경쟁력 확보를 위한 통찰력 제공에 궁극적인 목적을 둔다.

생성형 AI와 출판시장

1) 생성형 AI 출현과 출판시장의 변화

4차 산업혁명을 이끈 디지털 기술로 인해 인간의 일상과 산업은 지능화와 자동화 시대를 관통하고 있다. 바로 그 4차 산업혁명 담론이 나온 지 10년도 채 안 되는 2024년 현재, '5차 산업혁명' 담론이 등장하고 있다. 그 배경의 중심에 인공지능 챗GPT가 자리한다. "5차 산업혁명은 AI를 매개로 현실과 가상, 아날로그와 디지털 경계가 무너지는 혁신을 의미"[3]하는 것으로, 인공지능이 인간의 명령에 따라 일방적으로 수행·처리하는 기능이나 도구로서의 역할 영역을 뛰어넘어, 이제는 혼자서

---

3 김지현, 〈AI는 인간과 협업하는 능동적 파트너〉, 『주간동아』 1436호, 2024, 22-23쪽.

도 생각을 할 수 있는 동반자 관계로서 인간과 협력하는 단계로의 지위 격상을 의미한다고 봐야 할 것이다.

생성형 AI의 본격적인 등장과 그것의 활용에 따라 출판시장이 빠르게 변화하고 있다. 방대한 분량의 데이터 확보 기반에서 새로운 정보를 생성해내는 인공지능이 바로 생성형 AI이다. 주어진 데이터를 기반으로 정보를 추출·분석하여 새로운 아이디어에 대한 결괏값을 제공하는 분석형 AI와는 차이가 있다. 입력된 데이터를 분석하고 패턴을 확보한 후 분류·예측·진단을 하는 분석형 AI와 달리, 생성형 AI는 입력된 데이터를 기반한 학습 과정을 거쳐 텍스트 간 관계를 파악·분석하여 명령받은 내용을 골격으로 창작하고, 번역하고, 요약함은 물론 창의적인 결괏값을 생산해낸다. 생성형 AI는 텍스트 생산은 물론이고, 이미지와 음성까지도 생성해낸다. 생성형 AI는 방대한 분량의 학습 기반에서 문예 창작, 일러스트 작업, 그리고 오디오 작업을 해내는 능력을 갖추게 됨으로써 시와 소설을 창작하고 어린이 그림책과 만화(웹툰)를 생산하고, 디지털북의 카테고리에 속한 오디오북을 제작할 수 있는 능력을 갖춘 '만능자'로 '레벨업'되어 등장하였다.

결국 생성형 AI는 창작에서 제작까지 출판 전 과정을 아우르는 '유능한 역할자'로 자리매김해가고 있다. 인력과 재정으로 어려움을 겪어오고 있는 출판시장이 이와 같은 '혁명적 변화'를 수용하는 것은 자연스러운 현상이자 선택이다. 챗GPT와 미드저니(Midjourney)를 대표로 하는 생성형 AI가 책을 쓰고 제작하고 유통하는 시대로 진입했다는 것은 이제 더는 새롭지 않다. 생성형 AI가 일부, 혹은 전체를 쓴 책들이 온라인 서점에서 빠른 속도로 증가하고 있고 "아마존닷컴의 킨들 전자책

스토어에는 1,000종이 넘는 책이 등록"[4]되어 있는 상황이다. 생성형 AI는 편집능력이 훌륭해 저자의 창작물 원고를 편집하는 데 소요되는 시간을 절감시켜주고, 텍스트 분석을 제공하여 출판시장에서 조화를 이뤄 불특정 독자들에게 더 폭넓게 접근할 수 있는 맞춤한 주제를 추천해줄 뿐만 아니라, 출판사에게는 독자에 대한 트렌드를 분석하여 그들의 성향과 요구를 제공하여 효과적으로 자사의 도서를 프로모션·마케팅을 할 수 있는 아이디어를 제공하는 단계에 와 있다.

공병훈은 '출판 창작과 저술 패러다임의 변화'에 대해 언급하면서 국내에서 챗GPT를 저자[5]로 하여 출간된 종이책 사례(예스24, 2023년 10월 11일 기준)를 들면서, 당시 기준으로 "종이책은 17종, 전자책은 802종에 이르며, 조사된 사례들은 챗GPT가 공저자로 등록되어 있었다"[6]고 하였다. 전자책이 종이책 버전에 비해 출간된 종수가 압도적으로 많은 것을 확인할 수 있다. 종이책의 경우, '소설·시·희곡' 분야가 3종으로 가장 많았고 '자기계발'서 분야가 2종으로 그 뒤를 이었으며, 전자책의 경우엔 802종 중 '자기계발'서 분야가 378종으로 가장 많았고, '경제·경영', '인문' 그리고 '건강·취미·여행' 분야가 각각 95종, 94종, 94종으로 뒤를 이은 것으로 나타났다. 그리고 이 사례에서, 17종의 종이책 중에서 챗GPT가 단독저자인 경우는 영진닷컴이 2023년 4월에 출간한 『챗GPT가 추천하는 술과 안주의 페어링: 지극히 과학적인 환상의 페어

---

4 류영호, 「한국 출판시장의 인공지능(AI) 활용 사례」, 《K-Book Trends》 65권, 한국출판문화산업진흥원, 2023.12.04.(본 자료에 쪽수가 표기되지 않아 본 출처 표기에도 쪽수를 생략함.)

5 챗GPT가 단독저자인 경우를 포함하여 인간 저자와 챗GPT가 공저자인 경우를 모두 포함함.

6 공병훈, 「출판의 미래를 바꾸는 생성형 AI 기술」, 『KPIPA 리포트』 제8호, 2023, 25쪽.

링』인 것으로 나타났다. 다만, 공병훈의 글에서 주목할 부분은 전자책 802종 중 785종이 '작가와'라는 출판사명으로 나왔는데 챗GPT가 단독저자가 아닌 상황임에도 불구하고 "사람 저자에 대한 정보가 불분명하게 출간·판매되고 있는 점이 특징적"[7]이라고 언급하고 있어 이 부분에 대한 정확한 정보 명시가 필요하다. 이 대목은 향후 해당 도서는 물론, 이와 비슷한 사례에 해당하는 도서 저작물의 권리와 책임 이슈가 쟁점이 될 경우 윤리적·법적 한계를 노출시키고 있다는 점을 지적할 수 있어 이 부분에 대해 출판계에서의 보완책 마련과 함께 인공지능이 생산한, 혹은 생산하게 될 도서의 지식재산권 이슈에 대한 관련 업계에서의 지속적인 교육의 필요성을 과제로 남기고 있다.

한편, 출판계에서 근무하고 있는 편집·기획 실무자들을 대상으로 출판저작물 수출입 업무를 수행하는 일상에서 인공번역기 활용에 대한 상황을 조사한 내용이 최근 출간된 트렌드 보고서에 올라왔다. 출판사 한빛미디어 송경석 부장이 작성한 이 자료에 따르면, 60%에 가까운 인력이 출판 업무를 하는 일상에서 인공지능 번역기를 사용하고 있다고 응답한 것으로 나타났다. 다음 표에 나타난 응답 결과에 대한 질문은 "도서 판권 수입을 위한 시장조사 단계에서 인공지능 번역기(구글, 파파고, 딥엘, 챗GPT 등)를 어느 정도 사용하고 계신가요?"[8]이다.

---

7 공병훈, 앞의 글, 26쪽.

8 송경석, 「인공지능 번역기가 출판시장과 저작권 수출입에 미치는 영향과 활용」, 《K-Book Trends》 69호, 한국출판문화산업진흥원, 2024.04. (도표는 송경석의 것).

편집자 113명 답변, 2024년 3월 조사

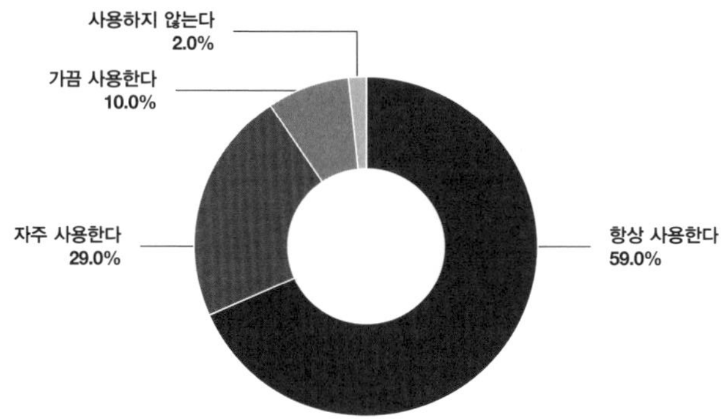

해외 출판저작물에 대한 한국어 번역판권 수입 업무를 담당하고 있는 출판사 근무 담당자들은 해외에서 출간되고 있는 수많은 책 중에서 관심 갖고 검토할 만한 책과 저자에 대한 정보를 파악하는 과정에서 인공번역기를 활용하고 있다는 것은 그만큼 그것의 일상적 사용과 더불어 그 유용성이 확인되고 있다는 사실을 뒷받침한다. 일례로, 미국 아마존닷컴에 방문하면 해외 출판사가 작성하여 올린 각 도서에 대한 구체적인 (영문) 소개자료를 비롯하여 다양한 언론매체에 실렸던 기사 등은 물론 영향력 있는 인플루언서나 서평인들의 추천 글들을 다수 볼 수 있는데, 그 자료들을 인공번역기를 통해 한국 출판사 실무 담당자들이 빠른 시간 내에 파악하고 있다는 것이다. 과거에는 외국어로 된 자료를 검토하기 위해서는 반드시 외국어 구사 능력을 갖춘 전문 인력이 필요했지만, 이제는 그런 인력이 아니더라도 비교적 손쉽게 전술한 관련 자료들에 대한 검색과 검토를 할 수 있는 환경이 형성됨으로써 그간 적잖이 소요됐던 시간을 크게 절감할 수 있는 상황으로 전환되고 있다. 따라서 인공번역기를 적절히 활용하게 되면서 한국을 비롯한 비영어권 국가의 출판시장에서 그간 자주 지적되곤 했던 '영세 중·소형출판사의 외국어 구사 전문 인력 부족'으로 인한 자사 도서에 대한 해외 출판시장으로의 소개와 진출 시도 한계가 개선되어 이제는 문학을 비롯한 자국 혹은 자사의 다양한 출판저작물을 해외로 활발히 소개하는 것이 한층 용이해진 시대로 전화하고 있다.

송 부장은 "소규모 출판사는 예전에 1년에 1~2회 제작해 에이전시[9]에 소개하는 정도로 저작권 수출 기회가 제한적이었지만 이제는 매달 출간 리스트를 정리해 배포할 수 있게 되었다. 기존 초록 번역 과정에 비해 시간과 비용을 현저히 절감하고 언어 장벽을 허물어 더 많은 해외 출판사와의 연결고리를 마련할 수 있다"[10]고 언급하면서 일상 업무에서의 인공번역기 활용에 대한 장점을 강조하고 있다. 생성형 AI를 통한 번역이 일상화되기 전엔 해외 출판시장으로 소개할 도서에 대한 외국어로의 소개자료 제작과 대외적 배포 횟수가 제한적이었지만, 이제는 그 횟수에 제한받지 않고 그때그때 출판되는 도서에 대한 소개자료를 외국어로 작성·제작한 후 국내외 에이전시에 배포하거나 관심 가질 만한 다양한 언어권의 수많은 현지 출판사 편집자들에게 직접 소개하는 환경으로 출판시장 생태계가 빠르게 진화하고 있다. 그러나 중요한 것은 인공번역기를 통한 다양한 텍스트 번역 시 나타날 수 있는 오

9 에이전시가 출판저작물 수·출입을 담당하고 있으므로 국내외 출판사들은 그들에게 자사에서 수출을 희망하는 도서에 대한 (영문)자료를 (비)정기적으로 제공해 오고 있는 것이 해당 업계의 일상이다.

10 송경석, 앞의 글.

류에 대한 사전 인지와 차단이다. 따라서 번역 오류로 인한 특정 도서에 대한 오해와 그를 통해 향후에 벌어질 수 있는 갈등을 피하기 위해서는 번역 자료 배포·활용 전에 전문가의 검토가 반드시 필요하다는 보편적 인지의 중요성을 강조하고자 한다. 이는 비영어권 국가에 속한 작가의 문학을 영미권을 중심으로 한 글로벌 출판시장으로 수출하게 될 경우 'AI 문학번역의 유용성'[11]에 대한 주제에서 강조된 것과 맥을 같이한다.

따라서 본 연구는 출판시장에서 나타나고 있는 생성형 AI의 역할과 활용 사례 분석을 통해 계속해서 그것의 유용성과 거기서 드러나는 쟁점들을 살펴보고자 한다.

2) 출판시장에서의 AI 활용 사례 분석

인공지능을 통해 출판된 대표적인 사례 중 하나로 『삶의 목적을 찾는 45가지 방법』(스노우폭스북스)[12]이 있다. 260쪽 분량으로 2023년 2월 22일에 공식 출간된 이 책은 총 6장(章)으로 구성돼 있다.[13] "한 권의 책이 종이에 인쇄돼 출간되기까지 수개월. 이 책은 그 모든 과정을 단 7일 만에 만들어 세상에 나왔다. 얼마일지 모를 저자의 원고 집필 기간

---

11 이구용, 「AI 문학번역의 유용성 연구」, 『인문사회과학연구』 제31권 제4호, 세명대학교, 2023, 620-642쪽, "인공지능의 번역 기능과 그를 통한 작업은 세계출판 시장의 중심인 영미권으로의 진출은 물론, 번역출판의 언어권 확대를 위한 산업적 유용성이 있음…(하략)…", 653쪽.

12 챗GPT, 『삶의 목적을 찾는 45가지 방법』, 스노우폭스북스, 2023,

13 제1장 '인연', 제2장 '어떻게, 어느 선에서 만족할 것인가?', 제3장 '하루를 행복하게 채우라', 제4장 '인생의 변하지 않는 진실들', 제5장 '당신의 목적의식은 어디에 기준하고 있는가?', 제6장 '감정을 성공에 도움이 되는 방식으로 이용하는 방법' 등으로 구성돼 있다.

과 서너 달의 역자의 번역 시간, 두 달에 이르는 에디터의 편집과 교정, 교열을 이 책의 저자, 챗GPT와 번역 AI 파파고는 기획자와 번역자의 단순 검수 기간을 더해 단 30시간으로 좁혔다. 여기서 우리 인간에게 순수한 질문만이 남는다. '이제 당신은 어떻게 할 것인가?'"[14] 이 책의 탄생과 관련한 내용으로, 출판사에서 작성하여 온라인 서점에 올린 소개 글의 일부이다. 챗GPT가 쓰고, 네이버 번역프로그램인 파파고(Papago)가 번역하고, 표지 일러스트는 이미지 전문 생성형 AI인 셔터 스톡(Shutterstock AI)이 작업하였고, 글 작업부터 인쇄까지 소요된 시간은 단 7일이고, 책 제목과 목차는 기획자가 작성했으며, 챗GPT는 목차에 어울리는 글을 각각 3,000자 분량으로 생성하고, 출판사는 파파고를 이용해 2시간 동안 영어 원문 135쪽 분량을 모두 번역하는 방식으로 제작이 진행되었다.[15]

외형상으로 보면 이 책은 인공지능의 중심적 역할을 통해 세상에 나

---

14 챗GPT, 셔터스톡 AI 일러스트, AI 파파고 옮김, 『삶의 목적을 찾는 45가지 방법』, 스노우폭스북스, 2023. 이 책과 관련해 해당 온라인 서점에 올라 있는 내용 중 일부를 추가로 인용한다. "책의 제목과 각 목차는 AI가 생성한 것이 아닌, 기획자가 개발 후 시기를 놓쳤거나, 마땅한 저자를 만나지 못했거나, 개발 수준이 기획자 자신에게 만족스럽지 못했던 기획 목록 중 하나에서 선택했다. 'AI가 쓴 원고와 실제 저자가 쓴 원고를 어떻게 판별할 수 있을까?', '정보를 규합해 자연스러운 언어로 사람을 설득할 수 있을까?', '외서 출간에 필수였던 번역의 과정은 AI로 완전히 넘어온 걸까?', '교정과 교열은 전문가가 필요 없을 만큼 수준으로 업그레이드됐을까?', '한 권의 책으로 출간될 만큼의 전문성이 있는 저자보다 더 뛰어난 글을 쓸 수 있게 될까?', '책은 전체의 흐름을 유지하는 매우 어려운 작업인데 과연 가능할까?', '표지 디자인도 상품화할 만큼 정말 스스로 만들어낼 수 있을까?'와 같은 궁금증에 답을 얻기 위한 작업으로 시작해 다양한 해답을 발견해가는 작업으로 마무리되었다."

15 류영호, 「한국 출판시장의 인공지능(AI) 활용 사례」, 《K-Book Trends》 65호, 2023. 12. 4., 한국출판문화산업진흥원 참조. (쪽수는 온라인에 업로드된 해당 자료에 표기되지 않음.)

온 것이 분명하다. 이 글 작업 중에도 끊임없이 진화되고 있지만, 이 책이 탄생할 시점을 기준으로 본다면 '획기적'이고 '혁명적'인 기획이고 시도였다는 것은 틀림없는 사실이다. 생성형 AI가 작업을 했고, 챗GPT가 저자명으로 책 표지에 당당히 이름을 올렸다. 그렇다면 챗GPT만이 유일 저자인가, 혹은 그렇게 보는 것이 합당한가, 라는 질문을 남긴다.

좀 더 상세하고도 구체적인 작업 과정을 살펴 확인할 필요가 있겠지만, 그렇지 않더라도 분명한 것은 인간 기획자가 책의 기획과 제작 과정에서 중추적인 역할을 했다는 것 또한 누구도 부인할 수 없다. 인간 기획자가 책 제목과 목차를 작성했다는 것은, 소설로 치면 작품에 대한 플롯과 등장인물에 대한 캐릭터를 거의 설정해준 것 이상의 역할을 했다는 의미로 연구자는 이해하고 있다. 그러나 이 책의 저자는 분명 챗GPT 단독이다.

그렇다면 이 책에 대한 저작권자(rights owner)는 누구이고, 그가 생산한 본 저작물에 대한 권리와 보호 영역은 어디까지이며, 해당 저작물에 대한 윤리적·법적 문제가 발생하게 될 경우 그에 대한 책임은 누구에게, 혹은 어디에 있는 것인가, 하는 쟁점이 제기될 수 있다. 저작권자는 기획과 편집 작업을 한 기획편집자인지, 책을 출간한 출판사인지, 아니면 창작과 번역 작업을 수행한 생성형 AI 챗GPT와 파파고인가. 인간이 아닌 '대상'을 저작권자로 인정하지 않고 있는 현 상황에서 이 부분에 대한 논쟁은 이미 시작됐다. 인간 창작자·생성형 AI·생성형 AI와 작업을 진행한 기획자·제작업체(출판사) 등이 모두 그 이해 당사자 대열에 이름을 올려놓고 윤리적·법적 적용과 보호 기준을 두고 대립과 논쟁이 진행되는 가운데 각각의 당사자들이 수용할 만한 대안·해결책을 두고 개인·업체·정부가 모색 중이다. 이 부분에 대해서는 'AI 번역·창작과 법적·윤리적 쟁점'에서 좀 더 구체적으로 다루고자 한다.

『삶의 목적을 찾는 45가지 방법』의 출간 일주일 후, 이번엔 인간 저자와 챗GPT가 함께 쓴 또 다른 책이 출간되었다. 『챗GPT에게 묻는 인류의 미래: 김대식 교수와 생성 인공지능과의 대화』(동아시아)[16]로, 기계와 협업한 '모범적' 사례로 언급되고 있는 이 책은 카이스트 교수이며 뇌과학자인 김대식이 챗GPT와 나눈 열두 개의 대화를 담았다. 이 책이 자기계발서 『삶의 목적을 찾는 45가지 방법』과 다른 가장 큰 차이는 챗GPT를 상대로 대화를 전개하며 답을 끌어내는 '저자의 기술'과 인간과 인공지능과의 협업의 한 '본보기'를 보여주고 있다는 사실이다.

책의 프롤로그로부터 에필로그에 이르기까지 김대식은 챗GPT에게 시종일관 질문을 던지면서 답변을 이끌어낸다. 인간 간 대화와 소통에서 '기술'을 말하지만, 인간과 생성형 인공지능 간에도 '대화의 기술'이 필요하다는 것을 분명히 인지시키고 있다. 심도 있는 질문과 답변을 전개해 나가는 인간의 능력이 생성형 AI가 작업하는 텍스트의 완성도에 직접적인 영향을 제공한다는 것을 인지시키고 있다는 맥락에서 인간과 AI의 긴밀한 협업의 가능과 그에 따른 필요성을 역설하는 중요한 사례로서, 김대식의 작업을 통해 세상에 나온 이 책은 의미를 지닌다. 다만 이 지점에서 전문적 지식과 정보를 갖춘 인간이 주도하는 '문답형 글쓰기'에서 한 가지 이슈가 제기된다. 인간과 생성형 AI의 "저자 역할 분담에 대한 논의의 필요성"[17]이다. 챗GPT 등 인간과 생성형 AI가 협

---

16 김대식·챗GPT, 『챗GPT에게 묻는 인류의 미래: 김대식 교수와 생성 인공지능과의 대화』, 동아시아, 2023.

17 이승환, 「생성형 AI가 출판 환경에 미치는 영향에 관한 연구」, 『한국출판학연구』 제49권 2호(통권 111호), 2023, 98쪽.

업하여 생산되는 결과물에 대한 '저자 자격' 혹은 '저자 표시' 등에 대한 이슈가 첨예한 논쟁으로 등장할 수 있기 때문에 이에 대한 연구와 논의가 수반되어야 한다는 과제를 남긴다.[18]

2024년 상반기 현재, 국내외 출판산업계에서 일어나고 있는 현상 중 하나로, 학계에서 아직 본격적으로 연구·논의되지 않고 있는 이슈가 있다. 한국을 포함한 글로벌 출판시장에 번역판권 도입 후 번역 과정에서 AI(인공지능) 번역기 활용을 금지하는 계약 조항 추가가 공식적으로 도입되는 사례가 확대되고 있는데 이에 대한 실효성 있는 연구와 대응책 마련에 대한 필요성이다. 이는 챗GPT를 중심으로 생성형 AI 활용이 전 분야로의 확대가 하나의 큰 흐름으로 일상화돼가고 있는 환경에서, 특히 비영어권 출판계에서의 AI 인공번역기 활용에 대한 일상성 확대와 그것의 유용성이 긍정적으로 수용되어가는 현재의 상황에 반하는 입장이어서, 이 이슈가 어떤 방향으로 전개될지에 대해서 당장에는 관망하고 있는 것으로 보이지만, 향후 이에 대한 논쟁 가열은 불가피할 것으로 전망된다.

전술한 바와 관련한 것으로, 특정 저작물의 번역판권(translation rights)을 소유한 저작권자(Proprietor)가 그것을 계약하는 상대 언어권 출판사(Publisher)와의 판권계약 진행 시 계약서상 'Translation(번역)' 관련 조항에 인공번역기 활용 금지를 요구하는 내용이 출판계에 등장하였다. 《동아일보》는 "해외 대형출판사들이 국내 출판사들과의 최근 판권계약에 '인공지능(AI) 번역기 사용 금지' 조항을 넣은 것으로 확인됐다"[19]

18 이승환, 앞의 글, 98쪽.

19 Loc. cit.

는 내용을 보도하면서 번역가들은 오히려 번역 과정에서 발생할 수 있는 오역을 최소화하고 번역 생산성을 높이기 위해서는 인공지능 번역기 활용이 오히려 도움이 된다는 차원에서의 의견을 내며 해당 조항 '추가' 요구에 반대 의견을 내고 있는 가운데 본 이슈에 대한 논란이 출판계를 넘어 학계 등 전방위로 확산되는 양상을 보이고 있다는 분위기를 전했다. 해외 출판사에서 인공번역기 활용을 금지하는 이유는 이미 인지하고 있는 바와 같이 AI가 수행하지 못하거나 해낼 수 없는 상황에서 발생할 수 있는 원문의 오역이나 왜곡에 대한 우려이다.

그러나 그 우려에 대해서 공감하지 못하는 이는 없을 것이다. 번역자도 그중 하나이다. 그러나 번역자들은 인공번역기가 오히려 오역을 줄이는 데 도움이 될 수 있다는 의견을 피력하고 있다. 이에 이호재 기자는 출판평론가 표정훈이 "출판계가 AI 사용을 무조건 거부하기보다는 번역가와 AI 번역기가 공생할 수 있는 합리적인 방안을 모색할 필요가 있다"는 내용을 기사에 덧붙였다.

관련하여, 국내 출판사(저작권자) A가 한국문학을 해외 출판사로 수출하면서 판권 수출 계약서 작성 시 추가해 줄 것을 요청한 내용을 연구자가 입수하여 하나의 예로 인용한다.[20]

> The translation may not be created with artificial intelligence technology, machine translation, or other similar technologies and/or automated translation processes.
>
> 번역은 인공지능 기술, 기계 번역, 또는 기타 유사한 기술 및/ 혹은 자동화된 번역 프로세스를 사용하여 작성되지 않아야 한다. (번역은 연구자의 것.)

20 특정 타이틀, 계약조건 그리고 국내 저작권자와 해외 출판사 명은 공유할 수 없는 대외비로, 민감한 사안일 수가 있어 출처는 밝히지 않는다.

창작자 입장에서 혹은 창작자 권리·권익을 대리하는 출판사나 에이전시(Agency)의 입장에서 위 인용한 내용과 같은 입장을 견지하는 가운데 그것을 번역자에게 혹은 번역판권을 구매하는 상대 언어권 출판사에 요구하는 데에는 합당한 근거는 있다. 저자의 '고유한 목소리'와 그만의 개성 있는 문체가 유능한 인간 번역자를 통해 시종일관 잘 유지되는 가운데 '도착어권' 현지 독자들에게 잘 어필하도록 번역되기를 기대하는 것은 '당연한 바람이자 상식인 전제'가 내재된 암묵적인 요구 사항이다. 이런 일부의 움직임은 인공번역기를 통해 번역 작업이 수행될 경우 그 과정에서 원작의 예술적·문화적 이미지와 정서가 제대로 유지되지 않고 손상될 여지가 있기 때문에 나온 사전 차단책 내지는 대안책이라는 것은 대다수가 공감할 수 있는 대목이다. 그렇기 때문에 이 부분에 대해 다른 의견을 제기할 사람은 거의 없을 것이다.

그럼에도 불구하고 출판산업 현장에서는 또 다른 의견을 지닌 목소리도 등장하고 있다. 그들 중에는 그런 제안이나 요구가 대체로 '실효성이 없다'는 의견이다. 우선, 인공번역기의 활용 여부를 확인할 방법이 없고, 인간 번역자가 더 나은 번역 결과물 확보를 위한 차원에서 번역 작업 시 비교·참고 수준으로 인공번역기와의 협업을 병행하는 것까지 제한과 규제를 하는 것은 지나친 '업무 규제와 관여'라는 입장이다.

물론 앞의 인용 부분이 번역 작업 시 저작물 텍스트 전체를 인공번역기를 통한 번역을 해서는 안 된다는 것을 염두에 두거나 의미하는 것일 수도 있다. 그러나 해당 조건은 창작과 번역에 대한 보호 우선 차원에서 고려되어 나온 것으로 판단되며, 트렌디한 현재의 흐름과 출판산업 활성화 차원에서 고려할 때에는 상호간 조화롭지 않은 내용이라는 의견이 동시에 나오고 있는 것도 사실이다. 따라서 이 부분에 대한 출판산업계 내부에서의 추가적인 논의가 필요하고, 학계에서도 관련한 연구를 병행할 필요가 있어 보인다.

이번엔 '번역판권 계약서'에 AI 관련 조항을 별도로 만들어 넣고자 하는 입장을 견지한 가운데 제시된 내용의 예[21]이다.

Artificial Intelligence
Proprietor expressly prohibits Publisher from using the Work in any manner for purposes of training artificial intelligence technologies to generate text, including without limitation, technologies that are capable of generating works in the same style or genre as the Work. The Author reserves all rights to license uses of the Work for generative AI training and development of machine learning language models. Publisher will use best efforts to include a limitation in any sublicense of the Work prohibiting the use of the Work for training and developing generative AI technologies.

인공지능
저작권자는 출판사가 저작물과 동일한 스타일 또는 장르의 저작물을 생성할 수 있는 기술을 포함하되 이에 국한하지 않고 텍스트를 생성하는 인공지능 기술을 훈련하기 위한 목적으로 저작물을 어떤 방식으로든 사용하는 것을 명시적으로 금지한다. 저작권자는 생성형 AI 학습 및 기계 학습 언어 모델 개발을 위한 저작물 사용 라이선스에 대한 모든 권리를 보유한다. 출판사는 저작물의 모든 하위 라이선스에 저작물의 학습 및 생성 AI 기술 개발을 위한 저작물 사용을 금지하는 제한 사항을 포함하기 위해 최선의 노력을 다한다. (번역과 밑줄 강조는 연구자의 것임.)

위 내용은 앞서 인용·언급한 요구 사항과는 맥을 달리한다. 앞선 요구안은 번역 시 인공지능 번역기나 해당 프로세스를 활용한 작업을 허용하지 않는 것이라면, 위 인용된 내용의 핵심은 "텍스트를 생성하는 인공지능 기술을 훈련하기 위한 목적으로 저작물을 어떤 방식으로든 사용하는 것을 명시적으로 금지한다"고 하는 부분처럼, 생성형 인공지능 학습이나 모델 개발을 위해 계약 진행을 하는 저작물의 텍스트를 활

21 앞의 사정과 같은 이유로 인용문의 출처를 밝히지 않는다.

용하지 않는다는 내용이다. 이는 현재 미국에서 시나리오 작가 등을 포함한 작가협회 등에서 주장하는 것과 맥을 같이하는 대목으로, 창작자나 그들의 저작물 관리를 대리하는 업체나 출판사에서의 이에 대한 요구는 더 큰 목소리를 낼 것으로 전망하고 있다. 앞선 요구가 '번역'에 관한 것이라면 이 요구는 창작자와 그들이 작업한 창작물에 대한 기본적인 보호·방어 차원에서 진행되고 있는 것으로서, 보다 현실적이며 기본적으로 창작자 집단의 권익을 보호한다는 차원에서는 일면의 절실함도 내포돼 있기 때문이다. 따라서 이 부분에 대한 요구는 향후 국내 창작자 군에도 영향을 미쳐 국내 창작시장에 큰 반향을 일으킬 것으로 전망하고 있다. 따라서 이 부분에 대해 산업계와 학계에서 구체적인 논의와 함께 학술 연구 또한 병행·연구 진행되어야 할 것이다.

3) AI 창작 · 번역과 법적 · 윤리적 쟁점

디지털 기술의 진화·발전 과정에서 등장한 생성형 AI를 통한 창작·번역은 '용이성과 저비용'이라는 맥락에서 전통적인 방식과는 큰 차이를 보인다. 창작·번역에서 유통에 이르는 일련의 과정에 참여하는 인간에게는 생성형 AI의 역할이 긍정적 요소로 다가올 수 있으며, 그것은 그들에게 피하기 어려운 시대적 흐름 속에서 수용하게 되는 시대적 현상으로도 이해할 수 있는 대목이다. 그러나 생성형 AI 등장 이후 그것의 활용이 개인의 일상과 출판산업 현장에서 빠른 속도로 상용화되면서 또 다른 측면에서 핵심 쟁점으로 부상하고 있는 이슈들이 있다. 그중 하나가 AI를 통해 생산된 저작물에 대한 법적·윤리적 문제이다.

"인간의 사상이나 감정을 창작적으로 표현한 저작물"[22]을 보호하기 위해 해당 저작물의 저작자에게 부여한 배타적 권리가 바로 '저작권'이다. 저작권은 저작자의 권리를 보호함과 아울러 해당 저작물에 대한 대중 사용 활성화를 위한 목적을 동시에 지니고 있으며, 그를 통해 공적인 이로움을 널리 제공한다는 가치 또한 함께 지닌다. 그러나 상술한 바와 같은 생성형 AI의 긍정적 요소와 달리, 생성형 AI를 통한 불법적인 개작이나 복제를 통해 나타날 수 있는 대량생산·유통의 가능성과 위험성은 물론이고, AI가 창작한 생산물에 대한 배타적 권리 부여·소유와 거기서 파생할 수 있는 법적·윤리적 문제, 나아가 인간이 창작한 원작에 대한 무분별한 기계번역이 가져올 수 있는 또 다른 법적·윤리적 쟁점의 중심에 놓이게 되는 부정적 측면의 요소도 동시에 쟁점화되고 있다. 이런 사실은 첨예하고 민감한 현실적 문제로서 모두에게 중요한 문제이다. 바로 이런 현실을 배경에 두고 있는 생성형 AI의 역할을 둘러싼 이슈는 산업계는 물론이고 학계에서 활발한 논쟁과 연구가 적극적으로 진행되어야 하는 당면과제로 부상하고 있다. 따라서 본 이슈에 대한 대응·대처 방안, 혹은 시대적으로 조화를 이룰 수 있는 '적절한 대안' 마련을 위해 산업·학계 전문가들 간 긴밀한 소통을 통한 보완·개선 방안이 강구되어야 한다.

김기태는 "저작권법상 '창작성'이란 완전한 의미의 독창성을 말하는 것은 아니며, 단지 어떠한 작품이 남의 것을 단순히 모방한 것이 아니고 각자 자신의 독자적인 사상 또는 감정의 표현을 담고 있음을 의미

---

22 김기태, 「인공지능(AI) 활용 창작물의 법적·윤리적 쟁점과 시사점」, 《K-Book Trends》 64호, 한국출판문화산업진흥원, 2023.11.06. (본 글 원문에 쪽수가 명시되지 않음.)

할 뿐이어서 이러한 요건을 충족하기 위해 단지 저작물에 그 저작자 나름대로의 정신적 노력의 소산으로서의 특성이 부여되고 있고 다른 저작자의 기존 작품과 구별할 수 있을 정도이면 충분하다"는 대법원 판례를 예로 언급하면서, 이 판례로 보아 "창작성의 정도를 높게 요구하지는 않는 입장"이라는 의견 피력에 이어, 저작권법에서 보호하는 저작물인 '창작물'에 대한 또 다른 판례 하나를 더 들고 있다. "저작자 자신의 작품으로서 남의 것을 베낀 것이 아니라는 것과 수준이 높아야 할 필요는 없지만 저작권법에 의한 보호를 받을 가치가 있는 정도로 최소한도의 창작성이 있다는 것을 의미한다"는 것으로, 저작권 보호에 있어서의 기본적인 '창작적 표현 형식'의 중요성을 강조하고 있다.[23]

본 절에서는 학계와 산업계 현장에서 대두되고 있는 생성형 AI에 의한 창작과 번역에 대한 법적·윤리적 이슈에 대한 쟁점을 살피고, 그를 통해 현안에 직면한 학계 연구자와 산업계 종사자에게 적절한 대응 방안을 제시하여 궁극적으로 다수에게 이로움을 줄 수 있는 향후 비전에 대해 제언하고자 한다.

2)에서 생성형 AI를 통해 기획·출간된 저작물로 자기계발서 『삶의 목적을 찾는 45가지 방법』에 대한 사례를 살폈다. 전술한 바와 같이, 이 책의 제목과 목차는 인간 기획자가 작업했고, 목차에 구성된 6개의 장과 각 장에 구성된 세부 내용은 각각에 어울리는 글로 챗GPT에 명령한 결괏값으로 생성되었다. 한국 출판사 스노우폭스북스는 파파고를 이용해 2시간에 걸쳐 영어원문 135쪽 분량을 한국어로 번역하는 방식으로 작업을 진행했다. 따라서 저자 확보·원고 청탁·판권 계약 등 일

23 김기태, 앞의 글 인용 및 참조.

련의 과정에 들어가는 시간과 비용, 혹은 해외저작물 도입 시 진행되는 과정인 판권 계약과 역자 확보, 그리고 번역료에 대한 비용 또한 절감하는 경제적 효과를 이끌어 냈다. 그러나 '거짓말(hallucination)을 할지언정 모른다는 말은 할 줄 모르는' 생성형 AI의 특성이 불러올 수 있는 저작물 내용에 대한 윤리적·법적 책임 부분은 현재로서 명확하지 않다.

따라서 인공지능이 작업을 했다고 하더라도 인간 기획자나 편집자가 프롬프트 엔지니어로 역할을 했다면 창작자명으로 인간의 이름이 병기되지 않고, 이를테면 챗GPT 등 '인공지능'이라는 이름만을 '단독 저자'로 명기해도 되는가, 하는 부분에 대해서는 반드시 산업계와 학계에서 지속적인 소통과 논의를 거쳐 현재보다는 진화된 방안을 내놓아야 할 것이다. 일례로, 인공지능 AI가 창작이나 저술 과정에 중심적인 역할을 했다 하더라도 인간이 개입하여 동반 작업을 한 만큼, 최소한 인간이 공저자로 병기되는 것으로 방향을 잡는 것이 좀 더 합리적이라는 의견이다. 그래서 출판등록 시에 저작자(저자)명 또한 그렇게 병기되는 것이 좀 더 바람직하지 않을까 하는 의견을 남긴다. 그렇게 될 때 추후 어떤 특정 저작물 내용과 관련하여 발생하게 될 윤리적·법적 책임 소지를 둘 수 있을 것이다. 이를테면, 프롬프트 엔지니어링에 따라 생산된 결괏값이 출처를 알 수 없이 혼재하는 수많은 데이터베이스에서 나온 어떤 특정 문학작품이 나중에 윤리적 문제를 넘어 저작권 침해 논란으로 이어질 경우, 그에 대한 책임 있는 대응을 누가 어떻게 할 것인가. 그것을 인공지능에게는 물을 수 없기 때문이다. 만일 특정 인간 공저자를 병기할 수 없는 경우라면 해당 저작물을 출간하는 출판사 '편집부' 혹은 '출판사'를 공저자로 명기하는 방안에 대해서도 논의할 필요가 있다는 의견을 제시한다.

맺음말

생성형 인공지능(AI)이 빠른 속도로 인간의 평범한 일상을 지나 산업계 전반에 걸쳐 촘촘히 스며드는 가운데 전방위적으로 영향을 미치고 있다. 하루가 다르게 관련한 새로운 소식이 나올 정도로 그 파급력과 그것이 닿는 영역은 예측이 어려울 정도이다. 인공지능의 기세와 그 영향력이 향후 어떤 역할을 하게 될지에 대한 전망에서도 긍정적인 면과 부정적인 면이 동전의 앞뒷면처럼 하나의 '짝패'로 등장한다. 글로벌 출판시장도 그중 한 영역으로 인공지능의 기능을 활용하며 그것의 유용성을 수용하는 가운데 일상 업무에 활용되고 있다. 앞서 살핀 바와 같이 인공지능은 이미 작가가 되어 창작자 역할을 해가고 있고, 비영어권에서는 번역가가 되어 그간 인간이 해온 번역 역할을 일부 대체하는 상황에 이르렀다.

이런 환경에서 본 연구는 생성형 인공지능과 관련하여 출판 생태계에서 나타나고 있는 현상과 그것의 수용 양상을 점검하면서 거기서 나타나는 다양한 쟁점들을 살폈다. 먼저, 동반자로서의 생성형 AI의 유용성을 확인하였다. 출판저작물 수출입 담당 출판 관계자들이 인공번역기 도움으로 영미·유럽권역에서 출간된 다양한 타이틀을 리서치하고 각 타이틀에 대한 상세한 정보는 물론 현지 출판시장에서의 다양한 피드백 등을 신속히 리뷰함으로써 한국 출판시장에서 경쟁력 있는 해외 타이틀 확보에 인공번역기가 유용성이 있다는 사실을 본 연구를 통해 살필 수 있었다. 문학을 비롯한 다양한 카테고리의 한국 도서를 해외로 소개하기 위한 영문자료 등을 준비하는 과정에서도 인공번역기의 도움이 유효하다는 것을 현장 관계자들의 목소리를 통해 확인할 수 있었다.

그뿐만 아니라 생성형 인공지능은 창작·편집·제작·출판에서도 그 유용성이 발휘된 사례 또한 점검하였다. 명령 된 목차에 어울리는 내용의 결괏값을 내어 한 권의 단행본 원고가 나오고, 출판하고자 하는 단행본의 편집에서 더 나아가 표지 작업까지 거뜬히 수행해내는 역량까지 인공지능이 발휘하고 있다는 현황도 실사례를 통해 살폈다. 이로써 생성형 AI의 역할과 기능은 이미 인간 창작자·번역자·출판인 역할의 상당한 영역까지 대체하는 단계에 이르고 있다는 사실까지 살필 수 있었다.

따라서 해외 우수도서를 국내에 도입하는 것은 물론이고, 궁극적으로 한국문학을 비롯한 한국 출판저작물의 해외 수출 활성화를 위한 과정에서 인공지능 활용의 유용성을 본 연구를 통해 확인한 것은 의미가 있다.

그러나 긍정적인 측면 이면에 부정적 측면도 비중 있게 부상하고 있다는 사실 또한 본 연구를 통해 확인하였다. 인공지능이 생산한 창작물과 번역물이 출처가 불분명한 수많은 정보 데이터를 기반으로 생산되고 있는 만큼, 그로 인해 발생할 수 있는 저작권 침해는 물론 해당 저작물에 대한 법적·윤리적 책임 문제가 첨예한 쟁점으로 대두되고 있다는 사실이다. 따라서 이에 대한 대안이나 비전 마련이 시급한 상황이라는 점을 살필 수 있었다. 이에 본 연구는 그에 대한 대안으로, 인공지능을 단독 저자(혹은 창작자)로 명기하기보다는 기획자(프롬프트 엔지니어), 편집자 혹은 출판인이 공저자로 병기·출판등록 되어 향후 발생할 수 있는 윤리적·법적 책임을 져야 한다는 것을 제언하였다. 이 부분에 대해서는 앞으로 산업계와 학계가 공동 협력·논의·연구하여 끊임없이 진화·발전하고 있는 창작자로서의 인공지능에 대한 대안 마련을 지속적으로 해나가야 할 것이다.

궁극적으로 본 연구는 인공지능 일상화 국면에 처한 국내외 출판시장 현장에서 일어나고 있는 여러 상황과 쟁점을 신속히 점검하고 그에 대한 대안을 제시하여 인공지능을 둘러싼 인간 창작자와 산업계가 갈등과 대립이라는 견제구조가 아닌 이해와 협력의 동반자로 동행해야 하는 관계라는 사실을 상기시킴으로써 창작자에게는 물론 출판계에 시의성 있는 글로벌 경쟁력 확보를 위한 통찰력 제공에 궁극적인 목적을 두었다.

다음 기회에는 인공지능이 생산한 창작·번역 저작물을 둘러싸고 국내외 출판시장에서 발생하고 있는 다양한 법적·윤리적 쟁점 사례를 연구하고자 한다.

생성 AI 기술의 문학교육적 활용 가능성*

― '챗GPT'를 중심으로

호창수**

이 글에서는 인공지능이 언어, 문학, 교육 등 인간의 인지 사고 활동이 고도로 요구되는 영역에 어떤 변화를 요구하는지에 주목한다. 근래 과학기술의 새로운 화두로 생성(Generative) AI 기술이 주목받고 있다. 이는 이미 존재하는 수많은 정보로부터 기계 스스로 일정한 알고리즘을 도출하고 학습하여 사용자가 원하는 형태로 텍스트를 새롭게 생성하는 기술을 의미한다. 여태까지 독자의 문학 감상에서 요구되는 해석 능력은 인간의 고유한 지적 활동이자 인지의 핵심으로 여겨졌다. 하지만 생성 AI를 통해 독자는 전문 비평, 학술 연구, 교수자의 설명 등 비계 없이도 나름대로 해석 텍스트를 생산하고 유통할 수 있게 되었다. 그렇다면 이러한 새로운 읽기 현상에서 인간이 사용자·통제자로서 문학 소통의 주도권을 견지하기 위해 어떤 역할과 과제가 요구되는지를 문학교육의 관점에서 조망하고자 한다. 구체적으로는 'Open AI사'에

* 이 글은 『어문연구』 200호(한국어문교육연구회, 2023)에 발표한 논문을 수정·보완했다.

** 서울대학교 국어교육과 강사.

서 개발한 거대언어모델(Large Language Model, LLM)인 'Chat-GPT(이하 챗GPT)'를 활용하여 문학작품을 감상할 때의 양상에서 드러나는 여러 특성을 탐구해 본다. 이를 통해 결과적으로 인공지능이 제공한 해석 텍스트의 수용이 독자의 능동적인 문학 감상과 비평 활동에 있어 비계(scaffolding)로 작용하게끔 하기 위한 교육 방법을 도출한다.

챗GPT의 등장 이후 교육 분야에서는 교수·학습의 방법에 있어 혁신을 가져다줄 것이라는 낙관론[1]과 글쓰기 교육을 중심으로 해당 기술로 인한 학습자의 과제 표절 위험 등에 관한 위험론[2]이 상반되어 제기되었다. 그럼에도 거대한 양의 언어 자료를 학습하고 처리하여 인간의 질문과 가까운 수준의 답을 제공하는 챗GPT의 상호작용성은 구성주의를 표방하는 학습자 중심주의 교육관에 커다란 가능성을 제공할 수 있을 듯하다. 특히 근래의 챗GPT 논의는 주로 학습자의 작문 능력, 장르에 따른 글쓰기 교육에서 이루어지고 있다.[3] 이 논의에서는

1 강동훈, 「챗지피티(ChatGPT)의 등장과 국어교육의 대응」, 『국어문학』 82, 국어문학회, 2023, 469-496쪽; 김종규, 「생성형 인공지능, 생각하는 존재(homo cogitans) 그리고 리터러시 교육의 향방」, 『사고와 표현』 39, 한국사고와표현학회, 2023, 7-31쪽; 노대원, 「소설 쓰는 로봇 - 챗GPT와 AI 생성 문학」, 『한국문예비평연구』 77, 한국현대문예비평학회, 2023, 125-160쪽; 오규설, 「생성형 인공지능이 국어교육에 미치는 영향과 대응 방안 - 챗GPT는 국어교육의 도구인가, 위협인가」, 『국어교육연구』 82, 국어교육학회(since1969), 2023, 143-189쪽.

2 장성민, 「생성 인공지능 기술은 인간의 쓰기 능력을 대신할 수 있는가 - 포스트 챗GPT 시대의 작문 평가 담론을 위한 예비적 논의」, 『국어교육』 181, 한국어교육학회, 2023, 119-160쪽; 노대원·홍미선, 「챗GPT 글쓰기 표절 대응과 교육적 활용 전략」, 『국어교육연구』 82, 국어교육학회(since1969), 2023, 71-102쪽.

3 김민지, 「챗GPT를 활용한 시 창작 방안 연구」, 『한국문학연구』 72, 동국대 한국문학연구소, 2023, 289-316쪽; 오민정·김종규, 「생성형 AI 시대 리터러시 교육의 새로운 전환」, 『인문과학』 89, 성균관대 인문학연구원, 2023, 255-285쪽; 유인근·박형용, 「초등 국어과 글쓰기 교육을 위한 AI 문장 생성 웹 서비스 개발」, 『교과교육학연구』 27(2), 이화여대 교

문학교육의 제 목표인 문학 독서와 비평 활동을 통한 서사적 사고 및 해석 능력의 신장이라는 측면에서 챗GPT로 대표되는 생성 AI 기술의 적용이 가능한지를 살펴보고자 한다. 특히 학습자의 문학 감상에 있어 주요한 활동으로 제시되는 해석 텍스트를 활용한 감상과 비평 쓰기에 있어 챗GPT가 유의미한 활용 지점이 있을 수 있다고 보이기에, 이에 대한 기존 문학교육의 관점을 바탕으로 새로운 시사점을 제시하고자 한다.

챗GPT와 문학교육의 쟁점

1) 챗GPT와 국어교육 관련 선행 연구

챗GPT에 관한 논의는 2022년 11월 'Open AI'사를 통해 공개된 인공지능 챗봇 'GPT-3.5'의 도입 이후 시론적으로 제기되어 현재는 'GPT-4'를 기반으로 분석된 연구들이 주를 이룬다. 이외에도 '구글(Google)'사에서 제공하는 'Bard'와 한국의 '네이버(Naver)'사의 'Clova X' 등 다양한 형태의 생성 AI 기술이 연이어 공개되어 많은 연구가 동반되고 있다. 본격적인 논의를 위해 국어교육계에서 생성 AI 프로그램의 대표 격인 챗GPT에 대하여 어떤 특성에 주목하고 있는지 살펴보자.

먼저 교육 정책 측면에서 챗GPT에 대한 국어교육적 대응에 관한 연구가 있다. 강동훈[4]은 챗GPT에 대해 쓰기 교육 전반에 대한 도전, 쓰기 윤리 문제의 심화, 거짓 정보의 확산 문제 가능성을 제기하며, 이에 대

과교육연구소, 2023, 210-221쪽.

4 강동훈, 앞의 글.

한 대응으로서 쓰기 교육의 본질, 인공지능 활용 쓰기 윤리원칙, 비판적 문식성 교육 강화의 필요성을 주장한다. 장성민은 보다 구체적으로 작문 교육의 관점에서 챗GPT를 다룬다. 챗GPT는 에세이를 작성하는 것에 특화되어 있어 지식 변형, 지식 창출의 글쓰기를 한다는 점에 주목하였고, 딥러닝에 기반한 잘못된 정보 조합이나 거짓 정보 재생산을 해소하기 위하여 학습자의 질문 생성 능력, 메타적 읽기 능력, 출처 확인 및 보강 능력을 강조한다.[5] 특히 기존 작문 교육 담론 가운데 회귀적 속성과 문해력, 쓰기 윤리에 관한 것이 여전하게 작용한다는 점을 밝히며, 이를 통해 학습자 개념에 대한 인식 변화를 주장한다. 이와 같은 연구들에서 주목하는 챗GPT의 특성은 문학교육 담론에서도 유효하다. 특히 해석과 비평 활동, 글 읽기 활동에서 유의미한 지점이 있다고 보이는데, 챗GPT가 생성한 다양한 글쓰기는 문학 텍스트를 해석하기 위한 다양한 해석소로 작용할 수 있으며, 이에 대한 메타적 읽기와 점검을 통해 교수자의 교수학습 없이도 문학 텍스트에 대한 이상적인 해석과 그 결과로서의 비평의 생성까지 가능할 수 있다.

한편, 노대원과 김민지(2023), 박성준(2023)은 문학교육, 특히 창작 교육 측면에서 챗GPT를 활용한다. 먼저 노대원[6]은 생성 AI의 창작 활동에의 적용을 위한 시론적 가능성을 제시하는데, 언어모델 AI의 특성이 문학의 창작(생산), 독서(수용 및 향유), 비평(이해), 교육(전승)에서 혁신적인 변형을 가져올 수 있음을 주장한다. 특히 생성 문학(generative literature)이라는 장르적 속성에 주목한다는 점이 특징적이다. 챗GPT의 작동 원

5 장성민, 앞의 글; 「챗GPT가 바꾸어 놓은 작문교육의 미래」, 『작문연구』 56, 작문학회, 2023, 7-34쪽.

6 노대원, 앞의 글, 125-160쪽.

리가 서사 조합 장치로서 일종의 플롯 로봇으로 작용할 수 있다는 점에서 학습자의 새로운 통찰력을 발현할 수 있다고 본다. 이러한 관점은 서사를 인지의 근본적 기제로 보고, 창작의 협업적 형태로서 생성 AI를 바라보는 것이며, 문학교육에 새로운 가능성을 제기하고자 하는 이 글의 목적과도 일치한다. 반면, 김민지[7]는 보다 구체적으로 이저(V. Iser)의 '빈자리' 개념을 토대로 시 창작의 가능성을 챗GPT에서 실험한다. 은유, 반복, 표현상 기법 등 시의 형식적이고 독창적인 영역과 텍스트와 독자가 서로 반응을 교류하고 소통해야 하는 것을 챗GPT에서 부재한 부분으로 정의하여 그 한계로 지적한다. 이를 바탕으로 아직 인공지능이 인간의 문학적 현상을 대체할 수는 없음을 증명하며, 챗GPT는 인간과 상호보완적 수단으로서 다뤄져야 한다는 주장을 제기한다. 이 두 논의에서 제기하는 챗GPT의 한계와 가능성이 이 글에서 텍스트 해석의 수단이자 텍스트 해석 소통의 매개로서 챗GPT를 바라보고자 하는 데에 여러 시사점을 제공한다. 또 다른 연구로 박성준[8] 역시 위와 유사하게 챗GPT를 통한 시 읽기가 문학적 담화 기능의 구축 사례가 될 수 있음을 증명하였다. 그는 'AI 문인 모델링' 제언을 위하여 인컨텍스트 러닝을 시도하고, 시 텍스트 학습의 새로운 방법론을 도출한다. 이러한 시도 역시 챗GPT가 문학교육을 위한 또 다른 비계이자 교수학습 도구로서 활용될 여지가 있음을 제시한다.

---

7 김민지, 앞의 글, 289-316쪽.

8 박성준, 「AI 이육사 실현 가능성에 대한 시론 - 인공지능과 문학적 담화 기능 구축 사례 제언」, 『한국문예창작』 22(2), 한국문예창작학회, 2023, 87-119쪽.

이외에도 구본권[9], 김종규[10], 오민정·김종규[11]는 국어교육에서 다뤄오던 문식성의 측면에서 챗GPT를 다룬다. 특히 국어 문식성 교육의 이론적 접근을 통해 디지털 리터러시의 성격을 확장하여 '디지털 트랜스포메이션'과 '리얼리티 생성'과 같은 개념을 도출한다. 이러한 관점은 현사실적 대상물의 재현으로서 세계의 재생산과 타자의 삶에 대한 추체험을 목적으로 하는 문학교육에도 새로운 시사점을 제공한다. 다만 챗GPT를 다룬 여러 연구가 아직은 시론 차원에 불과하여 구체적인 방법론이나 활용될 수 있는 여지에 대해서는 본격적으로 다루고 있지 않다. 그럼에도 국어교육 현상에서 AI, 챗GPT와 같은 새로운 기술을 호명하여 매체, 문화현상 등 다방면으로 확장된 학문의 담론으로 다루고 있다는 점에서 이 글의 기반을 마련해주었다. 또한, 앞서 챗GPT를 다룬 연구는 공통적으로 비판적 리터러시의 측면에서 새로운 현상을 바라보고 있다는 특징이 있다. 이를 종합하면 학습의 과정에서 여태까지 볼 수 없었던 새로운 기술에만 경도되어 학습자의 주도권이 상실되지 않도록 하기 위해 수용자의 능동성, 주도성 회복을 가장 큰 과제로 삼아야 한다. 그렇기에 생성AI에 대한 교육적 관점은 윤리 문제와도 가닿게 된다.

이러한 문제 제기에 주목해 본다면, 대체로 하나의 새로운 현상에 터하고 있는 소통의 문제, 그 소통이 작용하는 방식의 문제, 그 작용에 영

---

9 구본권, 「챗GPT 시대의 필수 역량 'AI 리터러시'」, 《KISO》 50, 한국인터넷자율정책기구, 2023, 36-39쪽.

10 김종규, 「생성형 인공지능, 생각하는 존재(homo cogitans) 그리고 리터러시 교육의 향방」, 『사고와 표현』 39, 한국사고와표현학회, 2023, 7-31쪽.

11 오민정·김종규, 앞의 글, 255-285쪽.

향을 주는 여러 맥락과 담론의 문제, 이를 실천화하여 학습자를 학습의 중심부에 두는 문제 등이 서로 연관됨을 발견할 수 있다. 이는 문학교육이 예전부터 논의하던 '문학의 역동성' 문제와 유사하다. 학습자로 하여금 문학 현상을 통해 주체적인 독자로서 정립할 수 있도록 하기 위한 방법을 제공하는 것이 필요하며, 이를 위하여 생성 AI라는 새로운 매체의 특성을 조명할 필요가 있다.

2) 챗GPT의 특성과 문학교육에의 시사점

AI는 인간의 삶을 혁신적으로 변화시키기에 학교 교육에서 어떠한 형태로든 AI를 교육할 필요가 있다는 주장은 '2022 개정 교육과정'에서도 쉽게 발견된다. 학교 교육에서 AI 수용은 정보 교과를 중심으로 다층적으로 실현되고 있지만 국어과 역시 학생들의 사고력을 증진하고, 디지털 매체 활용 능력을 제고하여 학생의 AI 역량 증진에 기여할 수 있다(김태호 2023). 그렇다면 챗GPT의 여러 특성 중 어떤 부분에 주목해 볼 것인가? 현재 사용되는 모델인 'GPT-4'에서는 텍스트를 넘어 이미지를 이해할 수 있는 복합양식(Multimodal) AI를 적용하고 있으며, 다양한 플러그인(plugins)을 통해 그 범용성을 확대하고 있다. 아래는 챗GPT에게 스스로의 특성을 물어본 결과를 정리한 것이다. 각각의 특징에 대하여 챗GPT 스스로 파악한 한계점을 함께 제시한다.

[챗GPT의 특징]

(1) 자연어 이해 및 생성 능력: 챗GPT는 자연어 처리에서 뛰어난 성능을 보이며, 주어진 텍스트를 이해하고 응답을 생성하는 데 사용됩니다. 이를 통해 챗봇, 질의응답 시스템, 텍스트 생성 작업 등 다양한

응용 분야에서 활용됩니다.

– 한계: 긴 대화의 문맥 파악에 어려움

(2) 사전 훈련 및 미세 조정: 챗GPT는 대규모 텍스트 데이터로 사전 훈련되며, 특정 작업에 맞게 미세 조정될 수 있습니다. 이는 다양한 작업에 적용 가능하게 해줍니다.

– 한계: 정확성과 신뢰성의 문제 발생

(3) 다양한 언어 및 작업 지원: 챗GPT는 다양한 언어와 다양한 자연어 처리 작업에 적용될 수 있습니다.

– 한계: 언어 민감성 문제 발생

(4) 상호작용 가능: 챗GPT를 사용하여 대화형 응용 프로그램을 개발하고 사용자와 상호작용할 수 있습니다.

– 한계: 편향성 문제 발생

(5) 사용자 정의 가능: 챗GPT 모델은 특정 도메인에 맞게 미세 조정될 수 있으므로, 특정 비즈니스 또는 분야에 맞는 응용 프로그램을 개발할 수 있습니다.

– 한계: 보안 및 개인 정보 보호 문제 발생

[챗GPT 프롬프트: "챗GPT의 특성과 한계를 각각 알려주세요"에 대한 답]

챗GPT의 특징 중 문학교육 측면에서 유의미한 지점은 '텍스트 생성'과 '상호작용성'에 있다. 챗GPT는 사용자가 어떤 프롬프트(prompt, 명령어)로, 얼마나 자세하게 질문을 설정하느냐에 따라 그 답변 가능성에 확연히 차이가 발생한다. 이 기술은 질문 스타일, 패턴, 말투나 기대 수준을 분석하여 이용자가 가장 일반적으로 만족할 만한 답변을 제시하게 되어 있기에, 이용자의 프롬프트 생성 능력이 텍스트 생성의 완결성을 좌우한다. 특히 문학교육에서 활용될 경우 다양한 문학 이론과 해석에 대한 학습자의 선행 지식이 부족한 상태에서 텍스트 자체에 대한 피상적 정보 나열로 텍스트에 대한 조회가 이루어질 가능성이 높다. 그럼에도 미래의 학습자는 생성 AI를 통한 텍스트 이해, 해석 생성의 기회를 마련할 가능성이 크다는 점을 고려한다면, 텍스트 생성을 위한 프롬프트 생산 능력이 문학교육의 새로운 교육 내용이 될 여지가 있다. 특히 텍스트 이해를 위한 기초적인 문학교육 용어와 텍스트 이론에 대한 학습의 필요성이 제기되는바, 반응 중심 문학관과 구성주의에 입각한 학습자 중심주의 교육관에서는 다소 등한시되었던 지식으로서의 문학, 방법으로서의 텍스트 읽기 기법에 대한 학습이 재차 호명될 수 있다. 즉, 이때의 관점은 챗GPT를 효율적으로 활용하여 텍스트를 읽는 특수한 방법론으로서 그 교육 내용을 전환하자는 것에 있다. 이는 문학 자체에 대한 학습, 문학 독서 방법에 대한 학습을 의미하며 문학교육의 중요한 과제가 될 수 있다.

한편, 챗GPT의 한계 측면에서 문학교육에 시사점을 주는 부분은 바로 할루시네이션(hallucination, 환각 효과)이다. 챗GPT는 본질적으로 정확성과 신뢰성 측면에서 큰 문제를 지니고 있다. 이는 고정된 데이터에 의해 정보가 잘못됐거나 허위임을 인식할 수 없다는 것을 특징으로 하며, 정보의 진위에 상관없이 질문자가 만족할 확률이 높은 답안이 우선으로 작성되기 때문에 발생한다. 특히 특정 문학작품과 같이 사전 훈련된 정보의 양이 적거나, 인터넷 데이터베이스에 존재하는 자료가 적은 경우, 혹은 진위에 대한 판단 사례가 부족한 경우에는 할루시네이션이 더욱 빈번하게 발생할 수 있다. 이렇듯 생성 AI는 스스로 거짓 정보를 제공할 경우 발생할 문제에 대한 윤리의식을 학습하는 데 난점이 있다는 점에 주목한다면 이 할루시네이션은 교육에의 치명적인 한계로도 보인다. 다만, 관점을 바꾸어 교실 상황에서 챗GPT가 활용된다고 했을 때, 교수자가 적극적으로 개입할 수 있는 부분이 이 할루시네이션 현상이기도 하다. 학습자들로 하여금 챗GPT를 통해 텍스트를 분석하고, 이해를 거쳐 하나의 비평 텍스트를 쓰게 한다고 했을 때, 어디까지가 사실이고 타당한 해석인지를 메타적으로 조망하게 하는 데에 있어 할루시네이션에 대한 자각, 수정된 프롬프트 생성과 재해석의 시도가 문학 해석 교육에 활용될 수 있다.

이와 유사하게 사용자의 질문 텍스트, 제공된 정보의 특성에 따라 편향성의 문제가 제기될 수 있다. 챗GPT는 사전 훈련하는 과정에서 기초로 사용하는 데이터의 성격에 따라 편향된 정보가 훈련될 여지가 큰데, 이 역시 할루시네이션의 일부가 된다. 이때 교수자의 개입과 학습자의 메타적 읽기 시도를 통해 편향된 부분을 발견하고, 조정하는 과정 자체가 또 하나의 학습 내용이 될 수 있다. 문학(특히 소설)은 서사를 통해 다양한 인물의 목소리, 사건, 행위, 가치관을 담아내는 장르이기에 챗GPT를 통한 할루시네이션의 가능성이 더욱 크다. 그렇기에 오히려 문학을 제대로 읽어내기 위한 선행 과제로서 텍스트를 둘러싼 정보의 진위 파악, 비판적 이해, 텍스트 정보소의 자기화 과정이 문학교육에 있어 선택이 아닌 필수의 문제가 된다.

각종 AI 기술을 비롯한 새로운 유형의 교수법은 교육계에서 예측하는 것 이상으로 학습자에게는 자연스러운 현상이 되었다. 위 기술의 사용을 제한할 수 없다면, 제기된 우려를 극복할 수 있도록 현실적인 처치 방법으로서 교육 내용의 전환을 시도할 필요가 있다. 이때 문학교육의 본령이 제시하던 '텍스트 이해, 텍스트 점검, 텍스트 생성, 텍스트 내면화'라는 각각의 목표가 가장 실천적으로 적용될 수 있도록 그 매체적 특성을 제대로 이해할 필요가 있다. 이러한 접근은 매체 언어의 발달과 관련하여 그 문제를 지적할 때 사용하던 '기술적 무의식'의 개념과 연관하여 이루어질 수 있다. 인간은 '문자(graph)'라는 외부 장치를 통해 의사소통과 자기표현을 기록해 오며, 이 외부 장치의 성격이 변화하면서 새로운 기술적 문제를 겪는다. 매체라는 개념에 대하여 "인간의 무의식에 작동하여 사람의 의식을 산업적으로 생산할 수 있도록 한 일종의 테크놀로지"라고 규정하는 이시다 히데타카[12]에 따르면, 현대인은 각자가 자신의 정신 생태학을 위해 미디어에 대한 지식을 가지고 미디어를 자율적으로 사용할 수 있는 환경을 고안해야 함에도, 테크놀로지 문자와 인간 정신 사이의 메울 수 없는 틈인 '기술적 무의식'에 의해 '생각하지 않게' 된다. 챗GPT의 할루시네이션이 바로 이 기술적 무의식의 사례라고 할 수 있겠는데, 할루시네이션의 극복 문제를 교육 내용화하는 것은 단순히 기호론의 문제를 넘어 매체, 문화, 문학교육의 중요한 과제로 자리매김할 것으로 보인다.

모든 매체 언어가 그러하듯, 우리가 사용하는 외부화된 장치 위에 기록되는 다양한 표지들은 나의 기억(memory)인지, 단순히 나의 것으로 상기(remind)되는 것일 뿐인지 의문이 제기된다. 챗GPT를 통해 생성하게 된 텍스트 역시 마찬가지의 문제에 직면한다. 인간은 "표상되는 것에 대한 해석을 통해서만 의식작용"을 해낸다고 볼 수 있는데, 인간은 스스로 인식하고, 사고하고, 판단하고, 해석하여 의사소통의 장 속에서

---

12 石田英敬, 윤대석 옮김, 『디지털 미디어의 이해 - 플랫폼과 알고리즘의 시대 읽기』, 사회평론, 2017.

주체적인 존재로 자리매김한 것처럼 여겨지지만 사실은 "의사소통을 위해 선택한 특정의 언어 체계, 즉 테크놀로지가 쓰고 기록한 문자들 사이에서만 제한적으로 살아가고 있다."[13] 이러한 기술적 무의식의 해소는 사용자 스스로 그 매체적 특성과 기호적 상징화의 이면에 놓인 할루시네이션을 의식화하는 작업에서 시작된다. 앞서 호창수[14]에서는 디지털 리터러시의 측면에서 기술적 무의식 극복을 위한 문학교육의 가능성을 제시한 바 있는데, 이때 제시한 문학 수용 방법론이 일종의 비평 교육의 내용으로서 매체의 의식화 문제를 다루는 것이며, 챗GPT를 통한 문학 읽기에서 발생하는 여러 한계를 대처하는 방법이 된다. 따라서 이 글에서는 챗GPT의 상호작용성과 텍스트 생성으로서의 특성을 문학 텍스트를 해석하는 데 사용되는 비계로 기능하도록 그 관점을 전환한다. 또한, 이때 발생할 수 있는 할루시네이션과 같은 수용에서의 오염 문제를 매체적 한계로서 제시하는 것이 아니라, 교육 내용으로서 교수학적 변환을 시도하고자 한다.

챗GPT의 문학교육적 활용

여기서는 챗GPT를 통한 텍스트 생성을 문학교육의 과정으로 전제하고 그 사례를 도출한다. 특히, 챗GPT를 다룬 선행 연구가 텍스트 생성과 글쓰기 측면에 주목한다는 점에 착안하여 문학교육에서 학습자

---

13 호창수, 「디지털 미디어 시대에 인간으로 살아가기 : [서평] 이시다 히데타카의 『디지털 미디어의 이해: 플랫폼과 알고리즘의 시대 읽기』」, 『인문논총』, 서울대학교인문학연구원, 2018, 414-417쪽.

14 호창수, 「디지털 시대 문학교육 원리로서 감성적 지각(aisthesis)에 관한 연구」, 『국어교육연구』 45, 서울대학교국어교육연구소, 2020, 159-187쪽.

들의 문학 감상 완성 단계로 활용하는 비평 '쓰기'에 접목해 본다. 이때 학습자는 텍스트 이해 과정에서 해석 텍스트를 제공하는 도구로서 챗GPT를 사용하기도 하고, 해석과 이해 과정에 대한 메타 비평 수단으로 사용하기도 한다. 이를 통해 챗GPT가 문학작품의 메타적 읽기 방법으로 기능할 수 있는지를 살핀다. 마지막으로 선행 연구와 마찬가지로 창작 교육에도 적용해 본다. 이는 문학작품에 대한 '수용'과 '생산'의 측면에서 챗GPT를 적용하는 것이다.

이때 챗GPT를 통해 얻을 수 있는 텍스트에 대한 정보에는 한계가 있음을 전제로 한다. 특히 영어를 기반으로 훈련된 챗GPT는 사전에 학습된 한국문학의 사례가 아직 많지 않다. 따라서 한국문학의 정전에 해당하는 텍스트로 제한하여 그 사례를 살펴본다. 또한, 챗GPT의 답변에 대한 사실관계 확인과 해석은 학습자의 관점을 전제한다. 이를 통해 학습자가 할루시네이션을 어떻게 극복해야 할지 그 구체적인 대안을 마련할 수 있도록 교육 방법을 도출한다.

1) 비평 쓰기를 위한 해석 텍스트 활용 측면

문학교육에서 비평은 작품에 대한 독자의 주관적 반응에 기초한 평가 행위로서 독자와 작품 사이의 적극적인 상호작용의 결과이다. 다만, 전문 비평가의 비평을 전범으로 학습 독자에게 이해와 감상을 제공하는 것은 문학에 대한 해석 관습을 강요하는 것으로서의 한계가 있기도 하다. 즉 전문가의 비평을 학습자에게 제시했을 때, 학습자들이 이를 일종의 '암기해야 할 지식'으로 수용하게 될 여지가 있는바, 고정된 작품 해석을 주입하거나 부차적인 수단으로서 역할을 하게 된다면 전문가의 비평을 제시하는 것은 긍정적이라고 볼 수 없다. 따라서 학습자 스스로 비평을 가능하게 하는 일종의 '비계'로서 비평 텍스트 혹은 해석 텍스트가 제시되어야 할 것이다. 하지만 기존의 문학교육에서 활용하는 비평 교육은 학습 독자가 비평을 비계로 활용하여 그것을 발판으로 삼아 나름의 독자적인 비평을 창조해 낼 수 있도록 가능성을 제시해 주는 데 있어 구체적인 방법이 부족했던 것이 사실이다. 특히 교육 방법으로서 비계 설정은 학습자의 과제해결을 위해 제공되는 조력으로 기능해야 한다. 이 과정에서 학습자의 자율성을 강화하기 위해 점차 학습자에게 학습의 책임을 이양하는 것이 중요한 특성이 되는데, 이때 챗GPT가 학습 독자를 위한 비평 생성의 비계 역할을 담당할 수 있다. 학습 독자의 비평 역시 여러 논쟁과 해석 소통 과정에서 만들어지는바, 챗GPT를 통해 생성되는 읽기 과정의 결과물로서 해석 텍스트와 전문가 비평은 단순히 받아들여야 하고 암기해야 할 해석 관습으로서의 비평과는 그 궤를 달리하게 된다. 단, 이때 발생할 수 있는 오개념과 잘못된 정보에 대한 검토가 학습자에게 선행되어야 한다.

가령, 작가 한강의 『채식주의자』를 통해 비평 쓰기 활동을 구상해 보자. 아래는 챗GPT를 이용하여 한강의 『채식주의자』에 대한 전문가 비평에 대한 요약을 요청한 사례이다.

Q1	**한강의 『채식주의자』에 대한 비평을 쓰려고 하는데, 참고할 게 있어?**
A1	한강의 『채식주의자』에 대한 다양한 비평적인 글과 리뷰가 존재합니다. 아래에는 『채식주의자』에 대한 몇 가지 비평 글의 요약과 원문에서 확인할 수 있는 출처를 제공합니다. 이 글들은 작품의 주요 테마, 문학적인 가치, 문체, 철학적인 내용 등을 다양한 시각에서 분석하고 평가합니다. **1. 서울신문 – 『채식주의자』 리뷰** 출처: 《서울신문》 리뷰 이 리뷰에서는 『채식주의자』를 한강의 현대적 마스터피스로 소개하며, 작품의 복잡한 내용과 철학적인 측면을 강조합니다.

A1	2. **한겨레 – 〈『채식주의자』, 한강 작가 작품의 진화〉** 출처: 《한겨레》 리뷰 이 리뷰에서는 작가 한강의 문학적 진화와 『채식주의자』의 작품성을 논의하며, 작품이 한국문학에 미친 영향에 대해 논의합니다. (생략)

위 반응에 대해 살펴보면, 챗GPT는 신문 기사와 두 건의 비평문을 출처와 함께 제공하는데, 문제는 위에 대한 실제 링크가 존재하지 않는다는 것이다. 같은 제목의 다른 기사를 검색하여 해당 신문사의 비평으로 오류를 일으킨 것으로 확인된다. 챗GPT를 통해 문학 담론의 장에 학습 독자들이 적극적으로 참여함으로써 자신 스스로 작품을 감상하고 가치 판단을 내릴 수 있는 비평 주체로서 성장할 수 있도록 도모하는 교육 방안을 모색한다고 할 때, 학습자에게 제공해야 할 교육적 처치는 제공된 텍스트에 대한 사실관계 판단 능력이 된다. 다만, 이때 질문을 보다 구체적으로 바꾼다면 텍스트 이해를 위한 도구와 절차가 바뀌어 제시된다.

Q2	**한강의 『채식주의자』에 대한 비평을 쓰려고 하는데, 어떤 자료를 참고할 수 있을까? 자세하게 설명해줘.**
A2	한강의 『채식주의자』에 대한 비평을 작성할 때 아래와 같은 자료와 리소스를 참고할 수 있습니다: 1. **학술논문**: 『채식주의자』에 대한 학술논문은 작품을 다양한 관점에서 분석하고 해석한 연구를 제공합니다. 학술 데이터베이스(예: Google Scholar, KISS, DBpia)에서 『채식주의자』와 관련된 학술논문을 검색하여 참고할 수 있습니다. 2. **문학비평서**: 『채식주의자』에 대한 문학비평서나 리뷰 서적을 찾아서 작품의 주요 주제, 캐릭터, 문체 등에 대한 해설을 참고할 수 있습니다. (생략)

이처럼 구체적인 읽기 방법이나 자료 조회 방법에 대한 질문을 통해 학습자 스스로 문학 감상을 구조화하는 데 있어 중요한 비계가 생성될

수 있다. 따라서 교수자는 미리 챗GPT에 여러 질문을 제기해 보고, 어떤 해석 텍스트가 생성될 여지가 있는지 사전 조회를 통해 다양한 가능성을 모색한 후 학습자에게 공통 질문을 설정하고 기초 질문을 마련할 필요가 있다. 즉 학습자는 비평 활동의 기초로서 ① 직관적 표현 도출, ② 논리적 설명의 시도, ③ 이념적 실천에 대한 지향을 마련해야 하며, 이는 특정한 글쓰기 결과물로서가 아니라 문학작품에 대한 독자의 반응 생산을 위한 일련의 수행적 과정으로서 텍스트 이해에 돌입할 수 있게 한다. 위를 반영한 비평 쓰기 활동은 아래의 절차에 따라 진행될 수 있다.

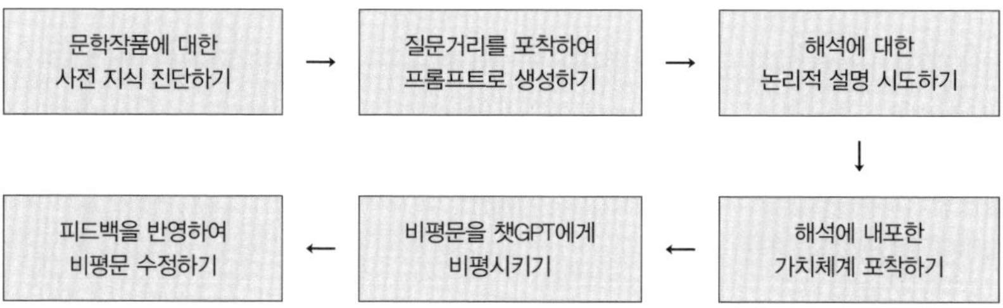

먼저, 문학작품을 읽고 생각이나 느낌을 해석 텍스트로 작성한다. 이때 문학작품에 대한 자신의 선행 지식을 진단한 후, 다양한 질문거리를 포착하여 챗GPT에 프롬프트로 생성한다. 해석 텍스트는 일종의 문학작품에 대한 다시 읽기 활동에 해당하며, 이에 대한 챗GPT의 답변은 자신의 답변에 대한 메타인지 작업이 된다. 자신의 해석 텍스트를 매개로 해석에 담긴 논리적 설명을 챗GPT에게 요구한다. 이때 제시되는 답변에 대한 자신의 논리를 다시 재점검하며, 해석을 성찰하는 과정이 수행된다. 이러한 해석적 대화는 나선형으로 확대되며 작품과 독자 자신에 대한 이해를 심화해 가는 과정이 된다. 더 나아가 소설 해석의 적절성 판단을 위하여 직관적 표현, 논리적 설명 단계까지 반영한 수정된 해석 텍스트를 챗GPT에게 재차 제시하며 자신의 가치관을 도출하도록 명령한다. 이 과정은 일종의 해석 소통 단계에 해당한다. 챗GPT가 판단한 학습자의 가치관과 자신의 신념을 대조하며, 작품에 대한 충실한 읽기를 완성한다. 이런 세 단계의 과정을 걸쳐 완성된 비평문을 챗GPT에게 다시 제시하며 최종적으로 검토를 거친다. 이는 문학 감상에서 읽기와 쓰기가 결합되는 것으로 메타 비평으로서의 가능성으로 확대된다.

2) 대화주의에 입각한 문학 수용 측면

다만 비평 쓰기를 위한 해석 텍스트 제공 수단으로 활용하기에는 챗GPT는 다소 한계가 있다. 학습자가 생성한 질문에 대한 일차적인 답변만 가능하기에, 학습자가 얼마나 더 세련되고 구체적으로 질문을 하느냐에 따라 그 비평의 감상 폭이 달라진다. 다만 교수자와 학습자의 일대일 학습 구조와는 달리 챗GPT는 끊임없는 재질문과 연계 질문이 가능하다. 즉 학습자 스스로 해석을 생성하는 데 있어 다양한 질문을 생성하고, 텍스트 이해의 재료로 사용할 수 있다는 것이 가장 큰 장점이 된다. 문학 감상에서 학습자의 반응을 제고하고 해석 능력을 신장하는 데 가장 효과적인 방법이 대화 중심 문학 수업인데, 챗GPT는 이러한 대화 중심 문학 감상을 실현할 수 있게 해준다. 그동안의 대화 중심의 문학교육에서는 ① 독자 개인의 내면에서 이루어지는 내적 대화, ② 독자 사이의 횡적 대화, ③ 전문가와 독자 사이에 이루어지는 종적 대화로 구분하여 적용하였다. 챗GPT는 ①~③의 형태를 자기 학습 형태로 전환할 수 있다. 가령, 윤동주의 「서시」를 학습한다고 할 때 학습자는 다음의 과정을 문학 감상의 절차로 수행할 수 있다.

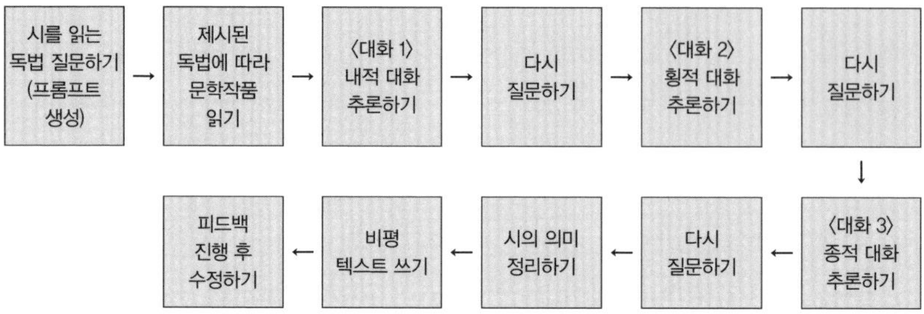

여기에서 〈대화 1〉은 "이 시는 어떤 사람에 대한 이야기인가?", "이 시 속의 '하늘'은 무슨 의미일까?", "이 시에서 말하는 운명은 무엇일까"와 같이 시의 의미를 예측하고, 시 텍스트에 근거하여 텍스트 이해에 필요한 질문을 스스로 생성하고 답하는 과정을 포함한다. 〈대화 2〉에 해당하는 질문은 "창작 시기인 1941년의 의미에 대해 설명해줘", "「서시」의 배경이 된 지역과, 역사 속의 의미를 알려줘", "그 지역에 살던 사람들에 대해 설명해줘" 등이 해당할 수 있는데, 타당한 근거를 내세울 수 있는 텍스트 해석의 근거를 마련하는 과정이다. 애매한 내용을 명료화하기 위한 자료를 조회하고, 각 근거의 설득력을 마련할 수 있도록 추가적인 정보를 요구하는 것이다. 〈대화 3〉은 일반적인 문학 교실에서 교사의 질문에 해당하는 것을 학습자들이 챗GPT에게 제시할 공통 질문으로 설정할 수 있다. 가령, "시인은 이 시를 통해 무슨 이야기를 하고 싶었던 것일까?", "이 시가 현재까지 의미가 있는 이유는 무엇인가?" 등 그동안의 대화 과정에서 제시되지 않는 새로운 관점을 제시한다. 또한, 이전 대화에서 오독이 발생한 지점에 대한 피드백을 제공하는 차원으로 대화를 구성한다. 물론 챗GPT의 한계로 다양한 문학작품에 대한 해석 자료가 모두 제공되지 않을 수 있으며, 오개념과 잘못된 정보가 조회될 수 있다. 학습자는 챗GPT의 답변이 문학 텍스트에 대한 정보가 맞는지 확인하는 과정에서부터 텍스트에 대하여 대화를 시도하게 된다.

3) 문학 텍스트의 메타적 읽기 방법 측면

챗GPT를 활용한 문학교육의 유의미한 지점은 학습자 스스로 메타인지 학습이 가능하다는 것이다. 달리 말해 학습자의 학습 현황을 명확하게 파악할 수 있게 한다는 것인데, 모르는 것을 배우는 '학습(learning)'과 아는 것을 배우지 않도록 소거하는 '폐기학습(unlearning)', 그리고 새롭게 배운 내용과 기존에 내가 갖고 있던 선행 지식을 통합하여 자기화하는 '재학습(relearning)'의 과정을 포괄한다.[15] 이에 대하여는 아래의 과정을 통한 문학 감상 방법이 교육 내용으로 도출될 수 있다.

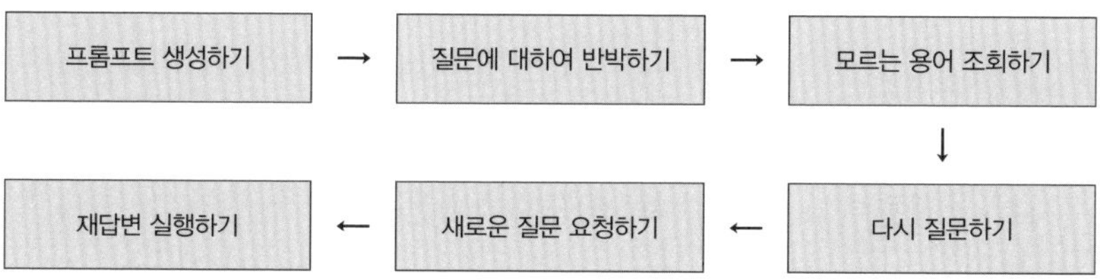

챗GPT 활용의 핵심은 반복된 질문에 있다. 학습자는 사용자의 경험과 사유, 감정을 반영한 해석 텍스트를 생성하기 위해 문학 텍스트에서 이해되지 않았던 부분, 텍스트 해석을 위해 필요한 여러 용어 중 모르는 것에 대해 집중적으로 챗GPT에게 반복 질문을 행한다. 이때 자신

15 류태호, 『챗GPT 활용 AI 교육 대전환』, 포르체, 2023, 94쪽.

이 이해하지 못하는 용어와 질문을 이어 나가기 위해 만들어내는 새로운 질문 형식이 폐기학습에 해당하게 된다. 더 나아가 이어지는 학습을 위해 새로운 질문을 요청하고, 관련하여 챗GPT가 생성한 물음에 대한 재답변을 생성하는 과정에서 학습자들의 문학 지식 능력이 습득될 여지가 있다. 이때 가장 먼저 설정될 부분인 프롬프트 생성은 보다 구체적이고 정확한 프롬프트여야만 한다. 챗GPT가 관련한 주제에 대한 조회를 풍성하게 만들 수 있도록 반복 질문과 피드백을 마련할 수 있어야 한다.

4) 창작 교육의 도구 측면

챗GPT의 문학교육적 가능성의 또 다른 측면은 창작 교육에 있다. 챗GPT는 사전학습된 언어 모델 체계 내에서만 작업이 가능하기에, 장문의 완성된 텍스트나 소설과 같은 장르는 다소 어려움이 있고, 시나 단문, 에세이 쓰기에 새로운 계기를 마련해 줄 수 있다. 창작 교육은 현실의 문학 교실에서 실현되기 가장 어려운 영역이나 챗GPT의 구조화된 텍스트 생성 기술은 이에 대한 기초적 틀을 마련해 준다. 가령, 허구 서사를 창작한다고 하였을 때, 학습자에게는 ① 창작 동기 및 주제 형성, ② 인물의 설정, ③ 주요 갈등 및 사건 전개, ④ 사건의 순서와 배열, ⑤ 문체의 조정, ⑥ 성찰과 검토의 단계(김근호 2004: 216-218)를 통해 이야기를 생성하게 된다. 이 과정에서 교수자가 개입해야 할 영역이 너무 방대하여 학습자의 실제 이야기 구성에는 한계가 많게 된다. 다만 이때 각 과정에 챗GPT와 이야기를 함께 만들어가는 방식으로 서사 창작 체험을 구현할 수 있다. 가령, 아래는 챗GPT와 이야기를 형성한 한 가지 사례이다. 앞서 제시하였던, 한강의 『채식주의자』를 읽고 패러디 서사를 작성하는 작업을 한다고 가정하겠다.

Q3	**나랑 이야기를 하나 만들어 보자. 이야기는 한강의 『채식주의자』와 유사해야 해.**
A3	한강의 『채식주의자』와 유사한 톤과 주제를 가진 이야기를 만들어 보겠습니다. 한국의 작은 마을, 강가에 위치한 한 가족의 이야기입니다. 가족 중 한 명, 지훈이는 평범한 육식을 즐기던 중 하나의 꿈을 꾸었습니다. 그 꿈은 동물들을 존중하고, 환경을 보호하는 채식주의자가 되는 것이었습니다. 지훈은 어느 날 가족에게 자신의 새로운 삶을 털어놓았습니다. 그러나 가족은 이 변화에 대해 이해하고 지원하기 어려웠습니다. 특히 아버지는 고기를 사랑하는 사람으로서 이 변화를 받아들이기 어려웠습니다. (생략)
Q3	**위의 이야기에서 지훈이가 가족들과 제사 문제를 놓고 갈등하는 내용을 추가해줘.**
A3	지훈은 가족과의 갈등뿐만 아니라 역사적인 전통과 관련된 문제도 마주하게 됩니다. 가족은 예로부터 중요한 문화적 행사인 제사를 치르는 것을 중요하게 생각하고 있었습니다. 특히 할아버지는 그런 전통을 중요하게 여기며, 가족이 함께 참여하도록 강력히 주장했습니다. 하지만 지훈은 채식주의자로서 동물권과 환경 문제에 민감해지면서, 제사를 치르는 과정에서 동물의 희생과 자연환경에 미치는 영향을 고려하게 되었습니다. 이것은 엄마와 할아버지와의 갈등을 더욱 격화시켰습니다. (생략)
Q3	**위의 내용에다가 2023년, 서울을 배경으로 추가할 수 있어? (답변 생략)**

이러한 패러디 작법은 기존 문학교육에서 텍스트의 문체와 주제 의식을 수용하고 받아들이는 독자의 입장과 같다. 이 과정에서 텍스트의 주제 의식, 인물 설정, 주요 사건 전개, 사건의 배열 등에 관한 검토를 진행하게 되며, 문학 텍스트의 소통 구조를 인식하게 된다. 기본적인 글의 얼개는 챗GPT가 생성하되, 학습자가 중간중간 구체적인 사건 배열과 설정에 개입하며 플롯을 구조화하는 역할을 맡게 된다. 이러한 방식은 교수자가 창작 원리를 학습자에게 일방적으로 전달하는 것이 아니라 학습자 스스로 챗GPT와 대화하는 과정에서 원리를 탐구하는 방식으로 전환될 여지가 있음을 보여준다. 챗GPT와 대화를 통한 문학 창작 과정에서 학습자는 창작에 필요한 개인적 경험을 자유롭게 공유할 수 있으며, 문학적 표현에 익숙해질 수 있게 되기도 한다. 서사 창작이나 시 창작의 원리를 실제로 수행하는 과정에서 내면화할 수 있게 되

며, 문학 생산활동을 통한 문학의 생활화 목표에도 가닿게 된다.

시사점 및 논의

앞서 제시한 챗GPT를 활용한 문학 읽기 사례에서 보듯, 아직 챗GPT는 문학작품에 대한 깊이 있는 이해, 사실에 입각한 완전한 이해를 위해서 사전 훈련되어야 할 정보의 양이 더 필요함을 확인할 수 있다. 다만, 현재 학습자가 챗GPT를 통해서 잘못된 정보를 습득하고 텍스트 이해에 오개념을 발생하는 경우가 많아지고 있다는 점, 한국의 자체적인 대화형 AI 기술이 지속해서 개발되어 텍스트 이해 가능성이 계속하여 확대되고 있다는 점을 고려하면 본 논의에서 시론적으로 제시하는 사항은 계속하여 변화될 여지가 있다. 그렇다면 챗GPT를 통해 문학교육을 수행할 때, 기존 문학교육의 특성과 달라질 수밖에 없는 주요한 지점에는 어떠한 것들이 있는가?

1) 비평의 결과보다는 과정에 주목한 해석 교육 내용

챗GPT는 기존의 결과 중심 평가로 이루어지던 문학교육 평가를 과정 중심 평가의 실행으로 전환하는 데 그 실효성이 높다. 과정 중심 평가는 교수학습 전체에서 학생의 성장에 대한 자료를 다각도로 수집하고 판단하여 적절한 피드백을 제공하는 평가이다. 과정 중심 평가는 학습과 평가를 일치시킨다는 점에서 학습자의 메타인지 발달에도 더 유효하기에 문학교육에서 그 중요성은 인정하고 있지만, 구체적인 방법을 마련하는 데 애를 먹은 것이 사실이다. 지금까지의 문학 감상은 학습자의 읽기 후 과제로서 해석 텍스트나 비평에 대한 평가가 주를 이루었다. 이러한 결과 중심 평가는 학습의 내용과 주체성과 평가를 분리하여 피드백을 학습 이후에 제공하기에 학습자 스스로의 이해 정도와 수행 정도에 대한 판단을 어렵게 한다는 문제가 있다. 이때 챗GPT를 통해 텍스트를 해석하는 과정 전체가 하나의 문학교육 평가 대상이 될 수 있다. 학습자가 텍스트 이해를 위한 프롬프트 생성 전략을 어떻게 적용하여 어떤 질문을 생성하는지에서부터 시작하여 도출된 결과에 대한 평가와 판단, 재질문 구성과 피드백 반영을 어떻게 운용하는지에 주목한다면 개별화 평가의 가능성도 마련된다. 학습자는 문학 감상의 과정에서 교수자의 개입을 최소화하여 스스로 텍스트 이해의 경로와 방법, 텍스트 해석을 위해 필요한 사고 과정에 대한 성찰을 마련할 수 있게 된다.

학습자는 텍스트 이해의 과정에서 제기되는 또 다른 질문과 오개념에 대한 보완 학습 내용을 스스로 구성하게 되며, 이는 비선형 학습 설계가 되기도 한다. 이러한 점에서 챗GPT는 학습자가 "자신의 관심사를 탐색하고, 자신의 목적을 설정하고 자신의 진도에 맞춰 개인화된 지침과 리소스(resource)를 찾을 수 있도록 지원"[16]할 수 있는 학습의 관점 전환이기도 하다. 문학 감상에서 문학적 소통은 '작가-작품-독자'의 역동적 구조를 지닌 작용태로 이해된다. 하지만 늘 '작가-작품-교사-독자'의 선형적 틀로 회귀되는 것이 문학 교실의 현실이기도 하였다. 소통적 수업에서 학습자는 고착화된 지식으로서의 문학작품 해석을 넘어 작품 속 인물과의 소통, 작가와 독자 사이의 소통, 교사와 학습자 사이의 메타적 소통을 서로 교섭할 수 있는 계기를 마련해야 한다. 이를 위한 전환의 가능성이 챗GPT를 통해 구현될 수 있다.

---

16 노대원·홍미선, 앞의 글, 71-102쪽.

2) 텍스트 해석소에 대한 문학 지식 교육의 필요성

챗GPT를 통한 문학교육은 지식 생산, 지식 이해 방법에 있어서 효과적이다. 문학교육을 통해 학습자에게 전수하고자 하는 문학 능력을 구조화된 총체로 이해할 때, 최근 교육과정에서 주목하는 것은 수행으로서의 문학 경험과 가치 및 태도의 문제가 있다. 다만, 문학 경험으로서 심미적 체험의 완전한 수행은 기초적인 문학 지식이 터를 잡고 있을 때만 가능하다. 문학 능력을 표층적 요소와 심층적 요소로 구분한다고 했을 때, 표층적 요소는 경험과 기능적 숙달을 통해 성취할 수 있으며, 문학에 대한 지식, 수행 능력을 지칭할 수 있다. 반면 심층적 요소는 표층적 요소 위에서 문학에 대한 감각, 문학에 대한 태도 지향에 해당한다. 챗GPT는 여기에서 표층적 요소로서 문학과 해당 작품의 속성에 대한 이해에 탁월한 도구로 작용할 수 있다. 특히 텍스트에 대한 분석, 구조화를 통한 이해 과정이 사례로 제시될 수 있다. 작품 이해 과정에서 도출되는 대상의 다양한 속성과 그 연상물에 대한 재질문 탐색은 결과적으로 텍스트 이해에 소재가 되는 텍스트 해석소로서 기능한다. 챗GPT를 통해 수집한 다양한 해석소를 연합하는 과정에서 학습자의 텍스트 이해와 해석 능력의 신장이 가능해진다. 이는 기존 문학교육에서 사용하던 속성 중심 교수학습으로도 적용이 가능하며, 이에 대한 교수학습 절차를 구상하면 아래와 같이 제시될 수 있다. 이때 구체화할 수 있는 해석소의 사례는 작품 속 대상을 인물에게 한정한 인물 정보소, 혹은 시적 표현으로서 상징에 대한 이해를 위한 상징 정보소 등으로 구체화할 수 있다.

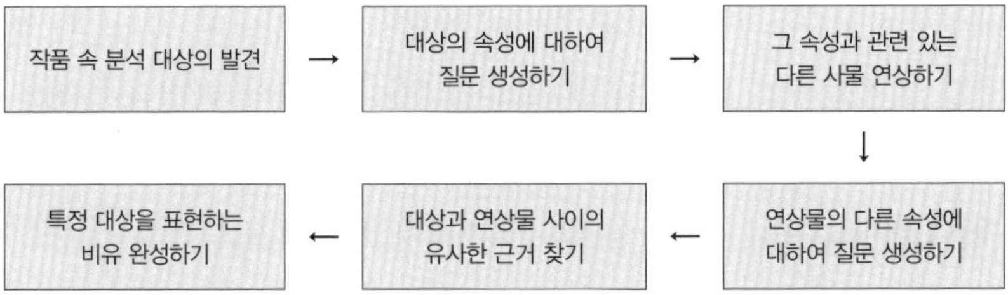

3) 서사적 사고의 활성화

앞서 챗GPT를 통한 문학교육을 일종의 메타적 읽기로서의 성격으로 정의했는데, 이는 문학교육에서 사용하던 서사적 사고의 문제와 연관된다. 챗GPT가 생성한 텍스트를 재구성하는 과정이 '학습-폐기학습-재학습'의 구조라면, 이때 학습자에게 필요한 문학 능력은 질문하기 측면에서 발현되는 서사적 사고이다. 서사적 사고를 발생하는 서사적 상상력은 서사 생산과 서사 수용의 측면에서 작용하며, 챗GPT를 통한 텍스트 생성은 생산이면서 동시에 수용이 되는 메타적 과정에 해당한다.

텍스트와 이미지로서 하나의 '표상'이 완결성 있는 의미 통일체로 조직되기 위해서는 학습자의 재구성 과정(즉, 서사적 상상력을 통한 해석)이 필요하다. 이때 정합적이고 의미 있는 경험, 인식, 언어를 엮어내어 조직하는 수단으로서 서사적 사고는 텍스트의 ① 빈자리 채우기, ② 추론적 이해, ③ 상위의 의미 질서 조직으로 수행된다. 먼저, 빈자리 채우기란 실제 문학작품과 챗GPT가 생성한 해석 텍스트 사이, 혹은 서사 자체에 내재한 공백에 대한 이해에 해당한다. 문학의 소통 구조란 언어를 매개로 이루어지는 작가와 독자 사이의 상호작용임에 주목하였을 때, 챗GPT가 생성하는 텍스트에도 여러 빈자리가 존재하게 마련이다.

이때에는 학습자의 서사 추론 능력이 발현되는 공간이다. 텍스트의 영향을 위한 근본적 계기로서, 빈자리에 대한 학습자의 '설명하기' 시도가 텍스트 이해의 시발점이 된다. 가령, 앞서 예로 든 한강의 『채식주의자』에 대한 빈자리 채우기를 챗GPT를 통해 시도해 보자.

Q4	한강의 『채식주의자』에서 영혜는 왜 채식을 하는 거야?
A4	한강의 소설 『채식주의자』에서 영혜는 여러 이유로 채식을 선택합니다. 이 소설은 주인공인 영혜의 내면적 고민과 변화, 그리고 현대사회의 가치와 태도에 대한 사색을 다루는데, 이에 따라 채식은 그 중요한 요소 중 하나입니다. 다음은 영혜가 채식을 하는 이유에 대한 주요 내용입니다: 1. **동물권과 환경**: 영혜는 동물 권리와 환경 보호에 관심을 가지고 있습니다. 그녀는 육식을 피하며 동물을 죽이지 않음으로써 동물 학대를 막고, 대량생산된 고기 생산의 환경 파괴를 줄이는 것을 목표로 채식을 실천합니다. 2. **개인적 고민과 정체성**: 영혜는 자아를 찾고, 인생의 의미와 방향에 대한 고민을 하고 있습니다. 채식은 그녀에게 도덕적이고 철학적인 이유로 행동하는 방법으로 정체성을 형성하는 데 도움을 줍니다. 3. **가족 관계**: 영혜의 가족은 육식을 선호하며, 그들과의 관계에서 채식이 갈등의 소지가 있는 요소가 됩니다. 이를 통해 가족과의 갈등과 대화를 통해 자아를 찾는 과정을 더 깊이 다룹니다. 4. **사회적 태도와 갈등**: 영혜의 채식은 주변 사람들과의 사회적 갈등을 일으키기도 합니다. 소설에서는 채식주의자로서의 삶을 선택함으로써 주변 사회와의 충돌과 타협의 어려움을 다루고 있습니다.

위의 사례에서 챗GPT는 작품 속 주요 사건에 대한 빈자리에 대한 이해를 네 가지 정도로 분석하고 있다. 학습자는 여기에서 한 가지 원인을 선택하고, 다양한 내적 맥락을 조합하여 ②의 추론적 이해로 나아갈 수 있다. 가령 챗GPT가 제시한 3, 4의 이유를 조합하여 '가부장제를 상징하는 가족 관계에 대한 대항으로서 채식(억압에 대한 해방)을 고집하는 것'과 같은 추론적 이해를 수행하게 되는 것이다. 이때의 추론적 이해는 추측과 명료화 과정을 거치는데, 독자의 세계 지식을 개입시켜 타당한 근거로 재구성하는 작업에 해당한다. 서술자의 시각, 작중 인물의 시각, 플롯상의 시각을 조합하여 챗GPT에게 자신의 추측을 다시 질문

하는 과정을 통해 일반화의 계기를 마련한다. 이 과정에서 텍스트를 둘러싼 맥락(context)을 추출할 수 있게 되며, 텍스트 이해의 중층적 성격을 체험하게 된다. 여기까지 감상 과정에 교수자가 개입하여 텍스트의 주제를 구성하는 과정으로 다시 유도한다면, 학습자의 추론적 이해는 ③ 상위의 의미 질서 조직으로서 메타적 추론의 과정으로 완성된다. 문학작품 속 다양한 문제 제기 요소에 대해 질문하기, 빈자리 채우기, 추론적 이해, 추측과 명료화를 거쳐 일련의 답을 찾아내는 과정에서 텍스트의 의미 구조를 재정의하고, 독자 자신의 문학관과 텍스트 세계의 의미 지평이 융합하는 과정이 완성될 수 있다.

4) 문학교육 텍스트 선정의 기준 변화

챗GPT 모델은 한글 프롬프트로 된 답변도 원활하게 작동하지만, 아직까지는 영문 프롬프트의 답변 생성 결과가 더 좋고, 부수적 토큰(token)의 연계에서도 영문이 더 용이하다. 다만, 현재 학습자가 챗GPT를 학습 도구로 사용한다고 하였을 때, 한글로 사용한다고 전제하면 모든 문학작품에 대한 해석 텍스트를 제공하는 데에는 한계가 있다. 특히, 현재 챗GPT의 문학작품에 대한 정보 제공에서는 외국에 잘 알려진 수상작, 한국의 대표적인 작품, 대중성이 크거나 많은 신문 기사와 자료가 인터넷상에 존재하는 작품, 유명한 작가 위주로 한정이 되어 있다. 가령, 한강의 『채식주의자』, 최인훈의 『광장』, 이광수의 『무정』과 같은 작품에 대한 설명 요청에는 비교적 정확한 정보가 제시되지만, 상대적으로 화제가 되지 않은 작품의 경우에는 할루시네이션의 가능성이 굉장히 크다. 따라서 챗GPT를 통한 문학교육에서는 문학 감상 대상 텍

스트 선정 문제로서 정전의 문제가 제기될 수 있다.[17]

정전(canon)은 '그 사용자들에게 다른 것들보다 더 보존할 가치가 있는 어떤 작가나 텍스트'를 의미하는 것이자, 특정한 제도적 맥락에서 학습 텍스트를 선별하기 위한 기준으로 사용된다. 특히, 문학교육 현장에서는 학습에 사용되기에 타당한 바람직한 교재의 목록을 교육 정전이라 칭하는데, 챗GPT에서 활용할 수 있는 문학작품들이 새로운 교육 정전으로 목록화될 가능성이 있다. 이를 위한 정전화의 새로운 기준이 마련될 필요가 있다. 현행 교과서에 선정된 문학 텍스트에 대한 챗GPT의 데이터베이스화 현황을 조사하고, 연계한다면 정전 구성의 양상과 특성에 대한 새로운 관점 제기도 가능할 것으로 보인다.

가령, 대중성에 입각하여 작품의 인지도에 따라 챗GPT에 데이터베이스화될 가능성이 크다는 점에서 정전 재구성의 원리로서 통속성이 제기될 수도 있다. 또한, 학습자에게 쉽게 설명될 수 있는 작품이나 소설 이론, 읽기 이론적인 측면에서 다양한 개념 설명이 가능한 텍스트가 새로운 교육 정전으로 부상할 수도 있다. 이러한 가능성은 문학교육을 오히려 구조적으로 접근하게 한다는 문제가 되기도 하겠으나, 인위적인 교육 내용화가 아닌, 자연스러운 텍스트 수용 양상으로서 지식 교육화가 가능하다면 이 역시 문학교육의 일반화를 위해서는 긍정적일 수 있다. 결과적으로 기존의 정전 텍스트만으로는 수용자로서 독자가 접하고 있는 다양한 현실 상황을 직접적으로 반영하지 못했던 문학사 교육의 한계를 극복할 수 있는 새로운 방법이 될 수 있다.

---

17 한국형 생성 AI인 네이버사의 클로바X도 챗GPT와 같은 메커니즘을 사용하다 보니 아직까지는 크게 차이를 보이지 않는다.

5) 오개념에 대한 메타 비평의 필요성

챗GPT를 통해 얻게 되는 문학작품에 대한 다양한 정보는 문학사적 지식이나 개별 정보로 제공되지만, 학습자는 이를 일종의 구조화 작업 혹은 메타인지 작업을 통해 작품에 대한 내러티브화 된 지식으로 재구성해야 한다. 프롬프트에 입각한 단순한 정보나 지엽적인 지식의 형태로 제공되는 챗GPT 텍스트에는 가공되지 않은 날것으로서의 성격과 잘못된 개념, 왜곡된 정보가 두루 섞여 있게 마련이다. 학습자는 비판적 문식성을 통해 이러한 지식과 정보에 대한 체계화, 탐구의 과정을 거쳐야만 한다. 문학 텍스트에 대한 이해를 학습자의 실제 생활에 접목하여 구체화된 질문 형태로 재구성하는 것이 하나의 방법이 될 수 있다. 이때 학습 주제에 대한 문제 인식과 현재 상황에 대한 판단, 문학 텍스트 내 은유화된 사건에 대한 해석을 실행할 수 있어야 한다. 이때 챗GPT를 통해 관심 사건에 대한 대략적 개요를 요청하거나 관련한 다양한 정보를 요청할 수 있다. 오개념에 대한 메타 비평으로서 정보의 일반화 전략은 아래와 같은 교수학습 방법으로 제시된다.

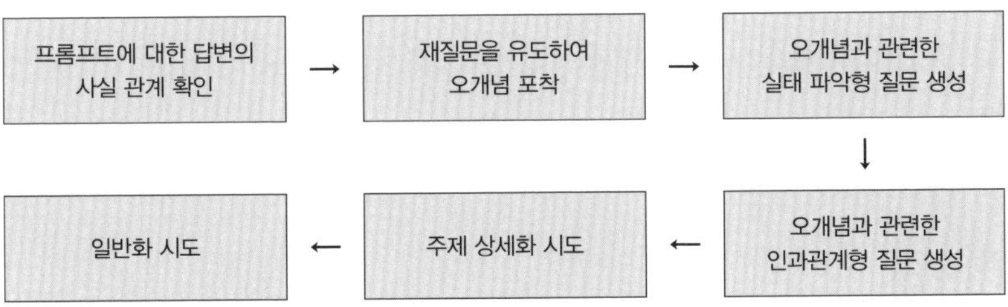

6) 문학 교실의 큐레이터로서 교사의 역할 변이

챗GPT를 활용한 문학 감상에서 교사의 역할은 해석자, 지도자의 입장이 아니라 교육의 촉진자로서 기능을 원활하게 수행하기 위한 일종의 '큐레이터(curator)'로 전환되어야 한다. 큐레이터로서의 교사는 학습자들이 접하게 될 텍스트의 기본 얼개만을 제공하고, 학습자들 스스로 텍스트를 감상, 해석할 수 있도록 유도하는 역할을 수행한다. 이들에게 절대적인 해석의 권위는 부여되지 않으며, 수업의 전반을 관리하고 수업 형태와 구성만을 관리하는 역할이 부여된다. 챗GPT를 통해 자발적이고 주체적인 텍스트 이해를 수행하는 학습자는 텍스트의 공간에서 즉각적이고 쌍방향적인 의사소통을 행한다. 이는 대화적이지만 동시에 논쟁적인 담론의 장으로서 기능하기도 한다. 챗GPT에서 학습자가 만들어내는 공론장은 다수의 구성원이 안정적으로, 지속적으로, 즉각적으로, 아무런 요건도 필요하지 않도록 개방되어 있는 공간이다. 이는 '탈중심적이고 다각적이며 다주체적인 의사소통을 가능하게 하는 여건'이라 할 수 있는데, 동등한 지위의 개인이 목소리를 내고 전유의 촉진을 일으킬 수 있는 가능태라 할 수 있다. 독자들은 창조적 담론의 장으로서 실재하는 텍스트의 위에서 자신이 획득한 문학 텍스트에서 의문을 제기하고, 정보 탐색을 통해 의미를 조회한다. 이는 일종의 협력적 읽기의 장이라고 할 수 있다. 이처럼 챗GPT를 통한 문학 감상은 학습자 중심의 구성주의 문학교육을 실현할 수 있는 하나의 계기가 된다는 의의가 있다.

맺음말

이 글은 최근 다양한 차원에서 연구되는 챗GPT를 문학교육에서도 사용할 수 있을지 그 가능성을 소략하게나마 시도해 본 것이다. 챗GPT는 대화형 생성 AI라는 점에서 문학 교실에서 학습자의 위상을 제고하는 데 유의미하다는 점은 분명하다. 다만, 아직까지 챗GPT는 인간 사고의 정점이라 할 수 있는 문학적 사고, 서사적 상상력을 완전하게 이행하는 데는 한계가 있다. 그럼에도 지속적인 언어 모델링의 사전 훈련을 통해 생성 AI는 인간의 문학적 사고를 완전하게 터득하는 순간이 올 것이다. 앞으로의 학습자는 이전까지의 문학 감상과는 다른 방법으로 문학을 향유하고 해석하고 창작할지 모른다. 따라서 문학교육은 지금까지의 논의를 바탕으로 앞으로의 읽기 환경에서 사용될 수 있는 다양한 교육 원리와 방법을 고안해 낼 필요가 있다. 이 글에서는 비평 쓰기, 대화주의, 메타적 읽기, 창작 등 거시적인 측면에서 범박하게나마 생성 AI의 활용 가능성을 제시하였다. 특히 그 사례에서 제기할 수 있는 대표적인 의문과 한계, 그 대안으로서 교수학습 방법화를 시도함으로써 그 교육적 시사점을 도출하고자 하였다. 그러나 다분히 시론적인 제언에 불과하다는 한계가 있다. 따라서 구체화된 학습 사례 분석을 통해서 보완해야 할 지점이 상당할 것으로 보인다. 그럼에도 언젠가 문학교육에서도 챗GPT를 활용하여 교수학습 방법 차원이나 내용 측면에서의 전환을 이끌어낼 수 있다면, 문학교육에서의 혁신을 가져올 수 있으리라 생각하며 이 글을 마친다.

참고문헌

서언 **새로운 타자, 인공지능 – 생성과 해석의 새로운 조건들** **박주택**

[단행본]

더글라스 호프스태터, 박여성 옮김, 『괴델, 에셔, 바흐 : 영원한 황금 노끈』, 까치, 1999.

박주택 외, 『인공지능과 문학의 미래』, 경희대학교 출판문화원, 2024.

이규연 외, 『뉴사피엔스 챗GPT』, 광문각출판미디어, 2023.

최승재, 『인공지능의 역사』, 커뮤니케이션북스, 2024.

홍정한·변형균, 『멀티모달 생성 AI 인사이드』, 한빛미디어, 2024.

후루카와 히데카즈, 트랜스 메이트 옮김, 『GPT-4, ChatGPT, 라마인덱스, 랭체인을 활용한 인공지능 프로그래밍』, 위키북스, 2023.

[논문]

권양현, 「메타인지에 기반한 대학 글쓰기 피드백 방안 연구」, 『리터러시연구』 15권 5호, 2024.

이상빈, 「바벨탑 3.0의 시대, 인공지능과 번역을 논하다」, 『번역학연구』 25권 3호, 한국번역학회, 2024.

이진영, 「인공지능 시대의 새로운 글쓰기 생태계: 탈인간중심적 관점을 바탕으로」, 『동서철학연구』 102집, 한국동서철학회, 2021.

제1부 챗GPT와 문학

챗GPT 활용 'AI 작고 시인' 창작시 연구 **박성준**

[기초 자료]

ChatGPT, https://chat.openai.com/

[단행본]

윤동주, 『하늘과 바람과 별과 시(원본 대조 윤동주 전집)』, 연세대학교출판부, 2006.

이육사, 김용직 편, 『이육사 전집』, 깊은샘, 2020.

정인보 외, 『해방기념시집』, 중앙문화협회, 1945.

[논문]

김경복, 「이육사 시의 유토피아 의식 연구」, 『한국문학논총』 제74집, 한국문학회, 2016.

김민지, 「『해방기념시집』에 나타난 감정 연구」, 『한국문예비평연구』 제78호, 한국현대문예비평학회, 2023.

김치성, 「윤동주 시의 발생론적 근원 연구: 북간도 기독교 공동체의 에큐메니컬 정신을 중심으로」, 『우리말글』 제69집, 우리말글학회, 2016.

박성준, 「'AI 윤동주'의 시 창작에서 수사학적 적용과 실제(2)—챗GPT의 은유와 환유 개념 학습을 중심으로」, 『우리말글』 제98호, 우리말글학회, 2023.

______, 「'AI 이육사' 실현 가능성에 대한 시론(1)—인공지능과 문학적 담화 기능 구축 사례 제언」, 『한국문예창작』 제22권 제2호, 한국문예창작학회, 2023.

______, 「AI 이육사의 수사법 구현 양상 연구(3)—「絶頂」의 재창작과 '강철로 된 무지개'를 중심으로」, 『비평문학』 제89호, 한국비평문학회, 2023.

______, 「이육사 후기 시의 연애시편: 「斑猫」와 「邂逅」를 중심으로」, 『인문과학연구논총』 제39권 1호, 명지대학교 인문과학연구소, 2018.

박주택, 「이육사 시의 낙원 의식 연구」, 『어문연구』 제68집, 어문연구학회, 2011.

심선옥, 「해방기 기념시집 연구—"해방"과 "3·1" 표상을 중심으로」, 『민족문학사연구』 제54권, 민족문학사학회·민족문학사연구소, 2014.

이미나, 「동아시아 냉전 질서 형성과 해방 직후 '공간' 연구」, 『구보학보』 제22집, 구보학회, 2019.

이종식, 「인공지능 기반의 추천시스템에 대한 편향성에 관한 연구—챗GPT 중심으로」, 『한국감성과학회』 2023 춘계학술대회, 한국감성과학회, 2023.

정은경, 「윤동주 시와 슬픔의 미학」, 『한국문학이론과 비평』 제13권 2호, 한국문학이론과비평학회, 2009.

조동범, 「이육사의 사상적 실천 의지와 시적(詩的) 아나키」, 『비평문학』 제87호, 한국비평문학회, 2023.

AI 디지털 시대와 디아스포라 한글문학의 방향　곽효환

[단행본]

구재진 외, 『중국 조선족문학』, 한국문학번역원, 2020.

김환기 외, 『재일 한인문학』, 한국문학번역원, 2020.
박덕규 외, 『미주 한인문학』, 한국문학번역원, 2020.
여호규·곽효환 외, 『고대에서 현대까지 북쪽의 역사 절반의 한국사』, 위즈덤하우스, 2021.
우정권 외, 『고려인문학』, 한국문학번역원, 2020.
케빈 케니, 최영석 옮김, 『디아스포라 이즈is』, 앨피, 2016.

[논문]
김종회, 「남북한 문학과 해외동포 문학의 디아스포라적 문화통합」, 『한국현대문학연구』 제25호, 한국현대문학회, 2008.
김환기, 「재일 디아스포라 문학의 '혼종성'과 세계문학으로서의 '가치'」, 『일본학보』 제78호, 일본학회, 2009.
나소정, 「포스트디아스포라, 한국어 문학의 새로운 접경: 박미하일론」, 『문화와 융합』 제43권 10호, 한국문화융합학회, 2021.
박덕규, 「유럽, 호주 등지의 한글문학의 현황과 미래」, 『한국문학번역원·국제한인문학회 공동학술회의 자료집: 2022 디아스포라 한글문학과 인문지리』, 한국문학번역원, 2022.
서봉언·이채문, 「키워드 분석을 통해서 본 한국의 디아스포라 연구 동향」, 『디아스포라연구』 제8권 1호, 전남대학교 세계한상문화연구단, 2014.
이형권, 「디아스포라 한인문학의 정체성과 미래」, 『한국문학번역원·국제한인문학회 공동학술회의 자료집: 2022 디아스포라 한글문학과 인문지리』, 한국문학번역원, 2022.

챗GPT를 이용한 SNS 시의 생성 가능성 연구　인수봉

[기초 자료]
스튜어트 러셀·피터 노빅, 류광 옮김, 『인공지능: 현대적 접근방식』, 제이펍출판, 2008.
하상욱, 『서울 시』, 중앙북스, 2013.
하상욱, 『서울 시 2』, 중앙북스 2013.

[논문과 단행본]
강정구, 「소셜미디어 이용 행태와 시의 창작방법 변화」, 『한국시학연구』 제65호, 한국

시학회, 2021.
강정구, 「소셜미디어의 주요 시에 나타난 탈(脫)재현적인 경향」, 『우리문학연구』 제74호, 우리문학회, 2022.
김성태, 「SNS 단편시집 『서울시(詩)』 텍스트의 응결성」, 『콘텐츠문화』 제6호, 문화예술콘텐츠학회, 2015.
김영주, 「트위터 시의 현상과 가능성—하상욱의 『서울 시』, 『서울 시 2』를 중심으로」, 『어문학』 제127호, 2015.
김태형·박성준, 「챗GPT를 활용한 AI 시인의 구현(2)—'AI 이육사'의 생성과 시적 대화의 가능성을 중심으로」, 『국제언어문학』 제55호, 국제언어문학회, 2023.
박상수, 「기대가 사라져버린 세대의 무기력과 희미한 전능감에 관하여—2010년대 시인들의 무기력 혹은 무능감 2」, 『문학동네』 83호, 2015.
박성준, 「'AI 이육사'에 실현 가능성에 대한 시론(1)—인공지능과 문학적 담화 기능 구축 사례 제언」, 『한국문예창작』 제57호, 한국문예창작학회, 2023.
박성준, 「마이너스 벡터의 시와 줄어드는 주체들」, 『문학과 사회』 28(3), 2015.
박소용, 「SNS 시 현상과 시의 공동체적 소통의 가능성」, 『현대문학이론연구』 제78호, 현대문학이론학회, 2019.
이송희, 「SNS 시대 짧은 시 대안으로서 단시조」, 『국제어문』 제83호, 국제어문학회, 2019.
장나연·주진영·신규리, 「MZ세대의 자기애 성향, SNS 이용 동기, 과시적 여가소비의 관계」, 『한국여가크리에이션학회지』 제46권 3호, 한국여가크리에이션학회, 2022.
정재요, 「호모 사케르는 한국사회의 '위험의 외주화' 담론 분석의 철학이 될 수 있는가?」, 『새한철학회 논문집』, 『철학논총』 제109집 3권, 2022.
조르조 아감벤, 박진우 옮김, 『호모 사케르』, 새물결, 2008.
허준행, 「인공지능 시대, 한국 현대 시 연구의 과제와 전망—생성형 인공지능 챗GPT를 중심으로」, 『한국시학연구』 제74호, 한국시학회, 2022.
호구현·심승범·조재희, 「정말 MZ세대 직원은 까다로운 개인주의자일까?—미디어에서 묘사된 MZ세대 조직원 특징에 대한 당사자의 주관적 인식 연구」, 『한국언론학보』 67권 1호, 한국언론학회.

[인터넷 자료]

박형수, 〈시장 뒤흔든 초전도체 테마… 역대 신기술 테마주 최후는〉, 《아시아경제》,

2023.08.07. https://view.asiae.co.kr/article/2023080614003155196 [최종 검색일: 2023.08.08.]

유정주, 〈MZ세대가 가장 선호하는 미래 재테크 수단은 '부동산(36.1%)'〉: 전국경제인연합회, MZ세대 재테크 인식조사, 2021.11.22. http://m.fki.or.kr/bbs/bbs_view.asp?cate=news&content_id=38e4e0b1-76b9-478b-86f0-0284cf76b8be&page=10 [최종 검색일: 2023.08.09.]

정민경, 〈사라진 실검·연예 댓글… 여론 권력은 커뮤니티로〉, 《미디어오늘》, 2022.01.20. http://www.mediatoday.co.kr/news/articleView.html?idxno=301840 [최종 검색일: 2023.08.07.]

최고야, 〈"나는 조롱한다, 고로 존재한다" 악플러의 심리 [최고야의 심심(心深)토크]〉, 《동아일보》, 2023.04.16. https://www.donga.com/news/Society/article/all/20230414/118843699/1 [최종 검색일: 2023.08.08.]

제2부 인공지능 활용과 윤리

인공지능을 활용한 문학 이미지 생성 방안 김민지

[기초 자료]

권영민, 『이상 텍스트 연구』, 뿔, 2009,

______, 『이상문학대사전』, 문학사상, 2017.

______, 『이상 연구』, 민음사, 2019.

______ 편역, 『이상 시 전집』, 민음사, 2022.

김동희 편역, 『영원한 가설』, 인다, 2023.

김옥희, 「오빠 이상」, 『신동아』, 1964.12.

박상순 편역, 『나는 장난감 신부와 결혼한다』, 민음사, 2019.

배형민·조민석·안창모 편역, 『Crow's Eye View』, 아키라이프, 2014.

이상, 『조선』, 1930.04.26.

최돈미, Jung Jack 편역, 『Yi Sang: Selected Works』, Seattle: Wave Books, 2020.

[단행본]

권영민, 『이상 연구』, 민음사, 2019.

김기림, 「이상의 모습과 예술」, 『이상선집』, 백양당, 1949.
김예리, 『이상, 한 번만 더 날자꾸나』, 우리학교, 2014.
신범순, 『이상의 무한정원 삼각차나비』, 현암사, 2007.
______, 『이상문학연구—불과 홍수의 달』, 지식과교양, 2013.
이승훈, 『이상 시 연구』, 고려원, 1987.
황현산 외, 『13인의 아해가 도로로 질주하오』, 수류산방, 2013.

[논문]

김기림, 「[李箱 재조명] 이상의 모습과 예술」, 『시와세계』 제24호, 시와세계, 2008.
김예리, 「이상 시의 공백으로서의 '거울'과 지도적 글쓰기의 상상력」, 『한국현대문학연구』 25집, 한국현대문학회, 2008.
김태화, 「이상의 줌과 이미지: 메타언어와 메타수학적 분석을 중심으로」, 『한국현대문학회 학술발표회자료집』 10호, 한국현대문학회, 2010.
박성준, 「챗GPT 활용 'AI 작고 시인' 창작시 연구—AI 이육사 · 윤동주의 해방기념시 창작 가능성과 수업 활용 사례를 중심으로」, 『국제언어문학』 57호, 국제언어문학회, 2024.
박현수, 「거울 세계의 시뮬라크르」, 『이상리뷰』 7호, 이상문학회, 2009.
방민호, 「이상과 고흐」, 『이상리뷰』, 이상문학회, 2018.
배선윤, 「이상의 '거울', 환상의 기표에 비친 주체 인식」, 『이상리뷰』 16호, 이상문학회, 2020.
신형철, 「李箱 시에 나타난 '視線'의 정치학과 '거울'의 주체론 연구」, 『한국현대문학연구』 제12집, 한국현대문학회, 2002.
이고은·김준교, 「이상 시에 나타난 불안, 공포 이미지의 표현주의적 성격」, 『한국디자인포럼』 37호, 한국디자인트렌드학회, 2012.
이성우, 「한국문학 자료 구축의 한 방안: 한국어학과 한국문학의 상호 발전을 위하여」, 『국어국문학』 206, 국어국문학회, 2024.
장동호·이시은, 「시와 삽화를 융합한 수업 지도 방안」, 『초등교육연구』 32, 전주교육대학교 초등교육연구소, 2021.
정성은, 「선심과 자아—이상과 폐명 시 속 "거울" 이미지 해독」, 『중국어문논총』 74집, 중국어문연구회, 2016.
정효구, 「李箱과 尹東柱 詩의 거울 이미지 考察」, 『국어국문학』 제92권, 국어국문학회, 1984.

최진석, 「인공지능과 문학의 가치에 대한 시론」, 『비평문학』 91, 한국비평문학회, 2024.
함돈균, 「이상 시의 아이러니와 "나"-타자의 변증법-거울 모티프 시들을 중심으로」, 『어문논집』 61집, 민족어문학회, 2010.
Sondos Mahmoud Bsharat · Aidar Myrzakhan · Zhiqiang Shen, "Principled Instructions Are All You Need for Questioning LLaMA-1/2, GPT-3.5/4", arXiv preprint arXiv:2311.10242, Computation and Language (cs.CL); Artificial, November, 2024.

[기타 자료]
방민호(출연), 〈서울문학기행 제3회—이상 「오감도」〉, 서울시 문화본부 유튜브 채널, 2022.01.12.
박소윤(작가) · 박제언(기획), 〈잘 알아듣지 못했어요, 다시 한번 말씀해 주세요〉, 동대문디자인플라자 뮤지엄 둘레길갤러리, 2022.09.15.-2022.09.29.

인공생명과 인간의 윤리　임미숙

[기초 자료]
구연상, 『AI 몸피로봇, 로댕』, ㈜아트레이크, 2024.
김초엽, 『우리가 빛의 속도로 갈 수 없다면』, 허블, 2024.
조광희, 『인간의 법정』, 솔출판사, 2021.

[단행본]
노버트 위너, 김재영 옮김, 『사이버네틱스: 동물과 기계의 제어와 커뮤니케이션』, 읻다, 2023.
레이 커즈와일, 김명남 · 장시형 옮김, 『기술이 인간을 초월하는 순간 특이점이 온다』, 김영사, 2007.
로지 브라이도티, 이경란 옮김, 『포스트휴먼』, 아케넷, 2023.
박문호, 『뇌과학 공부』, 김영사, 2018.
백종현, 『인간은 무엇이어야 하는가』, 아카넷, 2021.
이도흠, 『4차 산업혁명과 대안의 사회 2』, ㈜특별한서재, 2020.
이한구 · 신중섭 편, 『인공지능과 포스트휴먼』, 경희대학교 출판문화원, 2022.
자크 데리다, 문성원 옮김, 『아듀 레비나스』, 문학과지성사, 2022.
질베르 시몽동, 김재희 옮김, 『기술적 대상들의 존재 양식에 대하여』, 그린비, 2019.

[논문]

곽은희, 「인간의 제국을 넘어: 포스트휴먼 시대의 문학적 상상력」, 『한국문학연구』 제57권, 동국대학교 한국문학연구소, 2018.

노대원, 「인공지능이 인간을 지배할 때-SF의 인공지능과 특이점 서사」, 『이화어문논집』 제54호, 이화어문학회, 2021.

박상준, 「21세기, 한국, 그리고 SF-SF문학의 개괄과 한국적 SF의 반성」, 『오늘의 문예비평』 통권 제59호, 오문비, 2005.

소순주·안성진, 「인공지능 윤리원칙 분류 모델에 관한 고찰」, 『한국컴퓨터 교육학회 2021년도 하계 학술발표 논문집』 제25권 제2호(A), 한국컴퓨터교육학회, 2021.

신상규, 「인공지능 시대의 윤리학」, 『지식의 지평』 제21호, 대우재단, 2016.

신상규, 「포스트휴먼 담론과 SF의 포스트휴먼 서사」, 『교양교육과 시민』 제4권, 숙명여자대학교 교양교육연구소, 2021.

양정현, 「현대 한국 SF 소설에 나타난 죽음의 주제 연구」, 『비교한국학』 제30권 2호, 국제비교한국학회, 2022.

연남경, 「SF를 경유한 한국문학과 감수성의 변화-진정성의 주체에서 감각하는 존재로」, 『대중서사연구』 제30권 1호, 대중서사학회, 2024.

유수정, 「초고령사회 SF적 상상력의 구현-애니메이션 〈노인 Z〉에서 보는 노인과 개호로봇」, 『일본문화연구』 제79집, 동아시아 일본학회, 2021.

이도흠, 「인간의 본성에 대한 융합적 연구와 새로운 지평」, 『한국언어문화』 제76권, 한국언어문화학회, 2021.

[기타 자료]

[유엔미래포럼] https://www.unfuture.org/1665

〈의식은 어떻게 감각질(qualia)을 가질까〉 https://brunch.co.kr/@wisdomforall/97

〈위키백과 "창발"〉 https://ko.wikipedia.org/wiki/%EC%B0%BD%EB%B0%9C

〈[AI x 철학] 인공지능은 감정을 가질 수 있는가? (feat. 구연상 교수)〉

https://www.youtube.com/watch?v=40rx9e2vDfY,

〈[이경전의 행복한 AI 읽기] (16) 인공지능은 의식을 가질 수 있을까〉, 《주간경향》, https://weekly.khan.co.kr/khnm.html?mode=view&art_id=202411291550041&code=114

〈사람처럼 고통에 반응하는 '전자 피부' 개발〉, https://www.aitimes.com/news/articleVie

w.html?idxno=131998

인공지능 창작 문예물의 저작권 문제에 관한 고찰 오태호

[기초 자료]

김달영 외 6인·챗GPT, 『매니페스토』, 네오픽션, 2023.

인공지능 비람풍·김태연, 『지금부터의 세계』, 파람북, 2021.

인공지능 시아, 『시를 쓰는 이유』, 리멘워커, 2022.

「저작권법」, 시행 2023.11.17. / 법률 제19410호, 2023.5.16., 타법개정 / 문화체육관광부(저작권정책과).

[논문]

김경숙, 「인공지능(AI) 생성물과 저작권 문제」, 『IT와 법연구』 제27집, 경북대학교 IT와법연구소, 2023.

김재완, 「생성형 인공지능에 의한 창작물의 저작권 인정 문제와 그 미래에 대한 검토」, 『민주법학』 제83호, 민주주의법학연구회, 2023.

손영화, 「생성형 AI에 의한 창작물과 저작권」, 『법과 정책연구』 제23집 제3호, 한국법정책학회, 2023.

신홍주, 「생성형 인공지능을 통한 그래픽 노블의 창작과 저작권 논쟁에 대한 고찰—『새벽의 자리아』를 중심으로」, 『애니메이션 연구』 제19권 3호(통권 제67호), 한국애니메이션학회, 2023.

신홍주, 「저작권의 관점에서 본 생성형 인공지능의 저작자성과 창의성에 대한 고찰」, 『인문콘텐츠』 제70호, 인문콘텐츠학회, 2023.

오태호, 「2020년대 초반 인공지능(AI) 문학 창작의 현재성 고찰—장편소설 『지금부터의 세계』와 시집 『시를 쓰는 이유』를 중심으로」, 『우리문학연구』 제79집, 우리문학회, 2023.

운박·정연덕, 「인공지능 창작물의 저작권법 및 다른 법률 보호 가능성」, 『법학논총』 제41권 제3호, 전남대학교 법학연구소, 2021.

이경수, 「인공지능 시대 시의 윤리와 시적 정의—인공지능 인문학을 위한 제언」, 『국제어문』 82집, 국제어문학회, 2019.

조연하, 「인공지능 창작물의 저작권 쟁점—저작물성과 저작자 판단을 중심으로」, 『언론과 법』 제19권 제3호, 한국언론법학회, 2020.

차상육, 「인공지능 창작물의 저작권법상 보호 쟁점에 대한 개정 방안에 관한 연구」, 『계간저작권』 제33권 제1호, 한국저작권위원회, 2020년 봄호.
한지영, 「인공지능과 법—인공지능 창작물의 권리 귀속에 관한 검토」, 『아주법학』, 제15권 제4호, 아주대학교 법학연구소, 2022.

[기타 자료]

김명주, 〈소설가와 AI의 협업을 지켜보면서〉, 『매니페스토』, 네오픽션, 2023.
김태연, 〈소설가 시대에서 소설감독 시대로〉(감독의 말), 『지금부터의 세계』, 파람북, 2021.
김태용, 〈내가 발문을 쓰는 이유〉(발문), 『시를 쓰는 이유』, 리멘워커, 2022.
유상근(메리스트대학 영문학과 교수), 「500인의 비서 군단에게 묻는 7개의 질문」, 『매니페스토』, 네오픽션, 2023.
ChatGPT, 〈인간과 함께한 놀라운 경험〉, 『매니페스토』, 네오픽션, 2023.

생성형 AI 시대 글쓰기 윤리 교육을 위한 자기평가 항목 연구 안서현·최민지

[단행본]

이종성, 『델파이 방법』, 교육과학사, 2001.

[논문]

강동훈, 「챗지피티(ChatGPT)의 등장과 국어 교육의 대응」, 『국어문학』 82, 2023.
김정자, 「쓰기 자기평가의 경향과 쟁점 연구」, 『한국초등국어교육』 76, 2023.
김종규·원만희, 「인공지능 글쓰기와 리터러시에 대한 실존적 고찰」, 『동서철학연구』 99, 2021.
남형채·류성림, 「수학 수업에서 학생의 자기평가 방법」, 『과학·수학교육연구』 23(1), 2000.
박영주, 「자기평가 활동에 대한 대학생들의 인식 연구」, 『학습자중심교과교육연구』 15(1), 2015.
양경희, 「쓰기에서 자기평가 교육 내용 연구」, 『작문연구』 48, 2021.
오선경, 「대학 교양 글쓰기에서의 챗GPT 활용 사례와 학습자 인식 연구」, 『교양교육연구』 18(3), 2023.
오선경·장미정·박정은, 「대학 글쓰기에서의 생성형 AI 활용 윤리에 대한 학부생 인식 연구」,『리터러시연구』 14(4), 2023.
장성민,「챗GPT가 바꾸어 놓은 작문교육의 미래—인공지능 시대, 작문교육의 대응을 중심으로」,『작문연구』 56, 2023.
한찬희·이재호,「인공지능 시대의 도래와 글쓰기 윤리」,『초등도덕교육』 80, 2022.
홍소영,「학생 자기평가의 학습 효과에 대한 메타분석」,『교육평가연구』 31(1), 2018.
황은희·백순근,「중등교사의 실천적 교수 역량에 대한 자기평가와 전문가 평가의 비교 연구」,『교육평가연구』 21(2), 2008.
Lawshe, C. H., "A quantitative approach to content validity", *Personnel Psychology* 28, 1975.
Shepard, L. A., "The Role of Classroom Assessment in Teaching and Learning", CSE Technical Report, In V. Richards (Ed.), *Handbook of Research on Teaching*, Washington, D. C.: American Educational Research Association, 2001.

[인터넷 자료]

교육부, 〈인공지능, 교육현장에서 안전하게 활용해요!〉, 2022.08.11., https://www.moe.go.kr/boardCnts/viewRenew.do?boardID=294&lev=0&statusYN=W&s=moe&m=020402&opType=N&boardSeq=92297 [최종 검색일: 2024.06.14.]
이화여자대학교 연구윤리센터, 〈이화인의 올바른 AI 활용을 위한 체크리스트〉, 《연구윤리 뉴스레터》 제19호, 2024.04.15. https://cms.ewha.ac.kr/user/indexSub.action?codyMenuSeq=59667460&siteId=ethics&dum=dum&boardId=59668108&page=1&command=albumView&boardSeq=77542766&chkBoxSeq=&categoryDepth [최종 검색일: 2024.06.14.]
한국연구재단 연구윤리지원센터, 〈한국연구재단, 생성형 AI 도구의 책임 있는 사용을 위한 권고사항 발표〉, 《NRF WEBZINE》, 2024.03, https://webzine.nrf.re.kr/nrf_2403/sub_1_01.php [최종 검색일: 2024.06.14.]
Bali, Maha, "Are We Approaching a Postplagiarism Era?", *Reflecting Allowed-Maha Bali's blog about education*, 2023.03.03. https://blog.mahabali.me/educational-technology-2/are-we-approaching-a-postplagiarism-era [최종 검색일: 2023.11.22.]
Eaton, Sarah, "6 Tenets of Postplagiarism: Writing in the Age of Artificial Intelligence", Learning, Teaching, and Leadership-A blog for educators, researchers and other thinkers by Sarah Elaine Eaton, 2023.02.25. https://drsaraheaton.wordpress.com/2023/02/25/6-tenets-of-postplagiarism-writing-in-the-age-of-artificial-intelligence, [최종 검색일: 2023.11.22.]

ICMJE, "Recommendations: Defining the Role of Authors and Contributors", ICMJE Website, updated May 2023. https://www.icmje.org/recommendations/browse/roles-and-responsibilities/defining-the-role-of-authors-and-contributors.html [최종 검색일: 2023.11.22.]

제3부 사례 연구와 소개

인컨텍스트 러닝을 통한 챗GPT의 문학교육적 활용 방안에 대한 연구 김태형

[논문]

김남규, 「챗GPT와 시의 리듬」, 『한국시학연구』 제74권, 한국시학회, 2023.

김주인·유훈, 「물리교육을 위한 챗GPT 활용 방안 탐색: 고등학교와 일반물리 수업 중심으로」, 『현장과학교육』 제17권 3호, 한국현장과학교육학회, 2023.

김태형, 「근대 시인 공간 매개 시어 연구—윤곤강·이육사·백석의 작품을 중심으로」, 경희대학교 박사논문, 2022.

______, 「인컨텍스트 러닝을 통한 챗GPT의 시적 표현 해석 가능성 연구—윤곤강 『동물시집』에 나타난 우화시를 중심으로」, 『리터러시연구』 제14권 4호, 한국리터러시학회, 2023.

김태형·박성준, 「챗GPT를 활용한 AI 시인의 구현(2)—'AI 이육사'의 생성과 시적 대화의 가능성을 중심으로」, 『국제언어문학』 제55권, 국제언어문학회, 2023.

노대원·홍미선, 「챗GPT 글쓰기 표절 대응과 교육적 활용 전략」, 『국어교육연구』 제82권, 국어교육학회, 2023.

박성준, 「'AI 이육사' 실현 가능성에 대한 시론(1)—인공지능과 문학적 담화 기능 구축 사례 제언」, 『한국문예창작』 제22권 2호, 2023.

박주택, 「윤곤강 시론의 근대시사적 의미 연구」, 『국제언어문학』 제55호, 국제언어문학회, 2023.

변정호·권용주, 「생성적 인공지능의 교육적 활용 방안 탐색: 생물학습을 위한 챗GPT 활용을 중심으로」, 『Brain, Digital, & Learning』 제13권 1호, 한국교원대학교 뇌기반교육연구소, 2023.

서혁, 「독서 사회의 변화와 새로운 독서 교육: 독서 환경의 변화와 교육적 대응을 중심으로」, 『독서연구』 제68권, 한국독서학회, 2023.

이수환·송기상, 「교수학습용 그림 자료 추천 도구로서 챗GPT, Stable Diffusion의 활용 가능성 탐색」, 『한국컴퓨터정보학회 논문집』 제28권 4호, 한국컴퓨터정보학회, 2023.
이현승, 「시 교육에 있어서 은유·상징·알레고리의 위상」, 『민족문화연구』 66호, 고려대학교 민족문화연구원, 2015.
장혜지·조효정, 「챗GPT의 교육적 활용 관련 연구 동향 및 주제 분석」, 『교과교육학연구』 제27권 4호, 이화여자대학교 교과교육연구소, 2023.
전창배, 「알레고리와 상징」, 『비교문학』 67권, 한국비교문학회, 2015.
허준행, 「인공지능 시대, 한국 현대 시 연구의 과제와 전망—생성형 인공지능 챗GPT를 중심으로」, 『한국시학연구』 제74권, 한국시학회, 2023.

[단행본]

슬릿스코프·카카오브레인, 『시를 쓰는 이유』, 리멘워커, 2022.
LeCun, Y., Bengio, Y. & Hinton, G., "Deep learning", *Nature* 521, 2015.

[인터넷 자료]

Open AI, "GPT-4 Technical Report", arXiv, Cornell University, https://doi.org/10.48550/arXiv.2303.08774, 등록일: 2023.03.27.
슬릿스코프, 「시집 '시를 쓰는 이유'를 출간하는 이유」, 슬릿스코프 블로그, https://blog.naver.com/slitscope/222837003283, [최종 검색일: 2023.10.04.]
similarweb, https://www.similarweb.com/website/chat.openai.com/#overview [최종 검색일: 2023.10.01.]

챗PT 번역 프롬프팅 연구 (1): 학습 설계와 역할 부여　김응기

[기초 자료]

김수영, 이영준 편, 『김수영 전집 2』, 민음사, 2018.
Open AI, ChatGPT, GPT-4o

[논문]

김민지, 「인공지능을 활용한 문학 이미지 생성 방안—이상 문학을 중심으로」, 『이상리뷰』 21호, 이상문학회, 2024.

김웅기, 「챗GPT 담화를 통한 시어 고찰의 실제와 활용 방안—김수영의 시어'설움'의 의미 해석을 중심으로」, 『인공지능과 문학의 미래』, 경희대학교 출판문화원, 2024.
______, 「AI 시대 논증적 글쓰기를 위한 프롬프팅 연구」, 『리터러시 연구』 제15권 3호, 한국리터러시학회, 2024.
김태우, 「김수영 영역시의 비판적 분석: *Variations*를 중심으로」, 『어문학논총』 제24권, 국민대학교 어문학연구소, 2005, 374쪽.
김화선, 「챗GPT에(게) 묻다」, 『리터러시 연구』 제14권 3호, 한국리터러시학회, 2023.
엄경희, 「김수영 시에 내포된 자발적 소외와 '설움'의 정념」, 『한민족문화연구』 제53호, 한민족문화연구, 2016.
이구용, 「AI 문학번역의 유용성 연구」, 『인문사회과학연구』 31권 4호, 세명대학교 인문사회과학연구소, 2023.
이유정, 「현대시 인공지능(AI) 번역의 오류 양상 연구」, 『문화와 융합』, 한국문화융합학회, 2023.
임동확, 「궁색한 시대, 김수영과 하이데거—「모리배」 전후를 중심으로」, 『국제어문』 제63집, 국제어문학회, 2014.
임진·이용훈, 「생성형 AI의 번역문 구분 가능성에 대한 연구」, 『현대문법연구』 제123호, 현대문법학회, 2024.
정유남, 「인공지능 번역기의 오류 분석 연구—졸업 연설문 번역 텍스트를 중심으로」, 『인공지능인문학연구』, 중앙대학교 인문콘텐츠연구소, 2022.
지인영·김희동, 「대형 사전학습 언어모델 연구에 대한 고찰」, 『담화와 인지』 제28권 4호, 담화인지언어학회, 2021.

[단행본]

김성우, 『인공지능은 나의 읽기-쓰기를 어떻게 바꿀까』, 유유, 2024.
최하림, 『김수영 평전』, 실천문학사, 2018.

출판시장에서의 AI 수용 양상 연구 이구용

[단행본]

김대식·챗GPT, 『챗GPT에게 묻는 인류의 미래: 김대식 교수와 생성 인공지능과의 대화』, 동아시아, 2023.

박주택 외, 『인공지능과 문학의 미래』, 경희대학교 출판문화원, 2024.
발터 벤야민, 반성완 편역, 『발터 벤야민의 문예이론』, 민음사, 1990.
챗GPT, 『삶의 목적을 찾는 45가지 방법』, 스노우폭스북스, 2023.

[논문]

박경수, 「인공지능(AI) 문학의 미래와 포스트 휴머니즘」, 『한중인문학연구』 제60집, 한중인문학회, 2018.
신지선·김은미, 「인공지능 번역 시스템의 출현에 대한 소고」, 『번역학 연구』 제18권 5호, 한국번역학회, 2017.
이구용, 「AI 문학번역의 유용성 연구」, 『인문사회과학연구』 제31권 제4호, 세명대학교, 2023.
이승환, 「생성형 AI가 출판 환경에 미치는 영향에 관한 연구」, 『한국출판학연구』 제49권 2호(통권 111호), 한국출판학회 2023.
한주리, 「생성형 인공지능(AI) 창작물에 대한 출판생태학의 저작권 인식」, 『인문콘텐츠』 제71호, 인문콘텐츠학회, 2023.

[기타 자료]

공병훈, 「출판의 미래를 바꾸는 생성형 AI 기술」, 『KPIPA 리포트』 8호, 2023.
김기태, 〈인공지능(AI) 활용 창작물의 법적·윤리적 쟁점과 시사점〉, 《K-Book Trends》 64호, 2023.11.06., 한국출판문화산업진흥원.
김지현, 〈AI는 인간과 협업하는 능동적 파트너〉, 『주간동아』 1436호, 2024.
박지영, 〈AI가 그린 그림, 저작권을 인정해달라고요?〉, 《한겨레》, 2024.02.13. [최종 검색일: 2024.02.14.]; 류영호, 〈한국 출판시장의 인공지능(AI) 활용 사례〉, 《K-Book Trends》 65호, 한국출판문화산업진흥원, 2023.12.04.
송경석, 〈인공지능 번역기가 출판시장과 저작권 수출입에 미치는 영향과 활용〉, 《K-Book Trends》 69호, 한국출판문화산업진흥원, 2024.04.
이호수·류영호·공병훈, 「생성형 AI시대, 콘텐츠 생태계 변화와 출판계 대응」, 『KPIPA 리포트』 8호, 한국출판문화산업진흥원, 2023.
이호재, 〈해외 대형 출판사들, 'AI 번역 금지' 국내 출판사에 계약 요구〉, 《동아일보》, 2024.01.22. [최종 검색일: 2024.06.03.]; 임인택, '해리포터' 구글 번역했더니 〈정확도 40% 미만… 복합적 오류〉, 《한겨레》, 2023.05.26. [최종 검색일: 2024.03.04.]; 임지선, 〈AI 데이터 우물에 '독' 푸는 교수…"저작물 도둑질, 창작가 삶 뺏어〉,《한겨레》, 2024.02.15.

생성 AI 기술의 문학교육적 활용 가능성 호창수

[논문]

강동훈, 「챗지피티(ChatGPT)의 등장과 국어교육의 대응」, 『국어문학』 82, 국어문학회, 2023.

구본권, 「챗GPT 시대의 필수 역량 'AI 리터러시'」,《KISO》 50, 한국인터넷자율정책기구, 2023.

권서경 · 이영태, 「생성형 인공지능 챗GPT의 영어 독해 문항 풀이 능력 탐색」, 『영어교과교육』 22(2), 한국영어교과교육학회, 2023.

김민지, 「챗GPT를 활용한 시 창작 방안 연구」, 『한국문학연구』 72, 동국대 한국문학연구소, 2023.

김종규, 「생성형 인공지능, 생각하는 존재(homo cogitans) 그리고 리터러시 교육의 향방」, 『사고와 표현』 39, 한국사고와표현학회, 2023.

김형민, 「한국어 교육에서의 대화형 인공지능 챗봇 적용 가능성 탐색—고급 한국어 학습자와 챗GPT의 상호작용 분석을 중심으로」, 『우리어문연구』 76, 우리어문학회, 2023.

노대원, 「소설 쓰는 로봇—챗GPT와 AI 생성 문학」, 『한국문예비평연구』 77, 한국현대문예비평학회, 2023.

노대원 · 홍미선, 「챗GPT 글쓰기 표절 대응과 교육적 활용 전략」, 『국어교육연구』 82, 국어교육학회(since1969), 2023.

박성준, 「AI 이육사 실현 가능성에 대한 시론—인공지능과 문학적 담화 기능 구축 사례 제언」, 『한국문예창작』 22(2), 한국문예창작학회, 2023.

오규설, 「생성형 인공지능이 국어교육에 미치는 영향과 대응 방안—챗GPT는 국어교육의 도구인가, 위협인가」, 『국어교육연구』 82, 국어교육학회(since1969), 2023.

오민정 · 김종규, 「생성형 AI 시대 리터러시 교육의 새로운 전환」, 『인문과학』 89, 성균관대 인문학연구원, 2023.

유인근 · 박형용, 「초등 국어과 글쓰기 교육을 위한 AI 문장 생성 웹 서비스 개발」, 『교과교육학연구』 27(2), 이화여대 교과교육연구소, 2023.

장성민, 「생성 인공지능 기술은 인간의 쓰기 능력을 대신할 수 있는가—포스트 챗GPT 시대의 작문 평가 담론을 위한 예비적 논의」, 『국어교육』 181, 한국어교육학회, 2023a.
______, 「챗GPT가 바꾸어 놓은 작문교육의 미래」, 『작문연구』 56, 작문학회, 2023b.
호창수, 「디지털 미디어 시대에 인간으로 살아가기 : [서평] 이시다 히데타카, 윤대석 옮김, 『디지털 미디어의 이해: 플랫폼과 알고리즘의 시대 읽기』」, 『인문논총』, 서울대학교인문학연구원, 2018.
______, 「디지털 시대 문학교육 원리로서 감성적 지각(aisthesis)에 관한 연구」, 『국어교육연구』 45, 서울대학교국어교육연구소, 2020쪽.

[단행본]

류태호, 『챗GPT 활용 AI 교육 대전환』, 포르체, 2023.
石田英敬, 윤대석 옮김, 『디지털 미디어의 이해—플랫폼과 알고리즘의 시대 읽기』, 사회평론, 2017.

초출일람

박성준 | 챗GPT 활용 'AI 작고 시인' 창작시 연구

박성준, 「챗GPT 활용 'AI 작고 시인' 창작시 연구 - AI 이육사·윤동주의 해방기념시 창작 가능성과 수업 활용 사례를 중심으로」, 『국제언어문학회』 제57호, 국제언어문학회, 2024.

곽효환 | AI 디지털 시대와 디아스포라 한글문학의 방향

곽효환, 「AI 디지털 시대와 디아스포라 한글문학의 방향」, 『국제한인문학연구』 제38호, 국제한인문학회, 2024.

인수봉 | 챗GPT를 이용한 SNS 시의 생성 가능성 연구

인수봉, 「챗GPT를 이용한 SNS 시의 생성 가능성 연구 - 하상욱 시와 미디어에 반영된 MZ세대론을 중심으로」, 『인문사회과학연구』 제31호, 인문사회과학연구소, 2023.

김민지 | 인공지능을 활용한 문학 이미지 생성 방안

김민지, 「인공지능을 활용한 문학 이미지 생성 방안 - 이상 문학을 중심으로」, 『이상리뷰』 21호, 이상문학회, 2024.

임미숙 | 인공생명과 인간의 윤리

임미숙, 「인공생명과 인간의 윤리 - SF소설 『AI 몸피로봇, 로댕』, 『인간의 법정』, 『우리가 빛의 속도로 갈 수 없다면』을 중심으로」, 『스토리콘텐츠』 제6호, K-컬처 · 스토리콘텐츠연구소, 2025.

오태호 | 인공지능 창작 문예물의 저작권 문제에 관한 고찰

오태호, 「인공지능 창작 문예물의 저작권 문제에 관한 고찰 - 저자와 저작물의 법적 보호 가능성을 중심으로」, 『한국문예창작』 60호, 한국문예창작회, 2024.

안서현·최민지 | 생성형 AI 시대 글쓰기 윤리 교육을 위한 자기평가 항목 연구

안서현·최민지, 「생성형 AI 시대 글쓰기 윤리 교육을 위한 자기평가 항목 연구」, 『교양교육과 시민』 10호, 숙명여자대학교 교양교육연구소, 2024.

김태형 | 인컨텍스트 러닝을 통한 챗GPT의 문학교육적 활용 방안에 대한 연구

김태형, 「인컨텍스트 러닝을 통한 챗GPT의 문학교육적 활용 방안에 대한 연구 - 윤곤강 『동물시집』의 교안 설계 과정을 중심으로」, 『후마니타스 포럼』 10호, 후마니타스 교양교육연구소, 2024.

김웅기 | 챗GPT 번역 프롬프팅 연구 (1): 학습 설계와 역할 부여

김웅기, 「챗GPT 번역 프롬프팅 연구 (1): 학습 설계와 역할 부여 - 1950년대 김수영 시에 나타난 '설움'을 중심으로」, 『국제언어문학』 제59집, 국제언어문학회, 2024.

이구용 | 출판시장에서의 AI 수용 양상 연구

이구용, 「출판시장에서의 AI 수용 양상 연구」, 『국제언어문학』 제58집, 국제언어문학회, 2024.

호창수 | 생성 AI 기술의 문학교육적 활용 가능성

호창수, 「생성 AI 기술의 문학교육적 활용 가능성 - 챗GPT를 중심으로」, 『어문연구』 200호, 한국어문교육연구회, 2023.

아포리아 학술총서 03

인공지능 시대의 문학

초판 1쇄 인쇄　2025년 6월 20일
초판 1쇄 발행　2025년 6월 30일

지은이　박주택 · 박성준 · 곽효환 · 인수봉 · 김민지 · 임미숙 · 오태호
안서현 · 최민지 · 김태형 · 김웅기 · 이구용 · 호창수
펴낸이　김진상
디자인　이수정

펴낸곳　경희대학교 출판문화원
주소　서울시 동대문구 경희대로 26
전화　02-961-0106~8
팩스　02-961-0291
설립　1960년 9월 16일 제5-8호
등록　1977년 11월 8일 제6-5호
홈페이지　www.khupress.com
전자우편　press@khu.ac.kr

ISBN　978-89-8222-796-7 (94080)
978-89-8222-746-2 세트

* 이 저서는 2021년 대한민국 교육부와 한국학중앙연구원(한국학진흥사업단)을 통해 K학술확산연구소사업의 지원을 받아 수행된 연구임(AKS-2021-KDA-1250004)

* 책 내용 관련 문의: 저자 박주택(sesan21@hanmail.net)